国家211重点学科建设

企业会计学

牛　霞　主编

中国农业出版社

图书在版编目（CIP）数据

企业会计学/牛霞主编．—北京：中国农业出版社，2009.9
ISBN 978-7-109-14135-3

Ⅰ．企…　Ⅱ．牛…　Ⅲ．企业管理—会计　Ⅳ．F275.2

中国版本图书馆 CIP 数据核字（2009）第 139742 号

中国农业出版社出版
（北京市朝阳区农展馆北路 2 号）
（邮政编码 100125）
责任编辑　姚红　张欣

北京印刷一厂印刷　　新华书店北京发行所发行
2009 年 9 月第 1 版　　2009 年 9 月北京第 1 次印刷

开本：720mm×960mm 1/16　　印张：27.25
字数：489 千字　　印数：1～2 000 册
定价：38.00 元

前　言

在现代社会中，不懂会计知识、不理解和不善于利用会计信息的人，是很难从事经济管理工作的。经济管理类专业的学生更应该认识到，会计知识在他们今后工作中的重要作用。要想做好经济管理工作，就必须掌握会计的基本理论、基本方法和基本技能。因此，我国大多数高等院校经济管理类专业的教学计划中都将“会计学”作为核心课程。这也说明会计在管理中的重要作用。

编写非会计学专业，如经济、管理类的会计学教材，与会计学专业的会计学教材在学习要求、学习内容以及侧重点方面存在较大的差异。非会计学专业的学生学习会计的角度与会计学专业的学生是不同的，后者学习会计是为了将来去做会计工作，而前者学习会计是利用所学的会计知识去从事经济管理，是站在管理的角度去学会计，主要让学生掌握会计的基本原理和基本方法，让学生了解会计信息的加工过程，理解各项会计指标的经济含义，并能够熟练地运用各项会计政策和阅读会计报表，使学生学会怎样用会计信息，而不是怎样编制会计信息。基于上述认识，本书除了讲述会计学的基本原理和核算方法外，还注重对财务会计、财务报表分析与利用的主要内容做了系统、综合的阐述。本书共由11章构成，第一、二、三章属于基础会计学内容，主要讲述了借贷记账法、凭证、账簿以及会计核算形式，目的是为学生进一步学习会计核算打下基础；第四章至第十章属于财务会计学内容，遵照新颁布的《企业会计准则》，讲述了对资产、负债、所有者权益、收入、费用和利润六项会计要素的确认、计量、记录和报告的方法，考虑到本书的使用对象，这部分所介绍的内容均为企业常见经济业务；第十一章属于会计分析内容，主要介绍常用的会计报表分析方法。

本书是由中国农业大学经济管理学院牛霞副教授担任主编，负责全书的总撰和统稿工作。在本书的编写过程中，力求将结构的合理性、体系的完整性和内容的丰富性相结合，致力于言简意赅、深入浅出，以增加其可读性。会计学是一门技术性很强的学科，具有很强的操作性，为了帮助学生更好地掌握各章的内容，便于学生自学和检查知识理解和掌握的程度，在各章前有重点要求，章后有小结、思考题、练习题和案例。本书除满足非会计学经济管理类各本科专业和工商管理硕士（MBA）教学的需要外，还可以作为在职管理人员或经济管理类专业成人教育的培训教材。

衷心感谢中国农业大学何晓颖、赵云川、唐伟、高阳进行的大量文字校对、数字和习题的核对工作。

在本书撰写过程中，参阅了不少国内外文献，在此对这些文献的作者致以谢意。

由于作者水平有限，书中难免有不足与错误，欢迎广大读者和同行批评指正，以便日后修改和完善。

编　者

2009年7月

目　　录

第一章　总　论

本章基本要求

本章阐述会计的基本理论问题。通过本章学习，要求学生：

1. 理解会计及其职能和目标；
2. 掌握会计对象、会计要素以及会计要素之间的相互关系；
3. 概括了解会计核算的基本前提和会计信息的质量要求；
4. 明确会计核算方法的组成内容，掌握会计循环；
5. 认识会计职业，了解会计规范，熟悉会计人员的基本职业道德。

第一节　会计的基本概念

一、会计的产生和发展

会计的产生和发展已经历了很长的历史时期。它是随着社会生产的发展和加强管理的要求而产生，并随着社会经济，特别是市场经济的发展和科学技术的进步而不断完善、提高的。

人类要生存，社会要发展，就要进行物质资料的生产。生产活动一方面创造物质财富，取得一定的劳动成果；另一方面要发生劳动耗费，包括人力、物力的耗费。在一切社会形态中，人们进行生产活动时，总是力求以尽可能少的劳动耗费，取得尽可能多的劳动成果，做到所得大于所费，提高经济效益，以满足生活和生产的需要。为了达到这一目标，就必须对劳动过程进行组织和规划，同时对劳动耗费和劳动成果进行观察、计量、记录和计算，并以计算的结果与已往的结果或他人的结果进行比较和分析。这就是最早的管理，会计也是顺应此要求而产生的。

会计作为一项记录、计算和考核收支的工作，无论在中国和外国，都是在很早以前就出现了。在公元前 1000 年左右就已有简单的记录和计算。但是，最初的会计只是作为生产职能的附带部分，即由生产者在生产时间之外附带地把收入、支付等事项记载下来。只有当社会生产力发展到一定水平，出现剩余产品之后，它才逐渐地从生产职能中分离出来，成为一种独立的职能，并逐步形成了专门从事这一工作的专职人员。社会生产活动的发展，尤其是社会生产商品化程度的不断提高，使会计有了一个从简单到复杂、从低级到高级的不断发展过程。它记录的内容在不断丰富，记录的方法也在不断更新。一般认为，从单式记账法过渡到复式记账法，是近代会计的形成标志，即15世纪末期，意大利数学家卢卡·巴其阿勒有关复式记账论著的问世，标志着近代会计的开端。

随着社会经济的发展和管理要求不断提高，会计的地位和作用，所计算和考核的内容、范围，以及所要达到的目的和要求，都在不断发展和变化。这也使会计的目标，会计所应用的原则，以及会计信息的披露内容、范围等随之而不断变化，日趋完善。从另一方面看，科学技术水平的提高也对会计的发展起了很大的促进作用。现代数学、现代管理科学与会计的结合，特别是电子计算机技术引进会计领域，使会计在操作方法上有了根本性的变化。这种变化不仅体现在会计有了更多、更快地取得信息、披露信息的手段；也表现为会计可进一步利用取得的信息，更好地为管理服务。这样，比较完善的现代会计就逐步形成了。一般认为，成本会计的出现和不断完善，在此基础上管理会计的形成并与财务会计相分离而单独成科，是现代会计的开端。再就是，随着社会分工的进一步细化，各不同生产行业和与之相关的社会事业也有了长足发展，这也使得居于经济管理地位的会计在不同行业、社会事业间有了自己的立足点，并逐步形成了相应的会计分支。

由于人们对会计上述产生发展的看法不尽相同，致使会计至今尚无一个统一而完整的定义。因此，为了说明什么是会计，就必须综合会计的所有特性，并从会计工作的实践出发，首先了解会计所具有的职能和现代会计职能的特点，然后再对会计的涵义进行理论概括。

二、会计的基本职能

职能指某一事物本身所固有的功能，是某一事物存在于世间所应发挥作用的内在因素。就此而论，会计的基本职能是指会计在经济管理中所具有的最基本功能，即会计能干什么，有什么用。一般认为，会计具有反映和监督两大基本职能。

（一）会计的反映（或核算）职能

会计的反映职能是指会计通过确认、计量、记录、报告，从数量上反映企业和行政事业单位已经发生或完成的经济活动，为经营管理提供经济信息的功能。

1. 确认。确认是指通过一定的标准或方法来确定所发生的经济活动是否应该或能够进行会计处理。

2. 计量。计量是指以货币为单位对已确定可以进行会计处理的经济活动确定其应记录的金额；我国 2006 年《企业会计准则——基本准则》第四十二条规定："会计计量属性主要包括：①历史成本。在历史成本计量下，资产按照购置时支付的现金或者现金等价物的金额，或者按照购置资产时所付出的对价的公允价值计量。负债按照因承担现时义务而实际收到的款项或者资产的金额，或者承担现时义务的合同金额、或者按照日常活动中为偿还负债预期需要支付的现金或者现金等价物的金额计量。②重置成本。在重置成本计量下，资产按照现在购买相同或者相似资产所需支付的现金或者现金等价物的金额计量；负债按照现在偿付该项债务所需支付的现金或者现金等价物的金额计量。③可变现净值。在可变现净值计量下，资产按照其正常的对外销售所能收到现金或者现金等价物的金额扣减该资产至完工时估计将要发生的成本、估计的销售费用以及相关税费后的金额计量。④现值。在现值计量下，资产按照预计从其持续使用和最终处置中所产生的未来净现金流入量的折现金额计量。负债按照预计期限内需要偿还的未来净现金流出量的折现金额计量。⑤公允价值。在公允价值计量下，资产和负债按照在公平交易中，熟悉情况的交易双方自愿进行资产交换或者债务清偿的金额计量。"第四十三条规定："企业在对会计要素进行计量时，一般应当采用历史成本，采用重置成本、可变现净值、现值、公允价值计量的，应当保证所确定的会计要素金额能够取得并可靠计量。"

3. 记录。记录是指通过一定的会计专门方法按照上述确定的金额将发生的经济活动在会计特有的载体上进行登记的工作。

4. 报告。报告是指通过编制财务报告的形式向有关方面和人员提供会计信息。

反映职能是会计的最基本职能。与统计核算和业务核算相比较，与传统的会计相比较，现代会计的反映职能具有如下特点：

第一，会计主要是利用货币计量，综合反映各单位（企业和行政、事业单位）的经济活动情况，为经济管理提供可靠的会计信息。从数量方面反映经济活动，可以采用三种量度：实物量度、货币量度和劳动量度（劳动工时）。在市场经济发达的条件下，为了有效地进行管理，就必须广泛地利用综合的价值形式，以计算生产资料的占用、劳动的耗费、产品销售收入的取得和纯收入的实现、分配等。所以，主要利用货币计量，从数量方面综合反映各单位的经济活动情况，是现代会计的一个重要特点。

第二，会计反映不仅是记录已发生的经济业务，还应面向未来，为各单位的经营决策和管理控制提供依据。传统会计的反映职能，主要是对已发生的经济业务进行事后反映。随着社会经济的发展，市场规模的扩大和社会经济活动的日趋复杂，一个企业为谋求有效的经营，不仅要随时了解其经营现状，检查企业的经营活动是否符合既定的目标，还要周密地规划企业未来的行动。为此，不仅要求会计如实地提供发生的经济业务的情况，还要预测企业的未来，对企业的发展提供一些具有前瞻性的会计信息，以此作为对未来经济活动的控制依据，并通过信息反馈、亦即下一个会计过程反映职能的发挥，为会计控制功能的实现创造条件。

第三，会计反映应具有完整性、连续性和系统性。所谓完整性，是指凡属会计反映的内容都必须加以记录，不能遗漏。所谓连续性，是指对各种经济业务应当按照其发生的时间顺序依次进行登记，而不能有所中断。所谓系统性，是指会计提供的数据资料必须在科学分类的基础上形成相互联系的有序整体，而不能杂乱无章。只有依据完整的、连续的和系统的数据资料，才能全面、系统地反映各单位的经济活动情况，考核其经济效益。由此可看出，完整性、连续性和系统性三者缺一不可、相辅相成，它们之间的有机结合使会计的反映职能与其他经济核算的反映职能有了鲜明的区别。

第四，会计反映会随着物质条件的改善而进一步演化，逐步改变其表现方式。随着电子计算机引入会计领域，会计的传统工艺同现代电子技术相结合，会计反映的方式从手工簿记系统逐步发展为电子数据处理系统。这极大地加强了会计获取多种经济信息的能力和传递各种信息的能力，使会计信息变得更为完善，更加及时、灵敏、准确，更能满足多方面、多层次信息使用者的需求。

（二）会计的监督（或控制）职能

会计监督职能，是指会计具有按照一定的目的和要求，利用会计反映所提供的经济信息，对企业和行政事业单位的经济活动进行控制，使之达到预期目标的功能。其特点是：

1. 会计监督主要是利用反映职能提供的各种价值指标进行的货币监督。前已叙及，会计反映主要是通过货币计量，提供一系列综合反映企业经济活动的价值指标，如资产、负债、所有者权益、收入、成本费用、利润以及偿债能力、获利能力、营运能力等指标。会计监督就是依据这些价值指标进行的。例如，利用资产指标，可以了解企业一定日期的资产总额及其结构，考核企业资产的利用情况，以提高资产的使用效果；利用成本费用指标，可以综合考核各项费用支出情况，控制各项消耗，防止浪费的发生；利用收入、利润等经营成果指标与成本费用、资产指标对比，可以考核劳动耗费和物质资源利用的经济效益，等等。通过这些价值量指标对各单位的经济活动进行监督，不仅可以比较全面地控制各单位的经济活动，而且可以经常地和及时地对经济活动进行指导和调节。

2. 会计监督是在会计反映各项经济活动的同时进行的，包括事前、事中和事后监督。事前监督，是指会计部门在参与制定各种决策以及相关的各项计划和费用预算时，依据有关政策、法规、制度和经济活动的一般规律，对各项经济活动的可行性、合理性、合法性和有效性的审查，是对未来经济活动的指导。事中监督，是指在日常会计工作中，对已发现的问题提出建议，促使有关部门采取措施，调整经济活动，使其按照预定的目标和要求进行。事后监督，则是指以事先制定的目标、标准和要求为准绳，通过分析已取得的会计资料，对已进行的经济活动的合理性、合法性和有效性进行的考核和评价。

需要指出的是，进行会计监督固然有监督本单位在国家有关财经法规、制度范围内进行正常经济活动的任务，但是，会计监督也是各单位内部管理的需要，是各单位自我约束的一种机制。也就是说，它应当把贯彻执行本单位的经营方针，实行最优化管理，提高经济效益，实现经营目标作为重要任务。

会计的反映职能和监督职能是不可分割的。二者的关系是辩证统一的。没有会计监督，会计反映就失去存在的意义；没有会计反映，会计监督就失去存在的基础。

会计的反映和监督职能是会计界对会计职能的共识。但是，对现代会计的职能也有不同看法。比如，有人认为，现代会计应具有利用各种预测数据、参与制定经济决策的决策职能；利用责任会计等对经济活动进行强化管理的事中控制职能；通过对会计期间的经营成果、财务状况变动情况进行分析，考核企业、单位经营业绩的评价职能；等等。

综上所述，我们可对会计作如下界定：会计是以货币为主要计量单位，以凭证为依据，借助于专门的方法和程序，对一定主体的经济活动进行全面、系统、连续、综合的反映和监督，旨在提供经济信息和提高经济效益的一项管理活动是经济管理的重要组成部分。

三、会计的目标

会计目标指会计活动所要达到的目的，即会计要为哪些人服务、提供哪些会计信息。由于会计主要以报表形式提供信息，因此，会计目标也称为会计报表目标，是为会计信息的外部使用者和会计信息的内部使用者提供进行经济决策的会计信息。

（一）会计信息的外部使用者

会计信息的外部使用者是与企业具有利益关系的个人和其他企业，但他们不参与该企业的日常管理。具体包括：

1. 股东。公司的股东最关心公司的经营，他们需要评价过去和预测未来。有关年度财务报告是满足这些需要的最重要的手段，季度财务报告、半年度财务报告也是管理部门向股东报告的重要形式。向股东提供这些报告是会计信息系统的传统职责，股东借助于财务报告反映的常规信息，获得有关股票交易和股利支付的情况，从而做出决策。

2. 债权人。公司债权人对公司的信誉、偿债能力及企业未来展望是非常关心的。公司的财务报告是这些信息的一个重要来源。债权人需要的有关借贷业务的常规信息，是通过与借款单位的会计信息交换得来的。

3. 政府机关。政府的许多不同部门需要有关企业的信息。税务机关需要有关公司利润向国家缴纳税额的信息；社会保障机关需要有关企业缴纳各项社会保障基金的信息；国有企业必须向国资委、国家财政、审计机关等部门提供财务报告，以便接受经济监督；很多外国政府需要经营国际业务的公司报告在它们国家内所从事的经济活动的信息。

4. 职工。作为一个利益集团，职工个人期望定期收到工资和薪金，并同时得到有关企业为个人提供社会保障的各类基金方面的信息和企业的某些综合性的信息，诸如工资平均水平、福利和利润等。职工代表大会、工会也会代表职工要求得到这些信息，这些信息的大部分是由会计信息系统提供的。

5. 供应商。企业往往有很多原材料、产成品或可供销售的商品，采取赊销方式的供应商需要了解客户的有关经营稳定性、信用状况及支付能力等方面的信息。

6. 顾客。在市场经济体制下，企业的顾客可以说是最重要的外部利益集团。顾客对于信息的需要，包括有关企业及其产品的信息，如价格、性能、企业信誉、企业商业信用方面的政策、可得到的折扣额、支付的到期日及所欠金额等。这些常规的信息一般也是由会计提供的。

以上例举了企业外部需要会计信息的主要利益集团，除这些利益集团外尚有许多其他集团需要这种信息。他们包括：①信用代理人，这种机构专门公布有关公司信用的信息；②工商业协会，这种机构公布某一行业的有关信息，需要利用会计信息进行行业管理；③竞争者，他们对于公司的价格政策和获利能力感兴趣；④企业组织所在的社区；⑤财务分析家，他们向委托人提出投资建议；⑥关心公司某个方面经济活动的公民等。

向企业外部的使用者所提供的会计信息绝大部分是属于“强制性的”或是“必须的”。例如，向政府部门所报送的应税收益和代扣税款的报表，以及向股东所报送的财务报告，均属于强制性的信息。又例如，向顾客所提供的有关产品的信息和账单，向贷款人所提供的信用能力信息是属于必须的信息，会计报告这些信息具有一定的强制性。需要指出的是，企业向外界提供的决策性信息是由管理当局提供的，但管理当局并不是提供会计信息的唯一渠道，但外界作决策所依据的信息的公允性和准确性，最后必须而且只能由企业最高管理当局负责。

但仅提供一套单一的会计信息满足如此众多的使用者的需求即使有可能，也是相当的困难。因此，对外财务报告主要面向两个团体——投资者和债权人，包括当前的和潜在的投资者和债权人，他们是主要的会计信息的外部使用者。通过提供满足投资者和债权人的会计信息需求，也提供了对会计信息的其他很多使用者有用的信息。另外，某些会计信息的外部使用者，比如政府机构，能够得到公众通常无法取得的信息。因此，它们不像投资者和债权人那样依赖公开的信息。

（二）会计信息的内部使用者

一个企业组织的各级管理部门为了完成职责都需要信息，不论是负责完成全公司目标的最高级管理部门，还是负责完成一项具体目标的某一个经营管理部门，都是如此。目前，会计是为大多数企业和组织提供“正式”会计信息的主要信息系统。所谓正式的信息系统是指其对指定信息的生成和报告负有明确的职责。会计信息系统根据搜索到的全部数据进行加工，将信息报送给企业管理部门，管理部门收到并利用这些信息做出有关决策，管理部门的决策又反过来影响企业组织内部的经营管理，包括对会计信息系统的影响，同时也影响着企业组织与外部环境的关系。

会计信息的内部使用者包括董事会、首席执行官（CEO）、首席财务官（CFO）、副董事长（主管信息系统、人力资源、财务等）、经营部门经理、分厂经理、分部经理、生产线主管等。

企业内部各部门使用会计信息的具体目标不同，但这些目标的宗旨是一样的，都是旨在帮助企业实现其总体的战略和任务。所有企业都遵循与它们的会计信息系统设计有关的规则以确保会计信息的规范性并保护企业的资产。但是关于报告的类型或能产生的会计信息的种类并没有什么规则，在决策过程中产生和使用的会计信息往往是多样性的。

与外部信息需要相比，向内部报送的会计信息显然具有较多的“自由性”。因此，设计满足企业经营管理需要的会计信息系统比设计外部报表面临着更大的困难。

为了满足会计报表使用者进行经济决策的需要，会计信息应当能够反映企业的获利能力、偿债能力和经济责任的履行情况。获利能力是指企业利用现有经济资源，在现有成本、费用和收入水平下，获取利润的能力；偿债能力是指企业偿还到期债务的能力；经济责任是指企业高层管理人员对其代理责任的履行情况，可以量化为企业净资产的保值增值能力。

会计主要通过财务会计报告来提供会计信息，从而实现会计的基本目标。按照国际惯例，企业对外报送的财务会计报告包括：会计报表（主要有资产负债表、损益表、现金流量表和所有者权益变动表），报表附注和其他应当在财务会计报告中披露的相关信息和资料。通过财务会计报告，投资者可以了解企业的财务状况和经营成果，债权人可以了解企业的偿债能力，政府主管部门和社会公众可以了解企业纳税义务的履行情况、环境保护情况以及社会福利情况，企业管理者可以综合了解企业经营活动的过程和结果。

第二节　会计对象和会计要素

一、会计对象的一般说明

会计对象是指会计所反映和监督的内容，即会计的客体。在社会主义市场经济条件下，会计的对象是社会再生产过程中主要以货币表现的经济活动，即企业和行政事业单位中以货币表现的经济活动。

从表面上看，会计存在于所有企业和行政事业单位，其反映和监督的内容既有不同行业企业的经济活动，又有事业单位、政府机关的经济活动。但从本质上看，社会上所有企业和行政事业单位的经济活动都可在最大范围内被概括为社会经济活动。又由于社会经济活动总是在纵横交错、周而复始地运行着，所以，这样的活动又可以概括为社会再生产过程中的经济活动。

在商品货币经济条件下，社会再生产过程既可以表现为使用价值的运动——各种物资的生产和交换，也可以表现为价值的运动——价值的形成、实现和分配。这样，也就会有以使用价值为中心的经济管理和以价值为中心的经济管理。在市场经济条件下，对社会再生产过程的管理主要以价值为中心，因此，各级管理者应广泛利用各种价值指标，对社会再生产过程中的经济活动进行管理。会计是主要利用货币计量，对再生产过程的经济活动进行反映和监督的一种管理工作，因此，再生产过程中发生的，能够用货币表现的经济活动，就构成了会计的一般对象。社会再生产过程以货币表现的总体经济活动，是在宏观经济领域中体现的，是社会会计的对象；社会再生产过程中个别的以货币表现的经济活动，是在各个企业、行政事业单位进行的，构成了企业、行政事业单位会计的对象。由此可见，会计对象不是社会再生产过程中的全部经济活动，而是其中能够用货币表现的方面。

二、会计对象在企业中的具体表现

会计对象在企业中可表现为企业再生产过程中能以货币表现的经济活动，

也就是企业再生产过程中的资金运动。

以工业企业为例，工业企业的资金运动按其运动的程序可分为资金投入、资金周转、资金退出三个基本环节。相对应而言，工业企业生产经营过程可以划分为供应过程、生产过程和销售过程。随着企业生产经营活动的进行，企业的资金依次经过供、产、销三个阶段，形成了从货币资金到储备资金、到生产资金、到成品资金、再到货币资金的一个循环，这种资金循环周而复始地进行，构成了工业企业的资金周转。上述资金运动过程，用图式表示如图 1-1。

上述过程中，由于资金的取得、运用和退出等经济活动所引起的各项财产和资源的增减变化情况，在经营过程中各项生产费用的支出和产品成本形成的情况，以及企业销售收入的取得和企业纯收入的实现、分配情况，就构成了工业企业会计的具体对象。

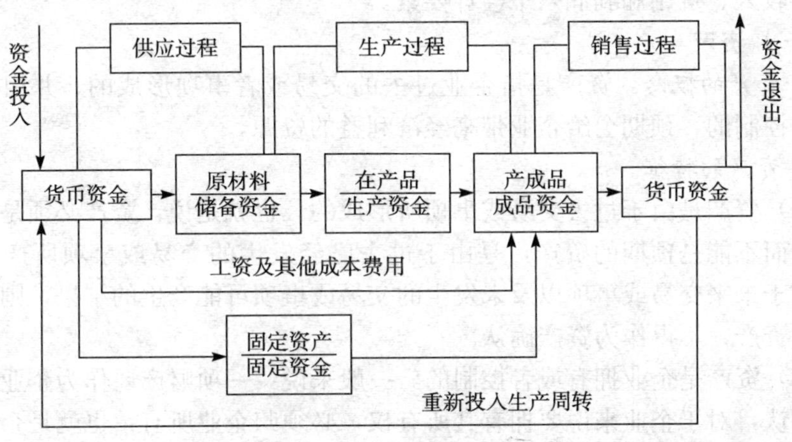

图 1-1 资金运动流程图

我们如将上述经济活动进行细致的描述即可看出来：企业的资金可表现为保持货币形态的资金、原材料占用的资金、固定资产占用的资金，以及处于生产过程中的在产品占用资金和完成生产过程对外销售产成品占用的资金，我们将这些占用资金的项目统称为资产；企业的资金主要来自于两个方面，即从债权人取得和企业所有者投入的部分，人们习惯上把前者称为负债，把后者称为所有者权益；企业外销产品取得的货币资金，是企业运用资金取得的成果，称其为收入；而企业为取得收入而耗费资产的货币数额，称为成本费用；收入与费用之间的差额，亦即企业运用资金而取得的增值额，被称为利润。上述资产、负债、所有者权益、收入、费用、利润，就是一般所说的会计对象要素或会计要素。从上述企业资金运动与各会计要素之间的关系中可以看到：企业以货币表现的经济活动与会计对象的各个要素项目的增减变动有着密切的联系。

三、会计要素

会计要素就是对会计对象的内容进行的最基本分类，它是会计对象的具体化。国内外对会计要素的划分略有差异，比如美国财务会计准则委员会在1985年发布的《论财务会计概念结构》将会计要素划分为“资产、负债、业主权益、业主投资、派给业主款、综合收益、营业收入、费用、溢余和损失”共十个项目。我国《企业会计准则》将企业会计要素划分为资产、负债、所有者权益、收入、费用和利润六个要素。资产、负债、所有者权益是反映企业财务状况的要素，它是资金运动的静态表现；而收入、费用和利润是反映经营成果的要素，它是资金运动的动态表现。下面我们重点介绍资产、负债、所有者权益、收入、费用和利润六个会计要素。

（一）资产

1. 资产的概念。资产是指企业过去的交易或者事项形成的、并由企业拥有或者控制的、预期会给企业带来经济利益的资源。

2. 资产的特征。

（1）资产是由于过去交易或事项所形成的。也就是说，资产必须是现实的资产，而不能是预期的资产，是由于过去已经发生的交易或事项所产生的结果。至于未来交易或事项以及未发生的交易或事项可能产生的结果，则不属于现在的资产，不得作为资产确认。

（2）资产是企业拥有或者控制的。一般来说，一项财产要作为企业的资产予以确认，对于企业来说要拥有其所有权，必须归企业所有，也就是企业对该项财产具有产权。对于一些特殊方式形成的资产，企业虽然对其不拥有所有权，但能够实际控制的，如融资租入的固定资产，也应当将其作为资产予以确认。

（3）资产预期能够给企业带来未来经济利益，即资产是可望给企业带来现金流入的经济资源。资产必须具有交换价值和使用价值，没有交换价值和使用价值的物品，不能给企业带来未来效益，则不作为资产确认。

（4）资产必须是可用货币计量的，若忽略了这一点，就失去了会计反映的基础，也就无法将其作为会计要素来确认。

3. 资产的分类。

企业的资产按其流动性分为流动资产、长期投资、固定资产、无形资产和其他资产。

（1）流动资产是指包括现金及可合理预计在一个营业周期或自资产负债表

日起一年（两者孰长）内转换成现金或被出售或被消耗的其他资产，包括库存现金、各种存款、交易性金融资产、应收及预付账款、存货等。

(2) 长期投资是指除交易性金融资产以外的投资，包括不准备在一年内变现的各种股权性质的投资、不能变现或不准备随时变现的债券、其他债权投资和其他长期投资。

(3) 固定资产是指使用年限在一年以上，单位价值在规定标准以上，并在使用过程中保持原来物质形态的资产，包括房屋及建筑物、机器设备、运输设备、工具器具等。

(4) 无形资产是指企业为生产商品、提供劳务、出租给他人使用或为管理目的而持有的、没有实物形态的可辨认的非货币性长期资产。包括专利权、非专利技术、商标权、著作权、土地使用权等。

(5) 其他资产是指除了以上项目以外的资产，包括商誉、长期待摊费用等。

综上所述，企业资产的构成可如图 1-2 所示。

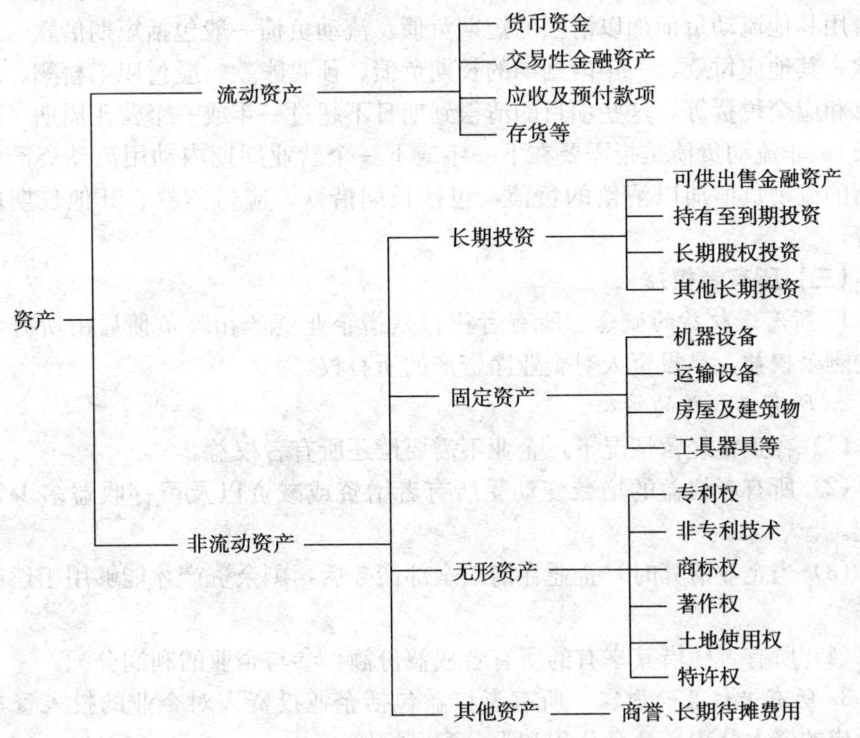

图 1-2 资产的构成图

（二）负债

1. 负债的概念。负债是指企业过去的交易或者事项所形成的、预期会导致经济利益流出企业的现时义务。

2. 负债的特征。

（1）负债是由于过去的交易或事项所引起的。也就是说，企业预期在将来要发生的交易或事项可能产生的债务，不能作为负债加以处理，如企业与供货单位签订的供货合同，它会导致交易在将来发生同时可能产生负债，但此时不能作为负债处理。

（2）负债是现在已经承担的责任并且是企业将来要清偿的义务。也就是说，对于已经形成的债务，企业必须在以后的生产经营过程中予以偿还。

（3）负债通常需要在未来某一特定时日用资产或劳务偿付。在某些情况下，现有负债可能通过承诺新的负债或转化为所有者权益来予以了结，但最终都要导致企业资产的流出。

3. 负债的分类。负债按其流动性，实际上是按偿还期限的长短，可以分为流动负债和非流动负债。流动负债是指可合理地预计、需要动用流动资产，或者用其他流动负债加以清偿的短期负债。流动负债一般包括短期借款、应付账款、其他应付款、一年内到期的长期负债、预收账款、应付职工薪酬、应付利息和应交税费等。这些项目的清偿到期日不超过一年或一个营业周期（两者孰长）。非流动负债是指需要在下一年或下一个营业周期内动用流动资产或承担新的流动负债加以清偿的负债，包括长期借款、应付债券、其他长期应付款等。

（三）所有者权益

1. 所有者权益的概念。所有者权益是指企业资产扣除负债后由所有者享有的剩余权益，是投资人对企业净资产的所有权。

2. 所有者权益的特征。

（1）在正常经营情况下，企业不需要偿还所有者权益。

（2）所有者权益的增减变动受所有者增资或减资以及留存收益多少等的影响。

（3）当企业清算时，企业在清偿全部债务后，剩余资产才能够用于偿还所有者。

（4）所有者凭借其享有的所有者权益份额，参与企业的利润分配。

3. 所有者权益的内容。所有者权益包括企业投资人对企业的投入资本以及形成的资本公积、盈余公积和未分配利润等。

（1）投入资本，指投资者实际投入企业经营活动的各种财产物资和货币资金，即实收资本，是企业所有者权益构成的主体，是企业注册成立的基本条件之一，也是企业正常运行所必需的资金和承担民事责任的财力保证。

(2) 资本公积，包括资本（或股本）溢价、其他资本公积等。资本公积金可以按照法定的程序转增资本金。

(3) 盈余公积，指按照国家有关规定从税后利润中提取的公积金。盈余公积金可以用来弥补亏损和按规定程序转增资本金。

(4) 未分配利润，指企业留于以后年度分配的利润或待分配利润。

企业负债与所有者权益的构成可如图 1-3 所示。

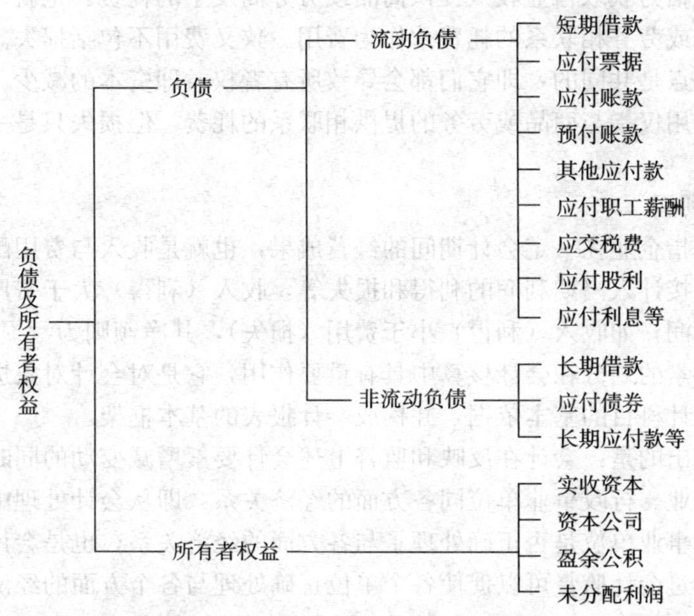

图 1-3 企业负债与所有者权益的构成图

（四）收入

收入是指企业在日常活动中的形成的、会导致所有者权益增加的、与所有者投入资本无关的经济利益的总流入。对于某一个会计主体来说，收入表现为一定期间现金的流入或其他资产的增加或负债的清偿。但是不是所有的现金流入都是企业的收入，因为有些现金收入并不是由于企业销售商品、提供劳务及他人使用本企业的资产引起的，如股东投资、企业借债而增加的现金流入就不是收入。收入有广义和狭义两种理解。广义收入把所有的经营和非经营活动的所得都看成是收入。也就是说，企业净资产增加的部分都看作收入，包括营业收入、投资收入和营业外收入，以及资产收益等。狭义收入则仅仅把经常的、主体性的经营业务中取得的收入作为收入，即营业收入，它包括基本业务收入和其他业务收入。会计上通常所指的收入是狭义收入。

（五）费用

费用是指企业在日常活动中发生的、会导致所有者权益减少的、与向所有者分配利润无关的经济利益的总流出。它是企业在获取收入过程中的必要支出。费用是相对收入而言的，没有收入就没有费用。因此，费用必须按照一定的期间与收入相配比。如一定期间的产品销售收入必须与当期的产品销售成本相配比。费用也有广义和狭义之分。广义的费用包括各种费用和损失。而狭义的费用只包括为获取营业收入提供商品或劳务而发生的耗费。也就是说，凡是同提供商品或劳务相联系的耗费才作为费用。狭义费用不包括损失。狭义费用和损失有一点是共同的，即它们都会导致所有者权益即资本的减少。所不同的是，狭义费用仅指与商品或劳务的提供相联系的耗费，但损失只是一种对收益的纯扣除。

（六）利润

利润是指企业在一定会计期间的经营成果，也就是收入与费用配比相抵后的差额、直接计入当期利润的利得和损失等。收入（利得）大于费用（损失），其净额为利润；如收入（利得）小于费用（损失），其净额则为亏损。

会计要素的划分在会计核算中具有重要作用，它是对会计对象进行科学分类和设置会计科目的基本依据，并构成会计报表的基本框架。

需要指出的是，会计在反映和监督上述会计要素增减变动的同时，也反映和监督了企业、行政事业单位同各方面的经济关系，即从会计处理中可以看出企业、行政事业单位是否正确处理了与各方面的经济关系；也是会计监督实现的途径。通过会计监督可以促使各个单位正确处理与各个方面的经济关系。

第三节　会计核算的基本前提和会计信息的质量要求

一、会计核算的基本前提

会计核算的基本前提（或称会计假设）是指为了保证会计工作的正常进行和会计信息的质量，对会计核算的范围、内容、基本程序和方法所作的限定，并在此基础上建立会计原则。它之所以又称假设，是指面对变化不定的社会经济环境，会计人员对某种情况按进行会计工作的先决条件所作出的合理推断或人为规定。按照国际会计惯例，结合我国情况，企业在组织会计核算时，应以会计主体、持续经营、会计分期、货币计量作为会计核算的基本前提。

（一）会计主体

会计主体是指会计所服务的特定单位。会计主体前提是指会计所反映的是一个特定企业和行政事业单位的经济活动。它明确了会计工作的空间范围。一般认为，会计主体与法律主体不是同一概念，一般来说，法律主体必然是会计主题，但会计主体不一定就是法律主体，它可以是一个有法人资格的企业，也可以是由若干家企业通过控股关系组织起来的集团公司，也可以是企业、单位下属的二级核算单位。提出会计主体概念，是为了把会计主体的经济业务与其他会计主体以及投资者的经济业务划分开。作为会计主体，必须具备三个条件：①具有一定数量的经济资源；②进行独立的生产经营活动或其他活动；③实行独立核算，提供反映本主体经济情况的会计报表。会计主体确定之后，会计人员只是站在特定会计主体的立场，核算特定主体的经济活动。

（二）持续经营

持续经营是指会计核算应以持续、正常的生产经营活动为前提，而不考虑企业是否将破产清算。它明确了会计工作的时间范围。会计主体确定后，只有假定这个作为会计主体的企业或行政事业单位是持续、正常经营的，会计原则和会计程序才有可能建立在非清算的基础之上，不采用合并、破产清算的那一套处理方法。这样才能保持会计信息处理的一致性和稳定性。例如，只有在持续经营的前提下，企业的资产和负债才区分为流动的和长期的；企业资产才以历史成本计价，而不以现行成本或清算价格计价；才有必要和可能进行会计分期，并为采用权责发生制奠定基础；才使正确区分资本与负债成为必要。

（三）会计分期

会计分期是指把企业持续不断的生产经营过程，划分为较短的等距会计期间，以便分期结算账目，按期编制会计报表。它是对会计工作时间范围的具体划分。会计期间是指在会计工作中，为核算生产经营活动或预算执行情况所规定的起讫日期。会计期间主要是确定会计年度。《会计法》规定，我国会计年度自公历 1 月 1 日起至 12 月 31 日止。会计年度确定后，一般按日历确定会计季度和会计月份，以便正确组织会计实务活动。有了会计期间这个前提，才产生了本期与非本期的区别，才产生了收付实现制和权责发生制，才能正确贯彻配比原则。只有正确地划分会计期间，才能准确地提供经营成果和财务状况的资料，才能进行会计信息的对比。

（四）货币计量

货币计量是指企业的生产经营活动及经营成果，或其他单位的经济活动都通过货币计量予以综合反映，其他计量单位虽也要使用，但不占主要地位。货币计量能对所有会计对象采用同一种货币作为统一尺度来进行计量，并把企业经营活动和财务状况的数据转化为按统一货币单位反映的会计信息。我国《企业会计准则》明确规定，会计核算以人民币为记账本位币。有外币收支的企业，也可以选定某种外币作为记账本位币，但编制的会计报表应当折算为人民币反映。以货币作为统一计量单位，包含着币值稳定的假设，但实际上货币本身的价值是有可能变动的。按照国际会计惯例，当货币本身的价值波动不大，或前后波动能够被抵销时，会计核算中可以不考虑这些波动因素，即仍认为币值是稳定的。但在发生恶性通货膨胀时，就需要采用特殊的会计准则（物价变动会计准则）来处理有关的会计事项。

将上述四项会计核算的基本前提综合起来可知：会计要确定会计工作为之服务的特定单位和范围，采用货币为统一尺度，在持续经营条件下选择恰当的会计方法对日常的经济业务记录、计算和反映，并按等距期间定期完整、及时、准确地编制出会计报表，这就构成了企业、单位开展会计工作、组织会计核算的前提条件和理论基础。

二、会计信息的质量要求

会计信息的质量要求是对会计核算提供信息的基本要求，是处理具体会计业务的基本依据，是在会计核算前提条件制约下，进行会计核算的标准和质量要求，会计信息质量的高低是评价会计工作优劣的标准。我国 2001 年颁布并执行的《企业会计制度》规定，企业会计核算的一般原则一共 13 条，可划分为两大类，即与会计信息质量要求有关的原则和与确认计量有关的原则。但是，2006 年我国《企业会计准则——基本准则》将这 13 条一般原则改为 8 条对会计信息质量的要求，将权责发生制作为会计处理基础；将“实际成本计价”列作计量属性，取消了“配比、划分收益性支出和资本性支出”原则，将“一贯性”和“可比性”统一为“可比性”。根据基本准则规定，对会计信息质量的要求包括可靠性、相关性、可理解性、可比性、实质重于形式、重要性、谨慎性和及时性。其中可靠性、相关性、可理解性、可比性是会计信息的首要质量要求，是企业财务报告所提供信息应具备的基本质量特性；实质重于形式、重要性、谨慎性和及时性是对会计信息的次级质量要求。

（一）可靠性

可靠性是指会计核算提供的信息应当以实际发生的经济业务为依据，如实反映财务状况和经营成果，做到内容真实，数字准确，资料可靠。

会计核算所提供的会计信息，必须确实可靠，必须建立在可查证的基础上，并且项目完整、手续完备。在会计上用作证明客观事实计量依据的，主要是指各种原始凭证和仪表记录等。但在会计实务中，有些数据只能根据会计人员的经验或对未来的预计予以计算，例如固定资产的使用年限，以及对制造费用分配方法的选择等，都会受到一定程度个人主观意志的影响。因此，不同会计人员对同一经济业务处理出现不同的计量结果是在所难免的。但是，会计人员应在统一标准的条件下将可能发生的误差降到最低程度，以保证会计核算提供的会计信息真实可靠。为达到这一要求，必须严格执行现行企业会计准则，加强会计核算的基础工作，提高会计人员的素质，建立健全内部控制制度和对会计核算资料的稽核制度。

（二）相关性

相关性是指会计核算所提供的经济信息应当有助于信息使用者做出经济决策，会计提供的信息要同决策相关联。

具体到企业来说，会计信息应当符合国家宏观经济管理的要求，满足有关各方，例如财政税务部门、银行、投资者和联营单位等，了解企业财务状况和经营成果的需要，满足企业加强内部经营管理的需要。

会计的目标就是为决策人提供有用经济信息，而要充分发挥会计信息的作用，就必须使提供的信息与会计信息使用者的要求相协调。这就要求会计在收集、处理、传递信息的过程中，考虑有关方面对会计信息的要求，以确保提供的信息与信息使用者的要求相关，即提供的信息对信息使用者来说是有用的。

（三）可理解性

可理解性是指会计记录和会计报表应当清晰明了，便于理解和利用。数据记录和文字说明要能一目了然地反映经济活动及其结果的基本情况，并对需要解释的问题做出必要的说明。

提供会计信息的目的在于使用，要使用会计信息就必须了解它的内涵，弄懂会计信息的内容，否则就谈不上会计信息的使用。这就要求会计所提供的信息必须清晰、简明、易懂，对复杂的经济业务应该用规范文字加以表述，以便于有关部门和人员理解、检查和利用。

随着社会主义市场经济的发展，会计信息的使用者越来越广泛，这就在客观上对会计信息的清晰性提出了更高的要求。

（四）可比性

可比性要求企业提供的会计信息应当具有可比性。同一行业各个企业的会计报表，应按照规定的程序和方法编制，以便使其建立在相同的核算标准之上，报表使用者在进行企业间横向对比分析时，能够有效地判断企业财务状况、经营状况的优劣，据此作出正确的决策。同时，也便于国家综合管理部门对各个企业提供的会计信息进行比较、分析和汇总，以利于国家的宏观调控。一个企业的会计信息，如能与其他企业的会计信息相比较，则它的有用性将会大大提高。

不同企业和行政事业单位处理会计业务的方法和程序在不同会计期间要保持前后一致，不能随意变更，以便于对前后时期会计资料进行纵向比较。但是，这条原则并不是绝对不许变更会计处理方法和会计程序，如果使用的会计处理方法和会计程序受客观环境所限，确有必要变更，应当将变更的情况、变更的原因及其对企业财务状况和经营成果的影响，在报表附注中说明。

（五）实质重于形式

实质重于形式是指企业应当按照交易或事项的经济实质进行会计核算，而不是以其法律形式作为核算的依据。因为在实际工作中，有时候会计事项的法律形式与经济实质不一致，为了反映企业的真实情况，就必须根据其经济实质而不是法律形式来进行会计核算。

例如，以融资租赁方式租入的固定资产，从法律上讲，在租赁期内承租企业不拥有所有权，但是由于租赁期满承租企业有优先购买权，在租赁期内承租企业有权支配该资产并获得收益，因此从经济实质上看，企业能够控制该资产所创造的未来收益，所以在会计核算时将融资租入资产视为承租企业的自有资产。

又如，个人独资企业在法律上没有法人资格，其资产和负债与业主个人是分不开的，但在会计核算中必须将个人独资企业视同独立的经济实体，单独核算企业的收支活动，以便正确计算损益。

（六）重要性

重要性原则，是指会计报表在全面反映企业的财务状况和经营成果的同时，对于重要的会计事项应单独核算、单独反映；而对不重要的会计事项，则可适当简化或合并反映，以便集中精力抓好关键。

重要性原则要求每个企业确定自己的重要会计事项。会计事项是否重要应根据会计信息对信息使用者进行决策时的影响程度来确定，进而确定该核算项目的精确程度。

（七）谨慎性

谨慎性是指在处理企业不确定的经济业务时，应持谨慎态度，如某一经济业务有多种处理方法可供选择时，应采取不导致夸大资产、虚增利润的方法。

在市场经济条件下，企业不可避免地会遇到风险，例如，企业应收账款由于债务人破产、死亡等原因，不能收回；固定资产由于技术进步而提前报废等情况。为了避免损失发生时对企业正常经营的影响，必须对面临的风险和可能发生的损失做出合理预计。谨慎原则在会计上的应用是多方面的，如对应收账款计提坏账准备，固定资产采用加速折旧法等。

(八) 及时性

及时性是指会计事项的处理，必须在经济业务发生时及时进行，讲求时效，以便于会计信息的及时利用。

会计资料具有一定的时效性，其价值往往随着时间的流逝而逐渐降低，因而各种会计记录必须及时进行，会计报表必须及时报送有关部门，不得拖延、积压。在当今信息社会中，会计资料如不及时传送，就会降低其有用性，也就可能会给会计信息的使用者造成一定的经济损失。可见，会计信息的及时性要求，是其相关性所要求的，或者说是相关性的限制因素。

第四节 会计核算的方法及会计循环

一、会计的方法

会计方法是用来反映和监督会计对象、完成会计任务的手段。

会计方法包括会计核算方法，会计分析方法和会计预测、决策方法等。会计核算是会计的基本环节，会计分析、会计预测和决策等都是在会计核算的基础上，利用会计核算资料进行的。会计核算的方法，是初学会计必须掌握的基础知识。

二、会计核算的方法

会计核算方法是对会计对象（会计要素）进行完整的、连续的、系统的反映和监督所应用的方法，主要包括以下七种。

(一) 设置会计科目

设置会计科目是对会计对象的具体内容分类进行核算的方法。所谓会计科目，就是对会计对象的具体内容进行分类核算的项目。设置会计科目就是在设计会计准则时事先规定这些项目，然后根据它们在账簿中开立账户，分类地、连续地记录各项经济业务，反映由于各经济业务的发生而引起的各会计要素的增减变动情况和结果，为经济管理提供各种类型的会计指标。

(二) 复式记账

复式记账是与单式记账相对称的一种记账方法。这种方法的特点是对每一项经济业务都要以相等的金额，同时记入两个或两个以上的有关账户。通过账户的对应关系，可以了解有关经济业务内容的来龙去脉；通过账户的平衡关系，可以检查有关业务的记录是否正确。

(三) 填制和审核凭证

会计凭证是记录经济业务、明确经济责任的书面证明，是登记账簿的依据。凭证必须经过会计部门和有关部门审核。只有经过审核并认为正确无误的会计凭证，才能作为记账的根据。填制和审核会计凭证，不仅为经济管理提供真实可靠的数据资料，也是实行会计监督的一个重要方面。

（四）登记账簿

账簿是用来全面、连续、系统地记录各项经济业务的簿籍，是保存会计数据资料的重要工具。登记账簿就是将会计凭证记录的经济业务，序时、分类地记入有关簿籍中设置的各个账户。登记账簿必须以凭证为根据，并定期进行结账、对账，以便为编制会计报表提供完整而又系统的会计数据。

（五）成本计算

成本计算是指在生产经营过程中，按照一定对象归集和分配发生的各种费用支出，以确定该对象的总成本和单位成本的一种专门方法。通过成本计算，可以确定材料的采购成本、产品的生产成本和销售成本，可以反映和监督生产经营过程中发生的各项费用是否节约或超支，并据以确定企业经营盈亏。

（六）财产清查

财产清查是指通过盘点实物、核对账目，保持账实相符的一种方法。通过财产清查，可以查明各项财产物资和货币资金的保管和使用情况，以及往来款项的结算情况，监督各类财产物资的安全与合理使用。在清查中如发现财产物资和货币资金的实有数与账面结存数额不一致，应及时查明原因，通过一定审批手续进行处理，并调整账簿记录，使账面数额与实存数额保持一致，以保证会计核算资料的正确性和真实性。

（七）编制会计报表

会计报表是根据账簿记录定期编制的、总括反映企业和行政事业单位特定时点（月末、季末、年末）和一定时期（月、季、年）财务状况、经营成果以及成本费用等的书面文件。会计报表提供的资料，不仅是分析考核财务成本计划和预算执行情况及编制下期财务成本计划和预算的重要依据，也是进行经济决策和国民经济综合平衡工作必要的参考资料。

上述各种会计核算方法相互联系、密切配合，构成了一个完整的方法体系。在会计核算方法体系中，就其工作程序和工作过程来说，主要是三个环节：填制和审核凭证、登记账簿和编制会计报表。在一个会计期间，所发生的经济业务，都要通过这三个环节进行会计处理，将大量的经济业务转换为系统的会计信息。这个转换过程，即从填制和审核凭证到登记账簿，直至编出会计报表周而复始的变化过程，就是一般称谓的会计循环。下面介绍其基本内容。

三、会计循环

会计循环，是指会计核算工作的基本流程。在一个会计期间内，各个单位的会计工作必须经过：取得或填制原始凭证、填制记账凭证、登记账簿、进行调整前的试算平衡、进行账项调整、结账、进行调整后的试算平衡、编制会计报表等一系列会计程序。这是一个依次顺序完成的过程，从会计期间初开始，至会计期间末结束，周而复始，循环往复，因此，称之为会计循环。

会计循环一般包括以下几个步骤：

（1）取得或填制原始凭证。经济业务发生后，会计部门首先要取得或填制原始凭证，并审核其是否合法合规。

（2）填制记账凭证。即根据审核无误的原始凭证，按照借贷记账规则编制会计分录，并将会计分录填写在记账凭证上。

（3）登记账簿。也称为过账，即根据记账凭证中的会计分录，登记有关的日记账、总分类账和明细分类账。

（4）进行调整前的试算平衡。计算每个总分类账户的本期借方发生额、贷方发生额和期末余额，汇总后编制试算平衡表，验证账户记录是否正确。

（5）进行期末账项调整。会计期末，应根据权责发生制原则，将应归属于本期的收入和费用调整入账，以便正确反映各期的实际情况。

（6）结账。会计期末，应将收入、费用账户的余额转入“本年利润”账户，以确定当期损益，同时，结出资产、负债、所有者权益账户余额并将其转入下期，以便连续记录。

（7）进行调整后的试算平衡。在期末账项调整后，重新计算每个总分类账户的本期借方发生额、贷方发生额和期末余额，汇总后编制试算平衡表，以验证账户记录是否正确，并为编制会计报表提供依据。

（8）编制会计报表。在完成上述程序后，便可根据各账户余额和本期发生额编制会计报表，以反映企业的财务状况、经营成果和现金流量，为使用者提供会计信息。

上述会计循环流程如图 1-4 所示。

上述会计工作程序在手工记账条件下比较典型。随着电子计算机的普及，大部分会计工作由计算机来完成，但是会计工作的基本流程仍然与手工记账相同，只是具体的工作内容有所简化，例如，登记账簿、计算本期发生额和期末余额，以及编制试算平衡表等，都可以由计算机自动生成。了解和掌握会计工作的基本程序，有助于理解计算机会计的处理程序。

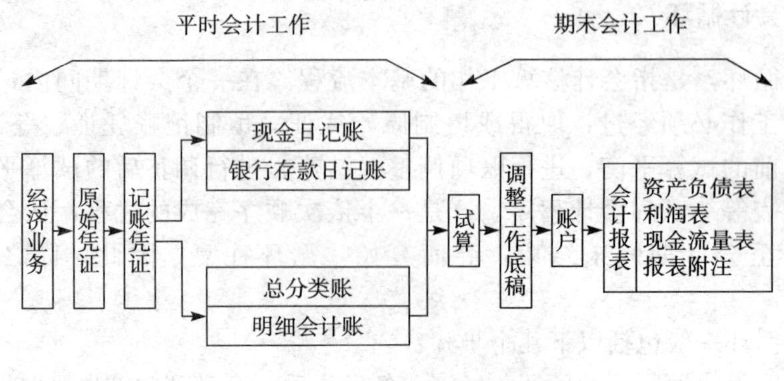

图 1-4　会计循环流程图

第五节　会计机构、会计人员、会计规范、会计人员的基本职业道德

一、会计机构

（一）会计机构设置

会计机构是组织领导和直接从事会计工作的职能部门。《中华人民共和国会计法》第 36 条规定："各单位应当根据会计业务的需要，设置会计人员并指定会计主管人员；不具备设置条件的，应当委托经批准设立从事会计代理记账业务的中介机构代理记账。"

为了科学、合理地组织开展会计工作，凡实行独立核算的企业和行政事业单位，都应当设置会计工作的专职机构。在我国，由于财务工作和会计工作都属于综合性的经济管理工作，通常把财务工作和会计工作合并在一起，设置一个财务会计机构，统一办理财务工作和会计工作。在实际工作中，各单位对会计机构的叫法也不一样，如"财务部（处、科、股）"、"会计部"、"计财部"、"财会部"等，名称虽然不同，实际上都是我们所讲的会计机构。单独设置会计机构，可以使会计机构独立的行使对经济工作的监督职能，发挥会计在经济管理中的作用。不能单独设置会计机构的单位，应当在有关机构中设置会计人员并指定主管人员。有些单位规模较小，会计业务比较简单，财务收支数额也较小，可以不单独设置会计机构，但是要配置专职的会计人员，办理会计事项。为了明确责任，应在会计人员中指定会计主管人员，行使会计机构负责人的职权。

对于不具备设置会计机构和会计人员条件的单位，可以实行代理记账。随着我国经济的迅速发展，经济组织形式也发生了很大变化，出现了大量的民营经济和个体经济。这些经济组织规模较小，人员也少，不可能也没有必要设置专门的会计机构或配置专职的会计人员，这样的单位可实行代理记账。代理记账就是由有关部门批准的代理机构，接受委托人的委托，进行会计核算，包括审核原始凭证、填制记账凭证、登记会计账簿、编制财务报告；定期向有关财务部门提供财务报告；定期向税务机构提供税务资料等。

按照会计机构的职能划分，可将我国的会计机构分为两类，一类是主管会计工作的机构，我国主管会计工作的机构是国务院财政部门，如各级财政部门设置的会计管理机构。另一类是各单位设置的会计机构，如单位设置的会计处、会计科等。

国务院财政部门设置的会计管理机构主管全国的会计工作，县级以上各级人民政府财政部门负责管理本地区的会计工作。在管理体制上实行统一领导、分级管理的原则，由各级财政部门负责管理会计工作，体现了政府对会计工作的管理职能。会计在为各单位经营管理和业务活动服务的同时，要为国家的宏观调控服务。

（二）会计工作的组织形式

在实际工作中，会计核算有两种形式，一种是集中核算形式，一种是分散核算形式。

集中核算形式，是指企业的主要会计工作都集中在财务会计部门进行。与这种核算形式相适应，企业可以集中设置一个会计机构，配置专职的会计人员进行工作。在这种核算形式下，企业内部有关部门发生的经济业务，可以不进行全面、完整的核算，只需取得或填制原始凭证，并对原始凭证进行适当的汇总，定期将其送到企业财务会计部门，由财务会计部门进行审核，登记入账。集中核算有利于分工协作，精简人员，提高会计工作的效率，但不利于企业内部各有关部门经济核算的积极性。因此，集中核算形式适合那些规模小、部门机构设置简单的企业。

分散核算形式也称非集中核算形式，是指对企业内部各部门发生的经济业务，由各部门进行核算。与这种核算形式相适应，企业除了要设置总的会计机构外，还要在所属部门设置会计分支结构，比如大型工业企业，在厂部设财务处，在车间设财务组。在这种核算形式下，企业内部有关部门发生的经济业务，由所设的会计分支机构负责核算，包括填制原始凭证或原始凭证汇总表、登记有关账簿、单独核算成本费用、计算盈亏、编制会计报表等。分散核算有利于企业内部单位开展全面经济核算，同时也有利于加强内部的会计管理。因此，分散核算形式适合于具备一定规模的企业。

在一些实行分散核算形式的企业，企业内部有关部门具有一定的经营管理权，有一定数量的资金，同时也负有一定的经济责任。对这些部门可以进行比较全面的核算，单独计算盈亏，编制会计报表。但是这些内部部门不能在银行开设账户，不能单独与外部签订合同，也不能单独进行债权债务的核算，这样的部门通常称为半单独核算单位。

在企业内部还有一些部门，如商品流通企业所属的门市部，一般只向上级领取备用金和一定数量的商品，收入全部上交，支付的费用由上级报销。这些部门不单独计算盈亏，只计算一部分指标，不设置会计账簿，也不需要编制会计报表，大部门经济业务由所在的财务会计部门集中核算，这样的部门通常称为报账单位。

（三）会计机构内部的分工

会计机构内部的分工，就是按照会计人员的配备情况和会计工作的内容，进行合理的分工。

在一个单位，究竟需要配备多少会计人员，设置几个会计岗位，主要取决与单位经营规模、组织结构形式和业务工作量，不同的单位有不同的要求。会计机构内部的分工，由于各个单位经济业务的繁简、会计工作的内容及会计人员的配置各不相同，应有所区别。对于大中型企业，可以根据需要，在会计机构内部设置几个组，由每个组负责有关的会计工作，比如在大中型工业企业，可以根据情况设置材料组、薪酬组、成本组和综合组，各组的会计人员也要有分工。

我国有关法规对会计岗位设置、会计岗位人员设备的原则有具体规定，规定会计工作岗位，可以一人一岗，一人多岗或一岗多人。会计岗位包括：会计负责人或者会计主管人员、出纳、财产物资核算、薪酬核算、成本费用核算、财务成果核算、资金核算、往来核算、总账报表、档案管理等。

在会计机构内部分工时，既要明确每个人的工作范围和职责，也要体现内部稽核制度和内部牵制制度。《中国人民共和国会计法》中明确规定："会计机构内部应当建立稽核制度。出纳人员不得兼任稽核、会计档案保管和收入、支出、费用、债权债务账目的登记工作。"

会计机构内部的稽核制度是内部控制的重要组成部分，稽核是稽查和复核的简称。会计机构内部稽核制度是指要制定专人对会计凭证、会计账簿和会计报表以及其他会计资料进行审核，包括事前审核和事后审核。建立会计机构内部的稽核制度，可以防止会计核算工作中的差错，也可以防止舞弊行为。

内部牵制制度，也称钱账分管制度，是指凡是涉及款项和财务收付、结算及登记的任何一件工作，必须有两人或两人以上分工办理，以起到相互制约作用的一种制度。内部牵制制度是内部控制制度的一个重要组成部分，实行内部牵制制度，可以加强会计人员相互制约、相互监督、相互核对，以提高会计核算的质量。

二、会计人员

设置会计机构以后，就要配置相应的会计人员。

（一）会计人员的从业资格

从事会计工作的人员，必须拿到会计从业资格证书以取得会计从业资格，必须具备一定的基本条件和具体条件。基本条件是坚持原则、秉公办事、具备良好的道德品质，遵守国家法律法规。具备一定的会计专业知识和技能，身体健康、能够胜任本职工作的需要等。具体条件是对学历和年限的要求，具备规定学历的，可以获得会计从业资格。不具备规定学历的，应通过考试取得会计从业资格。对于符合条件取得会计从业资格的，由有关部门颁发给从业资格证书。为了加强对从业资格证书的管理，督促会计人员持证上岗，树立从业资格证书的权威性，对会计从业资格证书实行注册登记和年检制度。为了提高会计人员的素质，适应社会发展，会计人员每年要参加继续教育，完成规定的继续教育学时，会计人员在从业中有违反法律法规的，将被吊销会计从业资格证书。

（二）会计人员的基本职责

《中华人民共和国会计法》第五条规定："会计机构、会计人员依照本法规定进行会计核算，实行会计监督。"这是对会计机构、会计人员基本职责的规定。

1. 会计核算。会计人员要按照企业会计准则的规定，认真进行会计核算工作。要认真填制、审核会计凭证，登记各种账簿，记录各种财产、物资的增减变动及使用情况，正确的计算各种收入、支出、成本和费用，正确的计算财务成果；按期核对账目，进行账实比较，确实做到账证相符、账账相符、账实相符和账表相符，保证会计数字真实、准确、完整；对外对内如实反映经济活动情况。

2. 会计监督。通过会计核算工作，对本单位经济业务、财务收支的合法性和合理性进行监督。会计监督的主要内容包括：对于不真实、不合法的原始凭证有权不予受理，并向单位负责人报告，请求查明原因，追究有关当事人的责任；对记载不正确、不完整的原始凭证予以退回，并要求经办人员按照企业会计准则规定进行更正、补充。会计人员如果发现账簿记录和实物、款项不符，应当按照有关规定进行处理；无权进行处理的，会计人员应当及时报请单位负责人做出处理。会计人员有权拒绝办理或纠正违法会计事项。

（三）会计机构负责人或会计主管人员

一般来说，每一个会计机构内部都要有会计机构负责人（也称会计主管人员），在单位负责人的领导下开展会计工作。会计机构负责人是各单位会计工作的组织者和领导者，担任会计机构负责人的，除取得会计从业资格证书外，还应当具备会计师以上专业技术职务或者从事会计工作 3 年以上经历。会计机构负责人应按照国家统一的会计法规和制度，结合本单位的具体情况主持制定本单位企业会计准则的实施办法，科学的组织会计工作，并领导、督促会计人员贯彻执行；参与经营决策，主持制定和考核财务计划或预算；经常研究工作，总结经验，不断改进或完善会计工作；组织会计工作学习，不断提高会计人员素质，考核会计人员工作，合理调配会计人员。

（四）总会计师

按照会计法的规定，我国国有和国有资产占控股地位或者主导地位的大、中型企业必须设置总会计师。总会计师是单位领导成员，全面负责本单位的财务会计管理和经济核算，参与本单位的重大经营决策。

总会计师是在单位负责人领导下，主管经济核算和财务会计工作的负责人。建国初期，我国借鉴原苏联的经验，在一些大中型国有企业实行总会计师制度，目的是加强经济核算和会计管理。

（五）会计人员的专业技术职称

为了合理使用会计人员，充分发挥会计人员在经济建设中的积极性和创造性，企业、行政事业等单位的会计人员可以根据从事财务会计工作年限、学历、工作成绩和业务水平，通过专业技术职务考试，取得相应的专业技术职称。

会计专业技术职称分为初级会计师、中级会计师、高级会计师。其中初级会计会计师为初级职称，中级会计师为中级职称，高级会计师为高级职称。

对各级专业技术职务的学历和从事财务会计工作年限的要求，一般都应具备，但是对于的确有真才实学、成绩显著、贡献突出，符合任职条件，在确定其相应技术职务时，可以不受规定的学历和工作年限的限制。

三、会计规范

会计规范，是指导和约束会计工作的法律、法规、准则、制度和政策的总称。没有一定的会计工作规范，会计处理可能会充满随意性，会计信息的质量无法保证。可见，会计规范对于会计人员搞好会计工作十分重要。随着各个国家、各个行业的经济、政治、法律、教育、文化和科技环境的不同，会计规范会有所差异。下面主要介绍我国的会计规范体系，一般包括会计法、会计准则和会计制度等。

(一)会计法

会计法的全称是《中华人民共和国会计法》。会计法是会计工作的根本大法，凡是在我国境内的所有企业、行政事业单位和其他组织都必须依照会计法的规定来办理会计事务。会计准则、会计制度和其他会计法规也是以会计法为依据来制定的。

建国以后，我国于1985年首次颁布会计法，当时主要是为了适应改革开放的需要，维护财经纪律，保障会计人员履行会计职责并享有相应的合法权利。随着“两则两制”的实施，于1993年12月对会计法进行了修订。此后，为了解决现实中日趋严重的会计信息失真问题，于1999年10月对会计法进行了再次修订。

重新修订后的会计法于2000年7月1日起实施。新会计法全文共7章52条，主要内容如下：

第一章总则，明确了会计法的立法宗旨是规范会计行为，解决会计信息失真问题，保证会计资料的真实和完整；说明了会计法的适用范围，包括国家机关、社会团体、公司、企业、事业单位和其他组织，但不包括个体工商户；突出强调了单位负责人对会计信息的真实性和完整性负责，要求必须维护会计机构和会计人员的合法权益；明确指出，任何单位或个人不得以任何方式授意、指使、强令会计机构、会计人员伪造、变造会计凭证、账簿和其他会计资料，提供虚假财务会计报告；不得对依法履行职责、抵制违反本法规定行为的会计人员进行打击报复；同时明确规定国家财政部门主管全国会计工作，全国实行统一的会计制度，国家统一的会计制度由国务院财政部门依据会计法制定并颁布。

第二章会计核算，明确提出了国家对各单位会计核算的基本要求，包括会计核算内容、会计年度的起始日期、记账本位币、会计凭证的编制要求、会计账簿的登记要求、账目核对、会计处理方法、或有事项的披露方式、财务会计报告形式、会计记录文字以及会计档案管理等。会计核算是会计工作的核心，加强对会计核算工作的规范，历来是会计法的重点。

第三章公司、企业会计核算的特殊规定，规定公司和企业必须根据实际发生的经济业务事项，按照国家统一会计制度的规定组织会计核算，不得随意改变对会计要素的确认方法和计量标准，不得虚列、多列、少列、不列资产、负债、所有者权益、收入、成本和费用，不得随意调整利润的计算和分配方法，编造虚假利润等。公司、企业是国民经济的主要组成部分，其会计工作的好坏，直接影响整个国家会计信息的质量，目前我国会计信息失真也主要表现在公司和企业。为此，会计法专设一章，对公司、企业的会计核算做出特别规定，具有很强的针对性。

第四章会计监督，提出三位一体的会计监督体系，即会计监督由内部控制制度、社会监督、国家监督组成，并对单位内部的会计监督制度，相关人员在内部监督中的职责，对违法行为的检举和对检举人的保护，以及注册会计师事务所和国家各级政府部门的监督职责作出了具体规定。

第五章会计机构和会计人员，主要规定了会计机构的设置，总会计师的设置，会计人员的从业资格和后续教育，会计机构负责人的任职资格，以及会计工作的交接等内容。

第六章法律责任，主要规定了违反会计核算和会计监督规定的行为应承担的法律责任，伪造、变造会计凭证、账簿，提供虚假财务会计报告的法律责任，隐匿或故意销毁会计资料的法律责任，授意、指使、强令会计机构、会计人员从事违反会计法规定行为的法律责任，单位负责人打击报复会计人员的法律责任，以及泄露举报人的法律责任等。

第七章附则，解释了会计法中所提到的单位负责人和国家统一会计制度的涵义，明确了会计法的实施时间。

总之，《会计法》对会计工作的规定是完整的、总括性的。一方面它对会计工作哪些必须做、哪些应该做、哪些可以做、哪些不能做都作出了明确的规定，旨在规范会计行为，保证会计资料和会计信息真实、完整，加强经济管理和财务管理，提高经济效益，维护社会主义市场经济秩序；另一方面，《会计法》特别关注了与会计工作相关的各部门及其人员的权利和责任。要做好会计工作，还需要更加具体的会计规范。

（二）会计准则

会计准则是规范会计信息生成、约束会计核算工作的规则，也是评价会计工作质量的标准。会计准则是对会计工作实践经验的总结和概括，并用来指导会计实践。

会计准则可以由民间机构制定，也可以由政府制定，在我国由国家财政部负责制定。

会计准则一般分为两个层次，第一个层次是基本准则，第二个层次是具体准则。基本准则的适用面广，对会计工作具有普遍的指导意义，并且是制定具体准则的依据。具体准则是对会计工作所做的具体规定，体现了基本准则的要求，两个层次的准则必须保持协调一致。

我国于 1992 年 11 月颁布的《企业会计准则》属于基本准则。《企业会计准则》全文共十章 66 条，对我国会计核算工作进行了全面规范，包括会计目标、会计假设、会计要素的确认基础和会计核算的基本原则等均作出了明确的规定。《企业会计准则》从 1993 年 7 月 1 日起实施，适用于我国境内的所有企业。

具体会计准则是对某一会计要素及其内容或某类经济业务的确认、计量、记录和报告标准进行规定的准则。我国财政部于 1997 年 5 月颁布了第一个具体准则——《关联方关系及其交易的披露》，此后又先后发布了 15 个具体准则，有《现金流量表》、《资产负债表日后事项》、《债务重组》、《收入》、《投资》、《建造合同》、《会计政策、会计估计变更和会计差错更正》、《非货币性交易》、《或有事项》、《无形资产》、《租赁》、《借款费用》、《固定资产》、《存货》、《中期财务报告》，截至 2006 年 2 月又陆续起草和颁布了 12 个具体会计准则，每个具体准则除正文外，还包括指南，以便在会计实务中操作。

2006 年 2 月我国财政部颁布了包括基本准则和 38 项具体准则在内的新会计准则体系，并规定从 2007 年 1 月 1 日起在上市公司范围内实施，国有企业和民营企业暂时采取自愿实施原则。《企业会计准则——基本准则》全文共 11 章 50 条，基本准则的作用是"准则的准则"，对 38 个具体准则起着统驭和指导作用，具体会计准则应在基本会计准则规定的框架内，按照会计业务或事项的类别进行制定与执行。主要规范如下几方面的内容：

1. 规定整个会计准则体系的目的。新《企业会计准则——基本准则》将制定会计准则体系的目的归纳为规范企业会计确认、计量和报告行为，保证会计信息质量。向财务报告使用者提供于与企业财务状况、经营成果和现金流量等有关的会计信息，反映企业管理层受托责任履行情况，有助于财务会计报告使用者做出经济决策。

2. 规范会计核算的基本前提和会计信息质量要求。新《企业会计准则——基本准则》对会计核算的基本前提（即会计的基本假设）没有作修改变动，仍然为会计主体、持续经营、会计分期和货币计量四个方面。将原来的会计核算一般原则修改为对会计信息质量要求。修改前的会计核算原则为 12 条，要求企业的会计核算要遵循客观性、相关性、可比性、一贯性、及时性、明晰性、历史成本计价、权责发生制、谨慎、配比、划分收益性支出和资本性支出、重要性原则。新企业会计准则将原来的会计核算原则 12 条原则分成了两部分，一部分改为对会计信息质量提出要求，这些要求包括：真实性、相关性、明晰性、可比性、一贯性、实质重于形式、谨慎性、重要性、及时性等。而将原来的历史成本计价、权责发生制、配比原则作为对会计要素计量提出的要求处理。

3. 规范会计要素及其确认与计量、会计报告整体要求。新《企业会计准则——基本准则》仍然将企业会计要素规范为资产、负债、所有者权益、收入、费用和利润六个，未发生变动；原会计准则规定会计要素的计量属性只有历史成本一个，新企业准则规定的计量属性有五个，即历史成本、重置成本、可变现净值、现值和公允价值。并规定企业在对会计要素进行计量时，一般应当采用历史成本，采用重置成本、可变现净值、现值、公允价值计量的，应当保证所确定的会计要素金额能够取得并可靠计量。

具体会计准则应根据基本会计准则的精神制定，用来指导企业各类经济业务的确认、计量、记录和报告。38 项具体准则又具体规范三类经济业务或会计事项的处理：①一般业务处理准则。主要规范各类企业普遍适用的一般经济业务的确认与计量。如存货核算、长期股权投资、固定资产等。②特殊行业会计准则。主要规范特殊行业的会计业务或事项的处理，如生物资产、石油天然气开采等。③特定业务准则。主要规范特定业务的确认与计量，如债务重组、非货币性资产交换等。

新企业会计准则体系充分考虑了与国际会计准则协调与趋同，绝大部分会计政策和方法与国际会计准则的要求是一致的，总体上保持了两者之间较高程度的协调和趋同。但由于每个国家都有自己的法律环境、经济环境和文化环境，不同的会计环境决定了各国的会计准则不可能与国际会计准则完全相同。我国新企业会计准则体系在借鉴了国际会计准则中一些先进、合理、科学、对各类信息使用者有用精华的基础上，适当考虑了中国的实际情况，保留了一些与国际准则之间的一些差异。

（三）会计制度

会计制度是从事会计工作的具体行为规范。在建国以后的很长一段时期内，我国财政部主要通过颁布统一的会计制度来规范全国的会计工作。在 1993 年以前，我国的会计制度按照行业和所有制形式加以制定，当时全国有 60 多个统一的会计制度。改革开放后，由于企业所有制形式的多样化，企业经营方式的多元化，以及新经济业务的不断出现，分行业、分所有制的会计制度已经不再适用，因此财政部于 1992 年 11 月颁布了《企业会计准则》，同时在具体会计准则尚未出台的情况下，陆续颁布了 13 个分行业的会计制度，取代原来的会计制度，形成会计准则与多种会计制度并存的格局。此后，随着发展社会主义市场经济总目标的确立，我国的社会经济环境发生了重大变化，为了适应新形势的要求和全球经济一体化的发展趋势，提高会计信息质量，防范和化解金融风险，并与国际会计惯例接轨，财政部于 2000 年 12 月颁布了《企业会计制度》，从 2001 年 1 月 1 日起在上市公司实施，从 2002 年 1 月 1 日起在外商投资企业实施，国有企业和民营企业暂时采取自愿实施原则，到 2005

年《企业会计制度》已在所有大中企业实施。《企业会计制度》适用于我国境内除金融企业和小规模企业以外的所有企业（国家财政部另外制定有《金融企业会计制度》和《小规模企业会计制度》)。它打破了行业界限，借鉴了国际上通行的会计处理方法，扩大了谨慎原则的应用，在一定程度上解决了由于会计规则不科学所造成的会计信息失真问题。

《企业会计制度》包括两部分内容。第一部分是会计核算制度，全文共14章160条，提出了对企业会计核算的具体规定，并对资产、负债、所有者权益、收入、成本和费用、利润及利润分配、非货币性交易、外币业务、会计调整、或有事项、关联方关系及交易、财务会计报告的基本概念和内容等进行了规范。第二部分是会计科目和会计报表，规定了企业统一会计科目的名称及其用法，会计报表的格式和编制方法，以及会计报表附注的内容和编制方法等。

随着新《企业会计准则》从2007年1月1日起在上市公司的实施，标志着国家进一步规范了企业的会计核算工作，从长远发展看，我国未来的会计管理体制将采用会计法——基本会计准则——具体会计准则的三级管理形式，即以具体会计准则取代统一的会计制度。但在相当长的一段时期内，将保持具体会计准则与统一会计制度并存的状况，以适应我国会计实务工作的需要。

（四）与财务会计有关的其他经济法规

除了会计法、会计准则和企业会计制度外，我国还陆续颁布了一些行政法规来规范会计工作，如：会计人员职权条例、会计档案管理办法等。此外，还有一些会计工作规定分散在其他经济法规中，如：企业法、公司法、证券交易法、税法、商法、票据法等。这些法规中与会计有关的规定，也都是会计核算所必须遵守的，因此也可将其归为财务会计规范的一部分。

四、会计人员的基本职业道德

会计人员的职业道德是指会计人员在从事会计工作时应该遵循的所有行为规范。由于编制和列示会计信息并不是一项能够完全由电脑甚至由训练有素的办公人员完成的机械性工作，会计工作的一个重要特点就是需要胜任的专业人员运用职业判断并遵循严格的道德标准解决问题。会计人员每天都面临这样的问题，比如：某些复杂业务在什么时点实际上已经发生，从而必须把它们包括在给投资者和债权人的财务报表之中？一个公司的财务问题在何时足以引起企业在可预见的将来陷入财务危机，甚至影响持续经营，这样的信息又应该在何时通过会计报表传递给信息使用者？企业利润粉饰的行为在什么情况下超过了正当界限，使得会计报表实际上已经在误导投资者？这些都需要会计人员的道德判断。

由于会计工作的社会效应很大，会计人员更要注意培养自己的职业道德，并主动遵循会计职业道德。相当多的职业会计组织对会计人员的职业道德规范作出了明确规定，希望会计人员认真遵循。如：美国注册会计师协会（AICPA）对注册会计师的职业道德的要求是遵循公众利益、具有诚信、客观和独立性，在完成职责的同时需要保持应有的关注；美国管理会计协会对管理会计人员的职业道德也专门规定：作为专业人士，必须尽其对自己、同事和其所属组织的义务，保持较高的道德行为标准，其标准具体表现为：①胜任性。②保密性。③正直。④客观性。

国际内部审计师协会在《内部审计师协会道德准则》中对会员的职业道德要求是诚实、客观和勤奋。

我国在《会计法》第五章“会计机构和会计人员”中明确指出：会计人员应当遵守职业道德，提高业务素质。对会计人员的教育与培训工作应当加强。中国注册会计师协会在其《职业道德基本准则》中对职业道德的重要要求是：独立、客观、公正，具有专业胜任能力，对客户、对同行、对职业组织具有责任感。

胜任是会计人员最基本的职业道德，对公众利益、行业利益、企业利益的关注是会计人员职业道德中十分重要的方面，诚实、正直、勤奋也是对会计人员的基本要求。

本章小结

本章主要介绍企业会计学的基本概念和基本理论，包括会计的产生和发展，会计的职能和目标，会计对象和会计要素、会计核算的基本前提与会计信息质量要求，以及会计机构的设置、会计人员、会计工作规范和会计的基本职业道德。这些内容比较抽象，但却是学习和掌握会计学必备的基础知识。

会计是由于经济管理的客观需要而产生和发展起来的，会计发展的历史证明，经济越发展，会计越重要。会计有两大基本职能：核算职能和监督职能。会计的基本目标是为报表使用者进行经济决策提供会计信息，报表使用者包括投资者、债权人、政府有关部门、企业经营管理者、企业职工等。会计主要通过编制财务会计报告提供会计信息。

会计对象是会计反映和控制的内容，企业会计的对象就是企业再生产过程中的资金运动。会计要素是对会计核算对象所作的基本分类。我国企业会计准则将会计要素分为资产、负债、所有者权益、收入、费用、利润六项。这六项会计要素可以归纳为两大类，一是反映财务状况的会计要素，包括资产、负债和所有者权益，构成了资产负债表的基本框架，因此也称为资产负债表要素；二是反映经营成果的会计要素，包括收入、费用和利润，构成了利润表的基本框架，因此也称为利润表要素。

会计核算的基本前提，是指对会计核算的时间范围、空间范围和计量标准等所作的合理推断。会计对象的确定、会计政策和方法的选择都要以会计核算的基本前提为依据。我国在企业会计准则中规定了会计主体、持续经营、会计分期和货币计量四个基本前提。

会计信息的质量要求是对会计核算提供信息的基本要求，是处理具体会计业务的基本依据，是在会计核算前提条件制约下，进行会计核算的标准和质量要求，会计信息质量的高低是评价会计工作优劣的标准。根据新《企业会计准则》规定，会计信息的质量要求包括可靠性、相关性、可理解性、可比性、实质重于形式、重要性、谨慎性和及时性等8项。

会计方法是用来反映和控制会计对象、完成会计任务的手段。会计方法包括会计核算方法、会计分析方法、会计预测与决策方法和会计控制方法等。其中会计核算方法主要有填制和审核凭证、设置账户、复式记账、登记账簿、成本计算、财产清查和编制会计报表等。会计循环，是指会计核算工作的基本流程，包括取得或填制原始凭证、填制记账凭证、登记账簿、进行调整前的试算平衡、进行账项调整、结账、进行调整后的试算平衡、编制会计报表等一系列会计程序。由于这一系列会计程序依次进行而又循环往复，故称之为会计循环。

为了科学、合理地组织开展会计工作，凡实行独立核算的企业和行政事业单位，都应当设置会计工作的专职机构，配备相应的会计人员。会计规范，简单地说就是指导和约束会计工作的法律、法规、准则、制度和政策的总称。目前我国的会计规范体系主要包括会计法、会计准则和会计制度等，其中新《企业会计准则》从2007年1月1日起在上市公司实施，国有企业和民营企业暂时采取自愿实施原则。我国的会计工作规范包括会计法规、会计准则和会计制度及与财务会计有关的其他经济法规。会计人员的职业道德是指会计人员在从事会计工作时应该遵循的所有行为规范。会计人员最基本的职业道德是胜任和诚信。

复习思考题

1. 会计是怎样产生和发展的？有哪几个阶段？以何为标志？
2. 简述会计的基本职能及其特征。

3. 会计的基本目标是什么？怎样实现会计目标？

4. 会计的一般对象是什么？在工业企业中如何体现？

5. 什么是会计要素？会计要素有哪些？

6. 会计核算的基本前提包括哪几项？各自的涵义是什么？

7. 对会计信息质量要求的原则有哪几项？各自的涵义是什么？

8. 对会计确认和计量进行规范的原则有哪几项？各自的涵义是什么？

9. 什么是会计方法？会计方法有哪些？会计核算方法包括哪些内容？怎样理解会计循环？

10. 会计机构应如何设置？

11. 谈谈我国的会计规范。

12. 什么是会计职业道德？会计人员应该具有哪些职业道德？

第二章　会计科目和借贷记账法

本章基本要求

本章阐述会计核算的基本方法——设置会计科目（开设账户）和借贷记账法，及其基本原理——会计等式和复式记账。通过本章学习，要求学生：

1. 理解会计等式的原理，重点掌握经济业务发生后对会计等式中各个会计要素的影响；
2. 明确会计科目的作用及其分类；
3. 理解账户与科目的关系，熟悉账户的设置与使用；
4. 掌握借贷记账法的原理；
5. 正确使用开设账户和借贷记账的方法。

第一节　会计等式

一、会计等式的含义、作用及形式

会计等式，是反映会计要素之间数量关系的平衡公式，它揭示了六大会计要素之间的内在联系。

企业要从事生产经营活动，必须拥有或控制一定数额的资产。这些资产在经济活动中分布在各个方面，表现为不同的占用（实物资产或非实物的无形资产）形态，如房屋、建筑物、机器设备、原材料、产成品、货币资金等。这些资产主要来源于两个方面，一是由投资者投入，即企业的所有者权益；二是向债权人借入，即企业的负债。资产和负债、所有者权益是财产资源这个同一体的两个方面，因而客观上存在必然相等的关系。即从数量上看，有一定数额的资产，必定有一定数额的负债和所有者权益；反之，有一定数额的负债和所有者权益，也必定有一定数额的资产。因此，企业的资产总额与负债和所有者总额永远保持平衡关系。这种平衡关系随着企业所处的经营期间不同，有着不同的表现形式。

在企业经营初期，由于会计要素中只有资产、负债和所有者权益，因此会计等式为：

资产＝负债＋所有者权益

这是最基本的会计等式，属于静态等式。它反映了企业经营初期，会计基本要素（资产、负债和所有者权益）之间的数量相等关系，同时也反映了企业资产的归属关系。

随着企业经营活动的进行，企业会取得收入，并发生相应的费用支出。企业在一定时期内的收入扣除相关的费用后，即为企业的利润，于是出现了反映经营成果的会计等式：

收入－费用＝利润

这一等式反映了企业经营成果与收入和费用的关系，是编制利润表的基础。

企业取得利润，表明企业的资产总额增加。企业的利润是属于所有者的，取得利润意味着所有者权益也增加。反之，如果企业发生亏损，企业资产减少的同时所有者权益也减少。将利润或亏损并入基本会计等式，则基本会计等式表现为：

资产＝负债＋所有者权益＋（收入－费用）

这是一个动态反映企业财务状况和经营成果之间关系的会计等式。从这个会计等式可以看出，企业的经营成果最终会影响企业的财务状况，利润会使企业的资产增加、所有者权益增加或负债减少，亏损则使企业的资产减少、所有者权益减少或负债增加。

当一个会计期间结束后，利润（或亏损）被并入所有者权益项目，会计等式又恢复成“资产＝负债＋所有者权益”的基本形式。这个期末的会计等式也就是下一期期初的会计等式，它将随着企业下一期经营活动的进行发生变化。由于“资产＝负债＋所有者权益”这一等式全面反映了各个会计要素之间的关系，因此被人们视为会计核算中一个最基本的公式，是设置账户、复式记账和编制会计报表等会计核算方法建立的理论依据，在会计核算中有着非常重要的地位。

二、经济业务对会计等式的影响

在一个企业的生产经营活动中，必然要发生各种各样的经济业务，例如购买材料、支付工资、销售产品、上交税费等等。这些经济业务在会计上称作“会计事项”，其发生会对有关会计要素产生影响（数量的增减变化）。但是，无论发生什么经济业务，都不会破坏上述资产与负债和所有者权益各会计要素之间的平衡关系。为了说明这个问题，我们可以通过实例证明。

例：假设某企业 12 月 31 日的资产、负债和所有者权益的状况如表 2－1 所示。

表 2-1 单位：元

资 产	金 额	负债及所有者权益	金 额
库存现金	800	短期借款	6 000
银行存款	26 000	应付账款	42 000
应收账款	35 000	应交税费	8 000
原材料	42 000	长期借款	18 000
持有至到期投资	40 000	实收资本	260 000
固定资产	200 000	资本公积	9 800
合 计	343 800	总计	343 800

该企业本月发生以下经济业务：

(1) 用银行存款 2 000 元购买材料。这项经济业务的发生，只会引起资产内部两个项目“原材料”和“银行存款”之间以相等的金额一增一减的变动。这一增一减，只表明资产形态的转化，而不会引起资产总额的变动，更不涉及负债和所有者权益项目。因此，资产与权益的总额仍保持平衡关系。

(2) 向银行借入短期借款 1 000 元，直接偿还应付账款。这项经济业务的发生，只会引起两个负债项目之间以相等的金额一增一减的变动。这一增一减，只表明资金来源渠道的转化，即从“应付账款”转化为“短期借款”，既不会引起负债和所有者权益总额发生变动，也没有涉及资产项目。因此，资产与负债、所有者权益的总额仍保持平衡关系。

(3) 接受投资人追加投资 26 000 元。这项经济业务的发生，一方面使企业银行存款增加；另一方面使企业的实收资本，即所有者权益增加。资产项目和权益项目以相等的金额同时增加，双方总额虽然均发生变动，但仍保持平衡关系。

(4) 用银行存款 8 000 元偿还长期借款。这项经济业务的发生，使一个资产项目和一个负债项目同时减少 8 000 元，从而使双方总额均发生变动，但仍保持平衡。

以上变动对“资产＝负债＋所有者权益”平衡公式的影响如下：

资产期初总额 343 800＝（负债＋所有者权益） 期初总额 343 800

银行存款	(1) －2 000	短期借款	(2) ＋1 000
银行存款	(4) －8 000	应付账款	(2) －1 000
原材料	(1) ＋2 000	长期借款	(4) －8 000
银行存款	(3) ＋26 000	实收资本	(3) ＋26 000

资产期末总额 361 800＝（负债＋所有者权益）期末总额 361 800

上面例举的四项经济业务，代表着四种不同的业务类型，从中可以看出，不论哪一项经济业务的发生，均未破坏资产总额与负债、所有者权益总额的平衡。

一个企业里的经济业务虽然复杂繁多，但归纳起来不外乎以下四种类型：

第一，经济业务发生，引起资产项目之间发生此增彼减相同金额，双方保持平衡，如上例（1）；

第二，经济业务发生，引起负债及所有者权益项目之间此增彼减相同金额，双方保持平衡，如上例（2）；

第三，经济业务发生，引起资产与负债及所有者权益项目同时增加相等的金额，双方保持平衡，如上例（3）；

第四，经济业务发生，引起资产与负债及所有者权益项目同时减少相等的金额，双方保持平衡，如上例（4）。

以上四种类型用图表示为图 2-1。

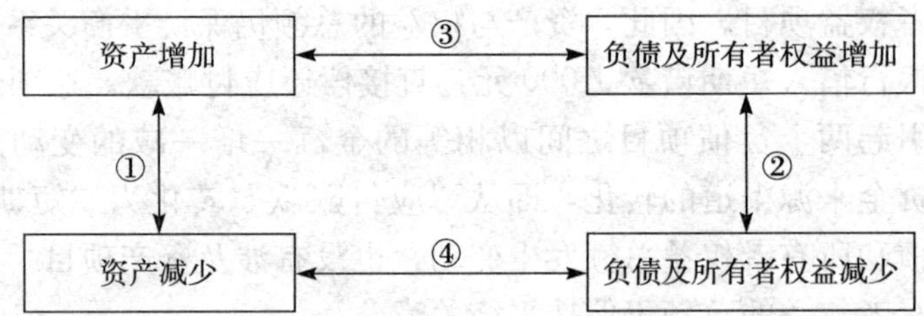

图 2-1　资产与负债、所有者权益增减变化四种类型图

以上说明，任何经济业务发生，都不会破坏资产与权益（负债及所有者权益）的平衡关系。由于这一平衡原理揭示了企业会计要素之间的这种规律性联系，因而它是设置账户、复式记账和编制会计报表的理论依据。反过来讲，按照这一平衡原理建立的各种会计核算方法，可以清楚地反映资产与负债、所有者权益各个会计要素之间的规律性联系，可以为经济管理提供各种会计信息。

第二节　会计科目与账户

一、会计科目

（一）设置会计科目的意义

会计科目，是指按经济内容或用途对会计对象具体内容即会计要素所作的进一步分类。

如前所述，会计要素分为资产、负债、所有者权益、收入、费用、利润六大类。但这六大会计要素只是对会计对象的初步分类，还显得过于笼统和粗略，难以满足各有关方面对会计信息的需要。例如：存货和固定资产都属于资产，但它们的实物形态和经济用途各不相同；应付账款和长期借款都属于企业的负债，但它们的形成来源和偿还期限各不相同；实收资本和资本公积都属于所有者权益，但它们的来源渠道和使用方式各不相同。会计信息使用者不仅要求了解每一类会计要素的总括情况，而且要求了解详细情况，因此，有必要对会计要素作进一步的分类，这种进一步分类的项目就是会计科目。

会计科目是设置账户的依据，是编制记账凭证和登记账簿的基础，设置会计科目是会计核算工作的第一个环节。通过设置会计科目，对会计要素进行科学分类，可以将错综复杂的经济业务分门别类地加以登记，为将其转化为有条理的会计信息提供条件。

在实际工作中，会计科目是通过企业会计准则预先规定的，它是设置账户、处理账务所必须遵守的规则和依据，是正确组织会计核算的一个重要条件。

（二）设置会计科目的原则

为了正确地使用会计科目，更好地发挥会计科目的作用，保证各单位取得经济管理所需要的核算指标，并按规定的核算内容检查会计账目的正确性和合理性，设置会计科目一般应遵循以下原则：

1. *必须结合会计对象的特点，全面反映会计对象的内容。*会计科目作为对会计对象具体内容进行分类核算的项目，其设置应能够全面、系统地反映会计对象的全部内容，不能有任何遗漏。同时，会计科目的设置必须反映会计对象的特点。除各行各业的共性会计科目外，还应根据各行各业会计对象的特点设置相应的会计科目。例如，工业企业的主要经营活动是制造工业产品，因而必须设置反映生产耗费、成本计算和生产成果的会计科目。商业企业的基本经营活动是购进和销售商品，因而必须设置反映商品采购、商品销售以及在购、销、存环节发生的各项费用的会计科目。行政、事业单位则应设置反映经费收支情况的会计科目。

2. *既要满足对外报告的要求，又要符合内部经营管理的需要。*前面曾经指出，企业会计核算资料应能满足各方面的需要：满足政府部门加强宏观调控、制定方针政策的需要；满足投资人、债权人及有关方面对企业经营和财务状况作出准确判断的需要；满足企业内部加强经营管理的需要。因此，在设置会计科目时要兼顾对外报告信息和企业内部经营管理的需要，并根据需要提供数据的详细程度，分设总分类科目和明细分类科目。总分类科目（亦称一级科目）是对会计对象具体内容进行总括分类核算的科目，如“固定资产”、“实收资本”等科目。它提供的是总括性指标，这些指标基本上能满足企业外部有关方面的需要。明细分类科目（包括二级科目、明细科目）是对总分类科目的进一步分类，如在“固定资产”总分类科目下按照固定资产的类别分设的二级科目和明细科目，它提供的明细核算资料，主要为企业内部管理服务。

3. 既要适应经济业务发展的需要，又要保持相对稳定。会计科目的设置要适应社会经济环境的变化和本单位业务发展的需要。例如，随着商业信用的发展，为了反映和监督商品交易中的延期付款或延期交货而形成的债权债务关系，核算中应单独设置“预收账款”和“预付账款”科目，即把预收、预付货款的核算从“应收账款”和“应付账款”科目分离出来。还如，随着技术市场的形成和专利法、商标法的实施，对企业拥有的专有技术、专利权、商标权等无形资产的价值及其变动情况，有必要专设“无形资产”科目予以反映。但是，会计科目的设置应保持相对稳定，以便在一定范围内综合汇总和在不同时期对比分析其所提供的核算指标。

4. 做到统一性与灵活性相结合。所谓统一性，指在设置会计科目时，应根据提供会计信息的要求，按照《企业会计准则》的要求对一些主要会计科目的设置及其核算内容进行统一的规定，以保证会计核算指标在一个部门、乃至全国范围内综合汇总，分析利用。所谓灵活性，指在保证提供统一核算指标的前提下，各单位可以根据本单位的具体情况和经济管理要求，对统一规定的会计科目作必要的增补或简并。根据统一性与灵活性相结合的原则设置会计科目，实际上就是保证会计信息的有用性。

5. 会计科目要简明、适用，并要分类、编号。每一个会计科目都应有特定的核算内容，在设置会计科目时，对每一个科目的特定核算内容必须严格、明确地界定。会计科目的名称应与其核算的内容相一致，并要含义明确，通俗易懂。科目的数量和粗细程度应根据企业规模的大小、业务的繁简和管理的需要而定。

根据上述原则设置的会计科目才能够保持其科学性。根据我国财政部2006年制定的《企业会计准则——应用指南》规定的会计科目（常用科目）详见表2-2。

（三）会计科目的分类

会计科目的设置并非是孤立的，就某一个单位来说，会计科目是相互联系、相互补充的一个完整指标体系。为了正确地掌握和运用会计科目，必须对会计科目进行科学的分类。按不同的标准对会计科目进行分类，可以从不同的角度认识它，并把全部会计科目划分为各种类别。

1. 按会计要素分类。就是按会计科目所核算的经济内容与会计要素的联系分类，它是最主要的分类。表 2-2 中所列会计科目，就是按会计要素的分类，它包括资产类科目、负债类科目、所有者权益类科目、成本类科目和损益类科目五大类。

研究会计科目按会计要素的分类，目的在于理解和掌握如何设置科目以及提供核算指标的规律性，以便正确地运用科目，为经济管理提供一套完整的会计核算指标体系。

表 2-2　会计科目表（常用科目简表）

顺序号	会计科目编号	会计科目名称	顺序号	会计科目编号	会计科目名称
		一、资产类	25	1511	长期股权投资
1	1001	库存现金	26	1512	长期股权投资减值准备
2	1002	银行存款	27	1521	投资性房地产
3	1012	其他货币资金	28	1531	长期应收款
4	1101	交易性金融资产	29	1532	未实现融资收益
5	1121	应收票据	30	1601	固定资产
6	1122	应收账款	31	1602	累计折旧
7	1123	预付账款	32	1603	固定资产减值准备
8	1131	应收股利	33	1604	在建工程
9	1132	应收利息	34	1605	工程物资
10	1221	其他应收款	35	1606	固定资产清理
11	1231	坏账准备	36	1611	未担保余值
12	1401	材料采购	37	1632	累计折耗
13	1402	在途物资	38	1701	无形资产
14	1403	原材料	39	1702	累计摊销
15	1404	材料成本差异	40	1703	无形资产减值准备
16	1405	库存商品	41	1711	商誉
17	1406	发出商品	42	1801	长期待摊费用
18	1407	商品进销差价	43	1811	递延所得税资产
19	1408	委托加工物资	44	1901	待处理财产损益
20	1411	周转材料			二、负债类
21	1471	存货跌价准备	45	2001	短期借款
22	1501	持有至到期投资	46	2002	存入保证金
23	1502	持有至到期投资减值准备	47	2201	应付票据
24	1503	可供出售金融资产	48	2202	应付账款

（续）

顺序号	会计科目编号	会计科目名称	顺序号	会计科目编号	会计科目名称
49	2203	预收账款	四、成本类		
50	2211	应付职工薪酬	68	5001	生产成本
51	2221	应交税费	69	5101	制造费用
52	2231	应付利息	70	5201	劳务成本
53	2232	应付股息	71	5301	研发支出
54	2241	其他应付款	五、损益类		
55	2401	递延收益	72	6001	主营业务收入
56	2501	长期借款	73	6051	其他业务收入
57	2502	应付债券	74	6111	投资收益
58	2701	长期应付款	75	6301	营业外收入
59	2702	未确认融资费用	76	6401	主营业务成本
60	2711	专项应付款	77	6402	其他业务成本
61	2801	预计负债	78	6403	营业税金及附加
62	2901	递延所得税负债	79	6601	销售费用
三、所有者权益类			80	6602	管理费用
63	4001	实收资本	81	6603	财务费用
64	4002	资本公积	82	6701	资产减值损失
65	4101	盈余公积	83	6711	营业外支出
66	4103	本年利润	84	6801	所得税费用
67	4104	利润分配	85	6901	以前年度损益调整

2. 会计科目按提供指标详细程度分类。企业经营管理所需要的会计核算资料是多方面的，不仅要求会计核算能够提供一些总括的指标，而且要求会计核算能够提供一些详细的指标。为满足各会计信息使用者的需要，上述各类会计科目还需要进一步细分，形成不同层次的科目，提供各类经济活动的详细资料。一般情况下，会计科目按提供指标详细程度可分为以下两类：

（1）总分类科目。也称总账科目或一级科目，是对会计要素具体内容所作的总括分类，提供总括性核算指标的科目。如："固定资产"、"原材料"、"实收资本"、"应付账款"等。

（2）明细分类科目。也称明细账科目或明细科目，是对总分类科目所含内容所作的进一步分类，提供更详细和具体的核算指标的科目。如"应付账款"总分类科目下按具体单位分设明细科目，具体反映应付哪个单位的货款。

如果某一个总分类科目包括的明细科目较多，可以在总分类科目和明细科目之间增设二级科目，形成总分类科目、二级科目、明细分类科目三个层次，也称为一级科目、二级科目、三级科目，必要时还可设置四级科目、五级科目甚至更多层次的科目。例如，在“原材料”总分类科目下，按材料类别设置“原料及主要材料”、“辅助材料”、“修理用备件”等二级科目，在每个二级科目下再按照材料品种、规格设置若干级别的明细分类科目。

为了规范会计工作，并满足国家宏观经济管理的要求，我国财政部在现行企业会计准则中对总分类会计科目的名称、核算内容等作了统一规定。企业在设置会计科目时，可根据本企业的生产规模、经营特点和管理要求等，从国家所规定的总分类科目中选用。至于二级科目和明细分类科目，则由企业自定。

二、账户及其基本结构

（一）设置账户的必要性

设置会计科目只是规定了对会计对象具体内容进行分类核算的项目。而为了序时、连续、系统地记录由于经济业务的发生而引起的会计要素的增减变动，提供各种会计信息，还必须根据规定的会计科目在账簿中开设账户。账户是对会计要素进行分类核算的工具。它应以会计科目作为它的名称，并具有一定的格式。设置账户的作用在于，它能够经常提供有关会计要素变动情况和结果的数据。账户的设置也与科目的级次有关，即根据总分类科目开设总分 类账户，根据明细科目开设明细账户。由于总分类账户提供的是总括核算指标，因而一般只用货币计量；明细账户提供的是明细分类核算指标，因而除用货币量度外，有的还用实物量度（件、千克、吨等）辅助计量。

会计账户与会计科目是两个既有区别，又相互联系的概念。它们都被用来分门别类地反映会计对象的具体内容。账户是根据会计科目开设的，但会计科目只是账户的名称，它只能表明某项经济内容，而账户除了名称之外，还具有一定的格式，可以对会计对象进行连续、系统的记录，以反映某项经济内容的增减变化及其结果。由于账户按照会计科目命名，两者完全一致，所以在实际工作中，会计科目与会计账户常被作为同义词来理解，互相通用，不加区别。

（二）账户的基本结构

既然账户是用来分类记录经济业务的，因而必须具有一定的结构。账户的基本结构是由会计要素的数量变化情况决定的。由于经济业务发生所引起的各项会计要素的变动，从数量上看不外乎是增加和减少两种情况。因此，账户结构也相应地分为两个基本部分，划分为左右两方，以一方登记增加额，另一方登记减少额。

账户要依附于簿籍开设，亦即账簿。这样，每一个账户只表现为账簿中的某张或某些账页，它们一般应包括下列内容：

1. 账户的名称（即会计科目）；
2. 日期和摘要（记录经济业务的日期和概括说明经济业务的内容）；
3. 增加和减少的金额及余额；
4. 凭证号数（说明账户记录的依据）。

账户的一般格式如表 2-3 所示。

表 2-3　账户名称（会计科目）

20××年		凭证号数	摘要	金额	20××年		凭证号数	摘要	金额
	日				月	日			

上列账户格式是手工记账经常采用的格式。其左右两方的金额栏，分别记录增加额和减少额，增减相抵后的差额，称为账户的余额。余额按其表示的时间不同，分为期初余额和期末余额。因此，在账户中所记录的金额有期初余额、本期增加发生额、本期减少发生额和期末余额。这四项金额的关系可以用下列等式表示：

期末余额＝期初余额＋本期增加发生额－本期减少发生额

为便于说明问题，可将上列账户简化为“丁”字形，只保留左右方，其他略去，将余额写在下面。如表 2-4 所示。

表 2-4

左方	账户名称（会计科目）	右方

至于在账户的左右两方中，哪一方记增加，哪一方记减少，则取决于所采用的记账方法和所记录的经济业务内容。

第三节　复式记账

一、复式记账原理

（一）记账方法的意义和种类

记账方法是在账簿中登记经济业务的方法。经济业务的发生会引起各有关会计要素的增减变动。如何将这些经济业务记录在有关的账户中，曾采用过不同的方法：单式记账和复式记账。

单式记账，指对发生的经济业务，只在一个账户中进行记录的记账方法。例如，用银行存款购买材料的业务发生后，只在账户中记录银行存款的付出业务，而对材料的收入业务，却不在账户中记录。

复式记账，指对发生的每一项经济业务，都以相等的金额，在相互关联的两个或两个以上账户中进行记录的记账方法。例如上述用银行存款购买材料业务，按照复式记账，则应以相等的金额，一方面在银行存款账户中记录银行存款的付出业务，另一方面在材料账户中记录材料收入业务。

单式记账法是一种比较简单、不完整的记账方法。它在选择单方面记账时，重点考虑的是现金、银行存款以及债权债务方面发生的经济业务。因此，一般只设置“库存现金”、“银行存款”、“应收账款”、“应付账款”等账户，而没有一套完整的账户体系，账户之间也形不成相互对应的关系，所以不能全面、系统地反映经济业务的来龙去脉，也不便于检查账户记录的正确性。与单式记账法相比较，复式记账法有不可比拟的优越性。

（二）复式记账法的特点

复式记账法是以会计等式为依据建立的一种记账方法，其特点是：①对于每一项经济业务，都在两个或两个以上相互关联的账户中进行记录。这样，在将全部经济业务都相互联系地记入各有关账户以后，通过账户记录不仅可以全面、清晰地反映出经济业务的来龙去脉，还能够全面、系统地反映经济活动的过程和结果。②由于每项经济业务发生后，都是以相等的金额在有关账户中进行记录，因而可据以进行试算平衡，以检查账户记录是否正确。

复式记账法由于具备上述特点，因而被世界各国公认为是一种科学的记账方法而被广泛采用。

目前，我国的企业和行政、事业单位采用的记账方法都是复式记账法，从1993年7月1日起实施的《企业会计准则》规定，在我国境内所有企业会计核算一律采用借贷记账法。这是因为借贷记账法经过数百年的实践，已被全世界的会计工作者普遍接受，是一种比较成熟、完善的记账方法。另外，从实务角度看，企业间记账方法不统一，会给企业间横向经济联系和与国际经济交往带来诸多不便；不同行业、企业记账方法不统一，也必然会加大跨行业的公司和企业集团会计工作的难度，使经营活动信息和经营成果不能及时、准确地反映。因此，统一全国各个行业企业和行政事业单位的记账方法，对会计核算工作的规范和更好地发挥会计的作用具有重要意义。

二、借贷记账法

（一）借贷记账法的记账符号

借贷记账法是以“借”、“贷”作为记账符号，反映各项会计要素增减变动情况的一种记账方法，是各种复式记账方法中应用最广泛的一种方法。

“借”、“贷”两字的含义，最初是从借贷资本家的角度来解释的，即用来表示债权（应收款）和债务（应付款）的增减变动。借贷资本家对于收进的存款，记在贷主的名下，表示债务；对于付出的放款，记在借主的名下，表示债权。这时，“借”、“贷”两字表示债权债务的变化。随着社会经济的发展，经济活动的内容日益复杂，记录的经济业务已不再局限于货币资金的借贷业务，而逐渐扩展到财产物资、经营损益等。为了求得账簿记录的统一，对于非货币资金借贷业务，也以“借”、“贷”两字，记录其增减变动情况。这样，“借”、“贷”两字就逐渐失去原来的含义，而转化为纯粹的记账符号。因此，现在讲的“借”、“贷”，已失去原来的字面含义，只作为记账符号使用，用以标明记账的方向。

（二）借贷记账法的账户结构

在借贷记账法下，账户的基本结构是：左方为借方，右方为贷方。但哪一方登记增加，哪一方登记减少，则要根据账户反映的经济内容决定。

1. 资产、负债、所有者权益的账户结构。按照会计等式建立的资产负债表，资产的项目一般列在左方，负债和所有者权益项目一般列在右方。为了使账户中的记录与资产负债表的结构相吻合，各项资产的期初余额，应分别记入各该账户的左方（借方）；各项负债和所有者权益的期初余额，应分别记入各该账户的右方（贷方）。这样，在账户中登记经济业务时，资产的增加，应记在与资产期初余额的同一方向，即账户的左方（借方）；资产的减少，应记在资产增加的相反方向，即账户的右方（贷方）；同样道理，负债与所有者权益的增加，应记在账户的右方（贷方）；负债与所有者权益的减少，应记在账户的左方（借方）。上述内容和登记方法，构成借贷记账法下账户的基本结构，见表 2-5。

表 2-5

借方　　　　　账户名称	贷方
资产期初余额 资产增加 负债与所有者权益减少 资产期末余额	负债与所有者权益期初余额 负债与所有者权益增加 资产减少 负债与所有者权益期末余额

2. 收入、费用、利润类账户的结构。由于收入、利润可理解为所有者权益的增加，费用可理解为资产耗费的转化形态，在抵销收入之前，可以将其看作是一种资产。因此，收入、费用、利润类账户的结构也可用借、贷及不同的增、减方式来予以表达。

收入类和利润类账户的结构类似负债及所有者权益类账户，增加额记在贷方，减少额或转销额记在借方。收入或利润结转后期末一般没有余额，如有余额则表示本期所有者权益的变动额，若余额在贷方，表示所有者权益的增加；反之，若余额在借方，则表示所有者权益的减少。

费用类账户的结构类似资产类账户，增加额记借方，减少额或转销额记贷方。费用结转后期末一般没有余额，如有余额，则表示期末尚未结转的费用，应在借方。

这三类账户的结构，也可用见表 2-6 表示。

表 2-6

借方　　　　账户名称	贷方
费用增加	收入、利润增加
收入、利润减少或结转	费用减少或结转
费用的期末余额（资产的构成内容）	收入、利润的期末余额(新增的所有者权益)

3. 应用借贷记账法登记经济业务的步骤。根据上述账户的基本结构，每个账户都可以概括为：

(1) 从每一个账户来说，期初余额只可能在账户的一方，借方或贷方，反映期初资产、负债、所有者权益数额。

(2) 如果某一账户借方期初余额和本期借方发生额合计大于贷方本期发生额，期末余额在借方，反映期末资产额；反之，如果贷方期初余额和本期贷方发生额合计大于借方发生额，期末余额在贷方，反映期末负债与所有者权益。

(3) 如果期初余额和期末余额的方向相同，说明账户登记项目的资产、负债与所有者权益性质未变；如果期初余额在借方，期末余额在贷方，说明该账户登记项目已从期初的资产变为期末的负债等，反之亦然。

为了便于初学时掌握，可将账户的结构分为两类：①资产、费用账户；②负债、所有者权益、收入账户。其结构见表 2-7、表 2-8。

$$\text{资产、费用账户的期末余额} = \text{期初借方余额} + \text{借方本期发生额} - \text{贷方本期发生额}$$

表 2-7

借方　　　　资产、费用账户	贷方
期初余额 本期增加额	 本期减少额
本期发生额合计	本期发生额合计
期末余额	

$$\text{负债、所有者权益、收入账户的期末余额}=\text{期初贷方余额}+\text{贷方本期发生额}-\text{借方本期发生额}$$

表 2-8

借方　　　　负债、所有者权益、收入账户	贷方
本期减少额	期初余额 本期增加额
本期发生额合计	本期发生额合计
	期末余额

将账户结构分成两大类，主要是便于初学者掌握。但由于会计要素之间往往会相互转化，因而对所有账户这种分类的理解也不要绝对化。例如应收账款是资产，如果多收了，多收部分就转化成应退还给对方的款项，变为负债。另外，“应收账款”账户还可以登记预收账款这一负债项目的增减变动，因而期末余额也可能出现在贷方。

类似情况在很多账户都存在。也就是说，这些账户实际上都是既反映资产，又反映负债；既反映债权，又反映债务的双重性质的账户。期末，根据账户余额的方向确定其反映的经济业务的性质。因此，学习中应注意对借贷记账法账户基本结构的深入理解和掌握。

（三）借贷记账法的记账规则

借贷记账法的记账规则，概括地说就是“有借必有贷，借贷必相等”。

根据复式记账的原理，任何一项经济业务都必须以相等的金额，借贷相反的方向，在两个或两个以上相互关联的账户中进行登记。仍以前面所举四项业务为例：

（1）用银行存款 2 000 元购买材料。这项业务的发生，使材料和银行存款两个流动资产项目一增一减。增加记借方，减少记贷方，借贷金额相等。登记结果如下：

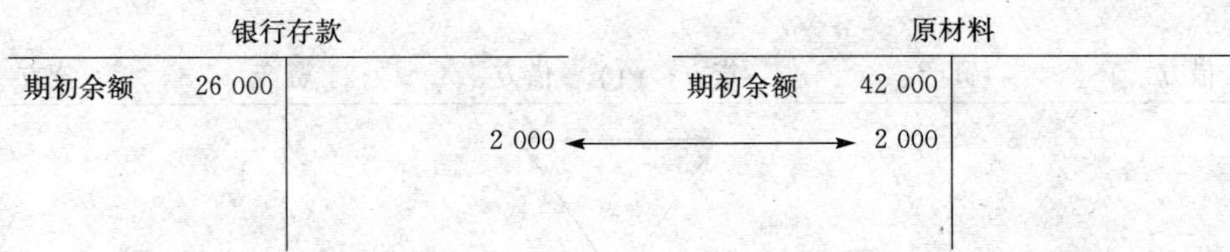

（2）向银行借入短期借款 1 000 元，直接偿还应付账款。这项业务的发生，使短期借款和应付账款两个流动负债项目一增一减。增加记贷方，减少记借方，借贷金额相等。登记结果如下：

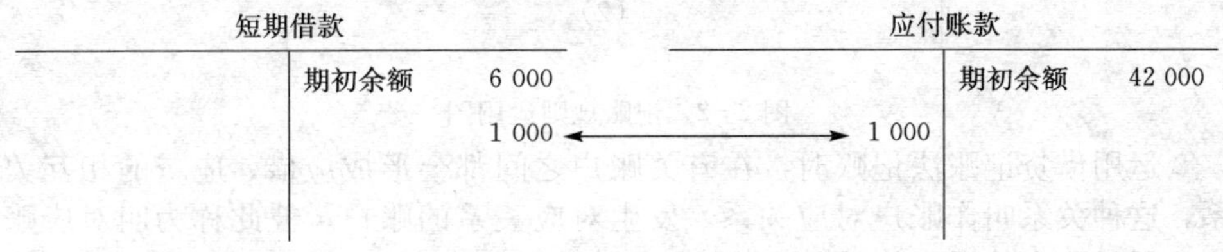

（3）接受投资者追加投资 26 000 元。这项业务的发生，使银行存款这一资产项目和实收资本这一所有者权益项目同时增加 26 000 元。资产增加记借方，所有者权益增加记贷方，借贷金额相等。登记结果如下：

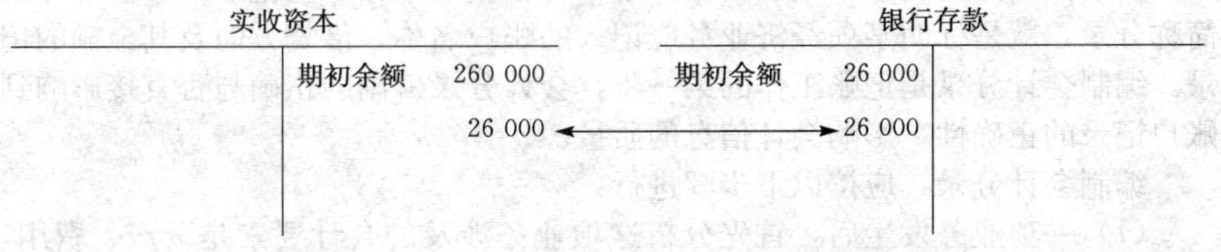

（4）用银行存款 8 000 元归还长期借款。这项业务的发生，银行存款这一流动资产项目和长期借款这一长期负债项目同时减少 8 000 元。流动资产减少记贷方，长期负债减少记借方，借贷金额相等。登记结果如下：

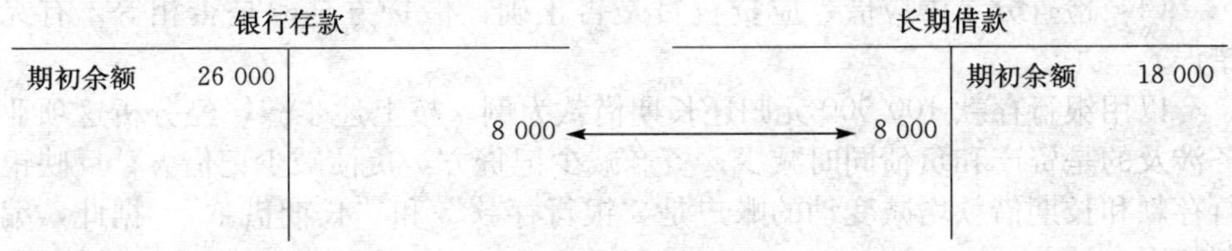

总结以上所述，在借贷记账法下，对任何类型的经济业务，都一律采用“有借必有贷，借贷必相等”的记账规则。这一记账规则见图 2－2。

遇有复杂的经济业务，需要登记在一个账户的借方和几个账户的贷方，或相反，即一借多贷或多借一贷，借贷双方的金额也必须相等。

记账规则，是记账的依据，也是核对账目的依据。

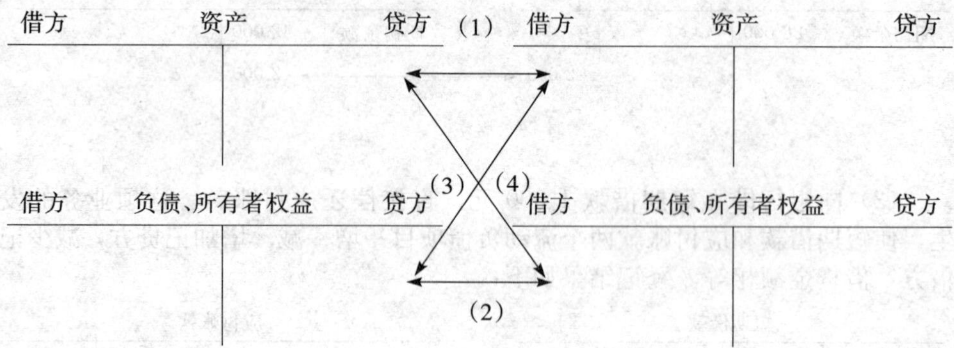

图 2-2 记账规则运用图

运用借贷记账法记账时，在有关账户之间都会形成应借、应贷的相互关系，这种关系叫作账户对应关系。发生对应关系的账户，彼此称为叫对应账户。通过账户的对应关系，可以了解经济业务的内容和来龙去脉，审查对经济业务的会计处理是否正确。

为了保证账户对应关系的正确性，在记账之前应先根据经济业务所涉及账户及其借贷方向和金额，编制会计分录，再根据会计分录登记账户。会计分录简称分录，就是标明某项经济业务应记入的账户名称、借贷方向及其金额的记录。编制会计分录是记账工作的第一步，会计分录编制的正确与否直接影响到账户记录的正确性，影响会计信息的质量。

编制会计分录，应按以下步骤进行：

(1) 一项业务发生后，首先分析这项业务涉及的会计要素是资产、费用，还是负债、所有者权益、收入、利润，是增加，还是减少；

(2) 根据第一步分析来确定应记账户的方向，应借还是应贷；

(3) 根据会计科目表，确定记入哪个账户的借方或贷方；

(4) 检查分录中应借、应贷科目是否正确；借贷方金额是否相等，有无错误。

以用银行存款 100 000 元归还长期借款为例。按上述步骤，经分析这项业务涉及的是资产和负债同时减少；资产减少记贷方，负债减少记借方；反映银行存款和长期借款增减变动的账户是“银行存款”和“长期借款”，据此，编制如下会计分录：

借：长期借款　　　　100 000

　贷：银行存款　　　　100 000

会计分录有两种：①简单会计分录，指一个账户借方只同另一个账户贷方发生对应关系的会计分录，即一借一贷的会计分录；②复合会计分录，指一个账户借方同几个账户贷方发生对应关系，或相反，一个账户贷方同几个账户借方发生对应关系的会计分录，即一借多贷或多借一贷的会计分录。比如，某企业生产产品领用材料 5 000 元，车间一般消耗领用材料 500 元。若用简单的会计分录应作两笔分录，即：

（1）借：生产成本　　5 000
　　　贷：原材料　　　5 000
（2）借：制造费用　　500
　　　贷：原材料　　　500

上述分录也可为：

借：生产成本　　5 000
　　制造费用　　500
　贷：原材料　　　5 500

上面的两个会计分录为简单会计分录，下面的会计分录则为多借一贷的复合会计分录。

为了保持账户对应关系清楚，了解经济业务的内容和来龙去脉，一般不宜把不同类型的经济业务合并在一起编制多借多贷的会计分录。

（四）借贷记账法的试算平衡

试算平衡，是指根据记账规则和“资产＝负债＋所有者权益”的会计等式，通过汇总计算和比较来验证账户记录是否正确。

为了保证一定时期内所发生的经济业务在账户中登记的正确性，需要在一定时期终了时，根据会计等式的基本原理，对账户记录进行试算平衡。

试算平衡通常是通过编制总分类账户试算平衡表进行的，一般是采用发生额平衡的方法，也可以采用余额平衡的方法，总的讲是借贷平衡。借贷平衡可用公式表达如下：

全部账户本期借方发生额合计＝全部账户本期贷方发生额合计

全部账户期末借方余额合计＝全部账户期末贷方余额合计

因为按照借贷记账法的“有借必有贷，借贷必相等”的记账规则，每一笔经济业务的会计分录，借贷双方的发生额是必然相等的。因此，将一定时期内（如一个月）的全部经济业务的会计分录，都记入有关账户后，所有账户的借方和贷方本期发生额合计数额也必然相等。同时，所有账户借方和贷方的期末余额合计数额也必然相等。

从以上所述中，可以看出借贷记账法具有以下优点：①账户对应关系清楚，可以鲜明地反映各种经济活动的来龙去脉。②账户设置适用性强，账户的基本结构为使用既反映资产，又反映负债的双重性质账户提供了理解的基础，因此，采用借贷记账法不要求对所有账户固定分类。③依据“有借必有贷，借贷必相等”的记账规则记账，无论发生额和余额都保持借贷平衡关系，对日常核算记录的汇总和检查十分简便。

下面举例说明，采用借贷记账法如何编制会计分录、登记账户和进行试算平衡。

一、某企业总分类账户的月初余额如表 2-9 所示：

表 2-9 单位：元

资　产	金额	负债及所有者权益	金额
银行存款	25 400	短期借款	10 000
原材料	60 000	应付账款	4 600
库存商品	8 200	实收资本	205 000
固定资产	150 000	资本公积	10 000
生产成本	6 000	盈余公积	20 000
合　计	249 600	合计	249 600

二、该企业本月发生下列经济业务：

（1）用银行存款购买材料 5 400 元，材料已验收入库；

（2）向银行借入短期借款 2 600 元，直接偿还应付账款；

（3）用银行存款偿还短期借款 5 000 元；

（4）收到投资者追加投资 60 000 元，存入银行；

（5）本期生产产品领用材料 10 000 元；

（6）销售产品一批，价款 8 000 元，款项已收讫并存入银行。

三、根据上述经济业务企业应作如下会计分录：

（1）借：原材料　　5 400
　　贷：银行存款　　5 400

（2）借：应付账款　　2 600
　　贷：短期借款　　2 600

（3）借：短期借款　　5 000
　　贷：银行存款　　5 000

（4）借：银行存款　　60 000
　　贷：实收资本　　60 000

（5）借：生产成本　　10 000
　　贷：原材料　　10 000

（6）借：银行存款　　8 000
　　贷：主营业务收入　　8 000

四、根据以上会计分录登记账户，期末结出账户的本期发生额和期末余额：

银行存款

期初余额	25 400	(1)	5 400
(4)	60 000	(3)	5 000
(6)	8 000		
本期发生额	68 000	本期发生额	10 400
期末余额	83 000		

固定资产

期初余额	150 000		
本期发生额	—	本期发生额	—
期末余额	150 000		

原材料

期初余额	60 000	(5)	10 000
(1)	5 400		
本期发生额	5 400	本期发生额	10 000
期末余额	55 400		

生产成本

期初余额	6 000		
(5)	10 000		
本期发生额	10 000	本期发生额	—
期末余额	16 000		

库存商品

期初余额	8 200		
本期发生额	—	本期发生额	—
期末余额	8 200		

短期借款

(3)	5 000	期初余额	10 000
		(2)	2 600
本期发生额	5 000	本期发生额	2 600
		期末余额	7 600

应付账款

(2)	2 600	期初余额	4 600
本期发生额	2 600	本期发生额	—
		期末余额	2 000

实收资本

		期初余额	205 000
		(4)	60 000
本期发生额	—	本期发生额	60 000
		期末余额	265 000

资本公积

		期初余额	10 000
本期发生额	—	本期发生额	—
		期末余额	10 000

盈余公积

		期初余额	20 000
本期发生额	—	本期发生额	—
		期末余额	20 000

主营业务收入			
		(6)	8 000
本期发生额	—	本期发生额	8 000
		期末余额	8 000

五、根据账户记录进行试算平衡：

表 2-10　发生额及余额试算平衡表　　　　单位：元

会计科目	期初余额		本期发生额		期末余额	
	借方	贷方	借方	贷方	借方	贷方
银行存款	25 400		68 000	10 400	83 000	
原材料	60 000		5 400	10 000	55 400	
库存商品	8 200			—	—	8 200
固定资产	150 000			—	—	50 000
生产成本	6 000		10 000		—	16 000
短期借款		10 000	5 000	2 600		7 600
应付账款		4 600	2 600	—		2 000
实收资本		205 000	—	60 000		265 000
资本公积		10 000	—	—		10 000
盈余公积		20 000	—	—		20 000
主营业务收入		—	—	8 000		8 000
合　　计	249 600	249 600	91 000	91 000	312 600	312 600

必须指出，试算平衡只是根据借贷金额是否平衡来检查账户记录是否正确。如果经试算借贷双方数额不等，肯定是记账或计算有错误；如果相等，一般说记账是正确的，除非借方和贷方都多记或少记了相同的金额，或者应借应贷科目写错，或者借贷方向弄反。因为这些错误都不影响试算结果的平衡，也就不能通过试算平衡来发现。

由于试算平衡表汇总了企业全部账户的核算资料，因此通过该表可以了解企业经济活动的全面情况，并为编制资产负债表提供极大的方便。

本　章　小　结

本章主要介绍会计核算的基本方法及其理论，包括会计等式、会计科目与账户、借贷记账法。会计等式，是反映会计要素之间数量关系的平衡公式，它揭示了六大会计要素之间的内在联系。任何经济业务的发生，都不会破坏会计的基本等式“资产＝负债＋所有者权益”的平衡关系。因此，它是设置账户、复式记账和编制会计报表等会计核算方法建立的理论依据，在会计核算中有着非常重要的地位。

会计科目，是按经济内容或用途对会计要素所作的进一步分类。为了正确地掌握和运用会计科目，必须对会计科目进行科学的分类。按会计要素分类，可分为资产类科目、负债类科目、所有者权益类科目、成本类科目和损益类科目五大类；按会计科目提供指标详细程度可分为总分类科目和明细分类科目。总分类科目是对会计要素进行的总括分类，提供总括的会计信息；明细分类科目是对总分类科目的进一步分类，提供详细和具体的会计信息。账户是根据会计科目开设的，具有一定格式和结构的记账实体。根据总分类科目开设的账户，称为总分类账户，根据明细分类科目开设的账户，称为明细分类账户。

账户的基本结构，通常将记录经济业务的账户分为两个部分，一部分用来登记增加额，另一部分用来登记减少额。通常将账户划分为左、右两方，并把账户的左方称为“借方”，右方称为“贷方”。

复式记账是对每一笔经济业务都要以相等的金额在两个或两个以上相互联系的账户中进行反映的一种记账方法。

借贷记账法是指以“借”和“贷”为记账符号，对每一笔经济业务都在两个或两个以上相互联系的账户中，以相反的方向、相等的金额全面地进行记录的一种复式记账方法。在借贷记账法下，账户的左方为借方，右方为贷方。“借”、“贷”在账户中的含义取决于账户的性质。对资产类账户来说，“借”表示增加，“贷”表示减少，余额在借方；对负债和所有者权益类账户来说，“贷”表示增加，“借”表示减少，余额在贷方。成本费用类账户的结构与资产类账户相同，只是没有期末余额；收入类账户的结构与负债和所有者类账户相同，也没有期末余额。借贷记账法的记账规则是：有借必有贷，借贷必相等。借贷记账法可以采用发生额试算平衡法和余额试算平衡法进行试算平衡，以检查账簿记录是否正确。

复习思考题

1. 什么是会计等式？它反映了什么？有什么作用？
2. 经济业务有哪几种类型？经济业务发生引起的会计要素变化会不会影响会计等式的

平衡关系？为什么？

3. 什么是会计科目？设置会计科目有什么意义？设置会计科目的原则是什么？会计科目是如何分类的？

4. 什么是账户？账户与会计科目是什么关系？

5. 账户的基本结构是什么？四项金额之间的关系怎样？

6. 账户左右两方，哪一方记增加，哪一方记减少，取决于什么？

7. 什么是复式记账？它的特点是什么？

8. 什么是借贷记账法？如何理解借贷记账法“借”、“贷”两字的含义？

9. 试述借贷记账法下账户结构、记账规则和试算平衡的特点。

10. 什么是会计分录？会计分录有哪几种？

练　习　题

习题一

（一）目的：通过练习了解经济业务发生后所引起的资产、负债、所有者权益的增减变化情况。

（二）资料：宏中工厂 2009 年 5 月份发生部分经济业务如下：

（1）国家投入资本 25 000 元，存入银行。

（2）通过银行转账付出前欠南方工厂的购货款 3 000 元。

（3）从银行中提取现金 15 000 元，准备发放工资。

（4）收回应收账款 4 500 元，存入银行。

（5）以银行存款归还向银行借入的短期借款 10 000 元。

（6）联营单位投入新机器一台，作为对宏中工厂的投资，价值 7 500 元。

（7）购入材料 2 100 元，货款未付。

（8）收回应收账款 7 600 元，其中 5 000 元直接归还银行短期借款，其余 2 600 元存入银行。

（9）将多余的库存现金 500 元存入银行。

（10）采购员出差，预借差旅费 150 元，财务科以现金支付。

（三）要求：

（1）分析每笔经济业务所引起的资产和权益有关项目的增减变化；

（2）计算资产和权益的增减净额，验证两者是否相等。

参考答案：资产增减净额与权益增减净额均为 16 600 元。

习题二

（一）目的：熟悉会计科目及其分类。

（二）资料：某车床厂 2009 年 7 月 31 日的有关情况如下：

单位：元

	项　目	金额	会计科目	资产	负债	所有者权益
1	生产车间厂房	150 000				
2	生产车床用的各种机床设备	300 000				
3	运输卡车	80 000				
4	正在装配中的车床	120 000				
5	已完工入库的车床	50 000				
6	库存钢材及其他材料	100 000				
7	向新沪厂购入钢材的未付款项	25 000				
8	尚未缴纳的税费	10 000				
9	出借包装物收取的押金	1 200				
10	供应部门采购员预借的差旅费	200				
11	国家投入的资本	600 000				
12	本月实现的利润	70 000				
13	生产计划部门用的电子计算机	40 000				
14	从银行借入的短期借款	50 000				
15	库存的机器设备用润滑油	300				
16	股东投入的资本	220 000				
17	存在银行的款项	133 000				
18	外商投入的资本	40 000				
19	财会部门库存现金	500				
20	库存生产用煤	1 000				
21	仓库用房屋	30 000				
22	应收售给光明厂的车床货款	35 000				
23	企业应付职工薪酬	20 000				
	合　计					

（三）要求：

（1）区分资产、负债、所有者权益；

（2）分别写出上述各项目所适用的会计科目；

（3）汇总计算资产、负债和所有者权益类科目金额的合计数，并检验其平衡关系。

参考答案：资产合计数、权益合计数均为 1 040 000 元。

习题三

（一）目的：练习借贷记账法。

（二）资料：

1. 某公司 2009 年 7 月 31 日资产和权益的状况如下：

固定资产	450 000 元	原材料	26 000 元
应交税费	2 000 元	应收账款	2 900 元

银行存款　　18 000 元　　实收资本　　482 000 元
本年利润　　11 000 元　　库存现金　　100 元
应付账款　　4 000 元　　短期借款　　9 000 元
库存商品　　6 000 元　　其他应收款　200 元
生产成本　　4 800 元

2. 该厂 8 月份发生下列经济业务：

(1) 从银行存款中提取现金 300 元。

(2) 财务科以现金预借给采购员张某差旅费 300 元。

(3) 以银行存款缴清上月欠缴税费 2 000 元。

(4) 从勤丰厂购入材料 8 000 元，货款尚未支付。

(5) 外单位投入新机器一台，作为对该厂的投资，价值 35 000 元。

(6) 向银行借入短期借款 15 000 元，存入银行。

(7) 以银行存款偿还勤丰厂货款 12 000 元。

(8) 生产车间领用材料 16 000 元，全部投入产品生产。

(9) 收到新华厂还来上月所欠货款 2 900 元，存入银行。

(10) 以银行存款归还银行短期借款 9 000 元。

(三) 要求：

1. 根据资料 1，分清资产、负债、所有者权益，编制 7 月末的资产和权益平衡表；

2. 开设 T 型账户，登记期初余额；

3. 根据资料 2，编制会计分录；

4. 根据已编制的会计分录，登记各有关账户；

5. 结出各账户的本期发生额和期末余额；

6. 编制该公司 2009 年 8 月末的试算平衡表。

第三章 会计凭证、账簿和核算形式

本章基本要求

通过本章学习，要求学生：

1. 理解会计凭证和会计账簿的作用和种类；
2. 熟知填制和审核会计凭证的要求；
3. 掌握日记账和分类账的设置和登记；
4. 了解主要会计核算形式的主要特点、基本内容、优缺点和适用范围；
5. 掌握记账凭证核算形式。

第一节 会计凭证

一、会计凭证的意义和种类

（一）会计凭证的意义

会计凭证是记录经济业务、明确经济责任的书面证明，也是登记账簿的依据。填制和审核会计凭证，是会计工作的开始，也是对经济业务进行日常监督的重要环节。

任何单位，每发生一项经济业务，如现金的收付，物资的进出，往来款项的结算等等，经办业务的有关人员必须按照规定的程序和要求，认真填制会计凭证，记录经济业务发生或完成的日期、经济业务的内容，并在会计凭证上签名盖章，有的凭证还需要加盖公章，以对会计凭证的真实性和正确性负责任。一切会计凭证都必须经过有关人员的严格审核，只有经过审核无误的会计凭证，才能作为登记账簿的依据。会计凭证的填制和审核，对于完成会计工作的任务，发挥会计在经济管理中的作用，具有十分重要的意义，归纳起来，有以下三个方面：

1. 填制、取得会计凭证，可以及时正确地反映各项经济业务的完成情况。各经济单位日常发生的业务，如资金的取得和运用，生产经营过程中活劳动和物化劳动的耗费，销售收入的取得，财务成果的形成和分配等，既有货币资金的收付，又有财产物资的进出，通过会计凭证的填制，可以将日常发生的大量的经济业务加以全面的记录；经过分类与汇总的会计凭证，是据以登记各种账簿的重要依据。由于日常发生的大量的经济业务首先是通过会计凭证加以如实反映的，从而使会计凭证成为记录各单位经济活动的业务档案，这就使会计凭证成为单位日后进行经济活动分析和会计检查的重要原始依据。

2. 审核会计凭证，可以更有效地发挥会计的监督作用，使经济业务合理合法。通过会计凭证的审核，可以监督各项经济业务的合法性，检查经济业务是否符合国家的有关法律、制度，是否符合企业目标和财务计划；检查经济业务有无违法乱纪，违反会计制度的现象，有无铺张浪费、贪污、盗窃等损害公共财产的行为发生；可以及时发现经济管理中存在的问题和管理制度中存在的漏洞，及时加以制止和纠正。以改善经营管理，提高经济效益。

3. 填制和审核会计凭证，便于分清经济责任，可以加强经济管理中的责任制。各单位所发生的经济业务，特别是货币资金的收付，财产物资的购进、发出、领用、入库、售出等经济活动，都是由有关部门协同完成的，通过填制和审核会计凭证，不仅将经办人员联系在一起，相互促进，相互监督，而且有利于划清经办单位和经办人的责任。即使发生了问题，也易于弄清情况，区分责任，做出正确的裁决。

（二）会计凭证的种类

会计凭证是多种多样的，按其填制程序和用途可以分为原始凭证和记账凭证两类。

1. 原始凭证。原始凭证又称单据，是在经济业务发生时取得或填制的，用以记录和证明经济业务的发生或完成情况的书面证明，它是会计核算的原始资料和重要依据，是登记会计账簿的原始依据。原始凭证按其取得的来源不同，可以分为自制原始凭证和外来原始凭证两类。

(1) 自制原始凭证。自制原始凭证，是指由本单位内部经办业务的部门或个人，在完成某项经济业务时自行填制的凭证。自制原始凭证按其填制手续不同，又可分为一次凭证、累计凭证、汇总原始凭证和记账编制凭证四种。

①一次凭证。一次凭证，是指只反映一项经济业务，或者同时反映若干项同类性质的经济业务，其填制手续是一次完成的会计凭证。如企业购进材料验收入库，由仓库保管员填制的“收料单”（格式与内容见表 3-1)、“领料单”，以及报销人员填制的、出纳人员据以付款的“报销凭单”等等，都是一次凭证。

表 3-1 收 料 单

供货单位：京钢　　　　凭证编号：0064

发票编号：0025　　××年10月8日　　收料仓库：3号库

材料类别	材料编号	材料名称及规格	计量单位	数量		金额（元）			
				应收	实收	单价	买价	运杂费	合计
型钢	102011	30m/m 圆钢	千克	2 000	2 000	4.00	8 000	400	8 400
备注							合计		8 400

主管　　会计　　审核　　记账　　收料

②累计凭证。累计凭证，是指在一定时期内连续记载若干项同类经济业务的会计凭证。这类凭证的填制手续是随着经济业务发生而分次进行的。如"限额领料单"就是累计凭证（格式与内容见表3-2）。

表3-2 限额领料单

××年10月　　编　号：2407

领料单位：一车间　　用　途：B产品　　计划产量：5 000台

材料编号：102058　　名称规格：16m/m圆钢　　计量单位：千克

单　价：4.00元　　消耗定量：0.2千克/台　　领用限额：1 000

××年		请领		实发				
月	日	数量	领料单位负责人	数量	累计	发料人	领料人	限额结余
10	5	200	李明	200	200	顾月	周梅	800
10	10	100	李明	100	300	顾月	任华	700
10	15	300	李明	300	600	顾月	王英	400
10	20	100	李明	100	700	顾月	周梅	300
10	25	150	李明	150	850	顾月	任华	150
10	31	100	李明	100	950	顾月	王英	50

累计实发金额（大写）叁仟捌佰元整　　￥3 800元

供应部门负责人（签章）　　生产计划部门负责人（签章）　　仓库负责人（签章）

③汇总原始凭证。汇总原始凭证是指在会计核算工作中，为简化记账凭证的编制工作，将一定时期内若干份记录同类经济业务的原始凭证汇总编制一张汇总凭证，用以集中反映某项经济业务总括发生情况的会计凭证。如"发料凭证汇总表"（格式与内容见表3-3）、"收料凭证汇总表"、"现金收入汇总表"等都是汇总原始凭证。

表3-3 发料凭证汇总表

20××年10月31日　　单位：元

应借科目	应贷科目：材料					发料合计
	一明细科目：原材料				辅助材料	
	1～10日	11～20日	21～30日	小计		
生产成本	15 000	22 000	20 000	57 000	3 000	60 000
制造费用				1 000	500	1 500
管理费用				2 000	1 500	35 000
合　计	—	—	—	60 000	5 000	65 000

汇总原始凭证只能将同类内容的经济业务汇总填列在一张汇总凭证中。在一张汇总凭证中，不能将两类或两类以上的经济业务汇总填列。

④记账编制凭证。记账编制凭证是根据账簿记录，把某一项经济业务加以归类、整理而重新编制的一种会计凭证。例如在计算产品成本时，编制的“制造费用分配表”就是根据制造费用明细账记录的数字按费用的用途填制的（其格式和内容见表 3-4）。

表 3-4　制造费用分配表

20××年 10 月

应借科目		生产工时	分配率	分配金额
生产成本	A 产品	2 000	2	4 000
	B 产品	3 000	2	6 000
合　计		5 000	2	10 000

（2）外来原始凭证。外来原始凭证，是指在同外单位发生经济往来关系时，从外单位取得的凭证。外来原始凭证都是一次凭证。如企业购买材料、商品时，从供货单位取得的发货票，就是外来原始凭证（其格式与内容见表 3-5、表 3-6）。

表 3-5　北京市增值税专用发票

开票日期：20××年 10 月 6 日　　　　No. 01828836

<table>
<tr><td rowspan="2">购货单位</td><td>名称</td><td colspan="3">时代机械厂</td><td colspan="9">纳税人登记号</td><td colspan="10">1234987560</td></tr>
<tr><td>地址、电话</td><td colspan="3">63846688</td><td colspan="9">开户银行及账号</td><td colspan="10">合作银行学知支行 3456</td></tr>
<tr><td colspan="2" rowspan="2">货物或应税劳务名称</td><td rowspan="2">计量单位</td><td rowspan="2">数量</td><td rowspan="2">单价</td><td colspan="9">金　额</td><td>税率</td><td colspan="9">税额</td></tr>
<tr><td>百</td><td>十</td><td>万</td><td>千</td><td>百</td><td>十</td><td>元</td><td>角</td><td>分</td><td>（%）</td><td>百</td><td>十</td><td>万</td><td>千</td><td>百</td><td>十</td><td>元</td><td>角</td><td>分</td></tr>
<tr><td colspan="2">30m/m 圆钢</td><td>千克</td><td>2 000</td><td>4</td><td></td><td></td><td></td><td>8</td><td>0</td><td>0</td><td>0</td><td>0</td><td>0</td><td>17</td><td></td><td></td><td></td><td>1</td><td>3</td><td>6</td><td>0</td><td>0</td><td>0</td></tr>
<tr><td colspan="2">16m/m 圆钢</td><td>千克</td><td>1 000</td><td>4</td><td></td><td></td><td></td><td>4</td><td>0</td><td>0</td><td>0</td><td>0</td><td>0</td><td></td><td></td><td></td><td></td><td></td><td>6</td><td>8</td><td>0</td><td>0</td><td>0</td></tr>
<tr><td colspan="2"></td><td></td><td></td><td></td><td></td><td></td><td></td><td></td><td></td><td></td><td></td><td></td><td></td><td></td><td></td><td></td><td></td><td></td><td></td><td></td><td></td><td></td><td></td></tr>
<tr><td colspan="2">合　计</td><td></td><td></td><td></td><td></td><td>¥</td><td>1</td><td>2</td><td>0</td><td>0</td><td>0</td><td>0</td><td>0</td><td></td><td></td><td></td><td>¥</td><td>2</td><td>0</td><td>4</td><td>0</td><td>0</td><td>0</td></tr>
<tr><td colspan="2">价税合计（大写）</td><td colspan="13">壹佰肆拾万肆仟零元零角零分</td><td colspan="9">¥：1404000 元</td></tr>
<tr><td rowspan="2">销货单位</td><td>名称</td><td colspan="3">大华钢厂</td><td colspan="9">纳税人登记号</td><td colspan="10">0657894321</td></tr>
<tr><td>地址、电话</td><td colspan="3">67823399</td><td colspan="9">开户银行及账户</td><td colspan="10">工商银行海淀分理处 78913</td></tr>
<tr><td>备注</td><td colspan="23"></td></tr>
</table>

收款人：　　　　开票单位：（未盖章无效）

表 3-6 北京市第一运输公司发货票

付款单位： 年 月 日 No. 0006868

服务项目	数量	单位	单价	金额								
				百	十	万	千	百	十	元	角	分
运 30m/m 圆钢	2 000	千克	0.20					4	0	0	0	0
运 16m/m 圆钢	1 000	千克	0.20					2	0	0	0	0
金额合计（小写）							¥	6	0	0	0	0
金额（大写）	×佰×拾×万×仟陆佰零拾零元零角零分											

收款单位（盖章） 主管：李×× 经手人：阎×× 电话：64093456

2. 记账凭证。记账凭证又称记账凭单，是会计人员根据审核无误的原始凭证或汇总原始凭证，用来确定经济业务应借、应贷的会计科目和金额而填制的，作为登记账簿直接依据的会计凭证。在前面的章节中曾指出，在登记账簿之前，应按实际发生经济业务的内容编制会计分录，然后据以登记账簿，在实际工作中，会计分录是通过填制记账凭证来完成的。

由于原始凭证来自不同的单位，种类繁多，数量庞大，格式不一，不能清楚地表明应记入的会计科目的名称和方向。为了便于登记账簿，需要根据原始凭证反映的不同经济业务，加以归类和整理，填制具有统一格式的记账凭证，确定会计分录，并将相关的原始凭证附在记账凭证的后面。这样不仅可以简化记账工作、减少差错，而且有利于原始凭证的保管，便于对账和查账，提高会计工作质量。

记账凭证按其适用的经济业务，分为专用记账凭证和通用记账凭证两类。

（1）专用记账凭证。专用记账凭证，是用来专门记录某一类经济业务的记账凭证。专用凭证按其所记录的经济业务是否与现金和银行存款的收付有无关系，又分为收款凭证、付款凭证和转账凭证三种。

①收款凭证。收款凭证是用来记录现金和银行存款等货币资金收款业务的凭证，它是根据现金和银行存款收款业务的原始凭证填制的（其格式与内容见表 3-7）。

表 3-7 收 款 凭 证

借方科目银行存款 20××年 10 月 15 日 银收字第 16 号

摘 要	贷方总账科目	明细科目	记账符号	金额										
				千	百	十	万	千	百	十	元	角	分	
销售商品	主营业务收入	略					2	0	0	0	0	0	0	附单据 3 张
	应交税费	略						3	4	0	0	0	0	
合 计						¥	2	3	4	0	0	0	0	

财务主管 记账 审核 出纳 李明 制单 李明

②付款凭证。付款凭证是用来记录现金和银行存款等货币资金付款业务的凭证，它是根据现金和银行存款付款业务的原始凭证填制的（其格式与内容见表 3-8)。

③转账凭证。转账凭证是用来记录与现金、银行存款等货币资金收付款业务无关的转账业务（即在经济业务发生时不需要收付现金和银行存款的各项业务）的凭证，它是根据有关转账业务的原始凭证填制的（其格式和内容见表 3-9)。转账凭证是登记总分类账及有关明细分类账的依据。

(2) 通用记账凭证。通用记账凭证的格式，不再分为收款凭证、付款凭证和转账凭证，而是以一种格式记录全部经济业务（其格式和内容见表 3-10)。

表 3-8 付款凭证

贷方科目银行存款　　　　20××年 5 月 15 日　　　　银付字第 16 号

摘要	借方总账科目	明细科目	记账符号	金额										
				千	百	十	万	千	百	十	元	角	分	
购入材料	材料采购	略						5	0	0	0	0	0	附单据6张
	应交税费	略						8	5	0	0	0	0	
合计						¥	5	8	5	0	0	0	0	

财务主管　　记账　　审核　　出纳　　王明　　制单　　王明

表 3-9 转账凭证

20××年 10 月 31 日　　　　转字第 110 号

摘要	总账科目	明细科目	√	借方金额									√	贷方金额									
				千	十	万	千	百	十	元	角	分		千	百	十	万	千	百	十	元	角	分	
计提本月折旧	制造费用	略					7	0	0	0	0	0												附单据1张
	管理费用	略					3	0	0	0	0	0												
	累计折旧																1	0	0	0	0	0	0	
合计					¥	1	0	0	0	0	0	0				¥	1	0	0	0	0	0	0	

财务主管　　记账　　审核　　制单　孙华

在经济业务比较简单的经济单位，为了简化凭证，可以使用通用记账凭证，记录所发生的各种经济业务。

记账凭证按其包括的会计科目是否单一，分为复式记账凭证和单式记账凭证两类。

（1）复式记账凭证。复式凭证又叫做多科目记账凭证，要求将某项经济业务所涉及的全部会计科目集中填列在一张记账凭证上。复式记账凭证可以集中反映账户的对应关系，因而便于了解经济业务的全貌，了解资金的来龙去脉；便于查账，同时可以减少填制记账凭证的工作量，减少记账凭证的数量；但是不便于汇总计算每一会计科目的发生额，不便于分工记账。上述收款凭证、付款凭证和转账凭证的格式都是复式记账凭证的格式。

表 3-10　通用记账凭证

20××年 10 月 15 日　　　　凭证编号 10100 号

摘　要	总账科目	明细科目	√	借方金额										√	贷方金额									
				千	百	十	万	千	百	十	元	角	分		千	百	十	万	千	百	十	元	角	分
销售商品	银行存款						2	3	4	0	0	0	0											
	主营业务收入																	2	0	0	0	0	0	0
	应交税费	略																	3	4	0	0	0	0
合　计						¥	2	3	4	0	0	0	0				¥	2	3	4	0	0	0	0

附单据 1 张

会计主管　　记账　　出纳　　王达　　审核　　制单　　王达

（2）单式记账凭证。单式记账凭证又叫做单科目记账凭证，要求将某项经济业务所涉及的每个会计科目，分别填制记账凭证，每张记账凭证只填列一个会计科目，其对方科目只供参考，不凭以记账。也就是把某一项经济业务的会计分录，按其所涉及的会计科目，分散填制两张或两张以上的记账凭证（其格式和内容见表 3-11、表 3-12、表 3-13）。

表 3-11　借项记账凭证

20××年 10 月 15 日　　　　凭证编号记字 1016 1/3 号

摘　要	总账科目	明细科目	账页	金额
销售商品	银行存款			23 400
对应总账科目：主营业务收入、应交税费	合　计			23 400

附单据 3 张

会计主管　　记账　　审核　　制单　周

表 3-12 贷项记账凭证

20××年 10 月 15 日　　凭证编号记字 1016 2/3 号

摘　要	总账科目	明细科目	账页	金额
销售商品	主营业务收入	甲产品		20 000
对应总账科目：银行存款	合　计			20 000

附单据见 1/3 号

会计主管　　记账　　审核　　制单　周红

表 3-13 贷项记账凭证

20××年 10 月 15 日　　凭证编号记字 1016 3/3 号

摘　要	总账科目	明细科目	账页	金额
销售商品	应交税费	应交增值税		3 400
对应总账科目：银行存款	合　计			3 400

附单据见 1/3 号

会计主管　　记账　　审核　　制单　周红

单式记账凭证便于汇总计算每一个会计科目的发生额，便于分工记账；但是填制记账凭证的工作量变大，而且出现差错不易查找。

记账凭证按其是否经过汇总，可以分为汇总记账凭证和非汇总记账凭证两种。

(1) 汇总记账凭证。汇总记账凭证是根据非汇总记账凭证按一定的方法汇总填制的记账凭证。汇总记账凭证按汇总方法不同，可分为分类汇总和全部汇总两种。

①分类汇总凭证。分类汇总凭证是根据一定期间的记账凭证按其种类分别汇总填制的，如根据收款凭证汇总填制的“现金汇总收款凭证”和“银行存款汇总收款凭证”；根据付款凭证汇总填制的“现金汇总付款凭证”和“银行存款汇总付款凭证”；以及根据转账凭证汇总填制的“汇总转账凭证”都是分类汇总凭证。

②全部汇总凭证。全部汇总凭证是根据一定期间的记账凭证全部汇总填制的，如“科目汇总表”就是全部汇总凭证。

(2) 非汇总记账凭证。非汇总记账凭证，是没有经过汇总的记账凭证，前面介绍的收款凭证、付款凭证和转账凭证以及通用记账凭证都是非汇总记账凭证。

原始凭证与记账凭证之间存在着密切的联系。原始凭证是记账凭证的基础，记账凭证是根据原始凭证编制的。在实际工作中，原始凭证附在记账凭证后面，作为记账凭证的附件；记账凭证是对原始凭证内容的概括和说明；原始凭证有时是登记明细账户的依据。

会计凭证的分类见图 3-1。

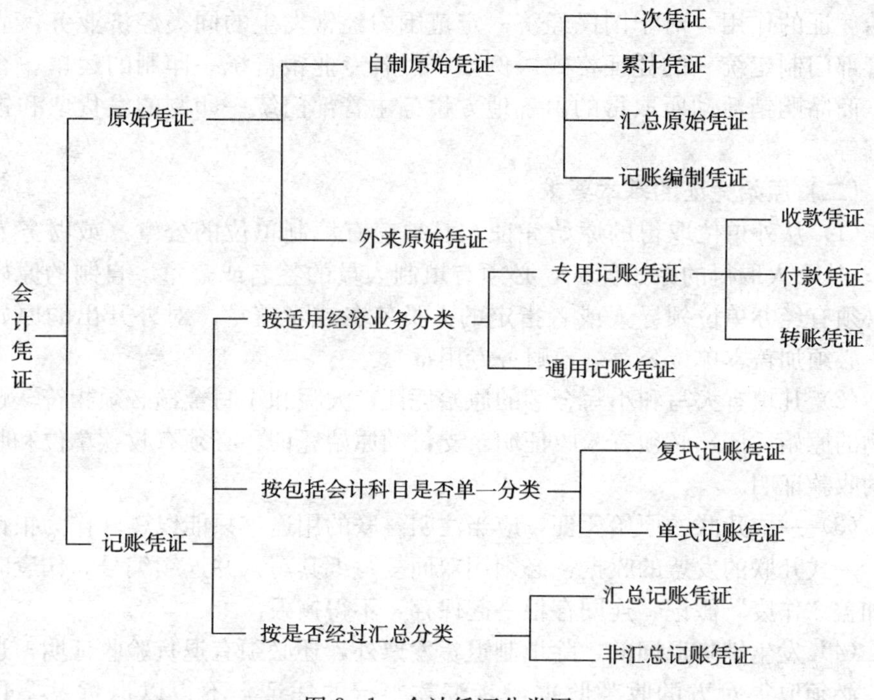

图 3-1 会计凭证分类图

二、原始凭证的填制和审核

（一）原始凭证的基本内容

由于各项经济业务的内容和经济管理的要求不同，各个原始凭证的名称、格式和内容也是多种多样的。但是，所有的原始凭证（包括自制的和外来的凭证），都是作为经济业务的原始证据，必须详细载明有关经济业务的发生或完成情况，必须明确经办单位和人员的经济责任。因此，各种原始凭证都应具备一些共同的基本内容。原始凭证所包括的基本内容，通常称为凭证要素，主要有：

（1）原始凭证的名称；

（2）填制凭证的日期；

（3）凭证的编号；

（4）填制和接受凭证的单位名称；

(5) 经济业务的基本内容，其中包括经济业务发生的金额；

(6) 填制单位及有关人员的签章。

此外，有的原始凭证为了满足计划、业务、统计等职能部门管理经济的需要，还需要列入计划、定额、合同号码等项目，这样可以更加充分地发挥原始凭证的作用。对于国民经济一定范围内经常发生的同类经济业务，应由主管部门制定统一的凭证格式。例如：由各专业银行统一印制的运单、客票等；商品购销活动所取得的由各地方税务主管部门统一印制的发货票和银行收据等。

(二) 原始凭证的基本要求

(1) 从外单位取得的原始凭证，必须盖有填制单位的公章（或财务专用章）；从个人取得的原始凭证，必须有填制人员的签名或盖章。自制的原始凭证必须有经办单位领导人或者指定的人员签名或者盖章。对外开出的原始凭证，必须加盖本单位公章（或财务专用章）。

(2) 凡填有大写和小写金额的原始凭证，大写和小写金额必须相符。购买实物的原始凭证，必须有验收证明。支付的原始凭证，必须有收款单位和收款人的收款证明。

(3) 一式几联的原始凭证，应当注明各联的用途，只能以一联作为报销凭证。一式几联的发票的收据，必须用双面复写纸套写，并连续编号。作废时应当加盖“作废”戳记，连同存根一起保存，不得撕毁。

(4) 发生销货退回的，除填制退货发票外，还必须有退货验收证明；退款时，必须取得对方的收款收据或者汇款银行的凭证，不得以退货发票代替收据。

(5) 职工外出借款凭据必须附在记账凭证之后。收回借款时，应当另开收据或者退还借款副本，不得退还原借款收据。

(6) 经上级有关部门批准的经济业务，应当将批准文件作为原始凭证附件。如果批准文件需要单独归档的，应当在凭证上注明批准机关名称、日期和文件字号。

(三) 原始凭证的填制要求

1. 凭证所反映的经济业务必须合法，必须符合国家有关政策、法令、规章、制度的要求，不符合以上要求的，不得列入原始凭证。

2. 原始凭证的内容要真实，即必须根据实际发生的经济业务，填制原始凭证，任何单位不得以虚假的经济业务事项或者资料进行会计核算。

3. 原始凭证的记录要正确，即文字描述、数量、单价和金额填写要准确，原始凭证不得随意涂改、刮擦、挖补，填写错误需要更正时，应用划线更正法，即将错误的文字和数字，用红色墨水划线注销，再将正确的数字和文字用蓝字写在划线部分的上面，并签字盖章。

4. 原始凭证的手续要完备，即原始凭证的有关签章要齐全，以保证其经济责任。

5. 原始凭证的填制要及时，即对发生的经济业务要及时填制原始凭证，以便及时提供会计信息。

6. 原始凭证的书写要规范，即书写要用蓝黑墨水，字迹要清晰、工整，并符合下列要求：

(1) 阿拉伯数字应当一个一个地写，不得连笔写。阿拉伯金额数字前面应当书写货币币种符号或者货币名称简写和币种符号。币种符号与阿拉伯金额数字之间不得留有空白。凡阿拉伯数字前写有币种符号的，数字后面不再写货币单位。

(2) 所有以元为单位的阿拉伯数字，除表示单价等情况外，一律填写到角分；无角分的，角位和分位可写“00”，或者符号“—”；有角无分的，分位应当写“0”，不得用符号“—”代替。

(3) 汉字大写数字金额如零、壹、贰、叁、肆、伍、陆、柒、捌、玖、拾、佰、仟、万、亿等，一律用正楷或者行书体书写，不得用0、一、二、三、四、五、六、七、八、九、十等简化字代替，不得任意自造简化字。大写金额数字到元或者到角为止的，在“元”或者“角”字之后应当写“整”字或者“正”字；大写金额数字有分的，分字后面不写“整”字或者“正”字。

(4) 大写金额数字前未印有货币名称的，应当加填货币名称，货币名称与金额数字之间不得留有空白。

(5) 阿拉伯金额数字中间有“0”时，汉字大写金额要写“零”字；阿拉伯数字金额中间连续几个“0”时，汉字大写金额中可以只写一个“零”字；阿拉伯金额数字元位是“0”，或者数字中间连续有几个“0”，元位也是“0”但角位不是“0”时，汉字大写金额可以只写一个“零”字，也可以不写“零”字。

7. 各种凭证必须连续编号，以便查考。各种凭证如果已预先印定编号，在写坏作废时，应当加盖“作废”戳记，全部保存，不得撕毁。

(四) 原始凭证的审核

为了如实反映经济业务的发生和完成情况，保证会计信息的真实、可靠，充分发挥会计监督职能的作用，应由有关人员对填制或取得的原始凭证进行审核。具体包括以下几个方面：

1. 审核原始凭证的真实性。原始凭证是会计核算的原始资料，其真实与否直接影响着会计信息的质量。真实性的审核包括原始凭证是否根据实际发生的经济业务所填列的，原始凭证的日期是否真实、业务内容是否真实、数据是否真实等内容的审查。

2. 审核原始凭证的合法性。审核原始凭证所记录的经济业务是否符合国家有关政策、法规、制度的规定，是否有违法乱纪等行为。

3. 审核原始凭证的合理性。审核原始凭证所记录经济业务是否符合企业生产经营活动的需要、是否符合有关的计划和预算等。

4. 审核原始凭证的完整性。审核原始凭证的内容是否齐全，包括：有无漏记项目、日期是否完整、有关签章是否齐全等。

5. 审核原始凭证的正确性。审核原始凭证的内容是否正确，包括：数字是否清晰、文字是否工整、书写是否规范、凭证联次是否正确、有无刮擦、涂改和挖补等。

综上所述，原始凭证的审核是一项十分重要、严肃的工作，应根据不同情况进行不同处理。对不真实、不合法的原始凭证有权不予接受，并向单位负责人报告；对记载不准确、不完整的原始凭证予以退回，并要求按照国家统一的会计制度的规定更正、补充。只有审核无误的原始凭证才能由会计人员据以编制记账凭证。

（五）原始凭证错误的更正

原始凭证记载的各项内容均不得涂改；原始凭证有错误的，应当由出具单位重开或者更正，更正处应当加盖出具单位印章。原始凭证金额有错误的，应当由出具单位重开，不得在原始凭证上更正。

三、记账凭证的填制和审核

（一）记账凭证的基本内容

记账凭证种类甚多，格式不一，但其主要作用，都在于对原始凭证进行分类、整理，按照复式记账的要求，运用会计科目，编制会计分录，据以登记账簿。因此，记账凭证必须具备以下基本内容：

（1）填制单位的名称；

（2）记账凭证的名称；

（3）记账凭证的编号；

（4）填制凭证的日期；

（5）经济业务的内容摘要；

（6）会计科目（包括一级、二级和明细科目）的名称、记账方法和金额；

（7）所附原始凭证的张数；

（8）制证、审核、记账、会计主管等有关人员的签章，收款凭证和付款凭证还应由出纳人员签名或盖章。

（二）记账凭证的填制要求

（1）由会计人员根据审核无误的原始凭证编制，以保证其真实。

（2）记账凭证的内容要准确、手续要完备，以保证其正确、完整。

（3）记账凭证的编制要及时，以保证及时提供会计信息。

（4）记账凭证的书写要规范，即字迹要清晰、工整，其具体要求同原始凭证的填制要求。

（5）填制记账凭证时，应当对记账凭证进行连续编号。一笔经济业务需要填制两张以上记账凭证的，可以采用分数编号法编号。

（6）记账凭证可以根据每一张原始凭证填制，或者根据若干张同类原始凭证汇总填制，也可以根据原始凭证汇总表填制。但不得将不同内容和类别的原始凭证汇总填制在一张记账凭证上。

（7）除结账和更正错误的记账凭证可以不附原始凭证外，其他记账凭证必须附有原始凭证。如果一张原始凭证涉及几张记账凭证，可以把原始凭证附在一张主要的记账凭证后面，并在其他记账凭证上注明附有该原始凭证的记账凭证的编号或者附原始凭证复印件。

（8）记账凭证填制完经济业务事项后，如有空行，应当自金额栏最后一笔金额数字下的空行处至合计数上的空行处划线注销。

（三）记账凭证的填制方法

1. 通用记账凭证的编制方法。

（1）填制受理经济业务的日期，即编制记账凭证的日期；

（2）在摘要位置填写经济业务的简要说明；

（3）将经济业务涉及的会计科目按照先借后贷的顺序分别填列在不同行的总分类科目及明细分类科目位置；

（4）将发生额填列在应借应贷的方向不同填列在借方金额或贷方金额位置；

（5）填上凭证的编号、所附原始凭证的张数，并在制单位置签章。

2. 专用记账凭证的编制方法。

（1）收款凭证的编制方法。

第一，填制受理经济业务的日期，即编制记账凭证的日期；

第二，在借方科目位置按照收款内容的不同填列“库存现金”或“银行存款”；

第三，在摘要位置填写经济业务的简要说明；

第四，在贷方科目位置填列“库存现金”或“银行存款”的对应会计科目；

第五，将发生额填列在金额位置；

第六，填上凭证的编号、所附原始凭证的张数，并在制单位置签章。

（2）付款凭证的编制方法。

第一，填制受理经济业务的日期，即编制记账凭证的日期；

第二，在贷方科目位置按照付款内容的不同填列“库存现金”或“银行存款”；

第三，在摘要位置填写经济业务的简要说明；

第四，在借方科目位置填列“库存现金”或“银行存款”的对应会计科目；

第五，将发生额填列在金额位置；

第六，填上凭证的编号、所附原始凭证的张数，并在制单位置签章。

注意：①对于涉及“库存现金”和“银行存款”之间的经济业务，为了避免重复记账，一般只编制付款凭证，不编收款凭证。②出纳人员应根据会计人员审核无误的收款凭证和付款凭证办理收付款业务。

（3）转账凭证的编制方法。

第一，填制受理经济业务的日期，即编制记账凭证的日期；

第二，在摘要位置填写经济业务的简要说明；

第三，将经济业务涉及的会计科目按照先借后贷的顺序分别填列在不同行的总分类科目及明细分类科目位置；

第四，将发生额填列在应借应贷的方向不同填列在借方金额或贷方金额位置；

第五，填上凭证的编号、所附原始凭证的张数，并在制单位置签章。

（四）记账凭证的审核

为了正确登记账簿和监督经济业务，除了编制记账凭证的人员应当认真负责、正确填制、加强自审以外，同时还应建立专人审核制度。如前所述，记账凭证是根据审核后的合法的原始凭证填制的。因此，记账凭证的审核，除了要对原始凭证进行复审外，还应注意以下几点：

（1）记账凭证是否附有原始凭证，原始凭证是否齐全、内容是否合法，记账凭证的所记录的经济业务与所附原始凭证所反映的经济业务是否相符。

（2）记账凭证的应借、应贷会计科目是否正确，账户对应关系是否清晰，所使用的会计科目及其核算内容是否符合现行企业会计准则的规定，金额计算是否准确。

（3）摘要是否填写清楚、项目填写是否齐全，如日期、凭证编号、二级和明细会计科目、附件张数以及有关人员签章等。

（五）记账凭证的更正

如果在填制记账凭证时发生错误，应当重新填制。

已经登记入账的记账凭证，在当年内发现填写错误时，可以用红字填写一张与原内容相同的记账凭证，在摘要栏注明“注销某月某日某号凭证”字样，同时再用蓝字重新填制一张正确的记账凭证，注明“订正某月某日某号凭证”字样。如果会计科目没有错误，只是金额错误，也可以将正确数字与错误数字之间的差额，另编一张调整的记账凭证，调增金额用蓝字，调减金额用红字。发现以前年度记账凭证有错误的，应当用蓝字填制一张更正的记账凭证。

四、会计凭证的传递和保管

（一）会计凭证的传递

会计凭证的传递，是指会计凭证从填制到归档保管整个过程中，在单位内部各有关部门和人员之间的传递程序和传递时间。各种会计凭证所记录的经济业务不尽相同，所要据以办理的业务手续和所需的时间也不尽相同。应当为每种会计凭证的传递，规定合理的传递程序，和在各个环节停留的时间。会计凭证的传递是会计制度的一个重要组成部分，应当在会计制度中做出明确的规定。

正确地组织会计凭证的传递，对于及时地反映和监督经济业务的发生和完成情况，合理地组织经济活动，加强经济管理责任制，具有重要意义。因为正确地组织凭证的传递，能及时地、真实地反映和监督经济业务的发生和完成情况；把有关部门和人员组织起来，分工协作，使正确的经济活动得以顺利地实现；考核经办业务的有关部门和人员是否按照规定的凭证手续办事，从而加强经营管理上的责任制，提高经营管理水平，提高经济活动的效率。

科学的传递程序，应该使会计凭证沿着最迅速、最合理的流向运行。因此，在制订会计凭证传递程序时，应当注意考虑下列三个问题：

（1）要根据经济业务的特点，企业内部机构的设置和人员分工的情况，以及经营管理上的需要，恰当地规定各种会计凭证的联数和所流经的必要环节，做到既要使各有关部门和人员能利用凭证了解经济业务情况，并按照规定手续进行处理和审核，又要避免凭证传递通过不必要的环节、影响传递速度。

（2）要根据有关部门和人员对经济业务办理必要手续（如计量、检验、审核、登记等）的需要，确定凭证在各个环节停留的时间，保证业务手续的完成。但又要防止不必要的耽搁，从而使会计凭证以最快速度传递，以充分发挥它及时传递经济信息的作用。

(3) 建立凭证交接的签收制度。为了确保会计凭证的安全和完整，在各个环节中都应指定专人办理交接手续，做到责任明确，手续完备、严密、简便易行。

(二) 会计凭证的保管

会计凭证的保管，是指会计凭证登账后的整理、装订和归档存查。会计凭证是记账的依据，是重要的经济档案和历史资料，所以对会计凭证必须妥善整理和保管，不得丢失或任意销毁。

对会计凭证的保管，既要做到会计凭证的安全和完整无缺，又要便于凭证的事后调阅和查找。会计凭证归档保管的主要方法和要求是：

(1) 每月记账完毕，要将本月各种记账凭证加以整理，检查有无缺号和附件是否齐全。然后按顺序号排列，装订成册。为了便于事后查阅，应加具封面，并由有关人员签章。为了防止任意拆装，在装订线上要加贴封签，并由会计主管人员盖章。

(2) 如果在一个月内，凭证数量过多，可分装若干册，在封面上加注共几册字样。如果某些记账凭证所附原始凭证数量过多，也可以单独装订保管，但应在其封面及有关记账凭证上加注说明，对重要原始凭证，如合同、契约、押金收据以及需要随时查阅的收据等在需要单独保管时，应编制目录，并在原记账凭证上注明另行保管，以便查核。

(3) 装订成册的会计凭证应集中保管，并指定专人负责。查阅时，要有一定的手续制度。

(4) 会计凭证的保管期限和销毁手续，必须严格执行会计制度的规定。任何人无权自行随意销毁。

第二节 账 簿

一、账簿的意义和种类

(一) 账簿的意义

在会计核算工作中，对每一项经济业务，都必须取得和填制会计凭证。由于会计凭证数量很多，又很分散，而且只能零散地反映个别经济业务的内容，不能连续、系统、全面、完整地反映和监督一个经济单位的在一定时期内某类和全部经济业务的变化情况，为了给经济管理提供系统的核算资料，就需要运用登记账簿的方法，把分散在会计凭证上的大量的核算资料，加以集中和归类整理，登记到账簿中去。

账簿，是以会计凭证为依据，全面、连续、系统地记录各种经济业务的簿记，由许多具有专门格式，同时又相互连接在一起的账页组成。账簿和账户既有区别，又有密切联系。账户是在账簿中按规定的会计科目开设的户头，用来反映某一个会计科目所要核算的内容。按照账户归类反映各项经济业务，可以提供总括的和明细的核算指标。由于账簿的记录，是对经济活动的全面反映。因此，账簿又是积累、贮存经济活动情况的数据库。

设置和登记账簿，是对经济信息进行加工整理的一种专门方法，是会计核算工作的一个重要环节，对加强经济管理有十分重要的意义，可以概括如下：

1. 账簿可以为企业的经济管理提供系统、完整的会计信息。通过设置和登记账簿，可以对经济业务进行序时或分类的核算，将分散的核算资料加以系统化，全面、系统地提供有关企业成本费用、财务状况和经营成果的总括和明细的核算资料，以正确地计算费用、成本和收入、成果，为经营管理提供系统、完整的核算资料。

2. 账簿可以为定期编制会计报表，提供数据资料。通过账簿可以分门别类地对经济业务进行登记，积累了一定时期的会计资料，通过整理，就成为编制会计报表的资料。

3. 账簿是考核企业经营成果、加强经济核算，分析经济活动情况的重要依据。账簿记录了一定时期资金取得与运用情况，提供了费用、成本、销售收入和财务成果等资料。结合有关资料，进行经济活动分析，总结经验，提出措施改进工作。

（二）设置账簿的原则

任何单位都应当根据本单位经济业务的特点和经营管理的需要，设置一定种类和数量的账簿。一般说来，设置账簿应当遵循下列原则：

（1）账簿的设置要能保证全面、系统地反映和监督各单位的经济活动情况，为经营管理提供系统、分类的核算资料。

（2）设置账簿要在满足实际需要的前提下，考虑人力和物力的节约，力求避免重复设账。

（3）账簿的格式，要按照所记录的经济业务的内容和需要提供的核算指标进行设计，要力求简便实用，避免繁琐重复。

（三）账簿的种类

1. 账簿按其用途的分类。账簿按其用途分为序时账簿、分类账簿备查账簿三类。

（1）序时账簿。序时账簿，亦称日记账，是按照经济业务发生的时间先后顺序，逐日逐笔登记经济业务的账簿。按其记录内容的不同又分为普通日记账和特种日记账两种。

普通日记账，也称通用日记账，是用来登记各单位全部经济业务的日记账。在账中，按照每日发生的经济业务的先后顺序，逐项编制会计分录，因而这种日记账也称分录日记账。设置普通日记账的单位，一般不再单设特种日记账，以免重复。

特种日记账是专门用来记录某一特定项目经济业务发生情况的日记账。将该类经济业务，按其发生的先后顺序记入账簿中，反映这一特定项目的详细情况。如各经济单位为了对现金和银行存款加强管理，设置的现金日记账和银行存款日记账。

（2）分类账簿。分类账簿是指对全部经济业务按照总分类账户和明细分类账户进行分类登记的账簿。在分类账簿中反映了资产、负债、所有者权益、费用成本和收入成果等增减变化的情况，是企业经营管理的重要资料来源。分类账簿有总分类账簿和明细分类账簿两种。按照总分类账户分类登记的账簿叫总分类账簿。它是用来核算经济业务的总括内容的。按照明细分类账户分类登记的账簿叫明细分类账簿。它是用来核算经济业务的明细内容的。总分类账簿的总额与其有关的明细分类账簿的金额之和相等。它们的作用各不相同，但互为补充。

（3）备查账簿。备查账簿是指对某些在序时账簿和分类账簿中未能记载或记载不全的经济业务进行补充登记的账簿。该种账簿可以对某些经济业务的内容提供必要的参考资料。如租入固定资产登记簿等。

2. 账簿按外表形式分类。各种账簿都具有一定的形式，按其外表形式不同可分为订本式账簿、活页式账簿和卡片式账簿。

（1）订本式账簿。订本式账簿是指把许多账页装订成册的账簿。这种账簿，账页固定，既可防止账页散失，也可防止抽换账页。由于账页固定，使用起来欠灵活，在同一时间内只能由一人登记账簿，不便于分工记账。

（2）活页式账簿。活页式账簿是指账页不固定，用活页形式的账簿如材料明细账。这种账簿，页数可根据需要确定，不足时，可随时增加账页；登记方便，可同时由数人分工记账。账簿的空白账页，在使用时需连续编号，并装置在账夹中，并由有关人员盖章，以防散失。使用完毕，不再登记时，将其装订成册，以便保管。

（3）卡片式账簿。卡片式账簿是指印有记账格式的卡片，登记各项经济业务的账簿。卡片不固定在一起，数量可根据经济业务增减，如固定资产明细账等。使用完毕，不再登账时，则将卡片穿孔固定保管。

三种账簿形式不同，作用各异。在实际工作中，可根据需要设置各类账簿。带有统驭性和比较重要的账簿，如总分类账、现金日记账、银行存款日记账一般采用订本式账簿。作为对总分类账进行补充说明的明细分类账，常采用活页式账簿或卡片式账簿。

账簿的分类见图3-2。

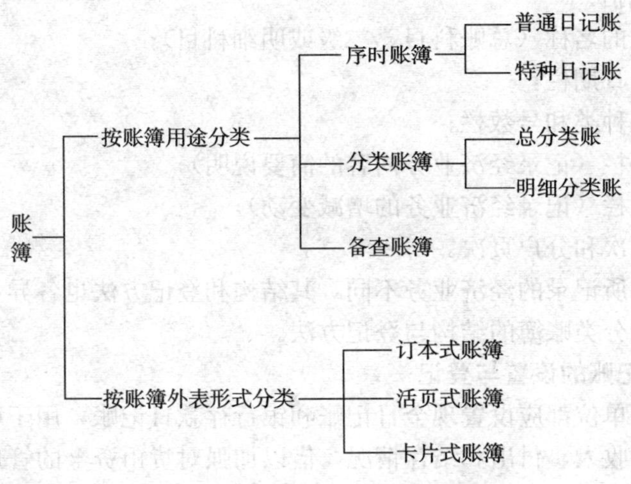

图3-2　账簿的分类见图

二、账簿的设置与登记

（一）账簿的基本结构

各种账簿所记录的经济业务不同，账簿格式可以多种多样。但各种主要账簿应具备下列基本内容：

1. 封面。写明账簿名称和记账单位名称。

2. 扉面。填列账簿启用的日期和截止日期，页数、册次；经营账簿人员一览表和签章；会计主管人员签章；账户目录等。账户目录的格式与内容见表3-14。

表3-14　账户目录（科目索引）

页数	科目	页数	科目	页数	科目	页数

账户目录是由记账人员在账簿中开设账页户头后，按顺序将每个账户的名称和页数登记的，便于查阅账簿中登记的内容。如果是活页账簿，在账簿启用时无法确定页数，可先将账户名称填写好，待年终装订归档时，再填写页数。

3. 账页。账页的格式，因反映经济业务内容的不同，可有不同格式，但基本内容应包括：

(1) 账户的名称（总账科目、二级或明细科目）；

(2) 登账日期栏；

(3) 凭证种类和号数栏；

(4) 摘要栏（记录经济业务内容的简要说明）；

(5) 金额栏（记录经济业务的增减变动）；

(6) 总页次和分户页次。

由于账簿所记录的经济业务不同，其结构和登记方法也各异，下面介绍有关序时账簿和分类账簿的结构与登记方法。

(二) 日记账的设置与登记

一切经济单位都应设置现金日记账和银行存款日记账，用于序时核算现金和银行存款的收入、付出和结存情况，借以加强对货币资金的管理。

1. 现金日记账的设置与登记。现金日记账，是出纳人员根据现金收款凭证、现金付款凭证和银行付款凭证（记录从银行提取现金业务），按经济业务发生的先后顺序，逐日逐笔进行登记的，其格式与内容见表3-15。

现金日记账的登记方法如下：

①日期栏：系指记账凭证的日期，应与现金实际收付日期一致；

②凭证栏：系指登记入账的收付款凭证的种类和编号，如："现金收（付）款凭证"，简写为"现收（付）"、"银行存款收（付）款凭证"，简写为"银收（付）"。凭证栏还应登记凭证的编号数，以便于查账和核对。

表3-15　现金日记账（三栏式）

20××年		凭证		摘　要	对方科目	收入	支出	结余
月	日	种类	编号					
1	1			上年结余				200
	4	现付	1	支付材料运费	材料采购		60	
	4	银付	1	提现备发工资	银行存款	11 200		
	4	现付	2	汪涛预借差旅费	其他应收款		80	
	4	现收	1	贺华归还多余差旅费	其他应收款	120		
	4			本日合计		11 320	140	11 380
	31			本日合计		250	150	300
	31			本月合计		18 320	18 220	300

③摘要栏：摘要说明登记入账的经济业务的内容。文字要简练，但要能说明问题。

④对方科目栏：系指现金收入的来源科目或支出的用途科目。如从银行提取现金，其来源科目（即对方科目）为“银行存款”。其作用在于了解经济业务的来龙去脉。

⑤收入、支出栏：系指现金实际收付的金额。每日终了，应分别计算现金收入和付出的合计数，结出余额，同时将余额与出纳员的库存现金核对，即通常说的“日清”。如账款不符应查明原因，并记录备案。月终同样要计算现金收、付和结存的合计数，通常称为“月结”。

2. 银行存款日记账的设置与登记。银行存款日记账，是由出纳人员根据银行存款收款凭证、银行存款付款凭证和现金付款凭证（记录将现金存入银行业务），按经济业务发生时间的先后顺序，逐日逐笔进行登记的账簿。其格式与内容见表 3-16。

表 3-16　银行存款日记账（三栏式）

20××年		凭证		摘　要	现金支票号数	转账支票号数	对方科目	收入	支出	余额
月	日	种类	编号							
1	1			上年结余						20 000
	2	银付	1	提取现金	475		库存现金		200	
	2	银付	2	支付购料款		512	材料采购		600	
	2	银收	1	收到货款			应收账款	2 000		
	2			本日合计				2 000	800	21 200
	31			本日合计				1 500	2 400	20 800
	31			本月合计				113 200	12 400	20 800

银行存款日记账的登记方法如下：

①日期栏：系指记账凭证的日期；

②凭证栏：系指登记入账的收付款凭证的种类和编号（与现金日记账的登记方法一致）。

③摘要栏：摘要说明登记入账的经济业务的内容。文字要简练，但能概括说明问题。

④现金支票号数和转账支票号数栏：如果所记录的经济业务是以支票付款结算的，应在这两栏内填写相应的支票号数，以便与开户银行对账。

⑤对方科目栏：系指银行存款收入的来源科目或支出的用途科目。如开出支票一张支付购料款，其支出的用途科目（即对方科目）为“材料采购”科目，其作用在于了解经济业务的来龙去脉。

⑥收入、支出栏：系指银行存款实际收付的金额。每日终了，应分别计算银行存款的收入和支出的合计数，结算出余额，做到日清；月终应计算出银行存款全月收入、支出的合计数，做到月结。

（三）总账的设置和登记

总分类账是按照总分类账户分类登记全部经济业务的账簿。在总分类账中，应按照会计科目的编码顺序分别开设账户。由于总分类账一般都采用订本式账簿，所以事先应为每个账户预留若干账页。由于总分类账能够全面、总括地反映经济活动情况，并为编制会计报表提供资料，因而任何单位都要设置总分类账。

总分类账的格式因采用的记账方法和会计核算形式不同而异，一般有三栏式、多栏式等不同格式。

1. 三栏式总分类账的设置。

（1）不反映对应科目的三栏式总账的设置。不反映对应科目的三栏式总账，在账页中设有借方、贷方和余额三个金额栏，其格式和内容见表 3－17。

表 3－17　总分类账

会计科目：短期借款　　　　第 3 页

××年		凭证		摘　要	借方金额	贷方金额	借或贷	余额
月	日	种类	编号					
1	1			上年结余			贷	140 000
	4	银付	1	还归银行借款	55 000		贷	85 000
	13	银收	1	向银行借款		30 000	贷	115 000
	31			本月发生额及余额	90 000	80 000	贷	130 000

（2）反映对应科目的三栏式总账的设置。反映对应科目的三栏式总账，除在账页中设有借方、贷方和余额三个金额栏外，还分别在借方和贷方金额栏中设有对方科目栏，以便可以直接从总分类账户之中了解经济业务的来龙去脉。其格式和内容见表 3－18。

表 3－18　总分类账

会计科目：现金　　　　第 1 页

××年		凭证		摘　要	借方		贷方		借或贷	余额
月	日	种类	编号		金额	对方科目	金额	对方科目		
1	1			上年结余					借	1 000
	5	现付	1	购办公用品			200	管理费用	借	800
	5	现收	1	销售产品	500	主营业务收入			借	1 300
1	31			本月发生额及余额	37 200		38 000		借	200

2. 多栏式总分类账的设置。多栏式总分类账，把序时账簿和总分类账簿结合在一起，变成了一种联合账簿，通常称为日记总账，它具有序时账簿和总分类账簿的双重作用。采用这种总分类账簿，可以减少记账的工作量，提高工作效率，并能较全面地反映资金运动的情况，便于分析经济活动情况。它适用于经济业务较少的经济单位。其格式和内容见表 3-19。

表 3-19 多栏式总分类账（日记总账）

××年		凭证		摘 要	发生额	__科目		__科目		__科目		__科目	
月	日	种类	编号			借	贷	借	贷	借	贷	借	贷

采用多栏式总分类账篇幅较大，不便于登记和保管，不过采用电子计算机进行会计核算的单位，采用这种日记总账的格式却有很多优点。

3. 总分类账的登记。总分类账可以直接根据各种记账凭证逐笔进行登记；也可以将一定时期的各种记账凭证先汇总编制科目汇总表或汇总记账凭证，再据以登记总账。总分类账的登记方法，取决于所采用的会计核算形式，这一内容将在第三节中作具体介绍。每月应将当月已完成的经济业务全部登记入账，并于月终结出总分类账簿中各账户的本期发生额和期末余额，与明细账余额核对相符后，作为编制会计报表的主要依据。

（四）明细分类账的设置和登记

明细分类账是用来分类登记经济业务的账簿，明细分类账一般采用活页式账簿。各种明细分类账是根据实际需要，分别按照二级科目或明细科目开设账户，用来分类、连续地记录有关资产、负债和所有者权益及收入、费用和利润（或亏损）的详细资料。明细分类账所提供的有关经济活动的详细资料，也是编制会计报表的依据。因此，各个经济单位在设置总分类账的基础上，还应按照总分类科目设置所属的若干必要的明细分类账。这样既能根据总分类账了解某一科目的总括情况，又能根据明细分类账进一步了解该科目的具体和详细情况。根据经营管理的需要，各个单位除库存现金、银行存款等账户外，应为各种材料物资、应收应付款项、费用、成本、收入、利润等总分类账户设置明细分类账，进行明细分类核算。

根据经济管理的要求和各明细分类账记录的内容的不同，明细分类账分别采用三栏式、数量金额式和多栏式三种格式。

1. 三栏式明细分类账的设置与登记。三栏式明细分类账账页，只设有借方、贷方和余额三个金额栏，不设数量栏。它适用于只需要反映金额的经济业务，如“应收账款”、“应付账款”等不需要进行数量核算的债权、债务结算账户。三栏式明细分类账页的格式和内容见表3-20。

表3-20　三栏式明细分类账

应收账款科目A公司

××年		凭证		摘　要	借方	贷方	借或贷	余额
月	日	字	号					
1	1			上年结转			借	5 000
1	10	银收	20	收到货款		3 000	借	2 000

三栏式明细分类账是由会计人员根据审核无误的记账凭证或原始凭证，按经济业务发生的时间先后顺序逐日逐笔进行登记。

2. 数量金额式明细分类账的设置与登记。数量金额式明细分类账的账页，分别设有收入、发出和结存的数量、单价和金额栏。这种格式适用于既要进行金额核算，又要进行实物数量核算的各种财产物资账户，如“原材料”、“库存商品”等账户的明细分类核算。数量金额式明细分类账页的格式见表3-21。

表3-21　数量金额式明细分类账

原材料明细账

类别	原料
名称或规格	A
编号	1006

计量单位	千克
存放地点	1号库
储备定额	2 000

××年		凭　证		摘　要	收　入			发　出			结　存		
月	日	种类	编号		数量	单价	金额	数量	单价	金额	数量	单价	金额
1	1			上年结转							2 000	10	20 000
1	5	收	5	购入	5 000	10	50 000				7 000	10	70 000
1	5	领	10	一车间领用				4 000	10	40 000	3 000	10	30 000

数量金额式明细账是由会计人员根据审核无误的记账凭证或原始凭证，按经济业务发生的时间先后顺序逐日逐笔进行登记的。

3. 多栏式明细分类账的设置与登记。多栏式明细分类账，是根据经济业务的特点和经营管理的需要，在一张账页内按有关明细科目或明细项目分设若干专栏，用以在同一张账页上集中反映各有关明细科目或明细项目的核算资料。按明细分类账登记的经济业务不同，多栏式明细分类账页又分为借方多栏、贷方多栏和借贷方均多栏三种格式。例如“材料采购”、“生产成本”、“制造费用”、“管理费用”、“财务费用”和“营业外支出”等科目的明细分类账则采用借方多栏式明细分类账；“主营业务收入”和“营业外收入”等科目的明细分类账则采用贷方多栏式明细分类账；而“本年利润”科目的明细分类账则采用借方贷方均设多栏式明细分类账。它们的格式与内容分别见表 3-22、表 3-23、表 3-24 所示。

表 3-22 生产成本 明细账

××年		凭证		摘 要	借 方（项目）				贷方	余额
月	日	种类	编号		原材料	工资	制造费用	合计		

表 3-23 主营业务收入 明细账

××年		凭证		摘 要	借方	贷方（项目）				余额
月	日	种类	编号			产品销售	加工收入		合计	

表 3-24 本年利润 明细账

××年		凭证		摘 要	借方（项目）			贷方（项目）			借或贷	余额
月	日	种类	编号				合计			合计		

4. 多栏式明细分类账的登记。明细分类账的登记方法，根据经济业务的繁简程度和管理上的实际需要而定，可以根据记账凭证或带有借贷科目的原始凭证逐笔登记，也可以将这些凭证定期汇总后登记。一般而言，固定资产、债权债务明细分类账应当逐笔登记：存货明细分类账既可以逐笔登记，也可以逐日汇总登记；收入、费用明细分类账既可以逐笔登记，也可以逐日或定期汇总登记。各种明细分类账在每次登记完毕后，都应结出余额，以便随时核对账目。

(五) 总账与明细账的关系及其平行登记

如前所述，总分类账是按总账科目开设账页，提供总括的核算资料，明细分类账则是在总分类账的基础上，按某一个总账科目所属明细科目开设账页，提供详细具体的核算资料。总分类账所提供的核算资料是对其所属明细分类账的综合，而明细分类账则是总分类账的具体化，对总分类账起详细说明的作用。两者核算的内容相同，登记的原始依据也相同，只是在反映经济业务的详细程度上有所区别。根据总分类账与明细分类账的上述关系，在会计核算中，应当按照平行登记的原则来登记总账和明细账。

所谓平行登记，就是对每一笔经济业务，都要在同一会计期间内，一方面在总分类账中进行总括登记，另一方面要在有关的明细分类账中进行详细登记。登记总分类账和明细分类账的原始依据应当相同，借贷方向应当一致，金额应当相等。平行登记后，在总分类账和明细分类账之间存在以下两个数量关系：

(1) 某一总分类账户借方（或贷方）本期发生额＝其所属明细分类账户借方（或贷方）本期发生额合计

(2) 某一总分类账户借方（或贷方）期末余额＝其所属明细分类账户借方（或贷方）期末余额合计

在实际工作中，经常利用上述两个数量关系来检查总分类账和明细分类账的登记是否正确。检查时，根据总分类账与明细分类账之间的数量关系，编制明细分类账的本期发生额和余额明细表，同其相应的总分类账户本期发生额和余额相互核对，以检查总分类账与其所属明细分类账记录的正确性。明细分类账户本期发生额和余额明细表根据不同的业务内容，可以分别采用不同的格式。

现以材料核算为例，对总分类账和明细分类账的平行登计加以说明。

例：(1) 某单位20××年5月份“原材料”账及其明细分类账、甲、乙材料账的月初余额如表3-25、表3-26、表3-27所示。

表3-25 总分类账

会计科目：原材料　　　　第15页

××年		凭证		摘要	借方	贷方	借或贷	余额
月	日	字	号					
5	1			月初余额			借	8 545
	3	转账	1	购进	8 000			16 545
	5	转账	2	生产领用		5 480		11 065
	31			本月发生额及余额	8 000	5 480		11 065

表 3-26　原材料明细分类账

材料名称：甲材料　　　　　　　　　　　　　　计量单位：千克

××年		凭证号	摘　要	收入			发出			结存		
月	日			数量	单价	金额	数量	单价	金额	数量	单价	金额
5	1		月初余额							25	97	2 425
	3	转 1	购进	50	100	5 000				75	99	7 425
	5	转 2	生产领用				40	99	3 960	35	99	3 465
5	31		本月发生额及余额	50	100	5 000	40	99	3 960	35	99	3 465

表 3-27　原材料明细分类账

材料名称：乙材料　　　　　　　　　　　　　　计量单位：千克

××年		凭证号	摘　要	收入			发出			结存		
月	日			数量	单价	金额	数量	单价	金额	数量	单价	金额
5	1		月初余额							40	153	6 120
	3	转 1	购进	20	150	3 000				60	152	9 120
	5	转 2	生产领用				10	152	1 520	50	152	7 600
5	31		本月发生额及余额	20	150	3 000	10	152	1 520	50	157	7 600

（2）本月购入甲材料 50 千克，每千克单价 100 元；购入乙材料 20 千克，每千克单价 150 元，货款已用银行存款支付，材料已验收入库。根据这一经济业务，其验收入库的会计分录为：

借：原材料——甲　　　　　　5 000

　　　　　——乙　　　　　　3 000

　贷：材料采购　　　　　　　　　8 000

（3）本月生产产品领用：甲材料 40 千克，每千克单价 99 元；乙材料 10 千克，单价 152 元。发出材料的会计分录为：

借：生产成本　　　　　　　　5 480

　贷：原材料——甲　　　　　　　3 960

　　　　　　——乙　　　　　　　1 520

根据上述资料及会计分录对“材料”总账及甲、乙材料明细账进行平行登记如表 3-25、表 3-26、表 3-27 所示。

从表 3-25、表 3-26、表 3-27 中可看出，明细账期初余额之和、本期发生额之和以及期末结存额之和与总账相应的指标是相等的，即：

期初余额：2 425＋6 120＝8 545（元）

本期购进：5 000＋3 000＝8 000（元）

本期发出：3 960＋1 520＝5 480（元）

期末结存：3 465＋7 600＝11 065（元）

由于总分类账和明细分类账是按平行登记的方法进行登记的，因此对总分类账和明细分类账登记的结果，应当进行相互核对，核对通常是通过编制“总分类账户与明细分类账户发生额及余额对照表”进行的。

对照表的格式和内容见表 3－28。

表 3－28　总分类账户与明细分类账户发生额及余额对照表

账户名称	月初余额		发生额		月末余额	
	借方	贷方	借方	贷方	借方	贷方
甲材料明细账	2 425		5 000	3 960	3 465	
乙材料明细账	6 120		3 000	1 520	7 600	
材料总分类账户	8 545		8 000	5 480	11 065	

以上总账和明细账这种有机联系，是检查账簿记录是否正确的理论依据。一般在期末都要进行相互核对，以便发现错账并加以及时地更正，保证账簿记录准确无误。

三、账簿登记和使用的规则

（一）账簿启用的规则

1. 启用账簿时的一般规则。账簿是储存数据资料的重要会计档案，登记账簿要有专人负责。为了保证账簿记录的严肃性和合法性，明确记账责任，保证资料完整，在账簿启用时，应在“账簿启用和经营人员一览表”详细载明：单位名称、账簿编号、账簿册数、账簿共计页数、启用日期、并加盖单位公章、经营人员（包括企业负责人、主管会计、复核和记账人员）均应载明姓名并加盖印章（表 3－29）。

2. 会计人员交接时的规则。记账人员调动工作或因故离职时，应办理交接手续，在交接记录栏内填写交接日期和交接人员姓名（签章）。“账簿启用和经营人员一览表”列入账簿扉页，其一般格式见表 3－29。

表 3－29　账簿启用和经管人员一览表

账簿名称：________　单位名称：________

账簿编号：________　账簿册数：________

账簿页数：________　启用日期：________

会计主管（签章）　记账人员（签章）

移交日期			移交人		接管日期			接管人		会计主管	
年	月	日	姓名	盖章	年	月	日	姓名	盖章	姓名	盖章

（二）账簿登记的规则

1. 必须根据经过审核无误的会计凭证进行登记。企业单位每天发生的各种各样经济业务，都要记账，记账的依据是会计凭证。

2. 记账必须用蓝黑墨水钢笔书写，不许用铅笔或圆珠笔记账。这是因为，各种账簿归档保管年限，国家规定一般都在10年以上，有些关系到重要经济资料的账簿，则要长期保管，因此要求账簿记录保持清晰、耐久，以便长期查核使用，防止涂改。

3. 记账时应按账户页次顺序逐页登记，不得跳行、隔页。如果发生跳行、隔页时，应在空行、空页处用红色墨水划对角线注销，注明“此行空白”或“此页空白”字样，并由记账人员签章。

4. 记账除结账、改错、冲销账簿记录外，不能用红色墨水。因为在会计核算工作中，红色数字表示对蓝色数字的冲销、冲减数或表示负数。

5. 记账时，每一笔账都要记明日期、凭证号数、摘要和金额。记账后，要在记账凭证上注明所记账簿的页数，或划“√”，表示已经登记入账，避免重记、漏记。

6. 记账要保持清晰、整洁，记账文字和数字都要端正、清楚，严禁刮擦、挖补、涂改或用药水消除字迹。

7. 凡需结出余额的账户，结出余额后，应在“借或贷”栏内写明“借”或“贷”的字样。没有余额的账户，应在该栏内写“平”字，并在余额栏“元”位上用“Ø”或“0”表示。现金日记账或银行存款日记账必须逐日结出余额。

8. 各账户在一张账页记满时，要在该账页的最末一行加计发生额合计数和结出余额，并在该行“摘要”栏注明“转次页”字样，然后，再把这个发生额合计数和余额填列下一页的第一行内，并在“摘要”栏内注明“承前页”，以保证账簿记录的连续性。

9. 订本式的账簿，都编有账页的顺序号，不得任意撕毁。活页式账簿也不得随便抽换账页。

10. 记账时书写文字和数码字要符合规范。不要写怪体字、错别字，不要潦草。

（三）错账更正的方法

会计人员填制会计凭证和登记账簿，必须严肃认真，一丝不苟，尽最大努力把账记好算对，防止差错，保证核算质量。

在记账过程中，如果账簿记录发生错误，不得任意用刮擦、挖补、涂改或用退色药水等方法去更改字迹，必须根据错误的具体情况，相应采用正确的方法予以更正。更正错账的方法一般有以下几种：

1. 划线更正法。在结账之前，如果发现账簿记录有错误，而记账凭证无错误，即纯属登账时文字或数字上的错误，应采用划线更正法更正。具体做法是：先将错误数字全部划一条红线予以注销，但不得只划线更正其中个别数字；对已划销的数字，应当保持原有字迹仍可辨认，以备查核。然后，将正确的数字用蓝字写在划线上面，并由记账员在更正处盖章，以明确责任。例如：把 5 130.00 元误记为 5 730.00 时，应将错误数字全部用红线注销即：写上正确的数字，即 5 130.00，而不能只删改一个“7”字。

2. 红字更正法。红字更正法一般适用于下列两种情况：

(1) 记账以后，发现记账凭证中应借应贷符号、科目或金额有错误时，可采用红字更正法更正。更正时应用红字填写一份与原用科目、借贷方向和金额相同的记账凭证，以冲销原来的记录；然后用蓝字重新填制一份正确记账凭证，一并登记入账。

例：某企业购进材料 1 000 元，货款尚未支付。编制记账凭证时，误编制下列会计分录，并已登记入账：

①借：原材料　　1 000

　贷：应收账款　　1 000

当发现错记账时，先照原分录用红字填制一张记账凭证冲销原会计分录：

②借：原材料　　[1 000]①

　贷：应收账款　　[1 000]

同时再用蓝字填制一张正确的记账凭证，其分录为：

③借：原材料　　1 000

　贷：应付账款　　1 000

以上有关账户更正记录如图 3－3 所示。

(2) 在记账以后，如发现记账凭证和账簿记录的金额有错误，而原记账凭证中应借、应贷会计科目并无错误。记账错误表现是：所记金额大于应记金额。这时可采用红字更正法，将多记的金额（即正确数与错误数之间的差数）用红字填写一张记账凭证，用以冲销多记金额，并据以记入账户。现举例如下：

例：某企业银行存款归还购料欠款 1 000 元。误编制下列分录，并已登记入账。

① 方框表示金额为负数，在现实中可以用红色的字直接表示。

红字更正法

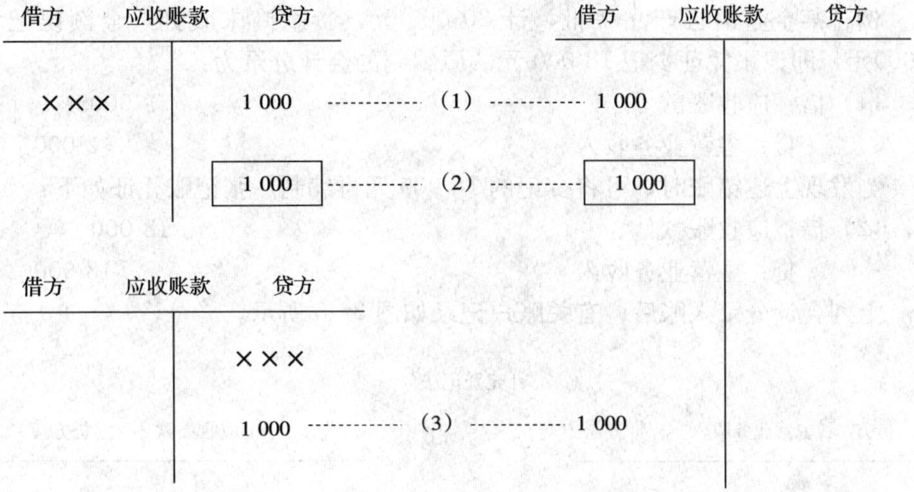

借方 应收账款 贷方
借方 应收账款 贷方
×××
1 000
(1)
1 000
1 000
(2)
1 000
借方 应收账款 贷方
×××
1 000
(3)
1 000

图 3-3 红字更正法账户记录图

(1) 借：应付账款 10 000

贷：银行存款 10 000

发现错误后，应将多记的金额用红字作如下分录：

(2) 借：应付账款 9 000

贷：银行存款 9 000

以上账户更正记录如图 3-4 所示。

红字更正法

借方 银行存款 贷方
借方 应付账款 贷方
×××
1 000
(1)
1 000
×××
9 000
(2)
9 000

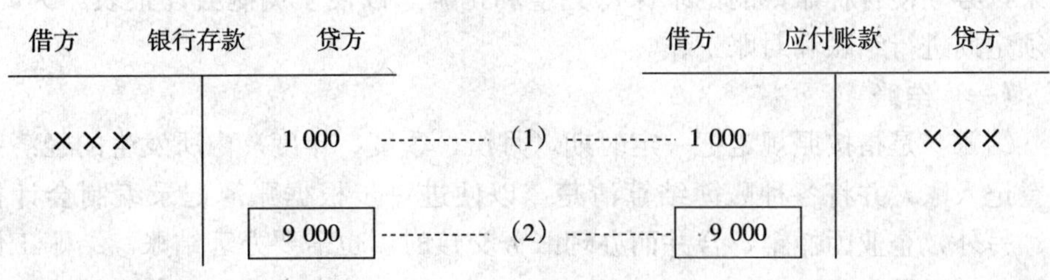

图 3-4 红字更正法账户记录图

红字更正法不仅能保持账户间的对应关系，而且还能保持账户中的正确发生额，不致于因改正错账而使数字虚增或虚减。

3. 补充登记法。记账以后，如果发现记账凭证上应借、应贷的会计科目并无错误，但所填金额小于应填金额，可采用补充登记法更正，即再填一张补充少记金额的记账凭证，并将其补记入账。

例：某企业销售产品一批，计 20 000 元，货款尚未收到，金额误记为 2 000元，即记账凭证少记 18 000 元。原编制的会计分录为：

(1) 借：应收账款　　2 000

　　贷：主营业务收入　　2 000

当发现上述错账时，可将少记的 18 000 元再编制一张记账凭证如下：

(2) 借：应收账款　　18 000

　　贷：主营业务收入　　18 000

上列会计分录入账后，有关账户记录如图 3－5 所示。

补充登记法

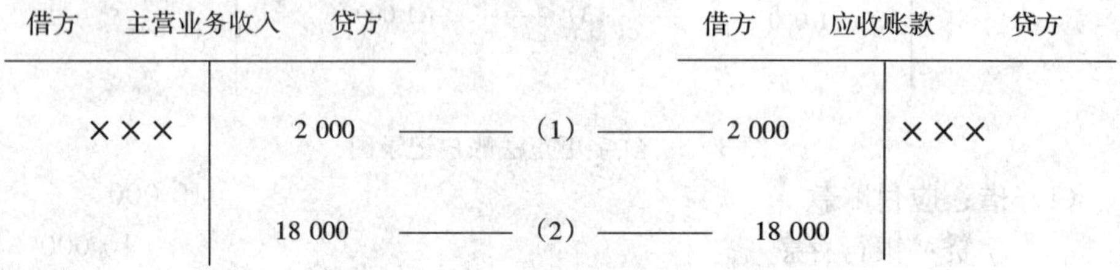

借方 主营业务收入	贷方		借方 应收账款	贷方
×××	2 000	(1)	2 000	×××
	18 000	(2)	18 000	

图 3－5　补充登记法账户记录图

由上可见，错账应根据不同情况采用不同的方法予以更正。

四、结账和对账

为了总结某一会计期间（月份、季度、年度）的经济活动情况，考核经营成果，必须使各种账簿的记录保持完整和正确，以便于编制会计报表。为此，必须定期进行结账和对账工作。

（一）结账

结账，是指按照规定把一定时期（月份、季度、年度）内所发生的经济业务登记入账，并将各种账簿结算清楚，以便进一步根据账簿记录编制会计报表。另外，企业因撤销、合并而办理账务交接时，也需要办理结账。结账工作主要包括以下内容：

1. 将本期内所发生的经济业务全部记入有关账簿，既不能提前结账，也不能将本期发生的业务延至下期登账。

2. 按照权责发生制原则调整和结转有关账项。本期内所有的转账业务，应编成记账凭证记入有关账簿，以调整账簿记录。例如：完工产品的实际生产成本，应结转记入“库存商品”账户；本期实现的产品销售收入，应结转记入“本年利润”账户；财产物资通过清查盘点而发现的盘盈盘亏，也应按有关规定登记入账，等等。

3. 计算、登记本期发生额和期末余额。在本期全部经济业务登记入账的基础上，应当结算现金日记账、银行存款日记账；以及总分类账和各明细分类账各账户的本期发生额和期末余额，并结转下期。

结账工作通常是为了总结一定时期经济活动的变化情况和结果。因此，月、季、年度终了，一般应结出月份、季度和年度发生额，在摘要栏注明“本月合计”、或“本季合计”、或“本年合计”字样；在月结、季结数字上端和下端均画单红线，以示区别。结总数字本身，不得以红字书写，发生额只有一笔的账户，可以不予结总。年终结账时为求各账户借方、贷方平衡起见，应将各账户上年结转的借方（或贷方）金额，按照原来相同的方向，填列在全年发生额合计数下一行的借方（或贷方）栏内，并在摘要栏内注明“上年结转”字样；同时将本年余款按相反方向填列在全年发生额合计下一行（借方余额应填列贷方栏），并在摘要栏内注明“上年结账”字样。然后分别借方和贷方加总填列在一行，并在摘要栏内注明“合计”字样（借方、贷方金额应相符），最后在合计数下端划两道红线，表示借方、贷方平衡和年度记录结束。现以“库存现金”账户为例加以说明，结果如表 3-30 所示。

表 3-30 总分类账

账户：库存现金 第 页

年		凭证号数	摘 要	借方	贷方	借或贷	余额
月	日						
1	1		上年结转			借	150
1	5				60	借	90
1	10			50		借	140
1	21				40	借	100
1	31		1月份合计	50	100	借	100
2	6			100		借	200
2	11				80	借	120
2	25				40	借	80
2	28		2月份合计	100	120	借	80
3	7			20		借	100
3	15			150		借	250

（续）

年		凭证号数	摘 要	借方	贷方	借或贷	余额
月	日						
3	24				50	借	200
3	31		3 月份合计	170	50	借	200
3	31		第一季度合计	320	270	借	200
			2003 年度发生额总计	11 200	11 100	借	250
			上年余额	150			
			结转下年		250		
			合 计	11 350	11 350	平	

年终结账后，总账和日记账应当更换新账，明细账一般也应更换。但有些明细账，如固定资产明细账（卡）等可以连续使用，不必每年更换。

（二）对账

如实反映企业经济活动情况，是会计核算的一个基本原则。为了保证各种账簿记录的完整和正确，如实地反映和监督经济活动，为编制会计报表提供真实可靠的数据资料，必须做好对账工作。对账，简单地说就是对账簿记录进行的核对工作。

对账工作一般应从以下几个方面进行：

1. 账证核对。账证核对，是根据各种账簿记录与记账凭证及其所附的原始凭证进行核对。这种核对除在日常制证、记账过程中进行以外，每月终了，如果发现账账不符时，尚须溯本追源，进行账簿与会计凭证的检查核对，以确保账证相符。

2. 账账核对。账账核对，是指各种账簿之间的有关数字进行核对，主要内容包括：

（1）总分类账各账户本月借方发生额合计数与贷方发生额合计数是否相等；

（2）总分类账各账户余额与其所属有关明细分类账各账户余额合计数是否相等；

（3）现金日记账和银行存款日记账的余额与总分类账各该账户余额是否相符；

（4）会计部门有关财产物资的明细分类余额，应该同财产物资保管或使用部门的登记簿所记录的内容，按月或定期相互核对，保证相符。

3. 账实核对。是指各种财产物资的账面余额与实存数额相核对。具体内容包括：

（1）现金日记账账面余额与现金实际库存数相核对；

（2）银行存款日记账面余额与开户银行账目相核对；

（3）各种材料、物资明细分类账账面余额与材料、物资实存数相核对；

（4）各种应收、应付款明细分类账账面余额与有关债务、债权单位的账目相核对。

在实际会计核算工作中，账实核对一般是通过财产清查进行的。财产清查是会计核算的一种专门方法，以后章节有专门说明。

五、账簿的更换与保管

总分类账和日记账必须每年更换一次，大部分明细账也应当按年更换，只有个别明细账可以连续使用，如固定资产卡片账。更换账簿时，应将各账户的上年年末余额直接抄入新年度启用的新账中去。从旧账抄入新账的转记余额，不必编制记账凭证。

账簿是重要的经济档案，应妥善保管，不得丢失和任意销毁。年度结束后，应将各种活页账簿装订成册，加上封底封面并统一编号，与各种订本账一起归档保管。保管年限期满时，需报经本单位领导审批后才能销毁。

第三节 会计核算形式

一、会计核算形式的意义

账簿、会计凭证和会计报表是组织会计核算的工具，而会计凭证、账簿和会计报表又不是彼此孤立的，它们以一定的形式结合，构成一个完整的工作体系，这就决定了各种会计核算形式。

所谓会计核算形式就是指会计凭证、账簿、会计报表和账务处理程序相互结合的方式。也称会计核算组织程序、账务处理程序和记账程序。不同的会计核算形式规定了填制会计凭证、登记账簿、编制会计报表的不同步骤和方法。

（一）会计核算形式的意义

为了更好地反映和监督企业和行政、事业等单位的经济活动，为经济管理提供系统的核算资料，必须相互联系地运用会计核算的专门方法，采用一定的组织程序，规定设置会计凭证；账簿及会计报表的种类和格式；规定各种凭证之间、各种账簿之间、各种报表之间的相互关系；规定各种凭证、账簿及各种报表之间的相互关系、填制方法和登记程序，这是会计制度设计的一个重要内容。对于提高会计工作的质量和效率，为正确及时地编制会计报表；提供全面、连续、系统、清晰的会计核算资料，满足企业内外会计信息使用者的需要具有重要意义。

采用一定的会计核算形式，通过规定会计凭证，账簿和会计报表之间的登记、传递程序，将各企业和行政、事业等单位的会计核算工作有机地组织成为既有分工又有协作的整体，将各个会计核算岗位的工作连在一起，对于减少会计人员的工作量，节约人力和物力有着重要的意义。

（二）设计会计核算形式的原则

合理的、适用的会计核算形式，一般应符合以下三个原则：

1. 要适应本单位的经济活动特点、规模的大小和业务的繁简情况，有利于会计核算的分工，建立岗位责任制。

2. 要适应本单位、主管部门以至国家管理经济的需要，全面、系统、及时、正确地提供反映本单位经济活动情况的会计核算资料。

3. 要在保证核算资料正确、及时和完整的前提条件下，尽可能地简化会计核算手续，提高会计工作效率，节约人力物力，节约核算费用。

（三）会计核算形式的种类

根据上述要求，结合我国会计工作的实际情况，我国各经济单位采用的会计核算形式一般有以下六种：①记账凭证核算形式；②科目汇总表核算形式；③多栏式日记账核算形式；④汇总记账凭证核算形式；⑤日记总账核算形式；⑥通用日记账核算形式。

以上六种会计核算形式有很多相同点，但也有区别。其主要区别，即各自的特点主要表现在登记总账的依据和方法不同。下面分别介绍这六种会计核算形式的基本内容、特点和适用范围。

二、记账凭证核算形式

（一）记账凭证核算形式的特点

记账凭证核算形式的特点是：直接根据记账凭证，逐笔登记总分类账，它是最基本的会计核算形式。其他各种会计核算形式都是在此基础上，根据经济管理的需要发展而形成的。

（二）记账凭证核算形式设置的会计凭证和账簿

1. 记账凭证核算形式设置的会计凭证。在记账凭证核算形式下，需设置收款凭证、付款凭证和转账凭证，作为登记总分类账的依据。

2. 记账凭证核算形式设置的账簿。在记账凭证核算形式下，需设置现金日记账、银行存款日记账、总分类账和明细分类账。

（1）现金日记账和银行存款日记账一般都采用三栏式，具体格式见第七章有关内容。

(2) 总分类账采用三栏式，并按每一总分类账科目开设账页，具体格式见第七章有关内容。

(3) 明细分类账则可根据管理的需要，采用三栏、数量金额式或者多栏式，具体格式见第二节有关内容。

(三) 记账凭证核算形式账务处理程序

1. 根据原始凭证编制汇总原始凭证。

2. 根据各种原始凭证或汇总原始凭证，编制记账凭证（包括收款凭证、付款凭证和转账凭证)。

3. 根据收款凭证、付款凭证逐笔登记现金日记账和银行存款日记账。

4. 根据原始凭证、汇总原始凭证和记账凭证，登记各种明细账。

5. 根据记账凭证逐笔登记总分类账。

6. 月终，将现金日记账、银行存款日记账的余额，以及各种明细分类账户余额合计数，分别与总分类账中有关科目的余额核对相符。

7. 月终，根据核对无误的总分类账和各种明细分类账的记录，编制会计报表。

记账凭证核算形式的账务处理程序用图表示见图 3-6。

(四) 记账凭证核算形式的优缺点和适用范围

记账凭证核算形式比较简单明了，易于理解，总分类账较详细地记录和反

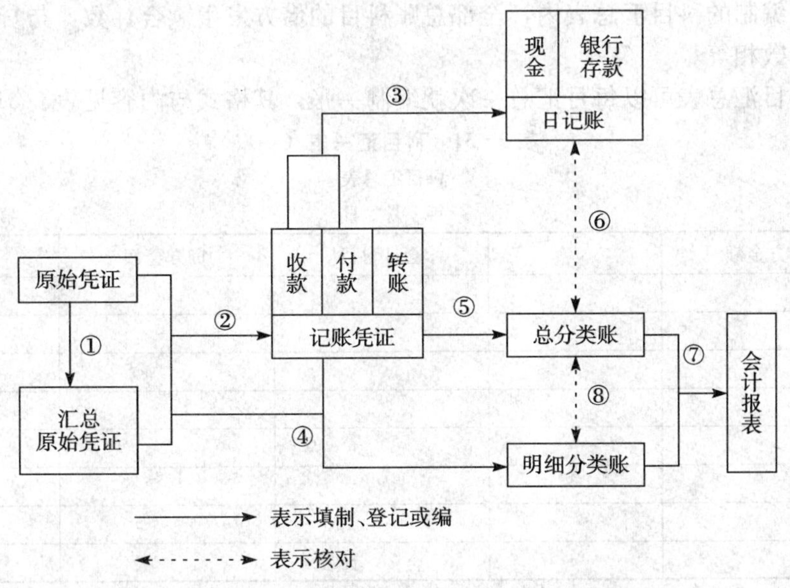

图 3-6 记账凭证核算形式的账务处理程序图

映经济业务的发生情况，来龙去脉清楚，便于了解经济业务动态和查对账目。其不足之处是由于总分类账是直接根据记账凭证逐笔登记的，如果一个企业规模大，记账凭证多，登记总分类账的工作量也就很大，所以这种会计核算形式一般适用于规模小且经济业务较少的经济单位。

三、科目汇总表核算形式

（一）科目汇总表核算形式的特点

科目汇总表核算形式的特点是：定期地将所有记账凭证汇总编制成科目汇总表，然后再根据科目汇总表登记总分类账。

（二）科目汇总表核算形式设置的凭证和账簿

在科目汇总表核算形式下，与记账凭证核算形式相同，一般设置收款凭证、付款凭证和转账凭证等记账凭证；设置现金日记账和银行存款日记账，采用三栏式账页；设置总分类账，采用三栏式账页，在总分类账簿中按每一总账科目设置账页；设置各总账科目所属明细分类账，根据所记录经济业务内容，可采用三栏式账页、数量金额式账页或多栏式账页。

（三）科目汇总表的编制方法

科目汇总表，是根据一定时期内的全部记账凭证，按科目进行归类编制的。在科目汇总表中，分别计算出每一个总账科目的借方发生额合计数、贷方发生额合计数。由于借贷记账法的记账规则是“有借必有贷，借贷必相等”，所以在编制的科目汇总表内，全部总账科目的借方发生额合计数，与贷方发生额合计数相等。

科目汇总表可以每月汇总一次就编制一张，其格式与内容见表3-31。

表3-31　科目汇总表（一）

科目汇总表

年　月　日　　　　　　第　号

借方金额	√	会计科目	贷方金额	√
		合　计		

会计主管　　　　记账　　　　审核　　　　制表

科目汇总表也可以每旬汇总一次，每月编制一张，其格式与内容见表3-32。

表3-32　科目汇总表（二）

年　月　　　　　　　　第　号

会计科目	1—10日		11—20日		21—30日		合计		总账页数
	借方	贷方	借方	贷方	借方	贷方	借方	贷方	
合　计									

科目汇总表可以输入微机，用微机进行科目汇总表的编制，可以大大简化和加速会计核算工作。

（四）科目汇总表核算形式账务处理程序

1. 根据原始凭证和汇总原始凭证，编制收款凭证、付款凭证和转账凭证等记账凭证。

2. 根据收款凭证和付款凭证，逐笔登记现金日记账和银行存款日记账。

3. 根据原始凭证、汇总原始凭证和记账凭证登记各种明细账。

4. 根据一定时期内的全部记账凭证，汇总编制成科目汇总表。

5. 根据定期编制的科目汇总表，登记总分类账。

6. 月终，将现金日记账、银行存款日记账的余额，以及各种明细分类账户余额合计数，分别与总分类账中有关科目的余额核对相符。

7. 月终，根据核对无误的总分类账和各明细分类账的记录，编制会计报表。

科目汇总表核算形式的账务处理程序用图表示见图3-7。

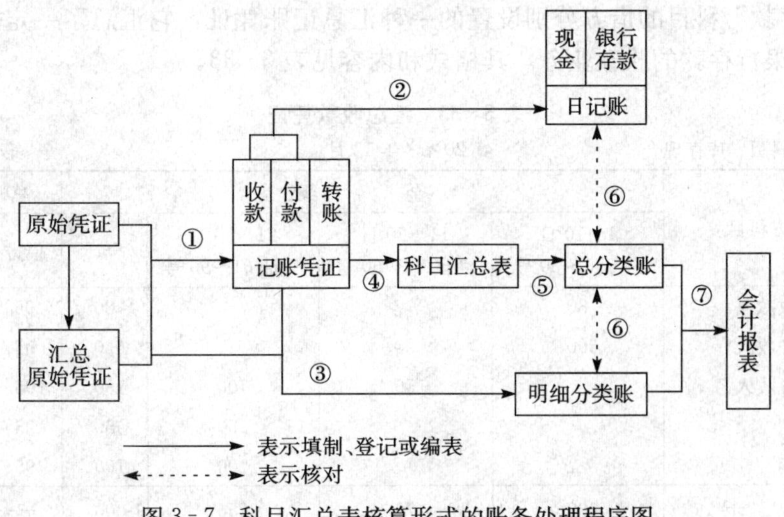

图3-7　科目汇总表核算形式的账务处理程序图

（五）科目汇总表核算形式的优点和适用范围

科目汇总表核算形式与记账凭证核算形式相比，其较突出的优点是：由于总分类账是根据定期编制的科目汇总表登记的，大大减少了登记总账的工作量。其不足之处在于：科目汇总表是按总账科目汇总编制的，只能作为登记总账和试算平衡的依据，不便于分析和检查经济业务的来龙去脉，不便于查对账目。科目汇总表核算形式适用于经济业务量较多的经济单位。

四、汇总记账凭证核算形式

（一）汇总记账凭证核算形式的特点

汇总记账凭证核算形式的特点是：先定期将全部记账凭证接收、付款凭证和转账凭证分别归类编制成汇总记账凭证，再根据汇总记账凭证登记总分类账。

（二）汇总记账凭证核算形式设置的记账凭证和账簿

在汇总记账凭证核算形式下，除设置收款凭证、付款凭证和转账凭证外，还应设置汇总收款凭证、汇总付款凭证和汇总转账凭证，作为登记总分类账的依据。与记账凭证核算形式和科目汇总表核算形式相同，设置现金日记账和银行存款日记账，一般采用三栏式；设置总分类账，按每一总账科目设置账页，采用三栏式；设置各种明细分类账，根据需要可采用三栏式，数量金额式或多栏式。

（三）汇总记账凭证及汇总记账凭证的编制方法

汇总记账凭证分为汇总收款凭证、汇总付款凭证和汇总转账凭证三种，分别介绍如下。

1. 汇总收款凭证及其编制方法。汇总收款凭证是指按“库存现金”和“银行存款”科目的借方分别设置的一种汇总记账凭证，它汇总了一定时期内现金和银行存款的收款业务。其格式和内容见表3-33。

表3-33　汇总收款凭证

借方科目：库存现金　　　　20××年12月　　　　第1号

贷方科目	金额				总账页数	
	1—10日 凭证1～30号	11—20日 凭证31～60号	21—30日 凭证61～90号	合计	借方	贷方
其他应收款	80			80	95	10
主营业务收入	600	20		620	95	200
其他业务收入		50	100	150	95	180
管理费用			50	50	95	300
财务费用			100	100	95	100
合　计	680	70	250	1 000	—	—

汇总收款凭证的编制方法是：将需要进行汇总的收款凭证，按其对应的贷方科目进行归类，计算出每一个贷方科目发生额合计数，填入汇总收款凭证中。一般可5天或10天汇总一次，每月编制一次。月终，根据计算出每个贷方科目发生额合计数，登记总分类账。

2. 汇总付款凭证及其编制方法。汇总付款凭证是指按“库存现金”和“银行存款”科目的贷方分别设置的一种记账凭证，它汇总了一定时期内现金和银行存款的付款业务。其格式和内容见表3-34。

汇总付款凭证的编制方法是：将需要进行汇总的付款凭证，按其对应的借方科目进行归类，计算出每一个借方科目的发生额合计数，填入汇总付款凭证中。一般可5天或10天汇总一次，每月编制一张。月终，根据计算出每个借方科目发生额合计数，登记总账。

表3-34　汇总付款凭证

贷方科目：银行存款　　20××年11月　　第4号

借方科目	金额				总账页数	
	1—10日 凭证第1～30号	11—20日 凭证第31～60号	21—30日 凭证第61～90号	合计	借方	贷方
应付账款	10 000	5 000		15 000	100	190
材料采购	20 000	10 000	20 000	50 000	260	190
固定资产	20 700			20 700	30	190
管理费用	200	300	500	1 000	300	190
合　计	50 900	15 300	20 500	86 700	—	—

3. 汇总转账凭证及其编制方法。汇总转账凭证是指按转账凭证中每一贷方科目分别设置的，用来汇总一定时期内转账业务的一种汇总记账凭证。其格式和内容见表3-35。

表3-35　汇总转账凭证

贷方科目：原材料　　20××年12月　　第15号

借方科目	金额				总账页数	
	1—10日 凭证第1～30号	11—20日 凭证第31～60号	21—30日 凭证第61～90号	合计	借方	贷方
生产成本	5 000	10 000	5 000	20 000	120	240
制造费用			2 000	2 000	200	240
管理费用		1 000	3 000	4 000	300	240
合　计	5 000	11 000	10 000	26 000	—	—

汇总转账凭证的编制方法是：将需要汇总的转账凭证，按其对应的借方科目进行归类，计算出每一个借方科目发生额合计数，填入汇总转账凭证。一般可以5天或10天汇总一次，每月编制一张。月终，根据计算出每个借方科目发生额合计数，登记总账。

由于汇总转账凭证上的科目对应关系是，一个贷方科目与一个或几个借方科目相对应，因此，在汇总记账凭证核算形式下，为了便于编制汇总转账凭证，所有转账凭证也只能按一个贷方科目与一个或几个借方科目对应来填制，不能填制一个借方科目与几个贷方科目相对应的转账凭证。也就是可以填制一借一贷和一贷多借的转账凭证，而不能填制一借多贷和多借多贷的转账凭证。

（四）在汇总记账凭证核算形式下总分类账的登记方法

在汇总记账凭证核算形式下，总分类账的登记是在月终时，根据汇总收款凭证的合计数，记入总分类账中“库存现金”或“银行存款”科目的借方，以及有关科目的贷方；根据汇总付款凭证的合计数，记入总分类账中“库存现金”科目或“银行存款”科目的贷方，以及有关科目的借方；根据汇总转账凭证的合计数，记入总分类账中设证科目的贷方，以及有关科目的借方。采用汇总记账凭证登记总分类账的具体格式和内容见表3-36、表3-37。

表3-36　总分类账

会计科目：银行存款　　　　第3页

20××年		凭证号	摘　要	借方	贷方	借或贷	余额
月	日						
10	1		期初余额			借	106 000
10	10	汇3	根据银行存款汇总收款凭证	230 000			
10	20	汇4	根据银行存款汇总付款凭证		100 000	借	236 000
10	20	汇4	根据银行存款汇总付款凭证		71 060	借	164 940
10	31	汇3	根据银行存款汇总收款凭证	103 000			
10	31	汇4	根据银行存款汇总付款凭证		60 900	借	207 040
10	31		本月合计	333 000	231 960	借	207 040

表3-37　总分类账

会计科目：生产成本　　　　第9页

20××年		凭证号	摘　要	借方	贷方	借或贷	余额
月	日						
10	1		期初余额			借	6 000
10	10	汇5	根据“原材料”科目贷方汇总转账凭证	104 000		借	110 000

（续）

20××年		凭证号	摘　要	借方	贷方	借或贷	余额
月	日						
10	20	汇 6	根据“应付职工薪酬”科目贷方汇总转账凭证	57 000			
10	20	汇 4	根据银行存款汇总付款凭证 根据“制造费用”科目贷方汇	8 000		借	175 000
10	31	汇 13	总转账凭证	32 000		借	207 000
10	31	汇 14	根据“生产成本”科目贷方汇总转账凭证		200 500	借	6 500
10	31		本月合计	201 000	200 500	借	6 500

（五）汇总记账凭证核算形式的账务处理程序

1. 根据原始凭证和汇总原始凭证，编制收款凭证、付款凭证和转账凭证。

2. 根据收款凭证和付款凭证，登记现金日记账和银行存款日记账。

3. 根据原始凭证、汇总原始凭证和记账凭证，登记各种明细分类账。

4. 根据一定时期内的全部记账凭证，汇总编制汇总收款凭证、汇总付款凭证和汇总转账凭证。

5. 根据定期编制的汇总收款凭证、汇总付款凭证和汇总转账凭证，登记总分类账。

6. 月终，将现金日记账、银行存款日记账的余额，及各种明细分类账的余额合计数，分别与总分类账中有关科目的余额核对相符。

7. 月终，根据核对无误的总分类账和各明细分类账的计录，编制会计报表。

汇总记账凭证核算形式的账务处理程序用图表示见图 3-8。

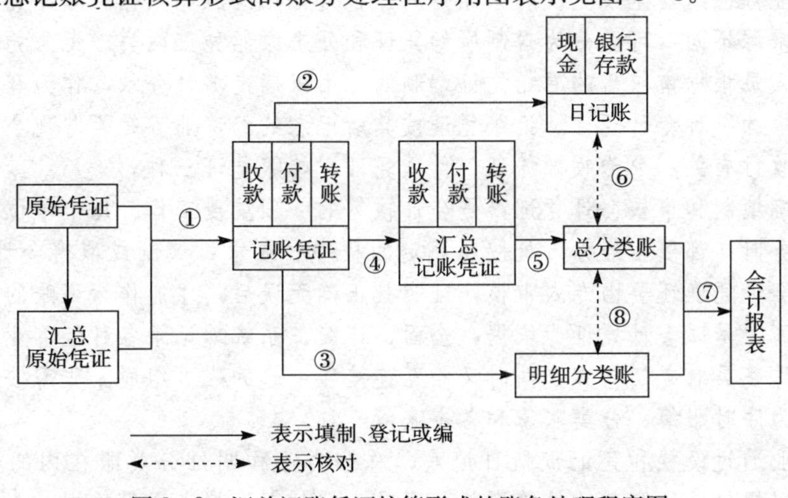

图 3-8　汇总记账凭证核算形式的账务处理程序图

（六）汇总记账凭证核算形式的优缺点和适用范围

汇总记账凭证核算形式与记账凭证核算形式和科目汇总表核算形式相比，其优点是：由于汇总记账凭证，是根据一定时期内全部记账凭证，按照科目对应关系进行归类、汇总编制的，便于通过有关科目之间的对应关系，了解经济业务的来龙去脉，这一点就克服了科目汇总表的缺点；在汇总记账凭证核算形式下，总分类账根据汇总记账凭证，于月终时一次登记入账，减少了登记总分类账的工作量，这一点就克服了记账凭证核算形式的缺点。汇总记账凭证核算形式的不足之处在于，汇总转账凭证是按每一贷方科目，而不是按经济业务的性质归类、汇总的，因而不利于会计核算工作的分工，当转账凭证量多时，编制汇总转账凭证的工作量较大。这种核算形式适用于规模大、经济业务较多的经济单位。

本 章 小 结

本章主要介绍会计核算的基本方法，包括会计凭证的填制和审核、账簿的设置和登记以及会计核算形式。

会计凭证是记录经济业务、明确经济责任的书面证明，也是登记账簿的依据。填制和审核会计凭证，是会计工作的开始，也是对经济业务进行日常监督的重要环节。

会计凭证是多种多样的，按其填制程序和用途可以分为原始凭证和记账凭证两类。原始凭证，是在经济业务发生或完成时取得或填制的凭证，是用来证明经济业务已经发生或完成的原始资料，也是记账的原始依据。原始凭证按其取得的来源不同，可以分为自制原始凭证和外来原始凭证两类。记账凭证，是由会计人员根据审核后的原始凭证编制的，用以确定会计分录，作为登记账簿直接依据的一种会计凭证。记账凭证按其所记录的经济业务是否与现金和银行存款的收付有关，分为收款凭证、付款凭证、转账凭证三种。

正确填制和审核会计凭证，是会计核算的一项重要工作。每个单位在办理经济业务时，都要由经办人员按照规定的程序和要求，填制或取得会计凭证。所有的会计凭证还要由专人审核，证明其正确无误后，才能作为记账的依据。

账簿，是以会计凭证为依据，全面、连续、系统地记录各种经济业务的簿记，由许多具有专门格式，同时又相互连接在一起的账页组成。账簿按用途不同，分为序时账簿、分类账簿和备查账簿三种。

企业通过设置和登记包括日记账、总分类账和明细分类账在内的各类账簿，可以提供系统完整的核算资料，同时为编制会计报表提供依据。账簿的登记应遵守一定的规则，包括账簿启用的规则、账簿登记的规则和错账更正的方法等规则。

为了总结某一会计期间（月份、季度、年度）的经济活动情况，考核经营成果，必须定期进行结账和对账工作。所谓结账，就是指按照规定把一定时期（月份、季度、年度）内所发生的经济业务登记入账，并将各种账簿结算清楚，以便进一步根据账簿记录编制会计报表。所谓对账，简单地说就是对账簿记录进行的核对工作。包括账证核对、账账核对和账实核对三方面工作。

会计核算形式就是指会计凭证、账簿、会计报表和账务处理程序相互结合的方式。也称会计核算组织程序、账务处理程序和记账程序。不同的会计核算形式规定了填制会计凭证、登记账簿、编制会计报表的不同步骤和方法。

我国各经济单位采用的会计核算形式一般有：记账凭证核算形式、科目汇总表核算形式、多栏式日记账核算形式、汇总记账凭证核算形式、日记总账核算形式、通用日记账核算形式。这六种会计核算形式的主要区别，是登记总账的依据和方法不同。其中记账凭证核算形式是最基本的一种会计核算形式。

复习思考题

1. 简述会计凭证的作用、种类和填制要求。
2. 原始凭证应具备哪些内容？
3. 记账凭证应具备哪些内容？
4. 收款凭证、付款凭证和转账凭证各主要栏应怎样填写？
5. 涉及现金、银行存款之间的收付业务，应填制什么记账凭证，为什么？
6. 什么是账簿？设置账簿有什么意义？
7. 账簿按用途分为哪几类？各是什么？
8. 各类账簿的格式是怎样的？
9. 总账与明细账的关系是什么？怎样进行总分类账与明细分类账的平行登记？
10. 合理组织会计凭证传递的意义是什么？
11. 设置账簿的原则是什么？
12. 更正错账的方法有哪几种？各种更正方法的特点和适用条件是什么？
13. 什么是对账？对账工作包括哪些内容？
14. 什么是结账？结账工作包括哪些内容？
15. 什么是会计核算形式？有哪几种？
16. 试述记账凭证核算形式的特点、一般程序、优缺点及适用范围。
17. 汇总记账凭证核算形式需设哪些会计凭证和账簿？

练　习　题

习题一

（一）目的：练习收款凭证和付款凭证的填制。

（二）资料：飞跃厂 2009 年 9 月份发生下列经济业务：

（1）1 日销售甲产品 1 000 件，货款 58 500 元，当即收到存入银行。

（2）3 日从银行提取现金 500 元。

（3）4 日以银行存款支付采购 A 材料 10 000 千克，货款 35 100 元。

（4）8 日以现金 160 元支付采购 10 000 千克 A 材料的运杂费。

（5）12 日采购员方旺预借差旅费 300 元，财务科以现金付讫。

（6）15 日收到职工王小云交来现金 20 元，该款系应向王小云收取的工具损坏赔偿款。

（7）19 日以银行存款支付本月产品销售广告费 4 000 元。

（8）20 日以银行存款将预提的借款利息 7 200 元付讫。

（9）22 日以银行存款预付南宁厂货款 80 000 元。

（10）24 日从银行提取现金 600 元。

（11）25 日厂长丁松云预借差旅费 700 元，财务科以现金付讫。

（12）26 日出租包装物收到金象厂付来押金 750 元，存入银行。

（13）30 日以银行存款预付明年财产保险费 9 600 元。

（三）要求：

（1）根据上述经济业务填制有关收款凭证和付款凭证，对于货币资金之间相互划转的业务只填制付款凭证。

（2）指出编制上述收款凭证和付款凭证时，一般应附有哪些原始凭证。

习题二

（一）目的：练习三栏式的现金日记账和银行存款日记账的登记。

（二）资料：

（1）飞跃厂 2009 年 9 月 1 日的现金日记账月初余额为 492 元，银行存款日记账月初余额为 105 600 元。

（2）该厂 9 月份发生的有关现金、银行存款收付业务见本章习题一。

（三）要求：

（1）设置三栏式的现金日记账和银行存款日记账，将 9 月 1 日期初余额记入现金日记账和银行存款日记账。

（2）根据本章习题一所编制的收款凭证和付款凭证，登记现金日记账和银行存款日记账，月末结出余额。

习题三

（一）目的：练习总分类账户与所属明细账户的登记和核对。

（二）资料：龙门厂 2009 年 5 月“应付账款”总分类账户的期初余额 为贷方 80 000

元，其中武胜厂 70 000 元，鸿翔厂 10 000 元。该厂 5 月份发生下列有关应付账款的结算业务：

(1) 2 日购买玉泉厂甲材料 10 000 千克，货款 58 500 元，尚未支付。

(2) 3 日以银行存款归还上月所欠武胜厂的货款 70 000 元。

(3) 7 日以银行存款归还上月所欠鸿翔厂的货款 10 000 元。

(4) 11 日购买武胜厂乙材料 20 000 千克，货款 46 800 元，尚未支付。

(5) 14 日以银行存款归还所欠玉泉厂 5 月 2 日的货款 58 500 元。

(6) 16 日购买玉泉厂丙材料 60 000 千克，货款 70 200 元，尚未支付。

(7) 20 日购买鸿翔厂乙材料 10 000 千克，货款 23 400 元，尚未支付。

(8) 23 日以银行存款归还所欠武胜厂 5 月 11 日的货款 46 800 元。

(9) 28 日以银行存款归还所欠鸿翔厂 5 月 20 日货款 23 400 元。

(10) 30 日以银行存款预付武胜厂货款 20 000 元。

(三) 要求：

(1) 根据以上经济业务填制有关记账凭证。

(2) 根据有关记账凭证登记三栏式的“应付账款”的总账及明细账。

(3) 编制“应付账款明细分类账户本期发生额及余额表”与“应付账款”总分类账户的有关记录相核对。

第四章　货币资金与交易性金融资产

本章基本要求

通过本章学习，要求学生：

1. 熟悉货币资金的内容和管理要求；
2. 掌握库存现金及银行存款核算方法及其清查方法；
3. 明确未达账项产生的原因及银行存款余额调节表编制的目的；
4. 理解交易性金融资产的特点、分类和计价；
5. 理解交易性金融资产基本业务的核算；
6. 明确货币资金与交易性金融资产的信息披露；
7. 区分本章核算中所使用账户的经济内容；
8. 明确本章所述经济业务对企业经营成果与财务状况的影响。

第一节　货币资金

一、货币资金的性质及其组成

（一）货币资金的性质

货币资金是指可以立即投入流通，用以购买商品或劳务，或用以偿还债务的交换媒介物。货币资金是企业资产的重要组成部分，是企业资产中流动性较强的一种资产，并且是惟一能够直接转化为其他任何资产形态的流动性资产，也是惟一能够代表企业现实购买力水平的资产。任何企业要进行生产经营活动都必须拥有一定数量的货币资金，以便购买材料、交纳税金、发放工资、支付利息和股利或进行投资等。因此，持有货币资金是进行生产经营活动的基本条件。企业所拥有的货币资金量是分析判断企业偿债能力与支付能力的重要指标。

（二）货币资金的范围

货币资金一般包括硬币、纸币、存于银行或其他金融机构的活期存款以及本票和汇票存款等可以立即支付使用的交换媒介物。凡是不能立即支付使用的（如银行冻结存款等），一般不能视为货币资金。

根据货币资金存放地点及其用途的不同，可分为现金、银行存款和其他货币资金。就会计核算而言，货币资金的核算并不复杂，但是，由于货币资金具有高度的流动性，在组织会计核算过程中，加强货币资金的管理和控制是至关重要的。

二、货币资金管理与内部控制制度

内部控制制度是企业重要的内部管理制度，指处理各种业务活动时，依照分工负责的原则在有关人员之间建立的相互联系、相互制约的管理体系。企业货币资金管理的任务在于：第一，确保企业货币资金的安全与完整，防止货币资金被盗用、侵吞；第二，保证企业在生产经营中有充分的货币资金；第三，积极运用闲置的货币资金，发挥资金的效能。

货币资金管理与内部控制内容主要有以下几个方面：

（一）处理货币资金业务的职能分离

货币资金业务包括授权、收款、付款和记录等各个环节，每一环节和每一项工作应由不同的人员来完成，以形成严密的内部牵制制度。主要体现在：货币资金和专用印章不得由一人兼管；经办人员和审批人员由两人以上负责；货币资金的收付和非货币资金账户的记账由两人以上负责；货币资金的收付、稽核及会计档案的保管由两人以上负责；货币资金的清查盘点除经办人员本身以外，会计主管人员还应进行复核等。

（二）保持适当的货币资金储备

受货币资金支付功能所决定，为了保证企业正常的生产经营活动，必须保持适当的货币资金储备。这就要求企业运用科学的方法研究影响企业货币资金收支变化的因素，在分析其发展趋势和变化的基础上，估计企业一定时期的货币资金收支额，使其既能满足企业经营活动需要，又不致过多。

三、货币资金的披露

货币资金是企业流动资产的重要内容，由库存现金、银行存款、其他货币资金三部分组成。在资产负债表上，列于流动资产的第一项。货币资金项目，应根据“库存现金”、“银行存款”和“其他货币资金”科目的期末余额的合计数填列。

第二节　库存现金的核算

一、库存现金管理的主要内容

库存现金是指存放于企业、用于日常零星开支、由出纳人员经管的现钞。是企业中流动性最强的一项资产，是立即可以投入流通的交换媒介。库存现金有广义、狭义之分。广义的库存现金包括纸币、硬币、银行活期存款、银行本票、银行汇票、旅行支票等内容。西方会计实务中的库存现金通常为广义的库存现金。狭义的库存现金，仅指企业为满足日常零星开支而存放在财会部门由出纳人员经管的货币，即库存现金。我国会计实务中的库存现金通常为狭义的库存现金。广义的库存现金概念与我国会计中的货币资金概念几乎一致。

库存现金具有普遍的可接受性和流动频繁的特点，极易发生差错或被挪用、侵吞。此外，狭义的现金又是一种无法产生盈余的资产，企业不能积压过多库存现金。因此，必须加强库存现金的管理和内部控制。

（一）库存现金的使用范围

国务院颁发的《现金管理暂行条例》允许企业使用库存现金结算的范围是：①职工工资、各种工资性津贴；②个人劳务报酬，包括设计费、装潢费、安置费、制图费、化验费、测试费、法律服务费、技术服务费、代办服务费及其他劳务费用等；③根据国家规定颁发给个人的科学技术、文化艺术、体育等各种奖金；④各种劳保、福利费用以及国家规定的对个人的其他现金支出，如退休金、抚恤金、学生助学金、职工生活困难补助等；⑤向个人收购农副产品和其他物资的价款，如金银、工艺品、废旧物资等的价款；⑥出差人员必须携带的差旅费；⑦结算起点（1 000 元）以下的零星支出；⑧中国人民银行确定需要支付库存现金的其他支出。凡不属于上述库存现金结算范围的支出，企业应当通过银行进行转账结算。

（二）库存现金的限额

企业库存现金的限额，是指为保证企业日常零星支付按规定允许留存的库存现金最高金额。由开户银行根据企业 3～5 天正常开支需要量核定。边远地区、交通不便地区可适当放宽，但不得超过 15 天的日常零星开支所需库存现金。企业每日的库存现金结存数，不得超过核定的库存限额，超过部分应及时送存银行；低于限额的部分，可以向银行提取库存现金补足。

（三）库存现金的内部控制

企业在库存现金收、支业务中，应当遵循以下内部控制原则：

1. 坚持“钱账分管”的内部牵制原则，即经手库存现金收付及保管应与库存现金收付凭证的编制及登记分开，要由两人以上负责。企业配备专职的出纳员，出纳不得兼管稽核、会计档案保管和收入、费用、债权债务账目登记工作。

2. 库存现金开支审批制度。①明确企业库存现金开支范围；②明确各种报销凭证，规定企业库存现金支付业务的报销手续和管理办法；③确定各种库存现金支出的审批权限。

3. 库存现金的日清月结制度。日清是指出纳员应对当日的库存现金收付业务全部登记库存现金日记账，结出账面余额，并与库存现金核对相符；月结是指出纳员必须对库存现金日记账按月结账；并定期进行库存现金清查。

4. 库存现金保管制度。超过库存限额以外的库存现金应在下班前送存银行；除工作时间需要少量备用金可存放在出纳员的抽屉内，其余应放入保险柜内，不得随意存放；限额内库存现金当日核对清楚后，一律放入保险柜内，不得放入办公桌过夜；单位库存现金不准以个人名义存入银行；库存的纸币和铸币，应实行分类管理。

（四）贯彻“几不准”

出纳人员在库存现金收付工作中，不准以不符合财务制度的凭证顶替库存现金，即不得“白条抵库”；不准谎报用途套取库存现金；不准用银行账户代其他单位和个人存入或支取库存现金；不准将单位收入的库存现金以个人名义存入储蓄；不准保留账外公款，即不得“公款私存”，不得设置“小金库”等。银行对于违反上述规定的单位，将按照违规金额的一定比例予以处罚。

二、库存现金的核算

为了核算和监督库存现金的收入、支出和结存情况，企业应设置“库存现金”总账科目，由负责总账的财会人员进行总分类核算。企业收到库存现金，借记本科目，贷记有关科目；支出库存现金，借记有关科目，贷记本科目。本科目余额在借方，表示结存的库存现金。

企业应设置“库存现金日记账”，由出纳人员根据收、付款凭证，按照业务的发生顺序逐笔登记。每日终了，应计算当日的库存现金收入合计数、库存现金支出合计数和结余数，并将结余数与实际库存数核对，做到账款相符。“库存现金日记账”应采用订本式账簿，一般采用三栏式账页。如果企业收付库存现金中有外币，还应在“库存现金”账户下设置外币库存现金专户进行核算。企业内部周转使用的备用金（备用金是企业财会部门为了便于日常零星开支的需要，预付给企业内部各单位或职工个人备用的款项），在“其他应收款——备用金”科目核算，不在本科目核算。

［**例1**］企业开出现金支票1张，提取现金2 000元，以备临时支用。应作会计分录如下：

借：库存现金　　2 000

　贷：银行存款　　2 000

［**例2**］企业行政管理部门报销办公用品费600元。应作会计分录：

借：管理费用　　600

贷：库存现金　　600

[**例 3**] 张勇外出采购，借支差旅费 500 元。应作分录：

借：其他应收款——张勇　　500

贷：库存现金　　500

[**例 4**] 张勇出差归来，经审核，报销差旅费 450 元，借款余额交回现金。应作会计分录：

借：库存现金　　50

管理费用　　450

贷：其他应收款——张勇　　500

三、库存现金的清查

为了确保账实相符，应对库存现金进行清查。库存现金清查包括两部分内容，一是出纳人员每日营业终了进行账款核对；二是清查小组进行定期或不定期的盘点和核对。现金清查的方法采用账实核对法。

对现金实存额进行盘点，必须以现金管理的有关规定为依据，不得以白条抵存，不得超限额保管库存现金。对现金进行账实核对，如发现账实不符，应立即查明原因，及时更正，对发生的长款或短款，应查找原因，并按规定进行处理，不得以今日长款弥补他日短款。现金清查和核对后，应及时编制“库存现金盘点报告表”，列名库存现金账存额、库存现金实存额、差异额及其原因，对无法确定原因的差异，应及时报告有关负责人。

库存现金清查中发现的长款或短款，应根据“库存现金盘点报告表”进行处理，以确保账实相符，并对长、短款做出处理。库存现金长、短款一般通过“待处理财产损溢——待处理流动资产损溢”科目（本科目核算企业在财产清查过程中查明的各种财产盘盈、盘亏和毁损的价值）进行核算，待查明原因后，再根据不同原因及处理结果，将其转入有关科目。①库存现金短缺。应由责任人赔偿，借记“其他应收款——应收库存现金短缺款（××）”科目，贷记“待处理财产损溢”科目；应由保险公司赔偿部分，借记“其他应收款——应收保险赔款”科目，贷记“待处理财产损溢”科目；无法查明原因部分，经批准后，借记“管理费用——现金短缺”科目，贷记“待处理财产损溢”科目；②库存现金溢余。应支付有关单位和个人的，借记“待处理财产损溢”科目，贷记“其他应付款——应付现金溢余（××）”科目；无法查明原因的，借记“待处理财产损溢”科目，贷记“营业外收入——现金溢余”科目。

[**例 5**] 某企业根据发生的有关库存现金清查业务，应作会计分录如下：

(1) 企业进行库存现金清查，发现长款 90 元，原因待查。

借：库存现金　　90
　　贷：待处理财产损溢——待处理流动资产损溢　　90

（2）经核查无法查明长款的具体原因，转为营业外收入。

借：待处理财产损溢——待处理流动资产损溢　　90
　　贷：营业外收入——现金溢余　　90

（3）企业进行库存现金清查，发现短款40元，原因待查。

借：待处理财产损溢——待处理流动资产损溢　　40
　　贷：库存现金　　40

（4）经核查，上述短款系出纳员责任，由其赔偿。

借：其他应收款——出纳员　　40
　　贷：待处理财产损溢——待处理流动资产损溢　　40

（5）无法查明原因的短款会计处理。

借：管理费用　　40
　　贷：待处理财产损溢　　40

需要说明的是，企业清查的库存现金损溢，应于期末前查明原因，并根据企业的管理权限，经股东大会或董事会或经理（厂长）会议或类似机构批准后，在期末结账前处理完毕。如清理的库存现金损溢在期末前尚未批准的，在对外提供财务会计报告时先按上述原则进行处理，并在会计报表附注中作出说明；如果其后批准处理的金额与已处理的金额不一致，应调整会计报表相关项目的年初数。

第三节　银行存款的核算

银行存款是企业存放在银行或其他金融机构的货币资金。凡是独立核算的企业都必须在当地银行开设账户，以办理存款、取款和支付等结算。企业除了按核定限额留存的库存现金外，其余的货币资金都必须存入银行；企业与其他单位之间的一切货币收付业务，除了在规定范围内可以用现金支付的款项外，都必须通过银行办理支付结算。企业应依据《中华人民共和国票据法》、《票据管理实施办法》及《支付结算办法》等有关法规，正确办理结算业务。

一、银行存款管理

（一）银行存款账户的开立

我国银行存款包括人民币存款和外币存款两种。企业在银行开立人民币存款账户，必须遵守中国人民银行《人民币银行结算账户管理办法》的各项规定。银行存款账户分为基本存款账户、一般存款账户、临时存款账户和专用存款账户。基本存款账户是企业办理日常转账结算和库存现金收付的账户，工资、奖金等库存现金的支取只能通过本账户办理；一般存款账户是在基本存款账户以外的银行借款转存或与基本存款户的存款人不在同一地点的附属不独立核算单位开立的账户，企业可以通过本账户办理转账结算和库存现金交存，但不能办理现金的支取；临时存款账户是企业因临时经营活动需要而开立的账户，本账户可以办理转账和根据国家库存现金管理的规定办理库存现金收付；专用存款账户是企业因特定用途而开立的账户。

企业可以自主选择银行，银行也可以自愿选择存款人。但一个企业只能选择一家银行的一个营业机构开立一个基本存款账户，不得在多家银行机构开立基本存款账户；不得在同一家银行的几个分支机构开立一般存款账户。

（二）银行结算方式

如前所述，企业与其他单位之间的一切收付款项，除制度规定可用库存现金支付的部分以外，都必须通过银行办理转账结算。根据中国人民银行颁发的支付结算办法的规定，现行银行结算方式有票据和信用卡，其中票据又包括银行汇票、商业汇票、银行本票和支票；结算方式有汇兑、委托收款、托收承付和信用证。

1. 支付方式。

（1）银行汇票，异地支付使用。

（2）商业汇票，分商业承兑汇票和银行承兑汇票两种，同城和异地支付均可使用。

（3）银行本票，分定额银行本票和不定额银行本票，同城支付使用。

（4）支票，分现金支票和转账支票，同城支付使用。

（5）信用卡，分为单位卡和个人卡两种，同城和异地均可使用。

2. 结算方式。

（1）汇兑，分信汇和电汇，异地结算使用。

（2）委托收款，分邮寄、电报划回两种，同城和异地结算均可使用。

（3）托收承付，异地结算使用。

（4）信用证，国际结算的主要方式。

以上九种支付结算方式的具体规定及其核算，将在随后作详细讲述。

（三）银行结算纪律

企业通过银行办理支付结算时，应当认真执行国家各项管理办法和结算制度。中国人民银行《支付结算办法》规定：单位和个人办理支付结算，不准签发没有资金保证的票据或远期支票，套取银行信用；不准签发、取得和转让没有真实交易和债权债务的票据，套取银行和他人资金；不准无理拒绝付款，任意占用他人资金；不准违反规定开立和使用账户。

二、银行支付结算方式

结算方式是指用一定的形式和条件来实现企业间或企业与其他单位和个人间货币收付的程序和方法。分现金结算和支付结算（转账结算）两种。企业除按规定的范围使用库存现金结算外，大部分货币收付业务应通过银行办理支付结算。支付结算是指单位、个人在社会经济活动中使用票据、信用卡和汇兑、托收承付、委托收款等结算方式进行货币给付及其资金清算的行为。

不同国家和地区以及不同的经济业务，采用的结算方式是有差异的。在我国，企业发生货币资金收付业务可以采用上面提到的九种支付结算方式，各种支付结算方式均有相应的适用条件和结算程序，下面分别加以说明。

（一）支票

支票是出票人签发的，委托办理支票存款业务的银行在见票时无条件向收款人或者持票人支付确定的金额的票据。支票分为现金支票、转账支票和普通支票。支票上印有“现金”字样的为现金支票，现金支票只可用于从银行支取现金。支票上印有“转账”字样的为转账支票，转账支票只能用于转账。支票上未印有“现金”或“转账”字样的为普通支票，普通支票既可支取现金，又可转账。在普通支票左上角划有两条平行线的为划线支票，划线支票只能用于转账，不得支取现金。

支票是同城结算中应用很广泛的一种结算方式。单位和个人在同一票据交换区域的商品交易、劳务供应、清偿债务等各种款项结算都可采用这种方式。企业应按规定使用支票结算方式，明确支票的有关规定，如支票的提示付款期限为出票日起 10 天内，超过提示付款期限提示付款的，持票人开户银行不予付款；支票的出票人应是在银行开立可以使用支票的存款单位和个人；禁止签发空头支票；按规定出具并填写支票；用于转账的支票在有效期限内可在同城票据交换区域内背书转让等。

会计核算上，对于付款的支票，企业应根据支票存根和有关原始凭证编制付款凭证；对于收款的支票，应填写“进账单”连同支票送交银行，根据银行盖章退回的进账单第一联和有关原始凭证编制收款凭证；正确及时反映银行存款的增减情况。

（二）银行本票

银行本票是银行签发的，承诺自己在见票时无条件向收款人或者持票人支付确定的金额的票据。分不定额本票和定额本票两种。定额本票面额分别为：

1 000 元、5 000 元、10 000 元和 50 000 元。银行本票由银行签发，保证兑付，信誉度高。银行本票可以用于转账，注明“现金”字样的银行本票可以用于支取现金，但单位不得申请签发现金银行本票。单位和个人在同一票据交换区域需要支付各种款项均可采用这种结算方式。银行本票的提示付款期限为出票日起最长不得超过 2 个月，超过期的银行不受理。在有效期限内收款人可以将银行本票背书转让给被背书人。

会计核算上，收款企业收到银行本票时，应填写进账单，连同银行本票一并送银行转账收款，根据银行盖章退回的进账单第一联和有关原始凭证编制收款凭证，借记“银行存款”，贷记“应收账款”等科目；付款企业申请使用银行本票，应填写“银行本票申请书”并将款项交存银行，取得银行签发的银行本票时，根据“银行本票申请书”存根联编制付款凭证，借记“其他货币资金”，贷记“银行存款”科目。

（三）银行汇票

银行汇票是出票银行签发的、由其在见票时按照实际结算金额无条件支付给收款人或者持票人的票据。银行汇票可以用于转账，填明“现金”字样的银行汇票也可以用于支取现金。单位或个人各种款项结算均可使用这种结算方式，但签发现金银行汇票只适用于申请人和付款人均为个人，单位不得使用。银行汇票具有使用灵活、票随人到、兑现性强等特点。按规定，银行汇票的出票和付款，全国范围限于中国人民银行和各商业银行参加“全国联行往来”的银行机构办理；银行汇票的提示付款期；限为一个月，持票人超过付款期限提示付款的，代理付款人不予受理；代理付款人也不得受理未在本行开立存款账户的持票人为单位直接提交的银行汇票；收款人可以将银行汇票背书转让给被背书人，银行汇票的背书转让以不超过出票金额的实际金额为准，未填写实际结算金额、实际结算金额超过出票金额或填明“现金”字样的银行汇票不得背书转让；银行汇票的实际结算金额不得更改；填明“现金”字样和代理付款人的银行汇票丧失，可以由失票人通知付款人或者代理付款人挂失止付，未填明“现金”和代理付款人的银行汇票丧失，不得挂失止付。

会计核算上，付款企业使用银行汇票，应向出票银行填写“银行汇票申请书”，银行受理、收妥款项后签发银行汇票，企业取得银行汇票和解讫通知后；应根据“银行汇票申请书”存根联编制付款凭证，借记“其他货币资金”科目，贷记“银行存款”科目。收款企业收到付款单位的银行汇票和解讫通知，经审查无误后，在出票金额以内，根据实际需要的款项办理结算，并将实际结算金额和多余金额准确、清晰地填入银行汇票和解讫通知的有关栏内，实际结算金额不得超过出票金额；收款企业向银行提示付款时，应将银行汇票和解讫通知、进账单一并交开户银行办理结算；根据银行盖章退回的进账单第一联编制收款凭证，借记“银行存款”科目，贷记“应收账款”等科目。

（四）商业汇票

商业汇票是出票人签发的，委托付款人在指定日期无条件支付确定购金额给收款人或者持票人的票据。商业汇票按其承兑人的不同，分为商业承兑汇票和银行承兑汇票；商业承兑汇票由银行以外的付款人承兑，银行承兑汇票由银行承兑。商业汇票的付款人为承兑人。在银行开立存款账户的法人以及其他组织之间，必须具有真实的交易关系或债权债务关系才能使用商业汇票。

根据规定，商业承兑汇票的出票人应是在银行开立存款账户的法人以及其他组织，与付款人具有真实的委托付款关系，具有支付汇票金额的可靠资金来源；银行承兑汇票的出票人也应是在银行开立存款账户的法人以及其他组织，与承兑银行具有真实的托付款关系，资信状况良好，具有支付汇票金额的可靠资金来源；出票人不得签发无对价的商业汇票用以骗取银行或者其他票据当事人的资金；商业承兑汇票可以由付款人签发并承兑，也可由收款人签发交由付款人承兑；银行承兑汇票应由在承兑银行开立存款账户的存款人签发；商业汇票可以在出票时向付款人提示承兑后使用，也可以在出票后先使用再向付款人提示承兑；定日付款或者出票后定期付款的商业汇票，持票人应当在汇票到期日前向付款人提示承兑；见票后定期付款的汇票，持票人应当自出票日起1个月内向付款人提示承兑；汇票未按照规定期限提示承兑的持票人丧失对其前手的追索权；经承兑的商业汇票，其付款期限最长不能超过6个月，定日付款的汇票付款期限自出票日起计算，并在汇票上记载具体的到期日，出票后定期付款的汇票付款期限自出票日起按月计算，并在汇票上记载，见票后定期付款的汇票付款期限自承兑或拒绝承兑日起按月计算并在汇票上记载；持票人应在提示付款期（自汇票到期日起10日）内，通过开户银行委托收款，或直接向付款人提示付款；商业承兑汇票的付款人应在汇票到期日通过开户银行付款；银行承兑汇票的出票人；（即付款人）应于汇票到期前将票款足额交存其开户银行，承兑银行应在汇票到期日或到期日后的见票当日支付票款；符合条件的商业汇票的持票人可持未到期的商业汇票连同贴现凭证向银行申请贴现，贴现期限从其贴现之日起至汇票到期日止，实际贴现金额按票面金额扣除贴现日至汇票到期前1日的利息计算，承兑人在异地的，贴现的期限以及贴现利息的计算应另加3天的划款日期。

会计核算上，收款单位和付款单位应分别设置“应收票据”和“应付票据”科目进行核算，有关具体核算详见第四章和第七章有关内容。

（五）托收承付

托收承付是指根据购销合同由收款企业发货后，委托银行向异地付款单位收取款项、由付款单位向银行承付的一种结算方式。使用托收承付结算方式的收款单位和付款单位，必须是国有企业、供销合作社以及经营管理较好，并经开户银行审查同意的城乡集体所有制工业企业。办理托收承付结算的款项，必须是商品交易以及因商品交易而产生的劳务供应的款项。代销、寄销、赊销商品的款项，不得办理托收承付结算。

根据规定，收付双方使用托收承付结算必须签有符合《经济合同法》的购销合同，并在合同上写明使用托收承付结算方式；收付双方办理托收承付结算，必须重合同、守信用；收款单位办理托收，必须具有商品确已发运的证件（包括铁路、航运、公路等运输部门签发的运单副本和邮局包裹回执）；托收承付结算的每笔金额起点为 10 000 元，新华书店系统的托收承付结算每笔的金额可降到 1 000 元。

会计核算上，收款企业按经济合同发货后，按规定签发托收承付结算凭证，连同发货单、运单、合同副本一并提交银行办理托收，在银行审查无误并予以受理后，应作企业销货实现的核算。付款单位接到银行转来的结算凭证及附件后，经审查无误，根据购销合同中规定的承付货款方式，即验单付款或验货付款，办理货款的承付；验单付款的承付期为 3 天，验货付款的承付期为 10 天；若承认付款，应于承付时根据托收承付结算凭证的承付通知和有关发票账单等原始凭证，编制付款凭证；对于既未承付又未拒付的款项，银行视为默认承付，付款单位应于规定的承付期满的次日，编制付款凭证；若付款单位全部或部分拒绝付款，必须填写“拒绝付款理由书”，注明拒绝付款的理由，经开户银行审查同意的方可拒付，经开户银行审查理由不符合拒付规定的，开户银行不予受理，并要实行强制扣款。收款企业对于托收款项，应在收到银行的收账通知时，根据收账通知和有关原始凭证，编制收款凭证。

（六）委托收款

委托收款是收款人委托银行向付款人收取款项的一种结算方式。同城异地均可采用。单位和个人凭已承兑商业汇票、债券、存单等付款人债务证明办理款项的结算，均可以使用这种结算方式。

会计核算上，收款企业委托银行收款时，应签发委托收款凭证，连同有关的债务证明向银行提交，银行审查无误予以受理后，如为销货后委托收款，企业应根据委托托收凭证回单及其他单据，作销货实现的会计处理。付款单位接到银行转来的委托收款凭证和有关附件后，应在规定的付款期（接到通知日的次日起 3 日）内付款，并编制付款凭证；如拒绝付款，应在付款期内出具拒绝证明，连同有关债务证明单据送交银行，由银行转交收款人。收款人在收到银行的收账通知时，根据收账通知编制收款凭证。

（七）汇兑

汇兑是汇款人委托银行将其款项支付给收款人的一种结算方式。按凭证传送方法不同分为信汇和电汇两种。单位和个人的各种款项的结算，如各单位之间的商品交易、劳务供应、资金缴拨、清理旧账等，均可使用这种结算方式。

会计核算上，汇款单位应在向银行办理汇款后，根据汇款回单编制付款凭证；收款人应在收到银行的收账通知时，据以编制收款凭证。

（八）信用卡

信用卡是商业银行向个人和单位发行的，凭以向特约单位购物、消费和银行存取现金，且具有消费信用的特质载体卡片。

信用卡按适用对象分为单位卡和个人卡，按信用等级分为金卡和普通卡。

凡在我国境内金融机构开立基本存款账户的单位可申领单位卡。单位卡可申领若干张，持卡人资格由申领单位法人代表或其委托的代理人书面指定和注销，持卡人不得出租或转借信用卡。单位卡账户的资金一律从其基本存款账户转账存入，在使用过程中，需要向其账户续存资金的，也一律从其基本存款账户转账存入，不得交存库存现金，不得将销货收入的款项存入其账户。单位卡一律不得用于10万元以上的商品交易、劳务供应款项的结算，不得支取库存现金。

单位或个人申领信用卡，应按规定填制“信用卡申请表”，连同有关资料一并送交发卡银行。符合条件并按银行要求交存一定金额的备用金后，银行为申领人开立信用卡存款账户，并发给信用卡。

（九）信用证

信用证原是国际结算的一种主要结算方式，我国从事进口业务的企业和对外经济合作企业方可采用。1997年，中国人民银行下发《国内信用证结算办法》，规定自1997年8月1日起，国内企业之间的商品交易可采用信用证结算方式。

信用证是由开证行根据进口人（申请人）的申请，向出口人（受益人）开出的一定金额的、在一定期限内凭出口人（受益人）提交的符合信用证条款的单据支付的付款承诺，是一种有条件的银行付款凭证。信用证具有三个基本特性：其一，开证行承担第一付款责任，即如果出口人（受益人）按照信用证规定办理，提供合格单据，开证银行就要付款；其二，信用证是一项独立文件，开证行一旦开出信用证，只对信用证负责，不受交易双方合目的约束；其三，处理信用证业务时，银行只凭表面合格的单据付款，对货物真假不负责任。因此，采用信用证结算方式，有利于出口人（受益人）安全收汇（款）；进口人（申请人）可在付款后肯定地取得运货单据，从而约束出口人（申请人）履行信用证条款的规定。因此，信用证结算方式在国际结算中被广泛采用。国内信用证结算方式的实施，对活跃国内贸易，促进我国社会主义市场经济的健康发展，将发挥积极作用。

信用证可分为：可撤销信用证和不可撤销信用证；跟单信用证和光票信用证；可转让信用证和不可转让信用证；即期信用证、远期信用证和预支信用证；保兑信用证和不保兑信用证等。在出口业务的国际结算中，最常用的是即期跟单不可撤销信用证。自 1997 年 8 月 1 日起，我国国内企业之间商品交易可采用的信用证为不可撤销、不可转让的跟单信用证，而且只限于转账结算，不得支取库存现金。

信用证结算方式的基本程序：进口人（申请人）按购销合同向开证行提交开证申请并交保证金；开证行以邮寄或电传方式将开出的信用证发通知行；通知行将信用证转交出口人（受益人）；出口人（受益人）收到信用证经审核无误后，即备货装运，将跟单汇票连同信用证一同送交当地议付行；议付行经审核，按票款扣除利息，垫付货款；然后议付行将跟单汇票寄交开证行索回垫款；开证行收到跟单汇票后，通知进四人（申请人）审单付款，赎单提货。出口人（受益人）应根据议付单据及议付行退还的信用证等有关凭证编制收款凭证；进口人（申请人）在接到开证行的备款赎单通知时，根据付款赎回的有关单据编制付款凭证。

企业采用上述各种结算方式办理结算，必须遵守国家的法律、法规和中国人民银行颁布的《支付结算办法》等的各项规定，遵守结算纪律。严格按照《银行账户管理办法》的规定开立、使用账户，不准出租、出借账户。单位、个人和银行办理支付结算必须遵守下列原则：恪守信用，履约付款；谁的钱进谁的账，由谁支配；银行不垫款。

三、银行存款业务的核算

（一）银行存款的总分类核算

为了总括反映银行存款的收支和结存情况，企业应设置“银行存款”总账科目。该科目属于资产类科目，借方登记银行存款的增加数，贷方登记银行存款的减少数，借方余额表示企业银行存款的结余数额。企业应严格按照规定进行核算和监督，“银行存款”总账科目可以根据银行存款的收款凭证和付款凭证登记，也可根据定期编制的汇总收付款凭证汇总登记，还可以根据三栏式银行存款日记账汇总登记。收入银行存款借记“银行存款”科目，贷记有关科目；提取现金和支出存款时，借记“库存现金”和有关科目，贷记“银行存款”科目。

［**例6**］某企业销售产品一批，价款120 000元，收到转账支票一张，送存开户银行。

借：银行存款　　120 000

　　贷：主营业务收入　　120 000

［**例7**］企业购进材料一批，价款80 000元，以银行存款支付。

借：材料采购或原材料　　80 000

　　贷：银行存款　　80 000

［**例8**］企业接开户银行通知，本季度银行存款利息5 000元。

借：银行存款　　5 000

　　贷：财务费用　　5 000

［**例9**］如果企业因为银行破产，导致企业的银行存款800 000无法收回，企业可以作如下处理：

借：营业外支出　　800 000

　　贷：银行存款　　800 000

（二）银行存款的明细分类核算

为了逐日逐笔地核算和监督银行存款的收入来源、支出用途和结存情况，应设置银行存款日记账进行银行存款的明细分类核算。由企业的出纳人员根据银行收款凭证、付款凭证及所附的有关原始凭证，按照经济业务发生的先后顺序逐笔登记。每日终了，应结出账面余额。银行存款日记账，应按银行或其他金融机构的名称、存款种类分别设置。有外币存款的企业，应分别按人民币存款和外币存款进行明细核算。

银行存款的收付由出纳人员办理，由专人保管空白支票和签发支票。银行存款总账由会计登记掌管，银行存款日记账由出纳逐笔登记，并经常与银行提供的对账单进行核对，以便进行内部控制。

（三）银行存款的核对

为了保证银行存款的安全和核算的正确，企业应按期对账。银行存款的对账包括三个方面：一是银行存款日记账与银行存款收、付款凭证相互核对，作到账证相符；二是银行存款日记账与银行存款总账相互核对，作到账账相符；三是在账账相符的基础上，银行存款日记账与银行对账单相互核对，作到账单相符。银行存款日记账余额与银行对账单余额如有不符，除记账错误外，未达账项的影响是主要原因。所谓未达账项，是指银行与企业之间，由于凭证传递上的时间差，一方已登记入账，而另一方尚未入账的收支项目。银行存款的未达账项具体说有四种情况：①银行已入账但企业未入账的收入；②银行已入账但企业未入账的支出；③企业已入账但银行未入账的收入；④企业已入账但银行未入账的支出。

对于未达账项，应编制“银行存款余额调节表”进行调节。调节后，若无记账差错，双方调整后的银行存款余额应该相等；调节后，双方余额如果仍不相符，说明记账有差错，需进一步查对，更正错误记录。

［**例 10**］某企业 8 月 31 日的银行存款日记账账面余额为 963 000 元，银行对账单余额为 1 003 000 元，经逐笔核对，发现有以下未达账项：

（1）8 月 29 日企业委托银行收款 82 000 元，银行已收款入账，企业尚未收到收款通知。

（2）8 月 30 日银行代付电费 5 000 元，企业尚未收到付款通知。

（3）8 月 31 日企业送存银行的转账支票 70 000 元，银行尚未入账。

（4）8 月 29 日企业开出转账支票一张 33 000 元，持票人尚未到银行办理结算手续。

根据以上未达账项，可编制“银行存款余额调节表”如表 4 - 1：

表 4 - 1　银行存款余额调节表　　单位：元

项　目	金额	项　目	金额
银行对账单余额	1 003 000	银行存款日记账余额	963 000
加：8 月 31 日企业送存支票	70 000	加：8 月 29 日银行代收款	82 000
减：8 月 29 日企业开出支票	33 000	减：8 月 30 日银行代付款	5 000
调整后的余额	1 040 000	调整后的余额	1 040 000

调节后的银行存款余额，反映了企业可以动用的银行存款实有数额。需要注意的是，银行存款余额调节表是用来核对企业和银行的记账有无错误，不能作为记账的依据。对于未达账项，无须进行账面调整，待结算凭证收到后再进行核算。

第四节　其他货币资金的核算

一、其他货币资金的内容

其他货币资金是指企业除库存现金、银行存款以外的其他各种货币资金。主要包括外埠存款、银行汇票存款、银行本票存款、信用卡存款、信用证存款和存出投资款等。由于其存放地点和用途与库存现金和银行存款不同，需设置“其他货币资金”科目来集中核算这些货币资金。“其他货币资金”科目属于资产类账户，借方记录其他货币资金的增加数，贷方记录其他货币资金的减少数，月末借方余额反映其他货币资金的结余数额。在该科目下，按“外埠存款”、“银行汇票”、“银行本票”、“信用卡存款”、“信用证存款”、“存出投资款”分设明细账。如果企业发生到期末未收到的拨款，可以作为未达账项。

二、其他货币资金的核算

（一）外埠存款

外埠存款是指企业到外地进行临时和零星采购时，采用汇兑结算方式汇往采购地银行开立采购专户存款的款项。企业在外埠开立临时采购专户，需经开户地银行批准。银行对临时采购户一般实行半封闭式管理的办法，即只付不收，付完清户。采购资金存款不计利息，除采购员差旅费可以支取少量库存现金外，一律转账。

企业将款项委托当地银行汇往采购地开立专户时，根据汇出款项凭证编制付款凭证，借记“其他货币资金——外埠存款”，贷记“银行存款”；企业收到采购人员交来的供货单位发货票、账单等报销凭证时，据以编制转账凭证；借记“材料采购”、“应交税费——应交增值税（进项税额）”等账户；贷记“其他货币资金——外埠存款”；用外埠存款采购结束将多余资金转回时，根据银行的收账通知编制收款凭证，借记“银行存款”，贷记“其他货币资金——外埠存款”。

［**例 11**］某企业根据发生的有关外埠存款收付业务：

（1）企业在外埠开立临时采购账户，委托银行将 500 000 元汇往采购地。

借：其他货币资金——外埠存款　　500 000
　贷：银行存款　　500 000

（2）采购员以外埠存款购买材料，材料价款 400 000 元，增值税 68 000 元，共计 468 000 元，材料入库。

借：材料采购　　400 000
　　应交税费　　68 000
　贷：其他货币资金——外埠存款　　468 000

（3）外埠采购结束，将外埠存款清户，收到银行转来收账通知，余款 32 000元收妥入账。

借：银行存款　　32 000
　贷：其他货币资金——外埠存款　　32 000

（二）银行汇票存款

银行汇票存款，是指企业为取得银行汇票按照规定存入银行的款项。

企业为了取得银行汇票，应填制“银行汇票申请书”，并将款项交存银行。企业取得银行汇票以后，根据银行签章退回的申请书存根联编制付款凭证，借记“其他货币资金——银行汇票”，贷记“银行存款”科目；企业用银行汇票支付货款时，根据发货票等凭证编制转账凭证，借记“材料采购”、“应交税费——应交增值税（进项税额）”等科目，贷记“其他货币资金——银行汇票”科目；企业收到开户银行转来银行汇票余额时，借记“银行存款”，贷记“其他货币资金——银行汇票”科目；收款企业收到付款单位送来的银行汇票时，填写进账单并送交银行办理转账收款，根据进账单回单与销售凭证等编制收款凭证，借记“银行存款”，贷记“主营业务收入”、“应交税费——应交增值税（销项税额）”等科目。

［**例 12**］某企业根据发生的有关银行汇票存款收付业务：

（1）企业申请办理银行汇票，将银行存款 30 000 元转为银行汇票存款。

借：其他货币资金——银行汇票　　30 000
　贷：银行存款　　30 000

（2）收到收款单位发票等单据，采购材料付款 29 250 元，其中，材料价款 25 000 元，增值税 4 250 元，材料入库。

借：材料采购　　25 000
　　应交税费　　4 250
　贷：其他货币资金——银行汇票　　29 250

（3）收到多余款项退回通知，将余款 750 元收妥入账。

借：银行存款　　750
　贷：其他货币资金——银行汇票　　750

（三）银行本票存款

银行本票存款，是指企业为取得银行本票按照规定存入银行的款项。

企业向银行提交“银行本票申请书”，并将款项交给银行后可取得银行签发的银行本票。此时应根据“银行本票申请书”存根联编制付款凭证，借记“其他货币资金——银行本票”，贷记“银行存款”科目；企业用银行本票支付货款时，应根据发票账单等有关单据编制转账凭证，借记“材料采购”、“应交税费——应交增值税（进项税额）”等科目，贷记“其他货币资金——银行本票”科目；收款企业受理银行本票，经审核无误后，连同进账单送交开户银行办理转账，根据进账单第一联及有关单据编制收款凭证，借记“银行存款”，贷记“主营业务收入”、“应交税费——应交增值税（销项税额）”等科目；若企业因银行本票超过付款期而持票到签发银行办理退款时，应填写进账单一式两联，连同银行本票一并送交银行，根据银行盖章的进账单回单编制收款凭证，借记“银行存款”、贷记“其他货币资金——银行本票”科目。

（四）信用卡存款

信用卡存款是指企业为取得信用卡而存入银行信用卡专户的款项。

企业申领信用卡，按照有关规定填制申请表，并按银行要求交存备用金银行开立信用卡存款账户，发给信用卡。企业根据银行盖章退回的交存备用金的进账单，借记“其他货币资金——信用卡存款”，贷记“银行存款”科目。企业收到开户银行转来的信用卡存款的付款凭证及所附发票账单，经核对无误后进行会计处理，借记“管理费用”等科目，贷记“其他货币资金——信用卡存款”科目。

企业对于信用卡存款的核算主要包括办理信用卡存款、以信用卡支付有关费用、收取信用卡存款利息收入等。

［**例 13**］某企业根据发生的有关信用卡存款收付业务：

（1）将银行存款 50 000 元存入信用卡。

借：其他货币资金——信用卡存款　　50 000

　贷：银行存款　　50 000

（2）信用卡支付业务招待费 1 500 元。

借：管理费用　　1 500

　贷：其他货币资金——信用卡存款　　1 500

（3）收到信用卡存款的利息 60 元。

借：其他货币资金——信用卡存款　　60

　贷：财务费用　　60

（五）信用证存款

信用证存款，是指采用信用证结算方式的企业为开据信用证而存入银行信用证保证金专户的存款。

企业向银行提交“信用证委托书”并存入保证金取得信用证时，应根据“信用证委托书”回单编制付款凭证，借记“其他货币资金——信用证存款”，贷记“银行存款”；企业收到供货方信用证结算凭证及所附发票账单，经审核无误后，据以编制转账凭证，借记“材料采购”、“应交税费——应交增值税（进项税额）”，贷记“其他货币资金——信用证存款”科目；企业未用完的信用证保证金余额转回开户银行时，根据收款通知编制收款凭证，借记“银行存款”，贷记“其他货币资金——信用证存款”科目。

（六）存出投资款

存出投资款是指企业已存入证券公司但尚未进行交易性金融资产的现金。企业向证券公司划出的资金，应按照实际划出的金额，借记“其他货币资金——存出投资”科目，贷记“银行存款”科目；购买股票、债券等时，按实际发生的金额，借记“交易性金融资产”（本科目核算企业为交易目的所持有的债券投资、股票投资、基金投资等交易性金融资产的公允价值）或“可供出售金融资产”科目（本科目核算企业持有的可供出售金融资产的公允价值），贷记“其他货币资金——存出投资款”科目。

［**例 14**］高强股份有限公司根据发生的有关存出投资款业务，公司应作会计分录为：

（1）公司将银行存款 1 000 000 元存入证券公司，以备购买有价证券。

借：其他货币资金——存出投资款　　1 000 000

　贷：银行存款　　1 000 000

（2）用存出投资款 1 000 000 元购入股票。

借：交易性金融资产——股票　　1 000 000

　贷：其他货币资金——存出投资款　　1 000 000

第五节　交易性金融资产

一、交易性金融资产的内容

根据新《企业会计准则》对金融资产的分类，金融资产在初始确认时应当分为以公允价值计量且其变动计入当期损益的金融资产、持有至到期的投资、贷款和应收款项、可供出售金融资产四类。其中以公允价值计量且其变动计入当期损益的金融资产又包括交易性金融资产和直接指定为以公允价值计量且其变动计入当期损益的金融资产。

交易性金融资产主要是指为了近期内出售而持有的金融资产，如企业以赚取差价为目的从二级市场购买股票、债券、基金等。

企业应设置“交易性金融资产”科目，核算为交易目的而持有的债券投资、股票投资、基金投资等交易性金融资产的公允价值，并按照交易性金融资产的类别和品种，分别“成本”、“公允价值变动”等进行明细核算。需要注意的是，企业持有的直接指定为以公允价值计量且其变动计入当期损益的金融资产，也通过“交易性金融资产”科目核算，不单独设置会计科目核算。

二、交易性金融资产的核算

交易性金融资产的核算主要包括交易性金融资产取得的核算、交易性金融资产持有期间股利或利息的核算、交易性金融资产期末计量的核算以及交易性金融资产处置的核算等四部分。

(一) 交易性金融资产的取得

企业购入债券、股票、基金等交易性金融资产时，应以付款时间或投出资产的时间确认为交易性金融资产的入账时间，并以公允价值作为初始确认金额，相关的交易费用在发生时计入当期损益。如果实际支付的价款中包含已经宣告但尚未发放的现金股利或已到付息期尚未领取的债券利息，应当单独确认为应收项目，不计入交易性金融资产的初始确认金额。

企业取得交易性金融资产，按其公允价值，借记“交易性金融资产——成本”科目，按发生的交易费用，借记“投资收益”（本科目核算企业确认的投资收益或投资损失）科目，按照已经宣告但尚未发放的现金股利或已到付息期尚未领取的债券利息，借记“应收股利”（本科目核算企业应收取的现金股利和应收取其他单位分配的利润）或“应收利息”（本科目核算企业交易性金融资产、持有至到期投资、可供出售金融资产等应收取的利息）科目，按实际支付的金额，贷记“银行存款”等科目；收到上列现金股利或债券利息时，借记“银行存款”科目，贷记“应收股利”或“应收利息”科目。

[**例 15**] 2008 年 1 月 1 日，美好股份有限公司按面值购入甲公司于当日发行的面值 150 000 元 5 年期，票面利率 6%，每年 12 月 31 日付息、到期还本的债券作为交易性金融资产，并支付交易费用 500 元。美好公司应作的会计分录为：

借：交易性金融资产——甲公司债券（成本）　150 000
　　投资收益　500
　贷：银行存款　150 500

[**例 16**] 2008 年 3 月 24 日，美好股份有限公司按每股 8.6 元的价格购入 A 公司每股面值 1.00 元的股票 30 000 股作为交易性金融资产，并支付交易费用 1 000 元。股票购买价格中包含每股 0.20 元已宣告但尚未发放的现金股利，该现金股利于 2008 年 4 月 20 日发放。美好公司应作会计分录为：

(1) 2008 年 3 月 24 日，购入股票。

初始投资成本＝30 000 ×（8.60－0.20）＝252 000（元）

应收现金股利＝30 000×0.20＝6 000（元）

借：交易性金融资产——A 公司股票（成本）　252 000
　　应收股利　6 000
　　投资收益　1 000
　贷：银行存款　259 000

(2) 2008 年 4 月 20 日，收到发放现金股利。

借：银行存款　　6 000

　贷：应收股利　　6 000

（二）交易性金融资产持有期间的股利或利息

企业在持有交易性金融资产期间所获得的现金股利或债券利息，应当确认为投资收益。

持有交易性金融资产期间，被投资单位宣告发放现金股利时，投资企业按应享有的份额，借记“应收股利”科目，贷记“投资收益”科目；资产负债表日，投资企业按分期付息、一次还本债券投资的票面利率计提利息时，借记“应收利息”科目，贷记“投资收益”科目；收到上列现金股利或债券利息时，借记“银行存款”科目，贷记“应收股利”或“应收利息”科目。

［**例17**］接例15资料，美好股份有限公司每半年计提一次债券利息。2008年6月30日，美好公司按甲公司债券的票面利率计提利息，甲公司债券面值150 000元，票面利率6%，每年12月31日付息。美好公司应作会计分录为：

借：应收利息　　4 500

　贷：投资收益　　4 500

［**例18**］接例16资料，2008年4月24日，A公司宣告半年度利润分配方案，每股分配现金股利0.25元，并于2008年9月20日发放。美好公司持有A公司股票30 000股，美好公司应作会计分录为：

2008年8月25日A公司宣告分派现金股利：

借：应收股利　　7 500

　贷：投资收益　　7 500

2008年9月20日收到A公司派发现金股利：

借：银行存款　　7 500

　贷：应收股利　　7 500

（三）交易性金融资产的期末计量

交易性金融资产在最初取得时，是按照公允价值入账的，反映了企业取得交易性金融资产的实际成本；但交易性金融资产的公允价值是不断变化的，会计期末的公允价值则代表了交易性金融资产的现时可变现价值。根据企业会计准则的规定，交易性金融资产的价值应按照资产负债表日的公允价值反映，公允价值变动计入当期损益。

资产负债表日，交易性金融资产的公允价值高于其账面余额时，应按照二者之间的差额。调增交易性金融资产的账面余额，同时确认公允价值上升的收益，借记“交易性金融资产——公允价值变动”科目，贷记“公允价值变动损益”科目；交易性金融资产的公允价值低于其账面余额时，应按照二者之间差额，调减交易性金融资产的账面余额，同时确认公允价值下跌的损失，借记“公允价值变动损益”科目，贷记“交易性金融资产——公允价值变动”科目。

［**例 19**］接例 15 和例 16 资料，美好股份有限公司每半年确认一次交易性金融资产公允价值变动损益，2008 年 6 月 30 日，美好股份有限公司的交易性金融资产账面余额和当日公允价值的资料见表 4－2。

表 4－2　交易性金融资产账面余额和公允价值表

交易性金融资产项目	调整前账面余额	期末公允价值	公允价值变动损益	调整后账面余额
甲公司债券	150 000	152 000	2 000	152 000
A 公司股票	252 000	236 000	－16 000	236 000

根据表资料，美好公司 2008 年 6 月 30 日的应作的会计分录为：

借：交易性金融资产——甲公司债券（公允价值变动）
　　2 000
　贷：公允价值变动损益　2 000

借：公允价值变动损益　16 000
　贷：交易性金融资产——A 公司股票（公允价值变动）16 000

（四）交易性金融资产的处置

企业处置交易性金融资产的主要会计问题是正确确认处置损益。交易性金融资产的处置损益，是指处置交易性金融资产实际收到的价款减去所处置交易性金融资产账面余额后的差额。其中，交易性金融资产的账面余额，是指交易性金融资产的初始计量金额加上或减去资产负债表日公允价值变动后的金额。如果在处置交易性金融资产时，已计入应收项目的现金股利或债券利息尚未收回，还应先从处置价款中扣除该部分现金股利或债券利息后，确认处置收益。企业在确认交易性金融资产处置损益时，应将持有期间已确认的公允价值变动净损益转为投资收益。

处置交易性金融资产时，应按实际收到的处置价款，借记“银行存款”科目，按该交易性金融资产的初始成本，贷记“交易性金融资产——成本”科目，按该交易性金融资产的公允价值变动，贷记或借记“交易性金融资产——公允价值变动”科目，按其差额，贷记或借记“投资收益”科目。同时将该交易性金融资产持有期间已确认的公允价值变动净损益，转入“投资收益”科目，借记或贷记“公允价值变动损益”科目（本科目核算企业交易性金融资产、交易性金融负债等公允价值变动形成的应计入当期损益的利得或损失），贷记或借记“投资收益”科目。

[**例 20**] 接例 15 和例 19 资料，2008 年 9 月 1 日，美好股份有限公司将甲公司债券出售，实际收到出售价款 159 000 元。债券出售日，甲公司债券账面价值 152 000 元，其中，成本 150 000 元，已确认公允价值变动收益 2000 元，已计入应收项目的债券利息 4 500 元。美好公司应作的会计分录为：

债券处置损益＝159 000－152 000－4 500＝2 500

借：银行存款　　159 000

　贷：交易性金融资产——甲公司债券（成本）　　150 000

　　　　　　　　　——甲公司债券（公允价值变动）　　2 000

　　　应收利息　　4 500

　　　投资收益　　2 500

借：公允价值变动损益　　2 000

　贷：投资收益　　2 000

第六节　货币资金与交易性金融资产的信息披露

货币资金与交易性金融资产是企业流动资产的重要组成部分，在资产负债表中按其流动性列于第一和第二位。其中，“货币资金”项目，应根据“库存现金”、“银行存款”、“其他货币资金”科目的期末余额合计数填列。“交易性金融资产”项目，应根据“交易性金融资产”科目的借方余额填列，反映企业为交易目的所持有的债券投资、股票投资、基金投资等交易性金融资产的公允价值。同时企业还应当在附注中按交易性金融资产的具体项目披露其持有的交易性金融资产的期末公允价值和年初公允价值。

本章小结

财务会计的内容是按照会计要素在资产负债表和利润表的列示顺序进行论述的，本章主要介绍了资产要素中流动资产的货币资金和交易性金融资产两部分内容。

货币资金按其存放地点及其用途的不同，可分为库存现金、银行存款和其他货币资金。因此，货币资金的核算主要包括库存现金核算、银行存款核算和其他货币资金核算。货币资金是企业流动性最强的资产，应加深对货币资金内部控制制度的理解以及现金管理制度、银行支付结算方式等内容的掌握。

库存现金的核算，包括库存现金的序时核算和总分类核算。其中库存现金日记账是反映和监督库存现金收付结存的序时账，由出纳人员逐日逐笔进行登记；库存现金的总分类核算，是通过在总分类账簿中设置“库存现金”科目进行的，总括地反映和监督库存现金收付结存情况，由不从事出纳工作的会计人员负责登记的账簿。

为了确保账实相符，应对库存现金进行清查。库存现金清查中发现的长款或短款，应根据“待处理财产损溢——待处理流动资产损溢”科目进行核算。

银行存款的核算主要包括：银行存款取得的核算、银行转账核算和银行存款的核对。

银行存款取得的核算与库存现金收付的核算一样，也包括序时核算和总分类核算。其中银行存款日记账是反映和监督银行存款收付结存情况的序时账，由出纳人员逐日逐笔进行登记；银行存款的总分类核算，是通过在总分类账簿中设置“银行存款”科目进行的，总括地反映和监督银行存款收付结存情况，由不从事出纳工作的会计人员负责登记。

企业按规定的范围使用库存现金结算外，大部分货币收付业务应通过银行办理支付结算。按照我国现行规定，银行支付结算方式主要有支票、银行本票、银行汇票、商业汇票、信用卡、托收承付、委托收款、汇兑和信用证等九种。各种支付结算方式均有相应的适用条件和结算程序。

为了避免银行存款账目发生差错，正确反映企业银行存款的实际余额，企业应按期对账。除记账错误外，对于银行存款日记账余额与银行对账单余额不相符而形成的未达账项，应通过编制“银行存款余额调节表”进行调节，以确定企业银行存款的实有数。

其他货币资金是指企业除库存现金、银行存款以外的其他各种货币资金。主要包括外埠存款、银行汇票存款、银行本票存款、信用卡存款、信用证存款和在途货币资金等。需设置“其他货币资金”科目来集中核算这些货币资金。

交易性金融资产主要是指为了近期内出售而持有的金融资产，如企业以赚取差价为目的从二级市场购买股票、债券、基金等。交易性金融资产的基本经济业务主要有交易性金融资产的取得、持有期间收益确认、期末计量以及处置。企业应设置“交易性金融资产”科目反映交易性金融资产的公允价值。其中“应收股利”科目核算企业应收取的现金股利和应收取其他单位分配的利润；“应收利息”科目核算企业交易性金融资产、持有至到期投资等应收取的利息；“投资收益”科目核算企业确认的投资收益或投资损失；“公允价值变动损益”科目核算企业交易性金融资产、交易性金融负债等公允价值变动形成的应计入当期损益的利得或损失。

复习思考题

1. 什么是货币资金？它包括哪些内容？

2. 谈谈你对货币资金内部控制的认识。

3. 库存现金的开支范围有哪些？什么是库存现金的限额管理？库存现金的内部控制制度有哪些内容？

4. 银行存款的管理制度包括哪几个方面的内容？

5. 什么是银行结算方式？银行结算方式有哪些？简述各自在会计核算上的特点。

6. 什么是未达账项？它有哪几种情况？如何编制银行存款余额调节表？

7. 库存现金和银行存款如何核算？

8. 其他货币资金包括哪些内容？如何核算？

9. 如何确定交易性金融资产的初始投资成本？

10. 交易性金融资产基本经济业务是什么？这些业务如何影响企业经营状况和财务状况？

练 习 题

习题一

（一）目的：练习库存现金的核算。

（二）资料：某企业，银行核定的库存现金限额为 1 500 元。该企业对采购员王宏建立备用金账户。期初的库存现金额为 1 280 元，本期发生的有关现金业务有：

（1）王宏领取现金 1 000 元，建立备用金账户。

（2）企业零星销售小额商品，共收到现金 95 元。

（3）从银行取回现金 1 100 元备用。

（4）王宏持购入办公用品发票报销，补足备用金 470 元。

（5）期末进行现金清查，发现现金的实有数额为 1 020 元，与账记现金数额的差异额经批准转入管理费用。

（三）要求：编制有关会计分录。

习题二

（一）目的：练习银行存款余额调节表的编制。

（二）资料：某公司 2008 年 6 月 30 日核对银行存款项目。6 月 30 日银行对账单显示的公司银行存款余额为 914 311 元，公司所有的款项收付都通过银行办理。公司 6 月份的会计账簿记录反映的有关数据如下：

6月1日余额　　394 350元

本月货币资金收入金额　　2 897 160元

本月签发的支票总额　　2 838 885元

通过对银行对账单和公司会计账簿记录进行逐笔核对发现：

(1) 6月29日，银行代本公司收到某单位支付的应收票据款103 000元，票据面值100 000元，公司未入账。

(2) 6月30日，公司收到客户交来的购货支票185 221元并存入银行，公司已记账，银行未入账。

(3) 6月30日，公司开出支票526 527元支付购入设备的款项，公司已记账，但售货单位尚未到银行办理转账。

(4) 6月30日，公司存入银行的一笔款项13 900元，企业误记为15 700元。

(5) 公司签发的24 000元的支票，实际支付3 000元，公司用该支票偿还某单位的贷款。

(6) 银行收取6月份业务手续费1 820元。

(三) 要求：

(1) 编制6月份的银行存款余额调节表。

(2) 编制该公司有关的会计调整分录。

习题三

(一) 目的：练习交易性金融资产（债券投资）的核算。

(二) 资料：2008年2月25日，星海公司以46 800元的价格购入A公司债券作为交易性金融资产，并支付相应税费200元。该债券于2006年7月1日发行、面值45 000元、期限5年、票面利率4%、每年7月1日付息一次，到期还本。2008年12月1日，星海公司将债券转让，收到转让价款46 000元。

(三) 要求：编制星海公司有关债券投资的下列会计分录

(1) 2008年2月25日，购入债券。

(2) 2008年7月5日，收到债券利息。

(3) 2008年12月1日，转让债券。

习题四

(一) 目的：练习交易性金融资产（股票投资）的核算。

(二) 资料：2008年1月20日，星海公司按每股3.80元的价格购入每股面值1元的B公司股票50 000股作为交易性金融资产，并支付交易税费1 200元。2008年3月5日，B公司宣告份额每股0.20元的现金股利，并于2008年4月10日发放。2008年9月20日，星海公司将该归股票转让，取得转让收入22 000元。

(三) 要求：编制星海公司有关该股票投资的下列会计分录

(1) 2008年1月20日，购入股票。

(2) 2008年3月5日，B公司宣告分配现金股利。

(3) 2008年4月10日，收到现金股利。

(4) 2008年9月20日，转让股利。

习题五

(一) 目的：练习交易性金融资产公允价值变动的核算。

(二) 资料：星海公司于每年年末对交易性金融资产按公允价值计量。2008年12月31日，该公司作为交易性金融资产持有的C公司股票账面余额为680 000元。

(三) 要求：编制在下列不同情况下，星海公司对交易性金融资产按公允价值计量的会计分录

(1) 假定C公司股票期末公允价值为520 000元。

(2) 假定C公司股票期末公允价值为750 000元。

第五章　应收款项及存货

本章基本要求

通过本章学习，要求学生：

1. 掌握应收项目的内容，明确应收账款的范围及期末计价；

2. 重点掌握坏账的确认、坏账损失的估计与核算；

3. 掌握应收票据的确认与计量以及应收票据取得、到期、贴现等业务的核算；

4. 了解预付账款、其他应收款的内容及核算，区分与应收账款核算的不同，明确备用金的管理和核算方法；

5. 明确存货计价及分类的重要性，并掌握存货购入发出及期末价值的计价方法；重点掌握原材料的核算；

6. 掌握存货清查的核算；

7. 了解应收款项及存货的披露；

8. 区分本章核算中所使用账户的经济内容；

9. 明确本章所述经济业务对企业经营成果与财务状况的影响。

第一节　应收账款的核算

一、应收账款的范围及计价

应收款项是企业与其他单位或个人因经营或非经营活动而确认的应在短期内收回的债权。它是企业在结算过程中形成的流动资产。应收款项按其结算内容及方式不同，一般分为应收账款、应收票据、预付账款和其他应收款等。企业应严格将不同内容的应收款项分类加以核算，以正确反映、监督各种短期债权的发生及收回情况，保证企业这部分资产的安全完整，加速企业流动资金的周转。

（一）应收账款的范围

应收账款是企业因对外销售商品、产品、提供劳务等主要经营业务而应向客户（单位或个人）收取的款项。

应收账款的范围是：

1. 应收账款是企业因销售活动引起的债权。凡不是因销售活动而发生的应收款项，不应列入应收账款。如应收职工欠款、应收债务人的利息、应收保险赔款、应收已宣告分配的股利、应收股东的认股款等，均不应列入应收账款，而应将其列入其他应收款。

2. 应收账款是指流动资产性质的债权，不包括长期性质的债权，如购买的长期债券等。

3. 应收账款是企业应收客户的款项，不包括企业付出的各类存出保证金，如投标保证金和租入包装物保证金。

应收账款一般占企业应收款项的比重较大，因此，企业控制应收款项的重点应放在应收账款上，加强对应收账款的管理与核算。

（二）应收账款的计价

应收账款通常是由企业赊销活动所引起的，因此，应收账款的确认时间与收入的确认标准密切相关，应收账款应于收入实现时确认。有关收入实现的确认条件将在第九章说明。

应收账款的计价，是指应收账款入账金额的确认。应收账款入账价值包括：销售货物或提供劳务的价款、增值税，以及代购货方垫付的包装费运杂费等。通常情况下，应收账款应按买卖双方成交时的实际金额计价入账。但是在商业活动中由于存在商业折扣、现金折扣、销货退回与折让等，使交换价格发生变动，从而影响应收账款价值的确定。

1. 商业折扣。商业折扣，又称“数量折扣”，是指在商品交易时从价目单所列售价中扣减的一定数额。是卖方视买方购买数量之多少而给予的售价上优惠。通常以百分比来表示，如5%、10%等。企业在销售商品时，价目单上往往标明各种商品的价格，客户按价目单上的定价扣除卖方允许的折扣数量之净额付款。如：同样的商品定价为100元，若购买100单位的折扣率为10%，则实际价格（发票价格）为9 000元（100×90%×100）。由于商业折扣在交易成立及实际付款之前予以扣除，因此，对应收账款和营业收入均不产生影响，会计记录只按商品定价扣除商业折扣后的净额入账。

2. 现金折扣。现金折扣又称销售折扣，是指企业为了鼓励客户在一定时期内早日付款而给予的价格优惠，折扣之多少由客户付款的早晚决定。它通常表示为2/10、1/20、N/30，读作如果在10天内付款，可享受2%的折扣，20天内付款可享受1%的折扣，超过20天付款，则无折扣。

由于现金折扣发生于交易成立之后，那么在交易日，应收账款和营业收入是以总额入账，还是以扣除现金折扣后的净额入账？对此通常有两种会计处理方法：一是总价法，二是净价法。

（1）总价法，是在销售业务发生时，应收账款和销售收入以未扣减现金折扣前的实际售价作为入账价值，实际发生的现金折扣作为对客户提前付款的鼓励性支出，作为财务费用。

已发生的现金折扣应计入当期损益，具体处理上有两种不同的方法：一种是将现金折扣作为销售收入的抵减项目，从产品销售收入中予以抵扣；另一种是将现金折扣视为加速资金周转的理财费用，在财务费用中列支。

总价法的优点是可以较好地反映销售的全过程，但在客户可能享受现金折扣的情况下，会引起高估应收账款和销售收入，虚增应收账款余额。根据我国新《企业会计准则》的规定，企业应收账款应按总价法确认，现金折扣计入财务费用。

（2）净价法，是将扣除现金折扣后的金额作为应收账款和销售收入的入账价值。这种方法是把客户取得现金折扣视为正常现象，认为一般客户都会提前付款，把因客户超过折扣期限付款而多收的款项，视为提供信贷获得的收入，于收到账款时入账，作为其他收入或直接冲减财务费用。

净价法弥补了总价法的不足，但期末结账时，对已经超过期限而尚未付款的应收账款，调整起来比较麻烦。

二、应收账款的核算

应收账款的核算，是通过"应收账款"科目进行的。该科目属资产类科目，借方登记赊销时发生的应收货款金额，贷方登记客户归还的应收货款金额，借方余额表示尚未收回的应收货款金额。预收货款不多的企业，为简化起见，也可不设"预收账款"科目，而将预收货款业务直接记入"应收账款"科目。

企业赊销时代垫的运杂费、包装物等也应通过应收账款进行核算。

（一）在没有商业折扣的情况下，应收账款应按应收的全部金额入账

［**例 1**］某企业赊销给 A 公司商品一批，货款总计 50 000 元，适用的增值税税率为 17%，代垫运杂费 1 000 元（假设不作为计税基数）。应作会计分录如下：

借：应收账款　　59 500

　贷：主营业务收入　　50 000

　　应交税费——应交增值税（销项税额）　　8 500

　　银行存款　　1 000

收到货款时；

借：银行存款　　59 500

　贷：应收账款　　59 500

这里应注意，代垫运杂费只有符合两个条件时，才可以不作为计税基数：

①承运者运费发票开给购货方；②纳税人将该发票转给购货方。

（二）在有商业折扣的情况下，应收账款和销售收入按扣除商业折扣后的金额入账

［**例 2**］某企业赊销商品一批，按价目表的价格计算，货款金额总计100 000元，给买方的商业折扣为10%，适用增值税税率为17%，代垫运杂费5 000元（假设不作为计税基数）。应作会计分录：

借：应收账款　　110 300

　贷：主营业务收入　　90 000

　　　应交税费——应交增值税（销项税额）　　15 300

　　　银行存款　　5 000

收到货款时：

借：银行存款　　110 300

　贷：应收账款　　110 300

（三）在有现金折扣的情况下，采用总价法核算

［**例 3**］某企业赊销一批商品，货款为 100 000 元，规定的付款条件为2/10、N/30，适用的增值税税率为17%。代垫运杂费 3 000 元（假设不作为计税基数）。应作会计分录：

销售业务发生时，根据有关销货发票：

借：应收账款　　120 000

　贷：主营业务收入　　100 000

　　　应交税费——应交增值税（销项税额）　　17 000

　　　银行存款　　3 000

假若客户于 10 天内付款时：

借：银行存款　　118 000

　　财务费用——销售折扣　　2 000

　贷：应收账款　　120 000

假若客户超过 10 天付款，则无现金折扣：

借：银行存款　　120 000

　贷：应收账款　　120 000

三、坏账的核算

（一）坏账确认

坏账，是指企业无法收回或收回的可能性极小的那部分应收账款。由此而发生的损失称为坏账损失。

我国会计实务中，对具有以下特征之一的应收账款，经过批准后，可确认为坏账：一是债务人破产，依照破产清算程序进行清偿后确实无法收回的部分；二是债务人死亡，以其遗产清偿后仍无法收回的部分；三是债务人逾期未履行其偿债义务，且具有明显特征表明无法收回或收回的可能性极小（如债务单位已撤销、破产、资不抵债、现金流量严重不足、发生严重的自然灾害等导致停产而在短时期内无法偿付债务等，以及3年以上的应收账款）。但对于在会计上确认为坏账的应收账款，并不意味着企业放弃其追索权，如果收回，应及时入账。

（二）坏账核算方法

1. 直接转销法。企业对坏账的核算，通常有两种方法，即直接转销法和备低法。

直接转销法是指发生坏账时，将实际发生的坏账损失直接从应收账款中转销，作为期间费用处理。即：当坏账发生时，借记“管理费用——坏账损失”，贷记“应收账款”科目。若已确认为坏账的应收账款在以后又收回时，则冲销已作的坏账损失会计分录，同时记录应收账款的收款情况，即当重新收回款项时，借记“应收账款”，贷记“管理费用”科目；同时，借记“银行存款”，贷记“应收账款”科目。

［**例4**］B公司欠甲企业账款10 000元，已超过三年，经多次催促仍无法收回，甲企业遂确认该笔账款为坏账。应作会计分录：

借：管理费用——坏账损失　　10 000
　　贷：应收账款——B公司　　10 000

若该笔账款在确认为坏账后又收回时：

借：应收账款——B公司　　10 000
　　贷：管理费用——坏账损失　　10 000

同时，

借：银行存款　　10 000
　　贷：应收账款——B公司　　10 000

直接转销法的优点是核算比较简单，易于理解。其缺点是不符合权责发生制和配比原则。同时，在资产负债表上，应收账款是按其账面价值而不是按净额反映，因而在一定程度上虚计了资产，歪曲了期末的财务状况，不符合谨慎性原则的要求。因此，除非发生坏账的数额很小，一般不宜采用直接转销法。

2. 备抵法。备抵法是按期估计坏账损失并计入当期资产减值损失，形成坏账准备，当某一应收账款全部或部分被确认为坏账时，应根据其金额冲减坏账准备，同时转销相应的应收账款金额的一种核算方法。我国新《企业会计准则》规定，企业只能采用备抵法核算坏账损失。

企业应当定期或者至少于每年年度终了，对各项应收账款进行全面检查，预计可能产生的坏账损失。坏账准备的计提范围：应收账款、其他应收款、预付账款（因供货单位破产、撤销等原因无法收到所购货物时）和应收票据。为避免企业建立秘密准备操纵利润，下列应收账款不能全额提取坏账准备：①当年发生的应收账款；②计划对应收款项进行重组；③与关联方发生的应收账款；④其他已逾期，但无确凿证据表明不能收回的应收款项。

采用备抵法，企业需设置“坏账准备”科目，该科目属资产类备抵账户，贷方登记按期估计的坏账准备数额，借方登记已确认为坏账应予注销的应收账款数额，余额通常在贷方，表示已经预提尚未注销的坏账准备数。

备抵法下有关核算的内容包括三个方面：一是各期按一定方法估计坏账损失，计提坏账准备的核算；二是实际发生坏账时的核算；三是已确认的坏账又收回的核算。

（1）估计坏账准备的方法。估计坏账准备的方法主要有三种，即应收账款余额百分比法、账龄分析法和销货百分比法。方法选择由企业自行确定；但一经确定，不得随意变更；保持一致性。

①应收账款余额百分比法。此法是根据应收账款余额的一定百分比来估计坏账损失的方法。估计坏账率可以按照以往的数据资料确定，也可以按规定的百分率计算。一般按照年末应收账款余额的3‰～5‰计提坏账准备。

②账龄分析法。此种方法是根据应收账款账龄的长短以及当前的具体情况，估计坏账损失的方法。账龄是指客户所欠账款逾期的时间。一般情况下，账龄长短与发生坏账的可能性是一致的。

采用账龄分析法，应先将企业应收账款按账龄分类排列加以分析，在此基础上，进行坏账损失的估计。

［**例5**］某企业20××年12月31日应收账款账龄及估计坏账损失如表5-1所示：

表5-1 应收账款账龄分析表

应收账款账龄	应收账款金额（元）	估计损失（%）	估计损失金额
未到期	100 000	0.5	500
过期1个月	80 000	1	800
过期2个月	60 000	2	1 200
过期3个月	40 000	3	1 200
过期3个月以上	20 000	5	1 000
合计	200 000		4 700

如表 5-1 所示，该企业 20××年 12 月 31 日估计坏账损失为 4 700 元，企业应根据“坏账准备”账户贷方余额情况，对“坏账准备”账户进行多退少补的调整处理。

以上两种方法，都有助于企业进一步了解应收账款的可变现值，是备抵法中使用率较高的方法。但也存在一定的缺陷，即各会计期间所计的坏账损失费用与当期收入并无直接联系，不利于正确计算各期损益。

③销货百分比法。此法是根据某一会计期间赊销金额的一定百分比估计坏账损失的方法。其基本计算公式为：

估计坏账百分比＝（估计坏账÷估计赊销额）×100%

本期估计坏账损失＝赊销额×估计坏账百分比

采用赊销百分比估计坏账损失，将应收账款的发生与当期赊销业务直接联系，较客观地体现了同期收入与费用配比原则，但估计坏账百分比也会与实际情况不相一致。

（2）坏账准备的核算。有关坏账准备的核算，下面以采用应收账款余额百分比法为例加以说明：

①计提坏账准备的核算。会计期末，企业应按应收账款余额一定百分比估计当期坏账损失数，并与现有“坏账准备”科目余额相比较；若估计坏账损失数大于“坏账准备”科目贷方余额的，按其差额提取，借记“资产减值损失”（该科目核算企业计提各项资产减值准备所形成的损失），贷记“坏账准备”科目；若估计的坏账损失小于“坏账准备”科目贷方余额的，按其差额冲回坏账准备，借记“坏账准备”科目，贷记“资产减值损失”科目；若“坏账准备”科目为借方余额，则应将其借方余额加上估计坏账损失数作为当期坏账准备提取数。调整后的“坏账准备”科目贷方余额，即为当期估计的坏账损失数额。

②发生坏账时的核算。当应收账款确认为坏账时，企业应按实际坏账损失额转销坏账准备金，借记“坏账准备”科目，贷记“应收账款”科目。

③收回坏账的核算。已确认坏账的应收账款以后又收回时，应同时作两笔分录：借记“应收账款”科目，贷记“坏账准备”科目；同时，借记“银行存款”科目，贷记“应收账款”科目。

［例 6］某企业坏账核算采用备抵法，按年末应收账款余额百分比法计提坏账准备，计提比例为 3‰。该企业第一年末的应收账款余额为 250 万元。第二年客户 X 公司所欠 9 000 元账款已超过 3 年，确认为坏账；第二年末，该企业应收账款余额为 300 万元；第三年客户 A 公司破产，所欠 20 000 元账款有 8 500 元无法收回，确认为坏账；第三年末，企业应收账款余额为 260 万元；

第四年，X 公司所欠 9 000 元账款又收回，年末应收账款余额为 320 万元。该企业各年应作的会计分录如下：

第一年末，提取坏账准备：

借：资产减值损失　　　　7 500

　贷：坏账准备　　　　7 500

第二年，冲销坏账：

借：坏账准备　　　　9 000

　贷：应收账款——X 公司　　　　9 000

第二年末，计提坏账准备：提取前的“坏账准备”科目余额为借方 1 500 元，按年末应收账款余额估计坏账损失为 9 000 元（3 000 000×3‰），则本年应提取坏账准备数为 10 500 元（9 000＋1 500）。提取后“坏账准备”科目贷方余额为 9 000 元。

借：资产减值损失　　　　10 500

　贷：坏账准备　　　　10 500

第三年，冲减坏账：

借：坏账准备　　　　8 500

　贷：应收账款——A 公司　　　　8 500

第三年末，计提坏账准备：提取前的“坏账准备”科目为贷方余额 500 元，按年末应收账款余额估计坏账损失为 7 800 元（260 000×3‰），则本年应提取坏账准备数为 7 300 元（7 800－500）。提取后“坏账准备”科目贷方余额为 7 800 元。

借：资产减值损失　　　　7 300

　贷：坏账准备　　　　7 300

第四年，已确认为坏账冲销的应收 X 公司账款 9 000 元又收回：

借：应收账款——X 公司　　　　9 000

　贷：坏账准备　　　　9 000

借：银行存款　　　　9 000

　贷：应收账款——X 公司　　　　9 000

第四年末，计提坏账准备：提取前的“坏账准备”科目为贷方余额 16 800 元，按年末应收账款余额估计坏账损失为 9 600 元（3‰×3 200 000），则本年应按其差额冲回坏账准备，冲回数为 7 200 元（16 800－9 600）。冲回后“坏账准备”科目贷方余额为 9 600 元。

借：坏账准备　　　　7 200

　贷：资产减值损失　　　　7 200

第二节　应收票据的核算

一、应收票据的种类与计价

应收票据是企业因向客户提供商品或劳务而收到的由客户签发在短期内某一确定日期支付一定金额的书面承诺，是持票企业拥有的债权。

票据作为一种债权凭证，包括支票、银行本票、银行汇票和商业汇票等。在我国会计实务中，大部分票据都是即期票据，可以即刻收款或存入银行成为货币资金，不需要作为应收票据核算，因此应收票据主要是指商业汇票。

商业汇票一般有两种分类方法：

（一）按承兑人分类

商业汇票按其承兑人不同，分为商业承兑汇票和银行承兑汇票两种。

1. 商业承兑汇票。商业承兑汇票必须经由付款人承兑，在汇票上签署“承兑”字样并加盖与预留银行印鉴相符的印章，方才具有法律效力。对其所承兑的汇票，付款人应负有到期无条件支付票款的责任。而银行只负责在汇票到期日凭票将款项从付款人账户划转给收款人或贴现银行，如果付款人银行存款余额不足支付票款，银行则直接将汇票退给收款人，银行不负担付款责任。因此，对应收票据中到期没有兑现的商业承兑汇票所确认的债权，收款方应将其转至应收账款项目中继续反映监督。

2. 银行承兑汇票。银行承兑的汇票，在汇票到期时，无论承兑申请人是否将票款足额缴存其开户银行，承兑银行都应向收款人或贴现银行无条件履行付款责任。银行承兑商业汇票是一种银行信用行为的体现，它可以较好地保证收款人的权益不受侵害，并对承兑申请人实施监督与管理。因此，应收票据中银行承兑汇票的债权回收风险是比较小的。

（二）按是否计息分类

商业汇票按其是否计息可分为不带息商业汇票和带息商业汇票两种。

1. 不带息商业汇票。不带息商业汇票是指票据到期时，承兑人只按票面金额（即面值）向收款人或被背书人支付款项的汇票，其票据到期值等于面值。

2. 带息商业汇票。带息商业汇票是指票据到期时，承兑人应按票面金额加上票面规定利息率计算的到期利息向收款人或被背书人支付款项的票据。带息票据的到期值等于其面值加上到期应计利息。

（三）应收票据的初始计量

根据我国新《企业会计准则》规定，企业应在收到开出、承兑的商业汇票时，按应收票据的票面金额入账。由于商业汇票在正常情况下，持续时间较短，利息金额不大，因此在我国会计实务中，为简化会计核算，企业所收到的无论是带息票据还是不带息票据均按其票面金额入账，即应收票据反映的是票面价值，对于带息票据在会计期末（主要是指中期期末和年度终了）按应收票据的票面价值和规定的利率计提利息，相应的增加应收票据的账面余额。

二、应收票据的核算

应收票据的核算主要包括：①收到票据的核算；②票据到期兑付票款的核算；③应收票据转让的核算。

应收票据的核算通过“应收票据”科目进行。该科目属资产类账户，借方登记应收票据的面值及按期确认的应计利息，贷方登记背书转让或到期收回，或因未能收回票款而转作应收账款的应收票据账面价值，期末借方余额反映未到期应收票据的账面价值。

（一）收到票据的核算

无论带息应收票据或不带息应收票据，企业均应于收到或开出并承兑时，以其票面金额入账。

企业因销售商品、产品、提供劳务而取得商业汇票时，根据其面值，借记“应收票据”，贷记“主营业务收入”、“应交税费——应交增值税（销项税额）”等科目；收到用于抵付以往应收账款所记欠款的票据时，借记“应收票据”，贷记“应收账款”科目。

企业应当设置“应收票据备查簿”，逐笔登记商业汇票的各明细资料，等商业汇票到期结算清缴或退票后，应当在备查簿内逐笔注销。

［例7］某企业收到A公司2009年3月1日签发并承兑的期限为3个月，面值为23 400元的不带息商业承兑汇票一张，用以抵付前欠货款及税金。企业应作会计分录：

借：应收票据　　23 400

　　贷：应收账款——A公司　　23 400

［例8］某企业于2009年3月5日向X公司出售产品一批，货款总计100 000元，适用增值税税率为17%，已开出增值税专用发票交付X公司，并于当日收到已经该公司承兑的商业汇票一张，出票日为8日，期限为4个月，利率为9%，面值为117 000元。企业应作会计分录：

借：应收票据　　117 000

　　贷：主营业务收入　　100 000

　　　　应交税费——应交增值税（销项税额）　　17 000

（二）票据到期收款的核算

票据有带息与不带息之分，其到期值的计算及核算也有所不同。

1. *不带息票据收款的核算*。不带息票据的到期值为其票面价值。当汇票到期如数收到票据承兑人兑付的票面款项时，借记“银行存款”，贷记“应收票据”科目。

［**例 9**］6 月 1 日，例 8 中为期 3 个月的商业承兑汇票到期，企业如数收回账款 23 400 元。企业应作会计分录：

借：银行存款　　23 400

　贷：应收票据　　23 400

2. *带息票据收款的核算*。带息票据的到期值为票面价值加上到期应计利息。

（1）票据到期利息计算。

票据到期利息＝应收票据面值×票面利率×票据期限

以上公式中，票面利率有年、月、日利率之分。每月统一按 30 天计算，全年按 360 天计算。三者之间的关系是：

月利率＝年利率÷12

日利率＝月利率÷30 或年利率÷360

票据期限是指从票据生效之日起到票据到期之日止的时间间隔。通常有两种表示方法：

第一种以月表示，即按月计息。应以到期月份中与出票日相同的那一天为到期日，计算时一律以次月对日为一个月（如从 3 月 15 日至 4 月 15 日）；月末签发的票据，不论月份大小，以到期月份的月末为到期日（如 1 月 31 日签发票据，期限为一个月的票据于 2 月 28 日或 29 日到期，期限为两个月的票据于 3 月 31 日到期）。计算利息的利率要换算成月利率。

［**例 10**］一张面值 50 000 元、利率为 10％、期限为 6 个月的商业汇票，其出票日为 3 月 18 日，其票据到期日应为 9 月 18 日。票据到期应计利息为：

50 000×10％×6/12＝2 500（元）

第二种以日数表示，即按日计息。计算时以实际日历天数计算到期日及利息，在出票日和到期日只能计算其中一天的利息，称为“算头不算尾”或“算尾不算头”。

［**例 11**］将上例中的商业汇票改为 180 天到期，其面值、利率不变，出票日仍为 3 月 18 日，则其票据到期日应为 9 月 14 日（3 月 18 日至月底计 14 天；4 月份 30 天；5 月份 31 天；6 月份 30 天；7 月份 31 天；8 月份 31 天；至 9 月 13 日共 180 天，按“算头不算尾”的办法，到期日应为 9 月 14 日，14 日不计

息）。票据到期应计利息为：

50 000×10%×180/360＝2 500（元）

（2）带息票据收款的核算。带息票据到期，收到承兑人兑付的到期值票款时，按实际收到的款项，借记“银行存款”科目，按该应收票据的账面价值，贷记“应收票据”科目，实际收款额大于该票据账面价值的差额即为票据利息额，可以作为利息收入核算，计入当期损益。我国新《企业会计准则》规定，票据到期利息收入冲减财务费用，即当收到到期票据本息时，按利息额，贷记“财务费用”科目。

［**例 12**］7 月 8 日，例 9 中的 X 公司承兑的出票日为 3 月 8 日、利率为 9%、期限为 4 个月、面值为 117 000 元的商业汇票到期，企业收回到期票据本息。

票据到期利息为：117 000×9%×4/12＝3 510（元）

票据到期本息为：117 000＋3 510＝120 510（元）

企业应作会计分录：

借：银行存款　　120 510

　　贷：应收票据　　117 000

　　　　财务费用　　3 510

这里应注意，带息应收票据，如果偿还期跨越会计年度的中期或年终，还应在中期期末和年度终了，按规定计提票据利息，并增加应收票据的账面余额，同时贷记“财务费用”科目，这样，票据到期时的账面价值要大于票据的票面价值。

（三）应收票据转让的核算

根据银行支付结算办法的有关规定，企业可将持有的商业汇票进行背书转让。背书是持票人在票据背面签字，签字人为背书人，背书人对票据的到期付款负连带责任。

企业将持有的应收票据背书转让，以取得所需物资时，按应计入取得物资成本的价值，借记“材料采购”或“原材料”或“库存商品”等科目，按专用发票上注明的增值税额，借记“应交税费——应交增值税（进项税额）”科目，按应收票据的账面余额，贷记“应收票据”科目，按补付或收到的差额，借记或贷记“银行存款”科目。若为带息票据，还应按尚未计提的利息，贷记“财务费用”科目。

［**例 13**］某企业为取得一批原材料，将持有的一张不带息商业汇票背书转让，汇票面值 80 000 元，期限 6 个月。该批原材料价款 100 000 元，增值税 17 000 元，差额 37 000 元以银行存款支付。企业应作会计分录如下：

借：原材料　　100 000
　　应交税费——应交增值税（进项税额）　　17 000
　贷：应收票据　　80 000
　　　银行存款　　37 000

三、应收票据贴现

贴现，是指企业以未到期票据向银行融通资金，银行按票据的应收金额扣除一定期间的利息后的余额付给企业的融资行为。

在我国，商业汇票的持票人向银行办理贴现必须具备下列条件，即：在银行开立存款账户的企业法人以及其他组织；与出票人或者直接前手之间具有真实的商品交易关系；提供与其前手之间的增值税发票和商品发运单据复印件。

（一）应收票据贴现额的计算

贴现息＝票据到期值×贴现率×贴现期

贴现额＝票据到期值－贴现息

公式中，贴现利率由银行统一制定。贴现期是指从贴现日至票据到期日前1日的时期，如果承兑人在异地的，贴现利息的计算应另加3天的划款日期。不带息票据到期值即票据面值，带息票据到期值等于票据面值与票据利息之和。

（二）应收票据贴现的核算

应收票据贴现，一般有两种情况，一种不带追索权，一种带追索权。如果银行对贴现票据无追索权，则应收票据贴现如同应收账款的直接出售，所有的兑现风险与利益在出售之时即转移给银行，票据贴现额与票据账面额的差额作为财务费用，计入当期损益。但在票据贴现交易中，不带追索权的票据贴现是很少见的，大多数贴现业务的受让方（银行）有追索权，即在票据到期日出票人（承兑人）无力向贴现银行支付票款时，银行将向申请贴现企业提示票据，申请贴现企业应负偿还票据到期值款项的连带责任。我国应收票据贴现，一般都是带追索权的票据贴现。

1. 应收票据贴现。无息票据的贴现，企业应按实际收到的贴现金额，借记“银行存款”科目，按贴现息，借记“财务费用”科目（本科目核算企业为筹集生产经营所需资金等而发生的筹资费用，包括利息支出、汇兑损益以及相关的手续费、企业发生的现金折扣或收到的现金折扣等），按应收票据账面价值，贷记“应收票据”科目；带息票据的贴现，企业应按实际收到的贴现金额，借记“银行存款”按应收票据账面价值，贷记“应收票据”，按实际收到的贴现金额与应收票据账面价值的差额，借记或贷记“财务费用”科目。

[**例 14**] 某企业 4 月 29 日售给本市 M 公司产品一批，货款总计 100 000 元，适用增值税税率为 17%。M 公司交来一张出票日为 5 月 1 日、面值 117 000元、期限为 3 个月的商业承兑无息票据。该企业 6 月 1 日持票据到银行贴现，贴现率为 12%。企业应作会计分录：

收到票据时：

借：应收票据 117 000

贷：主营业务收入 100 000

应交税费——应交增值税（销项税额） 17 000

6 月 1 日到银行贴现时：

票据到期日为 8 月 1 日

贴现期为 2 个月（6 月 1 日至 8 月 1 日）

票据到期值＝票据面值＝117 000（元）

贴现息＝117 000×12%×2/12＝2 340（元）

贴现额＝117 000－2 340＝114 660（元）

借：银行存款 114 660

财务费用 2 340

贷：应收票据 117 000

[**例 15**] 若例 14 中的票据为带息票据，票面年利率为 14%，其他条件不变，企业于 6 月 1 日到银行贴现。则企业应作会计分录：

票据到期值＝117 000＋117 000×14%×3/12＝121 095（元）

贴现期为两个月（6 月 1 日至 8 月 1 日）

贴现息＝121 095×12%×2/12＝2 421.9（元）

贴现额＝121 095－2 421.9＝118 673.1（元）

借：银行存款 118 673.1

贷：应收票据 117 000

财务费用 1 673.1

2. 贴现票据到期。贴现的票据到期，若承兑人按期付款给贴现银行，则办理贴现企业的责任完全解除。企业应在“应收票据备查簿”上注销该票据；若承兑人无力向贴现银行支付票款，因申请贴现的企业负有付款连带责任，应按票据到期值，将款项退给贴现银行，并将票面金额与应计票面利息一并转为应收账款。退款时，按票据到期值借记“应收账款”，贷记“银行存款”科目；若申请贴现企业也无力偿还票款，贴现银行将作逾期贷款处理，申请贴现企业按票据到期值，借记“应收账款”，贷记“短期借款”科目。

[**例 16**] 例 15 中，到 8 月 1 日，企业已办理贴现的应收票据到期，若 M

公司无力向贴现银行支付票款，贴现银行将票据退回企业并从该企业的账户将票据款划出。企业应作会计分录：

票据到期值＝117 000＋117 000×14％× 3/12＝121 095（元）

借：应收账款——M公司　　121 095

　贷：银行存款　　121 095

若该企业银行存款账户余额不足，则贴现银行将这笔款项作为逾期贷款通知该企业，企业应作会计分录：

借：应收账款——M公司　　121 095

　贷：短期借款　　121 095

上述票据到期承兑人无力向贴现银行支付票款的情况，一般发生在商业承兑汇票，银行承兑汇票则不会出现到期不能付款。这种由于承兑人无力付款而造成的申请贴现企业可能发生的负债，称为或有负债。

需要指出的是，企业持有的应收票据不得计提坏账准备，待到期不能收回的应收票据转入应收账款后，再按规定计提坏账准备。但是，如有确凿证据表明企业所持有的未到期应收票据不能够收回或收回的可能性不大时，应将其账面余额转入应收账款，并计提相应的坏账准备。

第三节　其他应收款及预付账款的核算

一、其他应收款的核算

（一）其他应收款的内容

其他应收款是企业除应收票据、应收账款和预付账款以外的各种应收、暂付款项。其内容包括：①应收的各种赔款、罚款；②应收出租包装物的租金；③应向职工收取的各种垫付款项；④备用金（向企业各职能科室、车间等拨出的备用金）；⑤存出的保证金，如租入包装物支付的押金；⑥预付账款转入；⑦其他各项的应收、暂付款项。

其他应收款是企业流动资产的组成部分，因此，企业应建立和健全有关各项规章制度，加强对其他应收款的核算和管理。比如：要建立和健全企业内部的备用金领用和报销管理制度；对各种垫付款、存出保证金和其他支出的合法性要及时反映和监督；对企业发生的损失要分清经济责任，及时向有关责任人或单位办理索赔。使企业减少不合理资金占用，提高资金使用效率。

其他应收款应按实际发生额入账。

（二）其他应收款的核算

企业发生的各种其他应收款项目，应单独归类，以便会计信息的使用者把这些项目与由于营业活动而发生的应收账款识别清楚。为此，企业应设置“其他应收款”科目对其他应收款进行核算。该科目属资产类科目，借方登记发生的各种其他应收款，贷方登记企业收到的款项和结转情况，余额一般在借方，表示应收未收的其他应收款项。

企业应在“其他应收款”科目下，按债务人设置明细科目，进行明细核算。

［**例 17**］某企业的购销部门实行定额备用金制度，会计部门以现金支票拨付备用金定额 6 000 元。

建立备用金制度，目的是为了简化核算手续。它是由会计部门根据实际情况核定、拨付一笔固定数额的现金，并规定使用范围。备用金经管人员在规定范围内支付，按规定的间隔日期或在备用金不够周转时，凭有关凭证向会计部门报销，补足备用金定额。备用金必须由专人经管，必须由指定的负责人签字同意才能支付。

当以现金支票拨付备用金定额时，企业应作会计分录：

	借方	贷方
借：其他应收款——备用金——购销科	6 000	
贷：银行存款		6 000

供销部门凭发票报销 5 000 元，以现金支票补足备用金：

	借方	贷方
借：管理费用	5 000	
贷：银行存款		5 000

［**例 18**］某企业一台机器设备因非正常原因报废，保险公司确认赔偿 35 000元。企业应作会计分录：

	借方	贷方
借：其他应收款——保险公司	35 000	
贷：固定资产清理		35 000

收到保险公司赔款时：

	借方	贷方
借：银行存款	35 000	
贷：其他应收款——保险公司		35 000

［**例 19**］5 月 6 日，职工张大勇借差旅费 900 元，以现金支付。企业应作会计分录：

	借方	贷方
借：其他应收款——张大勇	900	
贷：库存现金		900

6 月 10 日，张大勇出差归来，报销差旅费 820 元，余款交回。

	借方	贷方
借：管理费用	820	
库存现金	80	
贷：其他应收款——张大勇		900

［**例 20**］某企业租用 A 公司包装物一批，支付押金 5 000 元以转账支票支付。企业应作会计分录：

借：其他应收款——存出保证金　　5 000
　贷：银行存款　　5 000

当租约期满，如数退还包装物，收回押金时：

借：银行存款　　5 000
　贷：其他应收款——存出保证金　　5 000

若包装物被生产部门全部损坏，押金被没收时：

借：制造费用　　5 000
　贷：其他应收款——存出保证金　　5 000

企业发生的其他应收款业务，同企业的应收账款业务一样，存在不可收回的可能性。企业应当定期或者至少于每年年度终了，对其他应收款进行检查，预计可能发生的坏账损失，并计提坏账准备。企业对于不能收回的其他应收款应当查明原因，追究责任。对确实无法收回的，按照企业的管理权限，经股东大会或董事会或经理（厂长）会议或类似机构批准作为坏账损失，冲销提取的坏账准备。

估计其他应收款坏账主要采取余额百分比法或账龄分析法，对其他应收款估计坏账，计提坏账准备、核销坏账、坏账收回的方法与应收账款相同，这里不再重复。

二、预付账款的核算

（一）预付账款的内容

预付账款是企业按照有关合同规定预先支付的款项。企业在购买材料物资的过程中，为了避免价格风险，或者受市场供应的限制，或者受生产季节的限制等原因，对于某些材料物资有时需要采取预先订购的方式，即按照购货合同规定预付一部分货款，这部分预先付给供货单位的订货款就构成企业的预付账款，显然预付账款是由于购货而非销货所引起的一种短期债权。预付账款必须以购销双方签订的购销合同为条件，按照规定的程序和方法进行核算。

（二）预付账款的核算

企业发生的预付账款业务，通过“预付账款”科目核算。该科目属资产类科目，借方登记预付的款项，贷方登记收到预购的材料或商品价款，借方余额表示多付的货款，贷方余额表示应补付的货款。

当企业向供货方预付货款时，按预付金额借记“预付账款”，贷记“银行存款”科目；收到预购的材料或商品时，按材料或商品价款，借记“材料采购”、“应交税费——应交增值税（进项税额）”，贷记“预付账款”科目；补付货款时，按补付金额，借记“预付账款”，贷记“银行存款”科目；供货方退回多付的货款时，按退回金额，借记“银行存款”，贷记“预付账款”科目。

预付账款不多的企业，也可以不设“预付账款”科目，而将预付账款业务在“应付账款”科目核算。预付货款时，借记“应付账款”，贷记“银行存款”；收到材料或商品时，借记“材料采购”、“应交税费——应交增值税（进项税额）”，贷记“应付账款”科目。

［**例 21**］某企业从 N 公司购买材料一批，价款 100 000 元，适用增值税税率为 17%。供货合同签订时预付定金 80 000 元，余款在收到材料后支付，材料按计划成本计价核算。企业应作会计分录：

签订购货合同并支付定金时：

借：预付账款　　80 000

　贷：银行存款　　80 000

按预购金额收到材料并补付货款时：

借：材料采购　　100 000

　　应交税费——应交增值税（进项税额）　　17 000

　贷：预付账款　　117 000

借：预付账款　　37 000

　贷：银行存款　　37 000

若实际收到的材料价款为 65 000 元，增值税额为 11 050 元，供货方应退回货款 3 950 元（80 000－65 000－11 050）：

借：材料采购　　65 000

　　应交税费——应交增值税（进项税额）　　11 050

　贷：预付账款　　76 050

收到供货方退回的货款时：

借：银行存款　　3 950

　贷：预付账款　　3 950

企业的预付账款在性质上不同于应收账款和其他应收款，其不能收回的可能性极小，一般不计提坏账准备，但如果有确凿证据表明其不符合预付账款的性质，或者因供货单位破产、撤销等原因已无望收到所购货物的，可将原计入预付账款的金额转入其他应收款，并按其他应收款计提坏账准备的方法估计坏账。除转入“其他应收款”科目的预付账款外，其他预付账款不得计提坏账准备。

第四节　存　　货

一、存货概述

（一）存货核算的意义

存货是指企业在正常生产经营过程中持有以备出售的产成品或商品，为了出售仍然处于生产过程中的在产品和将在生产过程或提供劳务过程中耗用的材料、物料等。存货包括库存商品、半成品、在产品、各种材料、物料以及周转材料等。

存货是企业的一项重要流动资产，在全部流动资产中占有较大比重。由于各种原因，企业采购、生产、销售的各个部门很难同步进行，因此每个企业都有必要适当储备一些存货，以免出现停工待料现象，对于生产不均衡或商品供求波动的企业尤其如此。即使是很早就提出零库存口号、并在生产管理中采用“JIT”系统的日本企业，也并没有达到存货为零的理想状态。

企业本期所销售的存货是企业收入和利润的主要来源，已出售存货的成本构成当期的销售成本，已消耗存货的成本构成当期产品的生产成本，期末存货成本构成期末的资产成本。也就是说，存货核算的正确与否，不仅直接影响销售成本、生产成本以及期末资产价值计算的正确性，而且直接影响利润计算的正确性。因此，存货核算在企业会计核算中占有重要地位。企业应当加强对存货的管理，正确组织存货核算，既要保持适量的存货储备，以满足企业生产和销售的需要，同时又要防止存货超储积压，保证资金的正常周转。存货成本流转对企业资产和利润的影响可用图 5-1 表示。

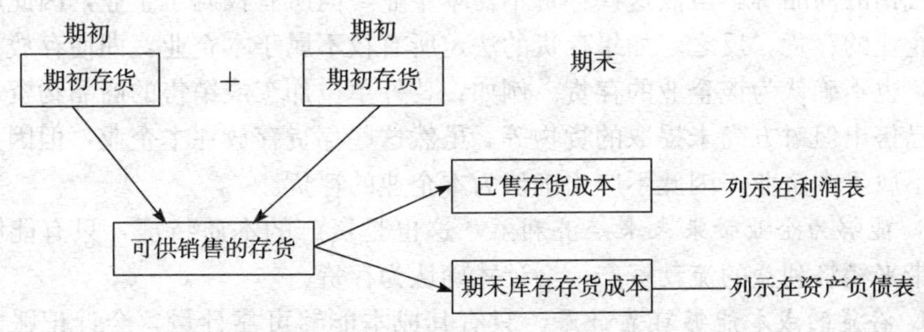

图 5-1　存货成本流转图

从图 5-1 可以看出，本期已销售的存货成本（流量）构成本期的销售成本，列入利润表，期末库存存货的成本（存量）是企业资产的组成部分，列入资产负债表，因此存货的核算结果会影响两张会计报表。如果高估已售存货的成本，必然会减少当期利润，低估期末资产价值；如果低估已售存货的成本，又会使当期利润偏高，同时期末资产价值也偏高。由于本期期末存货是下一期的期初存货，因此存货核算的差错还会影响下一期的利润表和资产负债表。

为了加强存货的会计核算和管理，进一步提高存货信息的真实性，我国财政部于 2006 年 2 月 15 日制定并颁布了《企业会计准则第 1 号——存货》，要求从 2007 年 1 月 1 日起在上市公司施行，鼓励其他企业执行。该准则主要规范了存货的确认、计量、发出存货成本的确定及存货信息的披露等内容。

（二）存货的特征

存货具有较强的流动性，从入库到销售后收回现金的过程通常在一年内或一个营业周期以内，在这当中，存货不断被购进、存储、消耗或销售，其实物形态不断发生变化，其价值则随着实物形态的改变转移到产品或劳务中去，并在产品或劳务销售后得到补偿。

在会计核算中，判断一项资产是否属于存货，通常根据以下四个标准：

1. *该项资产在企业所起的作用。*同一项物品，在企业生产经营活动中所起的作用不同，则有不同的归属。例如：一台机器设备，当企业用来加工制造产品时，属于固定资产，但在机器设备的生产或销售企业，则属于存货。

2. *以存货法定所有权的归属为依据，与其存放地点无关。*也就是说，只要存货的法定所有权属于企业，无论其存放在何处，都应属于企业的存货。例如：已支付货款但尚未到达企业的在途物资，委托外单位加工的材料，委托外单位代销的商品等。虽然这些存货不在本企业，但所有权属于企业，因此应确认为企业的存货。反之，如果存货的法定所有权不属于本企业，即使存放在本企业，也不确认为该企业的存货。例如：替外单位加工或销售的商品物资，仓库中已售出但对方尚未提取的货物等。虽然这些存货存放在本企业，但因其所有权不属于本企业，因此不应当确认为本企业的存货。

3. *能够为企业带来未来经济利益。*这也是资产的本质特征，只有能够为企业带来经济利益的流动资产，会计才确认为存货。

4. *存货的成本能够可靠计量。*只有其成本能够可靠计量，会计记账才有依据，会计核算才符合真实性原则。

其中只有存货同时满足四个基本条件时，才能加以确认。对于约定未来购入的商品由于企业并没有实际的购货行为发生，因此，不作为企业的存货，也不确认有关的负债和费用。

（三）存货的种类

为了反映存货的组成内容，正确计算产品的生产成本以及销售成本，会计上必须对存货进行科学的分类。存货可以按不同的标准进行分类，主要有以下三个方面：

1. *按存货所处地点的分类*。存货按其所处地点不同，可分为库存存货、在制存货和在途存货。

（1）库存存货。指已经到达企业并已验收入库的存货，包括库存材料、产成品、外购商品、周转材料等，暂时存放于其他企业的委托代销但尚未售出的存货，也属于此类。

（2）在制存货。指正在本企业加工或委托外单位加工的存货，如在产品、自制半成品、委托加工产品等。

（3）在途存货。指企业已取得所有权，但尚在运输途中或尚未验收入库的存货，如在途材料等。

2. *按企业性质的分类*。存货按企业性质的不同，可分为制造业存货、商品流通企业存货和其他行业存货。

（1）制造业存货。制造业存货的特点是其在出售前需要经过生产加工过程，以改变其原有实物形态或使用功能。这些存货一般又分为以下几类：

①原材料，指企业通过采购或其他方式获得的，用于制造产品并构成产品实体的以及供生产耗用但不构成产品实体的各种物资，包括原料及主要材料、辅助材料、修理用备件及外购半成品等。

②在产品，指正在生产各阶段进行加工或装配的尚未全部完工的产品。

③自制半成品，指已经过一定生产过程并已验收合格，交付半成品仓库保管，但仍需进一步加工的中间产品。

④产成品，指已完成全部生产过程，经验收合格可以对外销售的产品。

⑤周转材料，周转材料又分低值易耗品和包装物。低值易耗品，指由于价值低、易损耗等原因而不能作为固定资产的各种用具物品，如工具、管理用具、玻璃器皿、劳动保护用品，以及在经营过程中周转使用的容器等。包装物，指为包装本企业产品而储备的和在销售过程中周转使用的各种包装容器，如桶、箱、麻袋等。

⑥委托加工材料，指企业由于生产能力或技术条件限制，或出于经济上的考虑，而委托外单位代为加工的材料物资。

（2）商品流通企业存货。商品流通企业不从事商品生产，其主要业务是为销售而购入一些存货。其存货主要有：库存商品、材料物资、周转材料等。

（3）其他行业存货。这里主要指服务性企业存货，如宾馆饭店、美容美发、修理等行业，它们既不生产产品，也不经销存货。这些行业一般的存货就是物料用品，如办公用品、家具器具等。

3. 按存货来源的分类。存货按其来源的不同，可分为外购存货、自制存货及其他来源存货。

(1) 外购存货。这些从企业外部购入的存货主要有：外购材料、外购商品等。

(2) 自制存货。指由企业自己制造的存货，如自制半成品、自制产成品等。

(3) 其他来源存货。包括其他单位投入的存货、盘盈的存货等。

外购存货和自制存货是企业存货的主要来源。

(四) 存货数量的确定方法

企业确定存货的实物数量有两种方法：一种是实地盘存制；另一种是永续盘存制。

1. 实地盘存制。“实地盘存制”又称“定期盘存制”，是指企业平时只在账簿中登记存货的增加数，不记减少数，期末根据清点所得的实存数，计算本期存货的减少数。使用这种方法平时的核算工作比较简便，但不能随时反映各种物资的收发结存情况，不能随时结转成本，并把物资的自然和人为短缺数隐含在发出数量之内；同时由于缺乏经常性资料，不便于对存货进行计划和控制，所以实地盘存制的实用性较差。通常仅适用于一些单位价值较低、自然损耗大、数量不稳定、进出频繁的特定货物。

2. 永续盘存制。“永续盘存制”又称“账面盘存制”，是指企业设置各种数量金额的存货明细账，根据有关凭证，逐日逐笔登记材料、产品、商品等的收发领退数量和金额，随时结出账面结存数量和金额。采用永续盘存制，可随时掌握各种存货的收发、结存情况，有利于存货管理。

为了核对存货账面记录，永续盘存制亦要求进行存货的实物盘点。盘点可定期或不定期进行，通常在生产经营活动的间隙盘点部分或全部存货；会计年度终了，应进行一次全面的盘点清查，并编制盘点表，保证账物相符，如有不符应查明原因及时处理。

企业可以根据存货的类别和管理要求，对有些存货实行永续盘存制，而对另一些存货实行实地盘存制。不论采用何种方法，前后各期应保持一致。

(五) 存货的计价

所谓存货计价，是指会计核算中如何计算入库、出库和期末结存存货的成本。

1. 存货入账价值的确定。存货入账价值的确定，是存货核算的一个重要内容。按照我国《企业会计准则第1号——存货》规定：“存货应当按照成本进行初始计量，存货成本包括采购成本、加工成本和其他成本”，这表明存货入账价值的确定，遵循历史成本计量。

（1）采购成本。包括购买价款、相关税费及进货费用。进货费用是指企业（商品流通）在采购商品过程中发生的运输费、装卸费、保险费以及其他可归属于存货采购成本的费用。对于已售商品的进货费用，记入当期损益；对于未售商品的进货费用，计入期末存货成本。企业采购商品的进货费用金额较小的，可以在发生时直接计入当期损益。

（2）加工成本。包括直接人工以及按照一定方法分配的制造费用。制造费用，是指企业为生产产品和提供劳务而发生的各项间接费用（包括按规定可以资本化为存货成本的借款费用）。企业应当根据制造费用的性质，合理地选择制造费用的分配方法。在同一生产过程中，同时生产两种或两种以上的产品，并且每种产品的加工成本不能直接区分的，其加工成本应当按照合理的方法在各种产品之间进行分配。

（3）其他成本。是指除采购成本、加工成本以外的，使存货达到目前场所和状态所发生的其他支出。企业提供劳务的，所发生的从事劳务提供人员的直接人工和其他直接费用以及可归属的间接费用，计入存货成本。

在确定存货成本的过程中，需要注意的是，下列费用应当在发生时确认为当期损益，不计入存货成本：①非正常消耗的直接材料，直接人工和制造费用；②仓储费用（不包括在生产过程中为达到下一个生产阶段所必需的费用）；③不能直接归属于使存货达到目前场所和状态的其他支出。

2. *存货发出的计价*。新《企业会计准则第 1 号——存货》规定，各种存货发出时，按照实际成本核算的，可选用先进先出法、加权平均法（包括移动加权平均法和月末一次加权平均法）、个别计价法等方法确定其实际成本；采用计划成本法进行日常核算的，应当按期结转其成本差异，将计划成本调整为实际成本。

就一般意义而言，无论选用哪一种计价方法，只要选用的计价方法所计算出来的结果可以使成本与其相关联的收入实现较好配比，这种方法就是可行的。不过按照财会准则和税法的规定，计价方法一经选定，不得随意变更。确需变更的，应当在下一纳税年度开始前报主管税务机关备案（外商投资企业须经主管税务机关批准），并在年度会计报告中对所变更的计价方法及其对存货计价的影响加以说明。

3. *期末存货的计价*。按照新《企业会计准则第 1 号——存货》的要求，资产负债表日，企业应当在期末时采用成本与可变现净值孰低法对存货进行计价，对可变现净值低于存货成本的差额，计提存货跌价准备。

二、存货的计价方法

为举例说明存货的各种计价方法，假定甲公司存货的收、发、存数据资料如表5-2所示。

表5-2 单位：元

日期	收入		发出		结存数量
	数量	单位成本	数量	单位成本	
12月1日结存	300	2.00			300
12月8日购入	200	2.20			500
12月14日发出			400		100
12月20日购入	300	2.30			400
12月28日发出			200		200
12月31日购入	200	2.50			400

（一）先进先出法

先进先出法是假定“先入库的存货先发出”，并根据这种假定的成本流转次序对发出存货和期末结存存货计价的一种方法。以甲公司的数据为例，期末存货400单位的价值，可计算确定如下：

第二批购货：200单位按每单位2.30元计算，其成本为460元

第三批购货：200单位按每单位2.50元计算，其成本为500元

期末结存存货，总成本＝460＋500＝960（元）

使用先进先出法时，逐笔计算收、发、结存的成本，如表5-3所示。

表5-3 单位：元

日期	收入			发出			结存		
	数量	单位成本	总成本	数量	单位成本	总成本	数量	单位成本	总成本
12月1日							300	2.00	600
12月8日	200	2.20	440				300	2.00	600
							200	2.20	440
12月14日				300	2.00	600			
				100	2.20	220	100	2.20	220
12月20日	300	2.30	690				100	2.20	220
							300	2.30	690
12月28日				100	2.20	220			
				100	2.30	230	200	2.30	460
12月31日	200	2.50	500				200	2.30	460
							200	2.50	500

（二）加权平均法

加权平均法是在材料等存货按实际成本进行明细分类核算时，以本期各批收货数量和期初数量为权数计算材料等存货的平均单位成本的一种方法。即以本期收货数量和期初数量之和，去除本期收货成本和期初成本总和，来确定加权平均单位成本，从而计算出本期发出存货及期末存货的成本。计算公式是：

$$\text{材料等存货的加权平均单位成本} = \frac{\text{期初结存金额} + \sum\left(\text{本期各收货的实际单位成本}\right) \times \text{本期各批收货的数量}}{\text{期初结存数量} + \sum \text{本期各批收货数量}}$$

$$\text{发出存货的成本} = \text{本期发出存货的数量} \times \text{加权平均单位成本}$$

$$\text{期末存货的成本} = \text{期末结存存货的数量} \times \text{加权平均单位成本}$$

以甲公司的数据为例，采用加权平均法计算其存货成本如下：

平均单位成本＝2.00×300＋（2.20×200＋2.30×300＋2.50×200）/300＋（200＋300＋200）＝2.23（元）

本期发出存货的成本＝600×2.23＝1 338（元）

期末结存存货的成本＝400×2.23＝892（元）

（三）移动平均法

移动平均法又称移动加权平均法，是指在每次收货以后，立即根据库存存货数量和总成本，计算出新的平均单位成本的一种计算方法。计算公式

$$\text{材料等存货的移动加权平均单价} = \frac{\text{本次收货之前结存存货总成本} + \text{本次收入存货的实际成本}}{\text{本次收货之前存货数量} + \text{本次收入存货的数量}}$$

$$\text{发出存货的成本} = \text{本次发出存货的数量} \times \text{移动平均单价}$$

$$\text{期末存货的成本} = \text{期末结存存货的数量} \times \text{移动平均单价}$$

仍以上述甲公司为例，说明采用移动平均法计算的期末存货成本及每次收货后的新的平均单位成本，见表5-4。

新的平均单位成本，计算如下：

第一批购货后的平均单位成本＝（600＋440）÷（300＋200）＝2.08（元）

第二批购货后的平均单位成本＝（208＋690）÷（100＋300）≈2.25（元）

第三批购货后的平均单位成本＝（448＋500）÷（200＋200）＝2.37（元）

表 5-4　　单位：元

日期	收入			发出			结存		
	数量	单位成本	总成本	数量	单位成本	总成本	数量	单位成本	总成本
12月1日							300	2.00	600
12月8日	200	2.20	440				500	2.08	1 040
12月14日				400	2.08	832	100	2.08	208
12月20日	300	2.30	690				400	2.245	898
12月28日				200	2.25	450	200	2.24	448
12月31日	200	2.50	500				400	2.37	948

（四）个别计价法

个别计价法是指对库存和发出的每一特定货物或每一批特定货物的个别成本或每批成本加以认定的一种方法。采用个别计价法或分批计价法，一般需具备两个条件：一是存货项目必须是可以辨别认定的；二是必须要有详细的记录，据以了解每一个别存货或每批存货项目的具体情况。

在制造业，个别计价法主要适用于为某一特定的项目专门购入或制造并单独存放的货物。这种方法不能用于可互换使用的货物，如果用于可互换使用的货物，则可能导致企业任意选用较高或较低的单位成本进行计价，来调整当期的利润。个别计价法适用于容易识别，存货品种数量不多，单位成本较高的存货计价，如房产、船舶、飞机、重型设备、珠宝、名画等贵重物品。

（五）计划成本法

计划成本法是指存货的收入、发出和结余均按预先制定的计划成本计价，同时另设成本差异科目，登记、分摊结转实际成本与计划成本的差额，期末将发出和结存存货的成本调整为实际成本的一种计价方法。

成本差异的分摊结转数额，可以按本月成本差异率计算，也可以按上月成本差异率计算，计算方法一经确定，不得随意变动。以材料为例，计算公式如下：

$$本月材料成本差异率=\frac{月初结存材料成本差异+本月收入材料成本差异}{月初结存材料计划成本+本月收入材料计划成本}\times100\%$$

$$上月材料成本差异率=\frac{月初结存材料的成本差异}{月初结存材料的计划成本}\times100\%$$

$$\begin{matrix}本月发出材料\\应负担差异额\end{matrix}=\begin{matrix}发出材料的\\计划成本\end{matrix}\times\begin{matrix}材料成本\\差异率\end{matrix}$$

（六）成本与可变现净值孰低法

上面介绍的存货发出的各种计价方法，本身也是存货期末计价的方法，个别计价法、平均成本法和先进先出法三种方法都是建立在实际成本计价的基础上的；计划成本法是通过期末存货的计划成本和存货成本差异来确定期末存货实际成本的。除了上述各种以历史成本为基础的计价方法外，还存在以非历史成本为基础的计价方法，主要有成本与可变现净值孰低法。

按照新《企业会计准则》规定，企业期末存货的计价应采用成本与可变现净值孰低法。当成本低于可变现净值时，期末存货按成本计价；当可变现净值低于成本时，期末存货按可变现净值计价。“成本”是指存货购入或生产时的实际成本，即存货的账面价值；可变现净值是指在正常生产经营过程中，以存货预计售价减去预计进一步加的成本、销售费用和相关税金后的余额。企业在期末应对存货进行全面清查，如由于存货遭受毁损、全部或部分陈旧过时或销售价格低于成本等原因，使存货成本不可收回的，应提取存货跌价损失准备。

企业按成本与可变现净值孰低法对存货计价，有三种不同的计算方法可供选择。

1. 单项比较法。单项比较法，亦称逐项比较法或个别比较法，指对库存中每一种存货的成本和可变现净值逐项进行比较，每项存货均取较低数确定存货的期末成本。

2. 分类比较法。分类比较法，亦称类比法，指按存货类别的成本与可变现净值进行比较，每类存货取其较低数确定存货的期末成本。

3. 综合比较法。综合比较法亦称总额比较法，指按全部存货的总成本与可变现净值总额相比较，以较低数作为期末全部存货的成本。

［**例 22**］三星公司 2008 年 12 月 31 日库存 A、B、C、D、E 五种存货，各种存货分别按三种计算方法确定的期末存货成本见表 5－5。

从表 5－5 可见，单项比较法计算的期末成本总计最低，分类比较法次之，综合比较法最高。其原因在于单项比较法所确定的均为各项存货的最低价，据此计算的结果比较准确，也最谨慎，但这种方法的工作量大，在存货品种繁多的企业更是如此。综合比较法虽然比其他两种方法均简单，但过于粗糙。分类比较法介于两者之间，具有较强的操作性。我国新《会计准则》规定运用成本与可变现净值孰低法确定期末存货价值时，要求采用单项比较法。如果难以区别划分，或者数量多、单价低也可以按存货类别比较成本与可变现净值。实际当中，很多企业按单个存货项目计提很困难，也会耗费大量的人力财力，会有很多的限制，因此可按存货类别计提。

表 5-5　成本与可变现净值孰低法的运用　　单位：元

存货种类	成本	可变现净值	单项比较法	分类比较法	综合比较法
甲类存货：					
A	58 780	53 550	53 550		
B	32 500	31 300	31 300		
C	18 764	19 210	18 764		
合　计	110 044	104 060		104 060	
乙类存货：					
D	68 420	68 200	68 200		
E	23 480	24 850	23 480		
合　计	91 900	93 050		91 900	
总　计	201 944	197 110	195 294	195 960	197 110

采用成本与可变现净值孰低法，期末通过对库存存货计价后，如果成本低于可变现净值，仍按成本反映期末存货价值，不需要做任何核算。如果可变现净值低于成本，则需确认存货跌价损失，并进行相关的核算。具体做法是：设置“存货跌价准备”账户，该账户属资产类备抵账户，其贷方登记按照可变现净值低于成本的差额计提的存货跌价准备，借方登记已计提跌价准备后又恢复的价值，余额在贷方，表示现有存货应计提的跌价准备额。

[例 23] 上例三星公司 2008 年 12 月 31 日期末存货成本为 201 944 元，按单项比较法计算的存货可变现净值为 195 294 元，应计提存货跌价损失 6 650 元。应作会计分录如下：

借：资产减值损失　　6 650

　贷：存货跌价准备　　6 650

存货跌价准备通常在资产负债表日计提。计提的存货跌价准备列入利润表中的资产减值损失项目，调减当期损益。将“存货跌价准备”账户期末余额抵减存货类账户期末余额后的差额，列示在资产负债表的存货项目中，调整期末资产价值。

应当说明的是，如果下一个资产负债表日库存存货的可变现净值回升，“存货跌价准备”账户的余额也应做相应调整，直至将“存货跌价准备”账户冲成零为止。

假设，第二年末三星公司存货的成本为 220 000 元，可变现净值为 235 000元，在会计报表上应按成本对存货计价，已计提的存货跌价准备应当全部冲回。应作会计分录如下：

借：存货跌价准备　　6 650

　贷：资产减值损失　　6 650

三、原材料的核算

对原材料核算作专门的讲解，是因为原材料是制造业存货的重要组成部分，会计上对原材料的计价也具有广泛的代表性。

企业对原材料的计价既可以采用实际成本法，也可以采用计划成本法。值得注意的是，实际成本法和计划成本法在原材料购入阶段的核算上就有所区别，并进而影响其发出阶段的核算。具体来说，如果购入阶段采用实际成本法核算，则发出阶段就有一个计价方法的选择问题，即在个别计价法、先进先出法、加权平均法（包括移动加权平均法和月末一次加权平均法）等方法中选择一种发出存货的计价方法；如果购入阶段采用计划成本法，则发出阶段仍然采用计划成本法，即不存在发出存货计价方法的选择问题。此外，不论购入和发出阶段采用的是实际成本法还是计划成本法，资产负债表中的期末结存存货都一定要确定其实际成本（即历史成本），并将实际成本和可变现净值比较，将两者中的较低者作为报表期末存货的计价基础。原材料核算中的实际成本法和计划成本法，同样适用于其他各类存货如委托加工商品（物资）、周转材料等的核算。

（一）实际成本法下原材料收发核算

实际成本法下原材料收发核算是指企业对各种原材料的收入、发出和结存均按照实际成本在其总账和明细账中进行登记核算的一种方法。这种方法通常适用于规模较小、原材料品种简单、采购业务不多的企业。

1. 原材料实际成本的内容。企业各种原材料的来源不同，有的是外购取得的，有的是委托加工取得的，有的是自制的，因此其成本组成的内容也不完全相同。企业会计准则对企业各类原材料实际成本或采购成本的确定作了明确的规定，企业应按准则的规定计算和确定各类原材料的实际成本。

（1）外购原材料的实际采购成本。企业外购原材料的实际成本，一般包括以下各项内容：

①买价。指购入原材料发票所列价格，不包括企业支付的增值税。

②运杂费。包括运到仓库（或工地）前所发生的包装费、装卸费、运输费（不包含按规定准予计抵的进项税额，下同）、保险费及仓储费等。

③运输途中的合理损耗。

④入库前整理挑选费用。包括整理挑选过程中发生的工费支出和必要的损耗扣除回收的下脚废料价值。

⑤小规模纳税人以及一般纳税人未取得增值税专用发票或取得不符合规定要求的专用发票的外购材料所支付的增值税。

上述外购原材料的实际成本中，买价是可以分清对象的，应直接计入各项原材料的采购成本。发生的各种运杂费等，能分清负担对象的，也应直接计入各种原材料的采购成本，不能分清负担对象，应由两种或两种以上材料成本负担的，可按原材料的重量或采购价格比例，分配计入各有关原材料成本。

（2）委托加工原材料的实际成本，应以其实际耗用的原材料和加工费、运输费、装卸费和保险费等以及按规定应计入成本的税金作为实际成本。

（3）自制原材料的实际成本，由制造过程中发生的材料费、人工费等直接费用和按照一定方法分配的制造费用组成。

（4）投资者投入原材料的实际成本，应按投资合同或协议约定的价值确定，但合同或协议约定价值不公允的除外。

（5）盘盈原材料的实际成本以同类或类似原材料的市场价格作为其实际成本。

2. *原材料收发的核算*。在企业的生产经营活动中，原材料收发业务频繁发生，包括外购原材料入库；生产车间和管理部门领退原材料；自制、委托加工原材料的出入库、废料的回收；原材料的对外销售。所有这些业务都必须严格按照规定办理入库、出库手续，填制和审核收发凭证、登记账簿，进行原材料日常收发的明细分类核算和总分类核算。

原材料收发业务的核算，应设置“在途物资”和“原材料”科目，以便总括地反映企业原材料的购入、资金增减变动及占用情况。

“原材料”科目核算企业各种原料及主要材料、辅助材料、外购半成品、修理用备件及燃料等的实际成本。借方登记外购、自制、委托加工完成、其他单位投入、盘盈等原因增加的原材料实际成本；贷方登记领用、发出加工、对外销售以及盘亏、毁损等原因减少的库存原材料实际成本；期末余额在借方，反映期末库存原材料的实际成本。“原材料”科目通常按材料的保管地点，材料的类别、品种和规格设置明细账，进行明细核算。

“在途物资”科目属于资产类科目，用来核算企业购入的各种原材料的实际成本。借方登记支付或承付的原材料价款和运杂费等；贷方登记已经付款或已开出承兑商业汇票，并已验收入库的原材料的实际成本，应向供应单位、运输单位收回的原材料物资短缺或其他应增减采购成本的索赔款项，需要报经批准或尚待查明原因处理的途中短缺和毁损，以及由于意外事故造成的非常损失；月末借方余额反映已付款或开出承兑商业汇票但尚未到达或尚未验收入库的在途物资。

（1）原材料购入的核算。实际成本法下的原材料收入核算，以外购原材料最为典型。企业从外部购入材料时，由于采购地点和结算方式的不同，材料的入库和货款的支付在时间上不一定完全同步，相应地，其核算也会有所不同。从结算凭证的到达和材料的验收入库在时间上是否一致来看，通常把外购材料及其核算分为三种情况：一是结算凭证到达、同时材料也验收入库，由于结算凭证是企业凭以办理现金结算或转账结算的原始单据，因此这种情况简称单料同到；二是结算凭证先到、材料后验收入库，简称单到料未到；三是材料先验收入库、结算凭证后到，简称料到单未到。

①单料同到。此时应根据购货发票、运费单据以及原材料入库单等有关凭证，在账上反映原材料的增加和料款的支付情况。

［**例 24**］好运公司从本市购入工字钢 10 吨，取得的增值税专用发票上注明的材料价款为 12 000 元，增值税进项税额为 2 040 元。材料已验收入库，货款已通过银行转账支付。好运公司应作会计分录如下：

借：原材料	12 000	
应交税费——应交增值税（进项税额）	2 040	
贷：银行存款		14 040

在实际工作中，反映原材料入库的会计分录也可集中在月末一笔结转。

②单到料未到。从异地购入原材料时，企业需根据购货合同或银行转来的单据支付货款，如果此时原材料尚未运达企业，便成为企业的在途材料。

［**例 25**］好运公司外地购入铝材 16 吨，取得的增值税专用发票上注明的材料价款为 80 000 元，增值税进项税额为 13 600 元，对方代垫运杂费 1 000 元。收到银行结算账单后，当即通过银行支付货款和运杂费，但材料尚未到达企业。应编制会计分录如下：

根据购货发票和运费单据，反映货款的支付情况：

借：在途物资	81 000	
应交税费——应交增值税（进项税额）	13 600	
贷：银行存款		94 600

待材料运达企业并验收入库后，应作会计分录如下：

借：原材料	81 000	
贷：在途物资		81 000

③料到单未到。此时应先办理原材料验收入库手续，可暂不记账。如果月末账单仍未到，则应按原材料合同价格或暂估价格入账，以便从账上如实反映期末原材料的实际库存数额。下月初需用红字将已入账的记录冲回，待结算账单到达企业后，再按照实际成本入账。

［**例 26**］好运公司 8 月 5 日从外地购进角钢 8 吨，材料已运达企业并验收入库，但至 8 月末仍未收到结算账单。

月末，根据材料入库单所列数量 8 吨，按照合同价格每吨 1 400 元入账，好运公司应作会计分录如下：

借：原材料　　　　11 200

　贷：应付账款——暂估应付账款　　　　11 200

下月初用红字冲销上述分录：

借：原材料　　　　[11 200]

　贷：应付账款——暂估应付账款　　　　[11 200]

假设 9 月 10 日收到上述材料的结算凭证，增值税专用发票上列明的材料价款为 11 000 元，增值税进项税额为 1 870 元，对方代垫运杂费 300 元。该公司签发并承兑一个月到期的商业汇票一张，交销货单位。应作会计分录如下：

借：原材料　　　　11 300

　　应交税费——应交增值税（进项税额）　　　　1 870

　贷：应付票据　　　　13 170

（2）原材料发出的核算。上面的问题只介绍了在实际成本法下原材料“购入”环节的核算。而不论是哪一种情况购入的原材料，都有一个“发出”环节的核算问题，不过，在实际成本法下，原材料发出的核算原理都是相同的。通常情况下，企业储备的各种原材料，主要是为车间生产经营或为管理部门管理生产而耗用的。由于企业发出材料的业务比较频繁、次数多、数量大，所以，各种原材料的明细账应随时进行登记，但原材料的总账如果也根据相关的原始凭证进行登记，则材料核算的工作量就会太大。为了简化核算工作，会计实务中通常是在月末根据平时发出材料的有关原始凭证如领料单等，按用途、领用部门归类，汇总编制“发出材料汇总表”，月末一次作出发出材料的总分类核算。

对于发出的各种原材料，企业应按照事先确定的发出材料的计价方法（即本节前面所介绍的个别计价法、先进先出法、加权平均法）来计算其实际成本。同时，还应根据材料发出的原因和不同用途进行会计处理，直接用于产品生产和辅助生产的材料，记入“生产成本”科目；车间管理部门耗用的材料，记入“制造费用”科目；企业行政管理部门领用的材料，记入“管理费用”科目；专设销售机构耗用的材料，记入“销售费用”科目。

在企业生产经营过程中，基建工程部门也可能领用材料，企业也可能将原材料对外销售。基建工程部门领用的材料，记入“在建工程”科目；对外销售的材料，记入“其他业务成本”科目。根据我国现行税收法规的规定，当原材料发生用途的改变而用于增值税的免税项目或非应税项目，如用于基建工程部门等，作为一般纳税人的企业，应将用于这些方面的材料应分担的增值税从“进项税额”中转出，并计入有关项目的成本。

［**例 27**］根据发料凭证汇总表（略）得知，好运公司本月份生产产品领用材料 96 000 元，生产车间一般耗用材料 7 500 元，管理部门领用材料 2 300 元。好运公司应作会计分录如下：

	借方	贷方
借：生产成本	96 000	
制造费用	7 500	
管理费用	2 300	
贷：原材料		105 800

［**例 28**］在建工程领用库存原材料，金额 58 000 元，生产车间领用库存原材料，金额 47 000 元。应作会计分录如下：

	借方	贷方
借：在建工程	67 860	
贷：原材料		58 000
应交税费——应交增值税（进项税额转出）		9 860
借：生产成本	47 000	
贷：原材料		47 000

3. *原材料收发核算应注意的问题*。企业在核算原材料采购和收发业务时，应注意的几个问题：

（1）企业根据合同规定预付给供应单位的购货定金或部分货款，应作为预付购货款在“预付账款”科目核算，不应将预付的账款作为原材料价款在“在途物资”科目核算。只有在收到购货发票和账单后，才能根据发票账单所列金额据以登记“在途物资”科目，同时结转预付的购货款。

（2）企业购入货物（包括应税劳务，下同）支付的增值税记载在增值税专用发票上，会计核算真正实行了价、税分离。价与税分离的依据为增值税专用发票上注明的增值税额和价款，属于价款部分，计入购入货物的成本，属于增值税额部分，计入进项税额，会计处理为：借记“在途物资”、“应交税费——应交增值税（进项税额）”科目，贷记“银行存款”、“应付账款”等科目，而且进项税额应在购进货物验收入库后方可申报抵扣。若企业购入货物不能取得增值税专用发票或取得的专用发票不符合规定要求，其支付的增值税则不能作为进项税额抵扣，而应计入购入货物的采购成本。小规模纳税人购入货物无论是否取得增值税专用发票，其支付的增值税额均不计入进项税额，而计入购入货物的采购成本。另外，一般纳税人在外购材料时，可按所付运输费用金额

7%确认增值税进项税额，即运输费用只有93%进成本。

(3) 采购原材料在途中发生短缺和毁损，应根据造成短缺或毁损的原因，分别处理，不能全部计入外购材料的采购成本。

第一，定额内合理的途中损耗，计入原材料的采购成本。

第二，能确定由供应单位、运输单位、保险公司或其他过失人负责赔偿的，应向有关单位或责任人索赔，自“在途物资”科目转入“应付账款”或“其他应收款”科目。

第三，凡尚待查明原因和需要报经批准才能转销处理的损失，应将其损失从“在途物资”科目转入“待处理财产损溢”科目，查明原因分别处理。

(4) 采用实际成本进行原材料日常核算的企业，对于发出的原材料，可以根据实际情况选择使用“先进先出法”、“加权平均法”、“个别计价法”计价。

(5) 库存原材料发生非正常损失和改变用途时，其进项税额应与发生非正常损失和改变用途的原材料的库存成本一并转入有关科目，借记“待处理财产损溢”、“在建工程”、“应付职工薪酬”等科目，贷记“应交税费——应交增值税（进项税额转出）”等科目。非正常损失报经批准后，转入“营业外支出”科目。

[例 29] 材料运输途中发生超定额损耗，价款5 000元，增值税额850元，原因尚未查明，应作会计分录如下：

借：待处理财产损溢　　5 850

　贷：在途物资　　5 000

　　　应交税费——应交增值税（进项税额转出）　　850

上述损耗原因已查明，是由于意外灾害造成的，经批准后计入营业外支出，应作会计分录为：

借：营业外支出　　5 850

　贷：待处理财产损溢　　5 850

（二）计划成本法下的原材料收发核算

按计划成本进行原材料的收发核算，应设置“材料采购”、“原材料”和“材料成本差异”科目（注：如企业的周转材料等存货亦采用计划成本进行日常核算，则本科目分别“原材料”、“周转材料”等进行明细核算，并分别计算成本差异率）。

“材料采购”科目，与“在途物资”科目类同。借方登记支付或承付的原材料实际采购成本以及实际成本小于计划成本的差异；贷方登记已经付款或已开出承兑商业汇票，并已验收入库的原材料的计划成本以及实际成本大于计划成本的差异，应向供应单位、运输单位收回的原材料物资短缺或其他应增减采购成本的索赔款项，需要报经批准或尚待查明原因处理的途中短缺和毁损，以及由于意外事故造成的非常损失；月末借方余额反映已付款或开出承兑商业汇票但尚未到达或尚未验收入库的在途物资。对于原材料先验收入库，发票账单后到的采购业务，在收到发票账单后，应按正常程序记账。

“原材料”科目核算企业库存原材料的计划成本。借方登记增加的原材料计划成本；贷方登记减少的原材料计划成本。月末余额表示库存原材料计划成本。

“材料成本差异”科目用来核算企业原材料实际成本与计划成本之间的差异，借方登记原材料实际成本大于计划成本的差异（超支额）和调整库存原材料计划成本时调整减少的计划成本；贷方登记原材料实际成本小于计划成本的差异（节约额）和分配计入领用、发出或报废的各种原材料的成本差异（实际成本小于计划成本的差异，用红字登记），及调整库存原材料计划成本时调整增加的计划成本。月末借方余额，表示库存各种原材料的实际成本大于计划成本的差异，贷方余额，表示实际成本小于计划成本的差异。

由于企业各种库存原材料的来源不同，核算不同来源的原材料使用的会计科目也不同，所以“材料成本差异”科目核算和反映的材料成本差异，转自不同的会计科目：①外购材料实际成本与计划成本的差异，自“材料采购”科目转入本科目；②自制原材料实际成本与计划成本的差异，自“生产成本”等科目转入本科目；③委托加工原材料实际成本与计划成本的差异，自“委托加工物资”（该科目核算企业委托外单位加工的各种材料、商品等物资的实际成本）科目转入本科目；④投资转入原材料实际成本与计划成本的差异，自“实收资本”科目转入本科目；⑤库存原材料因调整计划成本所发生的差额，即计划成本调整前库存材料计划成本数额与调整后库存材料计划成本数额的差额，自“原材料”等科目转入本科目。

材料成本差异应按发出原材料的不同去向进行分配，记入有关会计科目：①产品生产、辅助生产等领用的原材料应负担的成本差异，应转入“生产成本——基本生产成本”、“生产成本——辅助生产成本”科目；②企业行政管理部门领用的原材料应分摊的成本差异，转入“管理费用”科目；③对外销售原材料应分摊的成本差异，应转入“其他业务成本”科目；④发出委托加工原材料应分摊的成本差异，转入“委托加工物资”科目；⑤销售机构领用的原材料应分摊的成本差异，转入“销售费用”科目。另外，盘亏、毁损原材料应分摊的材料成本差异，应转入“待处理财产损溢”科目。

材料成本差异的结转，一般在月份终了时进行。材料成本差异率一般应按原材料类别分别计算确定，计算公式见本节第二个问题。

按计划成本进行原材料收发核算应注意的问题与按实际成本核算时相同。

［**例 30**］某企业购入甲材料一批，价款 50 000 元；材料已验收入库，发票账单已到，货款已通过银行支付，该批材料的计划成本为 52 000 元。企业应作会计分录为：

（1）根据购货发票、运费单据、支票存根等，按实际采购成本反映货款的支付情况：

借：材料采购　50 000
　　应交税费——应交增值税（进项税额）　8 500
　贷：银行存款　58 500

（2）根据入库单，按计划成本反映原材料的入库情况：

借：原材料　52 000
　贷：材料采购　52 000

（3）同时计算并结转材料成本差异，节约额为 2 000 元：

借：材料采购　2 000
　贷：材料成本差异　2 000

［**例 31**］企业生产车间自制材料完工交库一批，计划成本为 25 000 元。月末，根据成本计算资料等，该批材料应负担 2 000 元的材料成本差异。企业应作会计分录为：

（1）借：原材料　25 000
　　　贷：生产成本　25 000

（2）借：生产成本　[2 000]
　　　贷：材料成本差异　[2 000]

［**例 32**］发出材料 10 件委托外单位加工，每件材料的计划成本为 800 元，发出材料应负担的成本差异额为－400 元，企业应作会计分录为：

（1）借：委托加工物资　8 000
　　　贷：原材料　8 000

（2）借：委托加工物资　[400]
　　　贷：材料成本差异　[400]

［**例 33**］续前例，委托外单位加工的材料已收回验收入库，计划成本每件 1 000 元；支付加工费 900 元，支付增值税额 153 元。企业应作会计分录为：

（1）借：委托加工物资　900
　　　　应交税费——应交增值税（进项税额）　153
　　　贷：银行存款　1 053

（2）借：原材料　　10 000
　　贷：委托加工物资　　10 000
（3）借：委托加工物资　　1 500
　　贷：材料成本差异　　1 500

［**例 34**］本月领用的材料如下：基本生产车间领用 40 000 元，辅助生产车间领用 10 000 元，车间管理部门领用 5 000 元，企业管理部门领用 5 000 元，若月终计算出的材料成本差异率为－5%。应作会计分录为：

（1）借：生产成本　　50 000
　　　制造费用　　5 000
　　　管理费用　　5 000
　　贷：原材料　　60 000
（2）借：生产成本　　2 500
　　　制造费用　　250
　　　管理费用　　250
　　贷：材料成本差异　　3 000

企业在计算和分配材料成本差异时，应注意以下三个问题：

1. 为了能较准确地计算产品成本中的材料费用，材料成本差异应按原材料的类别或品种进行核算。而且是指相同数量的原材料的实际成本与计划成本的差异，不应包括原材料的数量差异。

2. 发出材料应负担的成本差异，一般都应使用当月的实际差异率，按月进行分摊，不得在季末或年末一次计算，任意进行多摊、少摊或不摊。分配材料成本差异的方法，各月必须一致，不得随意改变，不得弄虚作假。

3. 为了正确反映生产成本，分配生产领用原材料应分摊的成本差异，均应在有关成本费用科目的借方和“材料成本差异”科目的贷方反映（登记）。实际成本大于计划成本的差异，用蓝字登记；实际成本小于计划成本的差异，用红字登记。

四、产成品的核算

产成品指企业已经完成全部生产过程并验收入库，可以按照合同规定的条件送交订货单位，或者可以作为商品对外销售的产品。在我国，产成品这一概念多用于制造企业。

为了核算库存产成品的实际成本，企业应设置“库存商品”科目，本科目的借方登记已经完成生产过程并已验收入库的产成品实际成本，以及盘盈产成品实际成本；贷方登记发出（售出）产成品的实际成本，以及结转记入“待处理财产损溢”科目的盘亏、毁损产成品实际成本。月末借方余额表示库存产成品的实际成本。

产成品的收入、发出和结存平时可以只记数量不记金额，月末，根据产品成本计算单或产品成本汇总表等凭证计算入库产成品的实际成本。由于期初产成品的成本水平（单位产品成本）与本月完工入库产成品成本水平不相一致，对发出和销售产成品单位成本的确定，可以采用“加权平均法”、“先进先出法”、“移动平均法”、“个别计价法”等方法计算。单位产品成本确定之后，根据发出产品数量，计算并结转本月发出和销售产成品的实际成本。

生产完成验收入库的产成品，借记“库存商品”科目，贷记“生产成本”等科目。月份终了，结转当月销售产成品成本时，借记“主营业务成本”科目，贷记“库存商品”科目。

[**例 35**] 某企业月终根据“产成品入库单”及产品成本计算单（表）编制“产成品入库汇总表”，如表 5-6。

表 5-6　产成品入库汇总表

产品名称及规格	单位	数量	单位成本（元）	总成本
甲产品	件	230	110	25 300
乙产品	件	1 000	100	100 000
合　计				125 300

根据表 5-6，企业应作如下会计分录：

借：库存商品——甲产品　　25 300
　　　　　　——乙产品　　100 000
　贷：生产成本　　125 300

[**例 36**] 采用一般结算方式销售乙产品 300 件，每件平均单位成本 101 元。月末结转当月已销产品成本时应作的会计分录为：

借：主营业务成本　　30 300
　贷：库存商品——乙产品　　30 300

五、存货的清查

企业在进行存货的日常收发及保管过程中，因种种原因可能造成存货实际结存数量与账面结存数量不符，有时会因非常事项而造成存货毁损。为了确保账实相符，企业应定期或不定期进行存货实地盘点。发生存货盘盈（实际结存数量大于账面结存数量）、盘亏（实际结存数量小于账面结存数量），及毁损

（非常性事项造成的存货损失）时，应及时查明原因，并进行核算，以保证账实一致。

（一）存货盘盈

发生存货盘盈时，应按规定的程序报经有关部门批准后才能做出处理。对于账实不符的存货，核实盘盈盘亏和毁损的数量，应于期末前查明原因，并据以编制“存货盘点报告表”。一般先根据盘盈的存货，按同类或类似存货的市场价格计价入账，调整存货账面记录，以使账实一致，即借记“原材料”、“库存商品”等存货科目，贷记“待处理财产损溢——待处理流动资产损溢”科目。

盘盈的存货查明原因后，借记“待处理财产损溢——待处理流动资产损溢”科目，贷记“管理费用”科目。

［**例37**］某企业进行财产清查，根据发生的有关存货盘盈的经济业务，编制会计分录如下：

（1）盘点原材料，发现盈余甲材料，按市场价格计算其成本为900元，盘盈原因待查。

借：原材料　　900

　贷：待处理财产损溢——待处理流动资产损溢　　900

（2）查明原因，盘盈的原材料系收发时的计量误差所致，经批准冲销企业的管理费用。

借：待处理财产损溢——待处理流动资产损溢　　900

　贷：管理费用　　900

（二）存货盘亏和毁损

发生存货盘亏和毁损，在批准处理以前，应先通过“待处理财产损溢——待处理流动资产损溢”科目进行核算。盘亏和毁损时，一般按盘亏和毁损存货的实际成本（大多按盘亏、毁损的数量和该存货的期初结存单价计算确定）冲减存货的账面记录，借记“待处理财产损溢——待处理流动资产损溢”科目，贷记有关存货科目。

查明盘亏和毁损的原因后，应按不同的原因及处理决定分别入账，借记有关科目，贷记“待处理财产损溢——待处理流动资产损溢”科目。其中：

1. 属于定额内合理盘亏，应作为管理费用列支。

2. 超定额亏损，属于一般经营性损失，应由过失人（或保险公司）负责赔偿的，借记“其他应收款”科目，扣除赔款后，借记“管理费用”科目。

3. 属于自然灾害损失，管理不善造成货物被盗，发生霉烂变质等损失以及其他非正常损失的，扣除可以收回的保险赔偿及残料价值后的净损失，作为企业的营业外支出进行处理。

［**例 38**］某企业根据发生的有关存货盘亏和毁损的经济业务，应作会计分录如下：

（1）盘亏甲材料，实际成本为 400 元，原因待查。

借：待处理财产损溢——待处理流动资产损溢　　400

　贷：原材料　　400

（2）查明原因，盘亏甲材料系定额内合理损耗，批准作为管理费用列支。

借：管理费用　　400

　贷：待处理财产损溢——待处理流动资产损溢　　400

（3）因发生水灾，对财产进行清查盘点。其中，产成品毁损额按实际成本计算为 5 000 元，产成品耗用的原材料及应税劳务的进项税为 350 元，并通知保险公司。

借：待处理财产损溢——待处理流动资产损溢　　5 350

　贷：库存商品　　5 000

　　应交税费——应交增值税（进项税额转出）　　350

（4）水灾造成的产成品损失已经作出处理决定，残料估价 300 元，可以由保险公司赔偿的损失为 4 000 元，由企业负担的损失为 1 050 元。

借：原材料　　300

　其他应收款　　4 000

　营业外支出　　1 050

　贷：待处理财产损溢——待处理流动资产损溢　　5 350

需要说明的是，企业清查的各种存货及其他资产的损益，应于期末前查明原因，并根据企业的管理权限，经股东大会或董事会，或经理（厂长）会议或类似机构批准后，在期末结账前处理完毕。如清查的各种财产损益，在期末结账前尚未批准的，在对外提供财务会计报告时应先按上述处理原则进行处理，并在会计报表附注中说明；如果其后批准处理的金额与已处理的金额不一致的，还应调整会计报表相关项目的年初数。“待处理财产损溢”科目处理前的借方余额反映尚未处理的各种财产净损失，处理前的贷方余额反映尚未处理的各种财产的净溢余。期末处理后，“待处理财产损溢”科目无余额。

第五节　应收款项及存货的披露

应收款项是企业流动资产的重要组成部分，在资产负债表中应收款项按其流动性列于货币资金、交易性金融资产、应收票据之后。其中，“应收票据”

项目，反映企业持有的未到期也未向银行贴现的应收票据，已贴现的商业承兑汇票应在会计报表附注中单独列示。“应收股利”项目，反映企业应收取的现金股利和应收取其他单位分配的利润。“应收利息”项目，反映企业交易性金融资产、持有至到期投资、可供出售金融资产、发放贷款等应收取的利息。“应收账款”、“其他应收款”项目，应反映各科目的期末余额减去“坏账准备”科目期末余额后的净额。“预付账款”项目，反映所属各明细科目的期末借方余额，同时，对于“应付账款”科目所属明细科目的借方余额也包括在本项目内。

在资产负债表上，存货项目应根据“原材料”、“库存商品”、“周转材料”、“生产成本”等账户的期末余额之和，减去“存货跌价准备”账户期末余额后的净额填列。本期计提的存货跌价准备，列入利润表中的“资产减值准备”项目，冲减当期利润。

企业应当在会计报表附注中披露与存货有关的下列信息，以提高会计信息的可比性和可理解性，满足会计信息使用者进行决策的需求：①各类存货的期初和期末账面价值。②确定发出存货成本所采用的方法。③存货可变现净值的确定依据，存货跌价准备的计提方法，当期计提的存货跌价准备的金额，以及计提和转回的有关情况。④用于担保的存货账面价值。

本章小结

本章主要介绍了流动资产的重要组成部分：应收款项及存货。

应收款项主要包括应收账款、应收票据、预付账款及其他应收款。应收账款的计价与坏账损失的核算是本章的重点内容之一。应收账款一般应按实际发生额计价，但应考虑现金折扣和坏账对其的影响，在附有现金折扣的情况下，总价法是我国企业会计准则规定使用的方法。坏账使用备抵法，企业在采用备抵法核算时，要按期估计坏账损失，方法有应收账款余额百分比法、账龄分析法、赊销百分比法。本章另一重点是应收票据的核算，主要介绍了应收票据的取得、到期收回票款、应收票据转让及应收票据贴现等问题。另外，本章还简要介绍了预付账款及其他应收款的内容。

存货，是指企业在正常生产经营过程中持有的以备销售或耗用的各种实物性资产，包括库存商品、产成品、各种材料、燃料、周转材料等。已耗用存货的成本构成企业的生产成本，已销售存货的成本构成企业的销售成本，期末存货成本构成期末的资产成本。存货核算的正确与否直接影响资产负债表和利润表的正确性。

存货数量的确定方法有两种：实地盘存制和永续盘存制。一般而言，除了品种规格多、价值低，且收发非常频繁的存货项目外，绝大部分存货应采用永续盘存制。

存货计价，是指会计核算中如何计算入库、出库和期末结存存货的价值。存货计价的方法又分为两大类，一是实际成本计价法，二是计划成本计价法。

在实际成本计价法下，存货入账价值是按照实际成本进行初始计量的，包括三个方面：一是采购成本，二是加工成本，三是其他成本。

发出存货和期末结存存货的计价方法主要有先进先出法、加权平均法、个别计价法，企业可以根据需要选用。资产负债表日，应根据成本与可变现净值孰低列示存货的价值。当可变现净值低于成本时，需计提存货跌价准备。计提存货跌价准备时，我国新《企业会计准则》规定采用单项比较法。

在计划成本法下，存货日常收发核算中（即存货的入库、出库和期末结存），均按先事制定的计划成本计算，并按月将发出存货的计划成本用当月计算的实际成本差异率，调整为实际成本。

原材料是存货的重要组成部分，以原材料核算为重点讲述存货核算的方法具有广泛的代表性。企业对原材料的核算既可以采用实际成本法，也可以采用计划成本法。值得注意的是，实际成本法和计划成本法在原材料购入阶段的核算上就有所区别，并进而影响其发出阶段的核算。具体来说，如果购入阶段采用实际成本法核算，则发出阶段就有一个计价方法的选择问题，即在个别计价法、先进先出法、加权平均法等方法中选择一种发出存货的计价方法；如果购入阶段采用计划成本法，则发出阶段仍然采用计划成本法，即不存在发出存货计价方法的选择问题。此外，不论购入和发出阶段采用的是实际成本法还是计划成本法，资产负债表日的期末结存存货都一定要确定其实际成本，并将实际成本和可变现净值比较，将两者中的较低者作为报表日期末存货的计价基础。

原材料核算中的实际成本法和计划成本法，同样适用其他各类存货如产成品等的核算。

为了确保账实相符，企业应定期或不定期进行存货盘点。通过“待处理财产损溢”科目核算企业在清查财产过程中查明的各种财产物资的盘盈、盘亏和毁损数。在期末结账前处理完损益后该科目应无余额。

复习思考题

1. 什么是应收账款？它的范围是什么？应收账款的确认时间是如何规定的？

2. 什么是商业折扣和现金折扣？它们对应收账款入账金额的确认有何影响？

3. 什么是坏账、坏账损失？坏账的确认原则是什么？估计坏账的方法有哪些？在应收账款余额百分比方法下，如何进行坏账核算？

4. 什么是应收票据？应收票据如何分类？不同种类的应收票据到期值如何确定？如何进行会计处理？

5. 什么是贴现？应收票据贴现时，贴现息、贴现额如何计算？应收票据贴现的核算如何进行？

6. 什么是预付账款？如何进行会计处理？

7. 什么是其他应收款？它包括哪些内容？如何进行会计处理？

8. 简述存货的特征和分类。

9. 存货数量的确定方法有哪两种？

10. 怎样确定存货的入账价值？

11. 存货发出计价方法有哪些？试比较各种计价方法的优缺点和适用范围。

12. 原材料收发的会计处理（分别实际成本计价和计划成本计价两种方法）应如何进行？

13. 产成品收入发出的会计处理如何进行？

14. 各种存货的盘盈和盘亏应如何进行会计处理？

15. 什么是成本与可变现净值孰低法？怎样运用？

16. 应收账款和存货的基本经济业务有哪些？其对企业经营成果和财务状况如何影响？

练　习　题

习题一

（一）目的：练习应收票据的核算。

（二）资料：某公司发生了以下经济业务：

（1）7 月 8 日销售产品一批给乙公司，增值税专用发票上注明价款 50 000 元，增值税 8 500 元，并为之代垫运杂费 1 500 元，款项均未收到。

（2）7 月 18 日乙公司签发一张为期 5 个月的带息商业承兑汇据，票据面值 60 000 元，票面利率 8%，结清前欠货款。

（3）10 月 18 日该公司在持有票据 3 个月后，因急需资金，将此票据在银行按 10%的贴现率办理了贴现，贴现所得款已存入银行。

（4）12 月 12 日，收到银行通知，乙公司无力偿付到期的贴现票据款，该公司银行存款账户余额充裕。

（5）若 12 月 18 日，收到银行通知，该公司和乙公司均无力偿付到期的贴现票据款，已将票据转作逾期贷款处理。

（三）要求：

（1）计算贴现息和贴现净额。

（2）编制有关会计分录。

习题二

（一）目的：练习坏账的核算。

（二）资料：某企业坏账核算采用备抵法，按年末应收账款余额百分比计提坏账准备，计提比例为5‰。该企业第一年末的应收账款余额为2 500 000元。第二年实际发生的坏账损失额为9 000元，年末应收账款余额为300万元；第三年A公司破产所欠20 000元账款有8 500元无法收回，确认为坏账；年末应收账款余额为260万元；第四年X公司所欠9 000元账款收回，年末应收账款余额为320万元。

（三）要求：

1. 根据上述资料计算各年应计提的坏账准备金额。

2. 编制有关会计分录。

习题三

（一）目的：练习坏账的核算。

（二）资料：美好公司2008年12月31日应收账款账龄及估计坏账损失表如下所示。假设①调整前“坏账准备”账户的账面余额分别为借方300元或贷方300元。②2009年发生坏账900元。

（三）要求：按账龄分析法为以上两种情况计算年末应计提的坏账准备额，并做相应的会计处理。

应收账款账龄	应收账款金额	估计损失（%）	估计损失金额
未到期	30 000	0.5	150
过期一年	40 000	1	400
过期两年	16 000	2	320
过期三年	10 000	3	300
过期三个月以上	4 000	5	200
合　计	100 000		1 370

习题四

（一）目的：练习应收账款的核算。

（二）资料：某公司2008年10月至11月份发生下列业务：

（1）10月3日销售商品一批给甲公司，增值税专用发票上注明价款10 000元，收取的增值税为1 700元，代垫运杂费1 000元，款项均未收到。付款条件为2/10，N/30。

（2）10月18日，收到甲公司退回的10月3日销售的部分商品，发票价格为2 000元。

（3）10月22日，甲公司用银行支票结算方式，结清上述款项。

（三）要求：

（1）总价法编制有关会计分录。

（2）试说明总价法核算和净价法核算的优缺点。

习题五

（一）目的：练习用先进先出法、加权平均法，移动平均法，计算本期发出和期末结存存货的成本。

（二）资料：

（1）某企业 11 月份 A 种材料的购入，领用和库存的情况如下：

月份	日期	业务内容	数量（千克）	金额（元）
5 月	1	期初结存	150	2 250
5 月	5	购入	450	7 200
5 月	9	领用	400	
5 月	17	购入	500	8 300
5 月	26	领用	560	
5 月	30	购入	200	3 100

（2）该企业本月 5 日购入的原材料用银行存款支付，17 日购入的原材料用商业汇票（商业承兑汇票）结算，30 日购入的原材料结算单据已到，但尚未付款。本月发出的原材料均有 60%用于生产车间产品生产，25%用于生产车间共同耗费，10%用于企业管理部门耗用，5%用于销售部门耗用。

（三）要求：

（1）根据上述资料分别用先进先出法、加权平均法、移动平均法，计算 11 月份发出材料和结存材料的实际成本，并对计算结果进行比较。

（2）编制不同方法下的有关会计分录。

（3）设置、登记各种方法下的明细账。

习题六

（一）目的：练习按实际成本计价的存货核算。

（二）资料：某企业 2008 年 9 月发生下列存货收发业务：

（1）9 月 5 日，购入 A 材料 20 吨，增值税专用发票上开列的材料货款为 36 000 元，增值税进项税额为 6 120 元，当即开出转账支票支付。材料已验收入库。

（2）9 月 10 日，从外地购入 B 材料 3 吨，增值税专用发票上注明的材料货款为 15 000 元，增值税进项税额为 2 550 元，对方代垫运杂费 800 元。当即签发并承兑一张三个月到期的商业汇票支付购货款和运杂费。材料已验收入库。

（3）9 月 18 日，从外地购入 C 材料 800 千克，增值税专用发票上注明的材料货款为 16 000元，增值税进项税额为 2 720 元，同时发生运杂费 300 元。运杂费用现金支付，材料货款尚未支付，材料已到达企业并验收入库。

（4）9 月 25 日，购入 A 材料 30 吨，增值税专用发票上注明的材料货款为 52 500 元，增值税进项税额为 8 925 元，货款已通过银行支付，材料尚未到达企业。

(5) 9 月 27 日，购入 D 材料 200 千克，材料已到达企业，结算凭证未到，货款尚未支付。

(6) 9 月 30 日，9 月 25 日购入的 A 材料 30 吨到达企业并验收入库。

(7) 9 月 30 日仍未收到 D 材料的结算凭证，按暂估料款 8 000 元入账。

(三) 要求：根据以上资料编制会计分录。

习题七

(一) 目的：练习按计划成本计价的存货核算。

(二) 资料：

(1) 某企业 2008 年 9 月末材料账户余额如下：

"原材料"账户借方余额为 160 000 元，"材料成本差异"账户借方余额为 10 000 元，"材料采购"账户余额为 0。材料的计划成本为 80 元/千克。

(2) 10 月份发生下列业务：

①10 月 5 日，购入材料 1 000 千克，增值税专用发票上列示的材料货款为 70 000 元，增值税进项税额为 11 900 元。材料已验收入库，款项已从银行支付。

②10 月 10 日，生产车间为生产产品领用材料 2 000 千克，车间设备维修领用材料 100 千克。

③10 月 12 日，购入材料 3 000 千克，货款共计 263 250 元，其中增值税专用发票上列示的货款为 225 000 元，增值税进项税额为 38 250 元。上述材料的结算账单已到，货款已从银行支付，同时用现金支付运杂费 3 000 元。但材料尚未到达企业。

④10 月 15 日，上述材料到达企业并验收入库。

⑤10 月 23 日，生产车间为生产产品领用材料 2 500 千克，管理部门领用材料 30 千克。

⑥10 月 31 日，计算本月材料成本差异率，并将发出材料的计划成本调整为实际成本。

(三) 要求：

(1) 根据以上资料编制会计分录。

(2) 开设"材料采购"、"原材料"、"材料成本差异"账户，登记期初余额和本期发生额，并结出期末余额。

第六章　非流动资产

本章基本要求

通过本章学习，要求学生：

1. 理解非流动资产的特征及其内容；

2. 了解可供出售金融资产、持有至到期投资的特点，区别其与交易性金融资产基本业务核算的不同；

3. 理解长期股权投资核算的成本法和权益法；

4. 掌握固定资产的特征、分类及计价标准；系统了解固定资产折旧的原因、折旧的含义及折旧计算的方法；

5. 理解固定资产增加、减少、折旧、后续支出以及盘盈、盘亏主要业务的核算；

6. 理解无形资产的特征、分类及计价；理解无形资产基本业务的核算；

7. 了解其他资产主要内容的核算；

8. 明确各项非流动资产的期末计价与披露；

9. 区分本章核算中所使用账户的经济内容；

10. 明确本章所述经济业务对企业经营成果与财务状况的影响。

非流动资产是指变现速度慢、价值分次或多次转移的资产。具体是指除流动资产以外的所有资产，是企业在其正常经营活动中所拥有的、不是以销售为目的的、使用期限较长的资产。它们与上两章的流动资产不同，具有非流动性的特征，又由于非流动资产的使用期限往往在一年或超过一年的一个营业周期以上，有的甚至长达数十年（如房屋等），其变现能力非常慢，并且它们的成本是分期分批地转化为现金的。非流动资产在大多数企业中占据着总资产的绝大部分比重。因此，为防止非流动资产的流失和保证其完整性，企业必须加强对它们的管理，同时，也应采用合理的会计处理方法进行核算，以确保各期会计信息的真实性。

非流动资产通常可分为以下几类：①可供出售金融资产；②持有至到期投资；③长期股权投资；④固定资产；⑤无形资产等，本章将在以下五节中重点介绍。

第一节　可供出售金融资产

一、可供出售金融资产的内容

可供出售金融资产是指初始确认时即被指定为可供出售金融资产的非衍生金融资产，以及除下列各类资产以外的金融资产：①贷款和应收款项；②持有至到期投资；③以公允价值计量且其变动计入当期损益的金融资产。例如，企业购入的活跃市场上有报价的股票、债券和基金等，没有划分为以公允价值计量且其变动计入当期损益的金融资产或持有至到期投资等金融资产的，可归类为可供出售金融资产。

企业应设置"可供出售金融资产"科目，核算企业持有的可供出售金融资产的公允价值，包括划分为可供出售的股票投资、债券投资等金融资产，并按照可供出售金融资产类别和品种，分别"成本"、"利息调整"、"应计利息"、"公允价值变动"等科目进行明细核算。

二、可供出售金融资产的核算

可供出售金融资产的核算主要包括可供出售金融资产取得的核算、可供出售金融资产持有期间损益确认的核算以及可供出售金融资产处置的核算等三部分。

（一）可供出售金融资产的取得

可供出售金融资产应当按取得该金融资产的公允价值和相关交易费用之和作为初始确认金额。如果支付的价款中包含已到付息期但尚未领取的债券利息或已宣告但尚未发放的现金股利，应单独作为应收项目。

企业取得可供出售金融资产时，应按其公允价值与交易费用之和，借记"可供出售金融资产——成本"科目，按支付的价款中包含的已宣告但尚未发放的现金股利，借记"应收股利"科目，按实际支付的金额，贷记"银行存款"等科目。企业取得可供出售金融资产为债券投资的，应按债券的面值，借记"可供出售金融资产——成本"，按支付的价款中包含已到付息期但尚未领取的利息，借记"应收利息"科目，按实际支付的金额，贷记"银行存款"等科目，按差额，借记或贷记"可供出售金融资产——利息调整"科目。

收到支付的价款中包含已宣告但尚未发放的现金股利或已到付息期但尚未领取的利息，借记"银行存款"科目，贷记"应收利息"或"应收股利"科目。

[例1] 2008年4月20日，美好股份有限公司按每股7.60元的价格购入

B公司每股面值1.00元的股票80 000股作为可供出售金融资产，并支付交易费用2 500元。股票购买价格中包含每股0.20元已宣告但尚未领取的现金股利，该现金股利于2008年5月10日发放，其应作会计分录为：

(1) 2008年4月20日，购入B股票

初始投资成本＝80 000×（7.60－0.20）＋2 500＝594 500（元）

应收现金股利＝80 000×0.20＝16 000（元）

借：可供出售金融资产——B公司股票（成本） 594 500

应收股利 16 000

贷：银行存款 610 500

(2) 2008年5月10日，收到B公司发放现金股利

借：银行存款 16 000

贷：应收股利 16 000

（二）可供出售金融资产持有期间的损益确认

1. *债券利息和现金股利收益的确认。*可供出售金融资产在持有期间取得债券利息或现金股利，应当计入投资收益。

资产负债表日，可供出售债券如为分期付息、一次还本债券投资，应按票面利率计算确定的应收未收利息，借记“应收利息”科目，按可供出售债券摊余成本和实际利率计算确认利息收入，贷记“投资收益”科目，按其差额，借记或贷记“可供出售金融资产——利息调整”科目；可供出售债券如为一次还本付息债券投资，应于资产负债表日按票面利率计算确定的应收未收利息，借记“可供出售金融资产——应计利息”科目，按可供出售债券摊余成本和实际利率计算确定的利息收入，贷记“投资收益”科目，按其差额，借记或贷记“可供出售金融资产——利息调整”科目。收到可供出售债券投资持有期间支付的利息，借记“银行存款”科目，贷记“应收利息”科目。

可供出售权益工具投资持有期间被投资单位宣告发放现金股利的，按应享有的份额，借记“应收股利”科目，贷记“投资收益”科目；收到可供出售权益工具投资发放的现金股利，借记“银行存款”科目，贷记“应收股利”科目。

［**例2**］接例1资料，2009年4月15日，B公司宣告每股分派现金股利0.25元，该现金股利于2009年5月15日发放，美好股份有限公司持有B公司股票80 000股，其应作会计分录为：

2009年4月15日，B公司宣告分派现金股利

借：应收股利 20 000

贷：投资收益 20 000

2009 年 5 月 15 日，收到 B 公司发放现金股利

借：银行存款　　20 000

　贷：应收股利　　20 000

2. 公允价值变动损益的确认。资产负债表日，可供出售金融资产应当以公允价值计量，且公允价值变动计入资本公积（其他资本公积）。

资产负债表日，可供出售金融资产的公允价值高于其账面余额（如可供出售金融资产为债券，即为其摊余成本）的差额，借记“可供出售金融资产——公允价值变动”科目，贷记“资本公积——其他资本公积”科目（该科目核算企业收到投资者出资额超出其在注册资本或股本中所占份额的部分；直接计入所有者权益的利得和损失，也通过本科目核算）；公允价值低于其账面价值的差额，借记“资本公积——其他资本公积”科目，贷记“可供出售金融资产——公允价值变动”科目。

［**例 3**］接例 2 资料，美好股份有限公司每年确认一次可供出售金融资产公允价值变动损益。2008 年 12 月 31 日，B 公司股票每股市价 7.80 元。美好公司持有 B 公司股票 80 000 股，账面成本 594 000 元，其应作会计分录为：

公允价值变动＝ 80 000×7.80－594 500＝29 500（元）

借：可供出售金融资产——B 公司股票（公允价值变动）

29 500

　贷：资本公积——其他资本公积　　29 500

（三）可供出售金融资产的处置

处置可供出售金融资产时，应将取得的价款与该金融资产账面价值之间的差额计入投资收益；同时，将原直接计入所有者权益的公允价值变动累计额对应处置部分的金额转出，计入投资收益。

处置可供出售金融资产时，应按实际收到的金额，借记“银行存款”科目，按该金融资产账面余额，贷记“可供出售金融资产（成本、公允价值变动、利息调整、应计利息）”科目，按应从所有者权益中转出的公允价值累计变动额，借记或贷记“资本公积——其他资本公积”科目，按其差额，贷记或借记“投资收益”科目。

［**例 4**］接例 1、例 2、例 3 资料，2009 年 12 月 20 日，美好股份有限公司将 B 公司股票售出，实际收到价款 650 000 元。股票出售日，B 公司股票账面价值 624 000 元，其中，成本 594 500 元，公允价值变动 29 500 元，其会计处理为：

股票处置损益＝650 000－624 000＝26 000（元）

从所有者权益中转出的公允价值变动累计额确认为投资收益＝29 500（元）

借：银行存款　　650 000

资本公积——其他资本公积 29 500
贷：可供出售金融资产——B公司股票（成本） 594 500
——B公司股票（公允价值变动） 29 500
投资收益 55 500

第二节 持有至到期投资

一、持有至到期投资的内容

持有至到期投资是指到期日固定、回收金额固定或可确定，且企业有明确意图和能力持有至到期的非衍生金融资产。例如，企业从二级市场购入的固定利息国债、浮动利率公司债券等，符合持有至到期投资条件的，可以划分为持有至到期投资；购入的股权投资因没有固定的到期日，不符合持有至到期投资的条件，不能划分为持有至到期投资。持有至到期投资通常具有长期性质，但期限较短（一年以内）的债券投资，符合持有至到期投资条件的，也可以划分为持有至到期投资。

企业应设置“持有至到期投资”科目，核算持有至到期投资的摊余成本，并按照持有至到期投资的类别和品种，分别“成本”、“利息调整”、“应计利息”等进行明细核算。

二、持有至到期投资的核算

持有至到期投资的核算主要包括持有至到期投资取得的核算、有至到期投资利息收入确认的核算以及有至到期投资处置的核算等三部分。

（一）持有至到期投资的取得

持有至到期投资应当按照取得时的公允价值与相关交易费用之和作为初始确认金额。如果支付的价款中包含已到付息期但尚未领取的利息，应单独确认为应收项目。

企业取得持有至到期投资，应按该投资的面值，借记“持有至到期投资——成本”科目，按支付的价款中包含的已到付息期但尚未领取的利息，借记“应收利息”科目，按实际支付的金额，贷记“银行存款”等科目，按其差额，借记或贷记“持有至到期投资——利息调整”科目。收到支付的价款中包含已到付息期但尚未领取的利息，借记“银行存款”科目，贷记“应收利息”科目。

[**例5**] 2008年1月1日，美好股份有限公司购入乙公司当日发行的面值

500 000元、期限5年、票面利率6%，每年12月31日付息，到期还本的债券作为持有至到期投资，实际支付的全部价款（包括相关交易费用）为528 000元，其应作会计分录为：

借：持有至到期投资——乙公司债券（成本）　　500 000
　　　　　　　　　——乙公司债券（利息调整）　28 000
　贷：银行存款　　　　　　　　　　　　　　　　528 000

（二）持有至到期投资利息收入的确认

持有至到期投资在持有期间应当按照摊余成本和实际利率计算确认利息收入，计入投资收益。其中，实际利率是使持有至到期投资未来收回的利息和本金的现值恰好等于持有至到期投资取得成本的折现率。实际利率应当在取得持有至到期投资时确定，在该持有至到期投资预期存续期间或适用更短期间内保持不变。

持有至到期投资如分期付息、一次还本债券投资，应于资产负债表日按票面利率计算确定的应收未收利息，借记“应收利息”科目，按其差额，借记或贷记“持有至到期投资——利息调整”科目。收到分期付息，一次还本持有至到期投资持有期间支付的利息，借记“银行存款”科目，贷记“应收利息”科目。

持有至到期投资如为一次还本付息债券投资，应于资产负债表日按票面利率计算确定的应收未收利息，借记“持有至到期投资——应计利息”科目，按持有至到期投资摊余成本和实际利率计算确认利息收入，贷记“投资收益”科目，按其差额，借记或贷记“持有至到期投资——利息调整”科目。

［**例6**］例5资料，美好股份有限公司对持有至到期投资于每年年末采用实际利率法确认利息收入。美好公司2008年1月1日以528 000元的成本购入乙公司债券，面值500 000元，期限5年，票面利率6%，实际利率4.72%，每年12月31日付息。

(1) 采用实际利率法计算确认利息收入：美好公司采用实际利率法确认的利息收入见表6-1。

表6-1　利息收入确认表（实际利率法）　　单位：元

计息日期	应计利息 (1)	实际利率 (2)	利息收入 (3)＝期初(5)×(2)	利息调整 (4)＝(1)－(3)	摊余成本 (5)＝期初(5)－(4)
2008.1.1					528 000
2008.12.31	30 000	4.72%	24 922	5 078	522 922
2009.12.31	30 000	4.72%	24 682	5 318	517 604
2010.12.31	30 000	4.72%	24 431	5 569	512 035
2011.12.31	30 000	4.72%	24 168	5 832	506 203
2012.12.31	30 000	4.72%	23 797	6 203	500 000
合　计	150 000	—	122 000	28 000	—

（2）编制确认利息收入的会计分录：根据表中计算结果，美好公司各年确认利息收入的会计分录如下：

2008 年 12 月 31 日，确认利息收入：

借：应收利息　　30 000

　贷：投资收益　　24 922

　　　持有至到期投资——乙公司债券（利息调整）　　5 078

2009 年 12 月 31 日，确认利息收入

借：应收利息　　30 000

　贷：投资收益　　24 682

　　　持有至到期投资——乙公司债券（利息调整）　　5 318

以后各年度确认利息收入的会计分录可依此类推，此略。

（三）持有至到期投资的处置

企业处置持有至到期投资时，应将所取得的价款与该投资账面价值之间的差额计入投资收益。

处置持有至到期投资，按实际收到的金额，借记“银行存款”科目，按持有至到期投资账面余额，贷记“持有至到期投资——成本”、“持有至到期投资——应计利息”科目，贷记或借记“持有至到期投资——利息调整”科目，按其差额，贷记或借记“投资收益”科目。

［**例 7**］接例 5 和例 6 资料，2012 年 1 月 20 日，美好股份有限公司将乙公司债券提前出售，取得转让收入 508 000 元。债券转让日，乙公司债券账面摊余成本 506 203 元，其中，成本 500 000 元，利息调整 6 203 元。其应作会计分录为：

债券处置损益＝508 000－506 203＝1 797（元）

借：银行存款　　508 000

　贷：持有至到期投资——乙公司（成本）　　500 000

　　　　　　　　　　——乙公司（利息调整）　　6 203

　　　投资收益　　1 797

第三节　长期股权投资

一、长期股权投资的概念

长期股权投资是指企业准备长期持有的权益性投资，包括：①企业持有的能够对被投资单位实施控制的权益性投资，即对子公司投资；②企业持有的能够与其他合营方一同对被投资单位实施共同控制的权益性投资，即对合营企业

的投资；③企业持有的能够对被投资单位实施重大影响的权益性投资，即对联营企业的投资；④企业对被投资单位不具有控制、共同控制或重大影响、在活跃市场上没有报价且公允价值不能可靠计量的权益性投资。

为了核算企业长期股权投资的增减变动和结存情况，应设置“长期股权投资”总账科目，该科目属于资产类科目，借方登记长期股权投资的增加额；贷方登记长期股权投资的减少额；期末余额在借方，表示企业期末长期股权投资的持有额。该科目应按股权投资的内容分别设置“成本”、“损益调整”、“其他股权变动”三个二级明细科目，分别反映长期股权投资的初始投资成本以及因被投资单位所者权益发生增减变动而对长期股权投资账面价值进行调整的金额。也可按被投资单位进行明细核算。

二、长期股权投资的核算

（一）长期股权投资的取得

长期股权投资可以通过企业合并取得，也可以通过企业合并以外的其他方式取得。在不同的取得方式下，长期股权投资初始投资成本的确认方法有所不同。但是，无论企业以何种方式取得长期股权投资，实际支付价款中包含已经宣告尚未领取的现金股利或利润，应作为应收项目单独核算，不构成取得长期股权投资的初始投资成本。

1. 企业合并形成的长期股权投资。企业合并形成的长期股权投资，应当区分同一控制下的企业合并和非同一控制下的企业合并分别确定初始成本。

（1）同一控制下企业合并形成的长期股权投资。参与合并的企业在合并前后均受同一方或相同的多方最终控制且该控制并非暂时性的，为同一控制下的企业合并。同一控制下的企业合并，在合并日取得对其他参与合并企业控制权的一方为合并方，参与合并的其他企业为被合并方。

同一控制下企业合并形成的长期股权投资，应当在合并日按照取得被合并方所有者权益账面价值的份额作为长期股权投资的初始投资成本。长期股权投资初始投资成本与支付的现金、转让的非现金资产等合并对价的账面价值之间的差额，应当调整资本公积；资本公积不足冲减的，调整留存收益。合并方为进行企业合并发生的各项直接相关费用，包括为进行企业合并而支付的审计费用、评估费用、法律服务费用等，应当于发生时计入当期损益。

合并方应在合并日按取得被合并方所有者权益账面价值的份额，借记“长期股权投资——成本”科目，按享有被投资单位已宣告但尚未发放的现金股利或利润，借记“应收股利”科目，按支付的合并对价的账面价值，贷记有关资产等科目，按其贷方差额，贷记“资本公积——股本溢价”科目。如为借方差额，应借记“资本公积——股本溢价”科目，资本公积（股本溢价）不足冲减的，应依次借记“盈余公积”、“利润分配——未分配利润”科目。

［**例 8**］美好股份有限公司和 B 公司为同一母公司所控制的两个子公司。2008 年 2 月 20 日，美好公司和 B 公司达成合并协议，约定美好公司以银行存款和无形资产作为合并对价，取得 B 公司 60％的股权。美好公司投出银行存款 1 200 万元，投出无形资产的账面价值为 420 万元。2008 年 3 月 1 日，美好公司实际取得对 B 公司的控制权，当日，B 公司所有者权益总额账面价值为 2 800万元。其应作会计分录为：

初始投资成本＝2 800×60％＝1 680（万元）

合并对价的账面价值＝1 200＋420＝1 620（万元）

资本公积＝1 680－1 620＝60（万元）

借：长期股权投资——B 公司（成本）　　16 800 000

　贷：无形资产　　4 200 000

　　银行存款　　12 000 000

　　资本公积——股本溢价　　600 000

（2）非同一控制下企业合并形成的长期股权投资。参与合并的各方在合并前后不受同一方或相同的多方最终控制的，为非同一控制下的企业合并。非同一控制下的企业合并，在购买日取得对其他参与合并企业控制权的一方为购买方，参与合并的其他企业为被购买方。

非同一控制下企业合并形成的长期股权投资，应当以确定的合并成本作为长期股权投资的初始投资成本。合并成本是指购买方在购买日为取得对被购买方的控制权而支付的现金、非现金资产等合并对价的公允价值，加上购买方为进行企业合并而发生的各项直接相关费用。

购买方在购买日作为合并对价付出的非现金资产公允价值与其账面价值之间的差额，应当作为资产处置，依下列情况分别处理：①付出资产为存货的，应当作为销售处理，以其公允价值确认收入，同时结转相应的成本；②付出资产为固定资产、无形资产的，应当计入营业外收入或营业外支出；③付出资产为长期股权投资的，应当计入投资收益。

购买方应在购买日按企业合并成本（不含应自被投资单位收取的现金股利或利润），借记“长期股权投资——成本”科目，按享有被投资单位已宣告但尚未发放的现金股利或利润，借记“应收股利”科目，按支付合并对价的账面价值，贷记有关资产等科目，按发生的直接相关费用，贷记“银行存款”科目，按其差额，贷记“营业外收入”或借记“营业外支出”等科目。

［**例 9**］美好股份有限公司和 D 公司为两个互不关联的独立企业，合并之

前不存在任何投资关系。2008 年 1 月 10 日，美好公司和 D 公司达成合并协议，约定美好公司以银行存款和无形资产作为合并对价，取得 D 公司 70%的股权。美好公司投出银行存款 2 600 万元，投出无形资产的账面价值为 1 500 万元，公允价值为 1 200 万元。2008 年 2 月 1 日，美好公司实际取得对 D 公司的控制权。在美好公司和 D 公司的合并中，美好公司以银行存款支付审计费用、评估费用、法律服务费用等共计 20 万元。其应作会计分录为：

合并成本＝2 600＋1 200＋20＝3 820（万元）

资产减值损失＝1 500－1 200＝300（万元）

借：长期股权投资——D 公司（成本）　　38 200 000

　　营业外支出　　3 000 000

　贷：无形资产　　15 000 000

　　　银行存款　　26 200 000

2. 企业合并外形成的长期股权投资。除企业合并形成的长期股权投资外，企业还可以通过支付现金、非现金资产等非企业合并的其他方式取得长期股权投资。以支付现金、非现金资产等其他方式取得的长期股权投资，应当按照实际支付的价款、非现金资产等的公允价值（包括与取得长期股权投资直接相关的费用、税金及其他必要支出）作为初始投资成本。

企业取得长期股权投资时，按确定的初始投资成本，借记“长期股权投资——成本”科目，按享有被投资单位已宣告但尚未发放的现金股利或利润，借记“应收股利”科目，按实际支付的买价及手续费、佣金等，贷记“银行存款”科目，按付出非现金资产的账面价值，贷记有关资产科目，按其差额，贷记“营业外收入”或借记“营业外支出”等科目。

［**例 10**］美好股份有限公司以每股 1.20 元的价格购入 C 公司每股面值 1.00 元的股票 500 000 股，并支付相关税费 8000 元。C 公司股票在活跃市场中没有报价、公允价值不能可靠计量，美好公司将其划分为长期股权投资。其应作会计分录为：

初始投资成本＝500 000×1.20＋8 000＝608 000（元）

借：长期股权投资——C 公司（成本）　　608 000

　贷：银行存款　　608 000

（二）长期股权投资的后续计量

企业取得的长期股权投资在持有期间，要根据所持股份的性质、占被投资单位股份总额比例的大小以及被投资单位财务和经营政策的影响程度等，分别采用成本法和权益法进行会计处理。

1. 成本法及适用范围。成本法是指长期股权投资按投资成本计价的方法。

长期股权投资成本法的核算适用以下情形：

（1）投资企业对被投资单位不具有共同控制或重大影响的，并且在活跃市场中没有报价、公允价值不能可靠计量的长期股权投资。

（2）投资企业对被投资单位实施控制的长期股权投资。控制，是指有权决定一个企业的财务和经营政策，并能据以从该企业的经营活动中获取利益。控制一般存在于以下情况：①投资企业直接拥有被投资单位50%以上的表决权资本；②投资企业虽然直接拥有被投资单位50%以下的表决权资本，但具有实质控制权的。具有实质控制权可通过具体影响证据和情形来判定。

2. *长期股权投资的成本法核算*。在成本法下，长期股权投资以取得时的初始投资成本计价，取得后，除非发生投资企业追加投资或撤回投资等情况，长期股权投资的账面价值一般保持不变。投资企业确认投资收益，仅限于所获得的被投资单位在投资后产生的累积净利润的分配额。采用成本法核算的一般程序为：

（1）初始投资或追加投资时，按照初始投资或追加投资的投资成本增加长期股权投资的账面价值。

（2）被投资单位宣告分派利润或现金股利，投资企业按应享有的部分，确认为当期的投资收益，但投资企业确认的投资收益，仅限于所获得的被投资单位在接受投资后产生的累积净利润的分配额，所获得的被投资单位宣告分派的利润或现金股利超过被投资单位在接受投资后产生的累积净利润的部分，作为初始投资成本的收回，冲减投资的账面价值。

通常情况下，投资企业在取得投资当年自被投资单位分得的现金股利或利润应作为投资成本的收回；以后年度，被投资单位累计分派的现金股利或利润超过投资以后至上年末止被投资单位累计实现净利润的，投资企业按照持股比例计算应享有的部分应作为投资成本的收回，冲减投资的账面价值。

［例11］ 甲公司于2007年1月1日取得乙公司3%的股权，实际支付价款800万元，购买过程中另支付相关税费3万元。乙公司为一家未上市的民营企业，其股权不存在明确的市场价格。甲公司在取得该部分投资后，未以任何方式参与被投资单位的生产经营决策。甲公司在取得投资以后，被投资单位实现净利润及利润的分配方式如下（单位：万元）

年度	被投资单位实现净利润	当年度分派利润
2007	1 000	900
2008	2 000	1 600

注：乙公司2007年度分派的利润属于对其2006年及以前实现净利润的分配。

甲公司每年应确认投资收益及冲减投资成本的情况确定如下：

（1）2007 年取得投资时：

借：长期股权投资——乙公司（成本）　　8 030 000

　贷：银行存款　　8 030 000

（2）2007 年乙公司宣告分派利润，确认所得利润时：

当年度被投资单位分派的 900 万元利润属于对其在 2006 年已实现利润的分配，甲公司按持股比例取得 27 万元，该部分金额已包含在其投资成本中，应冲减投资成本。

借：应收股利　　270 000

　贷：长期股权投资——乙公司（成本）　　270 000

实际收到利润时：

借：银行存款　　270 000

　贷：应收股利　　270 000

（3）2008 年从乙公司确认利润时：

应冲减投资成本金额＝（投资后至本年末止被投资单位累积分派的现金股利－投资后至上年末止被投资单位累积实现的净损益）×投资企业的持股比例－投资企业已经冲减的投资成本＝（900＋1 600－1 000）×3%－27 ＝18（万元）

当年度实际分得现金股利＝1600×3%＝48（万元）

应确认的投资收益＝48－18＝30（万元）

借：应收股利　　480 000

　贷：长期股权投资——乙公司（成本）　　180 000

　　投资收益　　300 000

3. *权益法及适用范围*。权益法是指投资最初以投资成本计量，以后根据投资企业享有被投资单位所有者权益份额的变动对投资的账面价值进行调整的方法。投资企业对被投资单位具有共同控制或重大影响的长期股权投资，应当采用权益法。

4. *长期股权投资的权益法核算*。在权益法下，长期股权投资的账面价值随着被投资单位所有者权益的变动而变动，包括被投资单位实现的净利润或发生的净亏损以及其他所有者权益项目的变动。长期股权投资采用权益法核算的一般程序为：

（1）企业在取得长期股权投资时，按照确定的初始投资成本入账。如果长期股权投资的初始投资成本大于投资时应享有被投资单位可辨认净资产公允价值的份额，不调整长期股权投资的初始投资成本；如果长期股权投资的初始投资成本小于投资时应享有被投资单位可辨认净资产公允价值的份额，则其差额应计入营业外收入，同时调整长期股权投资的初始投资成本。

$$\frac{\text{投资企业应享有被投资单位}}{\text{可辨认净资产公允价值份额}} = \frac{\text{投资时被投资单位}}{\text{可辨认净资产公允价值总额}} \times \frac{\text{投资企业}}{\text{持股比例}}$$

（2）投资后，应当按照被投资单位实现的净利润或发生的净亏损中投资企业应享有或应分担的份额确认投资收益，同时相应调整长期股权投资的账面价值；被投资单位宣告分派现金股利或利润时，投资企业按应分得的部分，相应减少长期股权投资的账面价值；被投资单位分派股票股利时，投资企业不进行核算，但应在备查簿中登记增加的股份。

（3）投资企业对于被投资单位除净损益以外所有者权益的其他变动，在持股比例不变的情况下，按照持股比例计算的应享有或承担的部分，调整长期股权投资的账面价值，同时增加或减少资本公积（其他资本公积）。

［**例 12**］A 公司于 2008 年 1 月取得 B 公司 30％的股权，实际支付价款 3 000万元。取得投资时被投资单位账目所有者权益总额 7 500 万元（假定该时点被投资单位各项可辨认资产、负债的公允价值与其账面价值相同）假设 A 企业对 B 公司的生产经营决策施加重大影响，则 A 公司取得该投资时的账务处理为：

借：长期股权投资　　30 000 000

　贷：银行存款　　30 000 000

长期股权投资的初始投资成本 3 000 万元大于取得时点上应享有被投资单位净资产公允价值的份额 2 250 万元（7 500 ×30％），不对其账面价值进行调整。

假定上例中取得 B 公司可辨认净资产公允价值为 12 000 万元，A 公司按持股比例 30％确定应享有 3 600 万元，则初始投资成本与应享有被投资单位净资产公允价值份额之间的差额 600 万元应计入取得投资当期的损益。

借：长期股权投资　　36 000 000

　贷：银行存款　　30 000 000

　　营业外收入　　6 000 000

［**例 13**］华联实业股份有限公司购入 D 公司的股票 1 600 万股，占 D 公司普通股股份的 25％。投资以后 D 公司各年的损益及利润分配情况，华联公司应作如下会计分录：

（1）2000 年度，D 公司报告净收益 1 820 万元；2001 年 3 月 5 日，D 公司宣告 2000 年度利润分配方案，每股分派现金股利 0.15 元。

①确认投资收益：

应确认投资收益＝1 820×25％＝455（万元）

借：长期股权投资——D公司股票（损益调整）　4 550 000

　贷：投资收益　4 550 000

②确认应收股利：

应收现金股利＝1 600 ×0.15＝240（万元）

借：应收股利　2 400 000

　贷：长期股权投资——D公司股票（损益调整）　2 400 000

（2）2001年度，D公司报告净收益1 250万元；2002年4月15日，D公司宣告2001年度利润分配方案，每股派送股票股利0.3股。

①确认投资收益：

应确认投资收益＝1 250×25％＝312.5（万元）

借：长期股权投资——D公司股票（损益调整）　3 125 000

　贷：投资收益　3 125 000

②在备查簿中登记增加的股份：

股票股利＝1 600 ×0.3＝480（万元）

持有股票总数＝1 600＋480＝2 080（万股）

（3）2002年度，D公司报告净收益1 000万元，未进行利润分配。

应确认投资收益＝1 000×25％＝250（万元）

借：长期股权投资——D公司股票（损益调整）　2 500 000

　贷：投资收益　2 500 000

（4）2003年度，D公司报告净亏损600万元，用以前年度留存收益弥补亏损后，于2003年4月5日，宣告每股分派现金股利0.10元。

①确认投资损失：

应确认投资损失＝600×25％＝150（万元）

借：投资收益　1 500 000

　贷：长期股权投资——D公司股票（损益调整）　1 500 000

②确认应收股利：

应收现金股利＝2 080×0.10＝208（万元）

借：应收股利　2 080 000

　贷：长期股权投资——D公司股票（损益调整）　2 080 000

（5）2004年度，D公司继续发生亏损500万元，未进行利润分配。

应确认投资损失＝500×25％＝125（万元）

借：投资收益　1 250 000

　贷：长期股权投资——D公司股票　1250 000

（三）长期股权投资减值准备和处置

1. 长期股权投资的减值。按照成本法核算的，在活跃市场中没有报价、公允价值不能可靠计量的长期股权投资的减值，应参照“金融资产”有关规定处理；其他长期股权投资的减值，应参照“资产减值”有关规定处理。设置“长期股权投资减值准备”科目（该科目核算企业长期股权投资的减值准备）。

2. 长期股权投资的处置。处置长期股权投资时，其账面价值与实际取得价款的差额，应当记入当期损益。采用权益法核算的长期股权投资，因被投资单位除净损失以外所有者权益的其他变动而计入所有者权益的，处置该项投资时应当将原计入所有者权益的部分按相应比例转入当期损益。

处置长期股权投资时，应按实际收到的金额，借记“银行存款”等科目，按其账面余额，贷记“长期股权投资”科目，按其差额，借记或贷记“投资收益”科目。已计提减值准备的，还应同时结转减值准备。

采用权益法核算长期股权投资的处置，除上述规定外，还应结转原计入资本公积的相关金额，借记或贷记“资本公积——其他资本公积”科目，贷记或借记“投资收益”科目。

考虑到长期股权投资、固定资产等非流动资产发生减值后，一方面价值回升的可能性比较小，通常属于永久性减值；另一方面从会计信息稳健性要求考虑，为了避免确认资产重估增值和操纵利润，资产减值损失一经确认，在以后会计期间不得转回。以前会计期间计提的资产减值准备，需要等到资产处置时才可转出。

［**例 14**］A 公司 2008 年 1 月 1 日对 B 公司的长期股权投资的账面价值为 600 000 元，持有 B 公司股票 200 000 股。2008 年由于 B 公司所在地区发生水灾，企业被冲毁，大部分资产已损失，并难以恢复，使其股票下跌至 1 元。则 A 公司提取该项投资的减值准备的会计分录为：

借：长期股权投资减值准备　　400 000
　贷：资产减值损失——B 公司　　400 000

［**例 15**］华联实业股份有限公司对持有 B 公司股份采用权益法核算。2007 年 4 月 5 日，华联公司持有的 B 公司股份全部转让，收到转让价款 4 500 万元，其中包括华联公司应收 B 公司已宣告但尚未发放的现金股利 300 万元。转让时，该项股权投资的账面价值为 3 650 万元，其中，成本 2 200 万元，损益调整（借方）1 200 万元，其他权益变动（借方）250 万元。其应作会计分录为：

股票处理损益＝4 500－3 650＝550（万元）

借：银行存款　　45 000 000

　　贷：长期股权投资——B公司股票（成本）　22 000 000
　　　　　　　　　——B公司股票（损益调整）　12 000 000
　　　　　　　　　——B公司股票（其他权益变动）
　　　　　　　　　　　　　　　　　　　　　　2 500 000
　　　　应收股利　　　　　　　　　　　　　3 000 000
　　　　投资收益　　　　　　　　　　　　　5 500 000
借：资本公积——其他资本公积　　　　　2 500 000
　　贷：投资收益　　　　　　　　　　　　　2 500 000

第四节　固定资产

一、固定资产概述

（一）固定资产的概念

根据我国《企业会计准则第 4 号——固定资产》，固定资产是指同时具有下列特征的有形资产：①为生产商品、提供劳务、出租或经营管理而持有；②使用寿命超过一个会计年度。使用寿命是指企业使用固定资产的预计时间，或者该固定资产所能生产产品或提供劳务的数量。固定资产应同时满足以下条件才能予以确认：①与该固定资产有关的经济利益很可能流入企业；②该固定资产的成本能够可靠地计量。

由于企业的经营内容、经营规模等各不相同，固定资产的标准也不可能强求绝对一致。各企业应根据企业会计准则中规定的固定资产的标准，结合各自的具体情况，制定适合本企业实际情况的固定资产目录、分类方法、每类或每项固定资产的折旧年限、折旧方法，作为固定资产核算的依据。

若固定资产的各组成部分具有不同使用寿命或者以不同方式为企业提供经济利益，适用不同折旧率或折旧方法的，应当分别将各组成部分确认为单项固定资产。例如，飞机的引擎与飞机机身。

企业根据实际情况制定的固定资产目录、分类方法、每类或每项固定资产的预计折旧年限、预计净残值、折旧方法等，应当编制成册，并按照管理权限，经股东大会或董事会，或经理（厂长）会议或类似机构批准，按照法律、行政法规的规定报送有关各方备案，同时备置于企业所在地，以供投资者等有关各方查阅。企业已经确定并对外报送，或备置于企业所在地的有关固定资产目录、分类方法、预计使用年限、预计净残值、折旧方法等，一经确定不得随意变更，如需变更，仍然应当按照上述程序，经批准后报送有关各方备案，并在会计报表附注中予以说明。

（二）固定资产的分类

固定资产种类繁多，性质不一。为了加强固定资产管理，正确进行核算，对企业固定资产应进行科学、合理的分类。根据我国的实际情况，主要有以下几种分类：

1. 按经济用途分类。按固定资产的经济用途，可分为经营用固定资产和非经营用固定资产。这种分类，可以反映企业固定资产在生产经营和非生产经营方面所占比重及其结构变化，有利于企业合理配置固定资产。

2. 按使用情况分类。按固定资产使用情况，可分为使用中的固定资产、未使用固定资产、租出固定资产、不需用固定资产、土地和融资租入固定资产。这种分类，有助于反映企业固定资产的利用情况，促使企业充分发挥固定资产的使用效率，及时处理闲置资产。并且便于计算折旧。房屋、建筑物以外的未使用和不需用的固定资产不计提折旧，使用中的固定资产要计提折旧。

3. 按所有权分类。按固定资产的所有权分类，可分为自有固定资产和租入固定资产。前者是指企业拥有的可供企业自由地支配使用的固定资产。后者是指企业采用租赁的方式从其他单位租入的固定资产。企业对租入固定资产依照租赁合同拥有使用权，同时负有支付租金的义务，但资产的所有权属于出租单位。租入固定资产可分为经营性租入固定资产和融资租入固定资产。

4. 按经济用途和使用情况综合分类。采用这种分类方法，可把企业的固定资产分为以下七个大类，这也是会计实务中常见的分类：

（1）生产经营用固定资产，是指直接服务于企业生产、经营过程的各种固定资产。如房屋、建筑物、动力设备、传导设备、工作机器及设备、工具、仪器及生产用具、运输设备、管理用具和其他生产经营用固定资产。

（2）非生产经营用固定资产，是指不直接服务于生产、经营过程的各种固定资产。如职工宿舍、招待所、食堂、浴室、托儿所、附属学校等使用的房屋及设备。

（3）租出固定资产，是指经批准租给外单位使用，并向租用单位收取租金的以经营租赁方式出租的各项固定资产。

（4）未使用固定资产，是指尚未使用或尚待安装的固定资产、进行改建、扩建的固定资产和目前停用今后还需要使用的固定资产。

（5）不需用固定资产，是指本企业多余或不适用，需要进行处理的固定资产。

（6）土地，是指过去已经估计入账的土地。

（7）融资租入固定资产，是指以融资方式租入的固定资产。在租赁期内视同企业固定资产进行管理。

企业可根据各自的具体情况和经营管理、会计核算的需要对固定资产进行必要的分类。

（三）固定资产的计价

1. 固定资产的计价标准。固定资产计价，是指用货币计量单位表示固定资产的价值，是进行固定资产价值核算的重要内容。企业的固定资产一般按历史成本作为计价基础，但是，固定资产除了购建的以外，还由于接受捐赠、盘盈等原因而增加，其历史成本有时不能直接确定；同时，固定资产在提供服务过程中价值逐渐减少，客观上需要揭示其现存价值。因此，需要从不同角度对固定资产进行计价。根据新《企业会计准则》规定，对固定资产一般采用以下五种计价标准（亦称计价属性）：

（1）历史成本。在历史成本计量下，固定资产按照购置时支付的现金或者现金等价物的金额，或者按照购置资产时所付出的对价的公允价值计量。固定资产的原始价值是固定资产的基本计价标准，固定资产按原始成本计价，可以反映企业对固定资产的投资规模，也是企业计算提取固定资产折旧（固定资产在使用过程中的损耗价值）的基础。

（2）重置成本。在重置成本计量下，固定资产按照现在购买相同或者相似资产所需支付的现金或者现金等价物的金额计量。重置成本所反映的是固定资产的现时价值，从理论上讲，比采用原始价值计价更为合理。但由于重置成本本身是经常变化的，如果将其作为基本计价标准，势必会引起一系列复杂的会计问题，在会计实务中也不具备可操作性。因此，重置成本只能作为固定资产的一个辅助计量属性来使用。通常在取得无法确定原始价值的固定资产时，如在企业的财产清查中发现盘盈的固定资产、接受捐赠而捐赠方又未提供相关票据的固定资产等，可以采用这种计量属性对固定资产进行计价。

（3）可变现净值。在可变现净值计量下，固定资产按照其正常对外销售所能收到现金或者现金等价物的金额扣减该资产至完工时估计将要发生的成本、估计的销售费用及相关税费后的金额计量。

（4）现值。在现值计量下，固定资产按照预计从其持续使用和最终处置中所产生的未来净现金流入量的折现金额计量。

（5）公允价值。在公允价值计量下，资产和负债按照在公平交易中熟悉情况的交易双方自愿进行资产交换或者债务清偿的金额计量。

企业在对固定资产进行计价时，一般应当采取历史成本计价，若采用重置成本、可变现净值、现值和公允价值计价的，应当保证所确定的会计要素金额能够取得并可靠计量。

2. 固定资产的入账价值。企业的固定资产应按取得时的实际成本入账。

由于企业取得固定资产的途径和方式不同，其入账价值的确定也有所差异。

（1）外购固定资产，按照购买价款、相关税费、使固定资产达到预定可使用状态前所发生的可归属于该项资产的运输费、装卸费、安装费和专业人员服务费等费用作为入账价值。以一笔款项购入多项没有单独标价的固定资产，应当按照各项固定资产公允价值比例对总成本进行分配，分别确定各项固定资产的成本。

（2）自行建造的固定资产，按照建造该项资产达到预定可使用状态前所发生的必要支出作为入账价值。

（3）融资租入的固定资产，是指实质上转移了与资产所有权有关的全部风险和报酬的租赁。其所有权最终可能转移，也可能不转移。企业与出租人签订的租赁合同是否认定为融资租赁合同，不在于租赁合同的形式，而应视出租人是否将租赁资产的风险和报酬转移给承租人而定。如果实质上转移了与资产所有权相关的全部风险和报酬，则该项租赁应认定为融资租赁，反之，则为经营租赁。在租赁开始日，承租人通常应当将租赁开始日租赁资产公允价值与最低租赁付款额两者中较低者作为租入资产的入账价值，将最低租赁付款额作为长期应付款的入账价值，其差额作为未确认融资费用；承租人在租赁谈判和签订租赁合同过程中发生的，可归属于租赁项目的手续费、律师费、差旅费、印花税等初始直接费用，应当计入租入资产价值；未确认融资费用应当在租赁期内各个期间按实际利率法进行分摊。

（4）投资投入的固定资产，按照投资合同或协议的价值作为入账价值。但合同或协议约定的价值不公允的除外。

（5）在原有固定资产基础上进行改建、扩建的固定资产，按原有固定资产账面原价减去改建、扩建过程中发生的变价收入，加上由于改建、扩建而增加的支出作为入账价值。

固定资产的入账成本中，还应当包括企业为取得固定资产而应交纳的契税、耕地占用税、车辆购置税等相关税费。

二、固定资产增加的核算

企业固定资产增加的来源方式，主要有购入、自行建造、投资者投入、融资租入、改扩建等。不同来源方式取得的固定资产，其核算方法也不尽相同。

固定资产应通过“固定资产”科目核算，该科目属资产类科目，借方登记固定资产的增加额，贷方登记固定资产的减少额，余额在借方，表示企业持有的固定资产原价。为了反映固定资产的明细资料，企业应设置“固定资产登记簿”和“固定资产卡片”，按固定资产类别、使用部门等进行明细核算。对经营租入的固定资产，应另设“固定资产备查簿”进行登记，不在本科目核算。

企业的在建工程，包括施工前期准备、正在施工中的建筑工程、安装工程、技术改造工程、大修理工程等，应通过“在建工程”科目核算，工程完工经验收交付使用时再转入“固定资产”科目。“在建工程”科目属资产类科目，借方登记各项在建工程发生的实际支出，包括需要安装设备的价值，贷方登记经验收交付使用工程的实际成本，借方余额表示企业尚未完工的基建工程发生的各项实际支出。

应当注意，企业购入固定资产时所支付的增值税进项税额应计入固定资产原值，不得抵扣。另外，若企业为一般纳税人，当在建工程领用原材料时，应将这部分原材料的增值税进项税额转入在建工程；当领用产成品时，应视同产成品对外销售，将相应的增值税销项税额计入在建工程。

（一）购入固定资产

企业购入固定资产包括购入不需要安装的固定资产和购入需要安装的固定资产两类。

1. *购入不需要安装的固定资产*。企业购入不需要安装固定资产，是指购入后不需要安装即可使用，或者安装比较简单，不需要花费多少成本的固定资产。应按购入时固定资产的成本，借记“固定资产”科目，贷记“银行存款”等科目。

2. *购入需要安装的固定资产*。企业购入需要安装的固定资产，是指需要经过比较复杂的安装、调试和试运行，才能交付生产经营使用的固定资产。购入需要安装的固定资产，应在购入固定资产成本的基础上加上安装调试成本等，作为购入固定资产的成本，先在“在建工程”科目核算，待安装完毕达到预定可使用状态时，再由“在建工程”科目转入“固定资产”科目。

企业购入固定资产时，按实际支付的购买价款、运输费、装卸费和其他相关税费等，借记“在建工程”科目，贷记“银行存款”等科目；安装完毕达到预定可使用状态时，按其实际成本，借记“固定资产”科目，贷记“在建工程”科目。

［**例 16**］甲公司购入一台不需要安装即可投入使用的设备，取得的增值税专用发票上注明的设备价款为 30 000 元，增值税额为 5 100 元，另支付运输费 300 元，包装费 400 元，款项以银行存款支付。甲公司应作如下会计分录：

计算固定资产的成本＝30 000＋5 100＋300＋400＝35 800 元

借：固定资产　　35 800

　贷：银行存款　　35 800

［**例 17**］甲公司用银行存款购入一台需要安装的设备，增值税专用发票上

注明的设备买价为 200 000 元，增值税额为 34 000 元，支付运费 10 000 元，支付安装费 30 000 元，甲公司应作如下会计分录：

（1）购入设备时：

借：在建工程　　244 000

　贷：银行存款　　244 000

（2）支付安装费时：

借：在建工程　　30 000

　贷：银行存款　　30 000

（3）设备安装完毕交付使用时，确定的固定资产成本为 244 000＋30 000＝274 000 元

借：固定资产　　274 000

　贷：在建工程　　274 000

（二）自行建造固定资产

自行建造固定资产，是企业为了新建、改建、扩建固定资产或者对固定资产进行技术改造、设备更新而由企业自行建造的固定资产。按其建造实施方式的不同，可分为自营工程建造的固定资产和出包工程建造的固定资产两种。自营工程和出包工程，都应通过“在建工程”科目核算，工程完工交付使用时，再将其实际成本转入“固定资产”科目。

自营工程，是指由企业自行经营，正在施工中或虽已完工但尚未交付使用的建筑工程和安装工程。已交付使用的自营工程便形成自营工程建造的固定资产。自营工程建造的固定资产，其原值包括工程消耗的材料费用、人工费用、机械使用费、建设期资本化利息费用及各种相关税费等。

企业购入为工程准备的物资时，借记“工程物资”科目（该科目核算企业为在建工程准备的各种物资的成本，包括工程用材料、尚未安装的设备以及为生产准备的工器具等），贷记“银行存款”等科目；工程领用的工程物资，借记“在建工程——建筑工程、安装工程等（××工程）”，贷记“工程物资”科目；工程发生的人工费、资本化利息等，借记“在建工程——建筑工程、安装工程等（××工程）”，贷记“应付职工薪酬”、“长期借款”等科目。工程完工，经验收合格交付使用时，按实际发生的全部支出，借记“固定资产”，贷记“在建工程——建筑工程、安装工程等（××工程）”科目。

［例 18］ 某企业于 2008 年 4 月 1 日向银行借款 50 万元用于建造一生产车间用房，银行贷款利率为 12%，期限 1 年。工程于 2009 年 2 月 1 日完工并经验收合格交付使用。其间发生下列经济业务：

（1）取得银行借款时：

借：银行存款　　500 000

　　贷：长期借款　　500 000

（2）购置工程物资一批，买价 320 000 元，增值税额 54 400 元，运费 3 500元，以银行存款支付：

借：工程物资——专用材料　　377 900

　　贷：银行存款　　377 900

（3）工程领用工程物资 377 900 元：

借：在建工程——建筑工程（厂房）　　377 900

　　贷：工程物资——专用材料　　377 900

（4）由于工程需要，领用本企业生产的电机一台，生产成本 2 400 元，售价 3 100 元，应计增值税为 527 元（3 100×17%）：

借：在建工程——建筑工程（厂房）　　2 927

　　贷：库存商品　　2 400

　　　　应交税费——应交增值税（销项税额）　　527

（5）计算应付自营工程人员工资 118 000 元：

借：在建工程——建筑工程（厂房）　　118 000

　　贷：应付职工薪酬　　118 000

（6）分配并结转辅助生产部门提供的水、电、运输劳务等费用 34 000 元：

借：在建工程——建筑工程（厂房）　　34 000

　　贷：生产成本——辅助生产成本　　34 000

（7）工程在建设期应付借款利息费用 50 000 元（500 000×12%×10/12）：

借：在建工程——建筑工程（厂房）　　50 000

　　贷：长期借款　　50 000

（8）工程完工，退回剩余物资 8 000 元：

借：工程物资—专用材料　　8 000

　　贷：在建工程——建筑工程（厂房）　　8 000

（9）车间用房工程经验收合格，交付使用：

借：固定资产——生产经营用固定资产（厂房）　　574 827

　　贷：在建工程——自营工程（厂房）　　574 827

工程完工后发生的利息费用，应计入财务费用；剩余的工程物资应随固定资产一并交给生产部门，在交库时，借记“原材料”，贷记“工程物资—专用材料”科目。

（三）融资租入固定资产

按照《企业会计准则第 21 号——租赁》规定，在租赁开始日，承租人应当将租赁开始日租赁资产公允价值与最低租赁付款额现值两者中较低者作为租入资产的入账价值，借记“固定资产——融资租入固定资产”科目，按最低租赁付款额，贷记“长期应付款——应付融资租赁款”科目，固定资产入账价值与最低租赁付款额之间的差额，借记“未确认融资费用”科目（本科目核算企业应当分期计入利息费用的未确认融资费用）；每期支付租金费用时，借记“长期应付款——应付融资租赁款”科目，贷记“银行存款”科目；未确认融资费用应当在租赁期内各个期间按实际利率法进行分摊，每期分摊时，按当期应分摊的未确认融资费用金额，借记“财务费用”科目，贷记“未确认融资费用”科目；租赁期满，所有权转移给承租方时，借记“固定资产——生产经营用固定资产”，贷记“固定资产——融资租入固定资产”科目。

［**例 19**］美好公司从长江公司租入一生产线，按照租赁合同规定，租赁开始日为 2007 年 1 月 1 日；租赁期为 3 年，每年年末支付租金 20 万元；租赁期满，该生产线估计残值价值 4 万元，其中美好公司担保余值 3 万元，未担保余值 1 万元。租赁期满，该设备归还给长江公司。合同规定利率为 6%。租赁开始日该生产线的公允价值为 60 万元（其中：年金现值系数 P/A，i，n＝（P/200 000，6%，3）＝2.673 0；复利现值系数 P/ i，n＝P/30 000，6%，3＝0.839 6）。

（1）取得该设备时：

最低租赁付款额现值＝200 000×2.673 0＋30 000×0.839 6＝559 788（元）

该生产线的入账价值＝559 788 元

未确认融资费用＝630 000－559 788＝70 212 元

借：固定资产——融资租入固定资产　　559 788

　　未确认融资费用　　70 212

　贷：长期应付款　　630 000

（2）2007 年 12 月 31 日，支付租金、分摊融资费用并计提折旧时：

未确认融资费用分摊情况表如表 6－2 所示：

表 6－2　未确认融资费用分摊表　　　单位：元

日　期	租金 (1)	确认融资费用 (2)＝期初(4)×6%	应付本金减少额 (3)＝(1)－(2)	应付本金余额 (4)＝期初(4)－(3)
2007 年初				559 788
2007 年末	200 000	33 587.28	166 412.72	393 375.28
2008 年末	200 000	23 602.52	176 397.48	216 977.8
2009 年末	200 000	13 022.2	186 977.8	30 000
合　计	600 000	70 212	529 788	0

应计提折旧＝（559 788－30 000）÷3＝176 596 元

借：长期应付款　200 000

　贷：银行存款　200 000

借：财务费用　33 587.28

　贷：未确认融资费用　33 587.28

借：制造费用　176 596

　贷：累计折旧　176 596

2008 年及 2009 年年末支付租金、分摊融资费用并计提折旧的账务处理，比照 2007 年年末的相关账务处理。

（3）租赁期满，资产归还长江公司：

借：长期应付款　30 000

　累计折旧　529 788

　贷：固定资产——融资租入固定资产　559 788

（四）投资者投入固定资产

企业接受其他单位投资转入的房屋、机器设备等固定资产，一方面反映企业固定资产的增加，另一方面要反映投资者投资额的增加。投资者投入固定资产的成本，应当按照投资合同或协议约定的价值确定，但合同或协议约定价值不公允的除外。

［**例 20**］某企业接受乙公司设备一套作为投资，乙公司记录的该项固定资产的账面原值为 80 万元，已提折旧 10 万元；目前的公允价值为 60 万元；企业接受投资时，双方同意按公允价值确认投资额。企业应作会计分录：

借：固定资产——生产经营用固定资产（设备）　60 000

　贷：实收资本——乙公司　60 000

三、固定资产折旧的核算

（一）固定资产折旧概述

1. 固定资产折旧的概念。固定资产的一个重要特征是能够连续在若干个生产周期内发挥作用，并保持其原有的实物形态，而其价值则是随着固定资产的磨损逐渐地转移到成本费用中去，从而形成了固定资产的价值转移过程。在这个价值转移过程中转移了的那部分价值称作固定资产折旧。也就是说，固定资产折旧是指固定资产在使用过程中，逐渐损耗而转移的那部分价值。折旧费是企业成本费用的一个重要组成部分，它随着产品销售的实现，从销售收入中收回。正确计算和提取固定资产折旧，是正确计算产品成本和企业盈亏的重要因素。

固定资产折旧是指固定资产使用寿命内，按照确定的方法对应计折旧额进行系统分摊。应计提折旧额是指应当计提折旧的固定资产的原价扣除其预计净残值后的金额，已计提减值准备的固定资产还应当扣除已计提的固定资产减值准备累计金额。

2. *影响固定资产折旧的基本因素*。影响固定资产折旧的基本因素或者说企业计算提取各期固定资产折旧（应计折旧额）的主要依据有：固定资产的原始价值、预计净残值和固定资产的使用寿命。

（1）固定资产的原始价值。固定资产的原始价值是指固定资产取得时的实际成本，是计算固定资产折旧的基数。一般以月初可提取折旧的固定资产的账面原价为依据，当月增加的固定资产当月不提折旧，从下月起计提折旧；当月减少的固定资产当月仍提折旧，从下月起停止计提折旧。

（2）预计净残值。预计净残值是指假定固定资产预计使用寿命已满并处于使用寿命终了时的预期状态，企业目前从该项资产处置中获得的扣除预计处置费用后的金额。

（3）固定资产的使用寿命。固定资产的使用寿命，是指企业使用固定资产的预计期间，或者该固定资产所能生产产品或提供劳务的数量。企业确定固定资产使用寿命时，应当考虑下列因素：①该项资产预计生产能力或实物产量；②该项资产预计有形损耗，如设备使用中发生磨损、房屋建筑物受到自然侵蚀等；③该项资产预计无形损耗，如因新技术的出现而使现有的资产技术水平相对陈旧、市场需求变化使产品过时等；④法律或者类似规定对该项资产使用的限制。

3. *固定资产计提折旧的范围*。按照我国企业会计准则规定，企业在用的固定资产均应计提折旧。具体范围包括：①房屋和建筑物；②在用机械设备、仪器仪表、运输工具、工具器具；③以经营租赁方式租出的固定资产；④以融资租赁方式租入的固定资产；⑤季节性停用和大修理停用的设备。

对于房屋和建筑物，无论使用与否，都会因自然力作用的影响而不断损耗其价值，所以，无论是否使用均应计提折旧。

下列固定资产不计提折旧：①房屋和建筑物以外的未使用、不需用固定资产（即未使用、不需用机械设备、仪器仪表、运输工具、工具器具）；②以经营租赁方式租入的固定资产；③在建工程项目交付使用以前的固定资产；④已提足折旧仍继续使用的固定资产；⑤未提足折旧提前报废的固定资产；⑥破产、关停企业的固定资产；⑦过去已经估价单独入账的土地。

（二）固定资产折旧的方法

计提固定资产折旧的方法有两类：一类是直线法，包括平均年限法和工作量法；一类是加速折旧法，包括双倍余额递减法、年数总和法等。对于以上四种折旧方法，企业可根据会计准则的规定结合自身的经营性质和特点选择使用。企业一般采用平均年限法。企业专业车队的客、货运汽车，大型设备，可以采用工作量法；在国民经济中具重要地位、技术进步快的电子生产企业、船舶工业和船舶运输企业、生产“母机”的机械企业、飞机制造企业、汽车制造企业和运输企业、化工生产企业和医药生产企业以及其他经财政部批准的企业，其机器设备可以选用加速折旧法中的双倍余额递减法或年数总和法。企业固定资产折旧方法一经选用，不得随意变动。

1. 平均年限法。平均年限法是指将固定资产的可折旧价值平均分摊于其可折旧年限内的一种方法。这种折旧方法假定固定资产依使用年限均匀损耗，按使用年限平均计提折旧，因此在使用期内的各会计期间（年份或月份）计提的折旧额相等，折旧的积累额呈一直线上升的趋势，故这种方法又称直线法。这种方法适用于在各个会计期间使用程度比较均衡的固定资产。其计算公式为：

固定资产年折旧额＝[固定资产原值－（预计残值收入－预计清理费用)]

固定资产预计使用年限＝（固定资原值－预计净残值）÷固定资产预计使用年限

固定资产月折旧额＝固定资产年折旧额÷12

在会计实务中，通常以折旧率这个相对数来反映固定资产在单位时间的折旧程度，每月应计提的折旧额，一般是根据固定资产的原值乘以月折旧率计算的。折旧率即一定期间内固定资产折旧额对固定资产原价的比率。其计算公式为：

年折旧率＝固定资产年折旧额÷固定资产原值×100％

或者：年折旧率＝（1－预计净残值率）÷以及使用年限×100％

月折旧率＝年折旧率÷12

［例 21］ 某企业某项固定资产原值为 120 000 元，预计使用年限为 10 年，预计残值收入 5 800 元，预计清理费用 1 000 元，则：

固定资产净残值率＝［（5 800－1 000）÷120 000］×100％＝4％

年折旧额＝[120 000－（5 800－1 000)］÷10＝11 520（元）

年折旧率＝（11 520÷120 000）×100％＝9.6％

或者：年折旧率＝［（1－4％）÷10］×100％＝9.6％

月折旧率＝9.6％÷12＝0.8％

月折旧额＝120 000×0.8％＝960（元）

上例中计算出来的折旧率，是按某项固定资产计算的，称之为个别折旧率或单项折旧率，它是某项固定资产在一定期间的折旧额与该项固定资产原值的比率。此外，还有分类折旧率和综合折旧率。分类折旧率是指固定资产分类折旧额与该类固定资产原值的比率，采用这种方法，应先把性质、结构和使用年限接近的固定资产归为一类，再按类计算平均折旧率；综合折旧率是指某一期间企业的全部固定资产折旧额与全部固定资产原值的比率。以上三种折旧率各有其优缺点，会计实务中一般采用分类折旧率。分类折旧率和综合折旧率计算公式为：

年分类折旧率＝某类固定资产折旧额÷某类固定资产原值×100％

月分类折旧率＝年分类折旧率÷12

年综合折旧率＝企业全部固定资产折旧额÷企业全部固定资产原值×100％

月综合折旧率＝年综合折旧率÷12

2. *工作量法*。工作量法又称作业量法，是根据固定资产在使用期间完成的总的工作量平均计算折旧的一种方法。工作量法和平均年限法都是平均计算折旧的方法，都属直线法。但是，工作量法是假定固定资产在使用期内依工作量均匀损耗，按工作量平均计算折旧，在一定期间内固定资产的工作量越多，其计提的折旧也就越多。因此，固定资产在各会计期间的工作量不同，其计提的折旧额也就不会相等。这与平均年限法又有所不同。这种方法适用于损耗程度与完成工作量成正比关系的固定资产或者在使用期内不能均衡使用的固定资产。其计算公式为：

单位工作量折旧额＝（固定资产原值－预计净残值）÷预计总工作量

＝固定资产原值×（1－预计净残值率）÷预计总工作量

月折旧额＝单位工作量折旧额×当月实际完成工作量

单位工作量折旧额＝原始价值×（1－预计净残值率）/预计工作量总额

年折旧额＝某年实际完成的工作量×单位工作量折旧额

月折旧额＝某月实际完成的工作量×单位工作量折旧额

［**例 22**］某企业新购置货运卡车一辆，原值 60 000 元，预计净残值率为 5％，预计行驶 400 000 公里/吨，本月实际行驶 8 000 公里/吨。本月应计提折旧额为：

单位里程折旧额＝［60 000×（1－5％）］÷400 000＝0.142 5（元）

本月折旧额＝0.142 5×8 000＝1 140（元）

3. *双倍余额递减法*。双倍余额递减法是加速折旧法的一种，是按直线法折旧率的两倍，乘以固定资产在每个会计期间的期初账面净值（亦称折余价值，是指固定资产账面原始价值减去已提折旧额后的余额）。计算折旧的方法。在计算折旧率时通常不考虑固定资产残值。其计算公式为：

年折旧额＝期初固定资产账面净值×双倍直线折旧率

月折旧率＝双倍直线折旧率÷12

月折旧额＝固定资产期初账面净值×月折旧率

或者：月折旧额＝年折旧额÷12

由于采用双倍余额递减法在确定折旧率时不考虑固定资产净残值因素，因此，在采用这种方法时，应注意以下两点：

(1) 由于每年的折旧额是递减的，因而可能出现某年按双倍余额递减法所提折旧额小于按直线法计提的折旧额。当这一情况在某一折旧年度出现时，应换为按直线法计提折旧。通常在下列条件成立时，换为直线法计提折旧：

该年按双倍余额递减法计算的折旧额＜（当期固定资产期初账面净值－预计净残值）÷剩余使用年限

(2) 各年计提折旧后，固定资产账面净值不能小于预计净残值。避免这一现象的方法是，在可能出现此现象的那一年转换为直线法，即：将当年年初的固定资产账面净值减去预计净残值，其差额在剩余的使用年限中平均摊销。但在实际工作中，企业一般采用简化的办法，在固定资产预计使用年限到期前两年转换成直线法。

［**例 23**］某企业对机械设备采用双倍余额递减法计提折旧，企业的某项设备原值 160 000 元，预计净残值率为 3%，预计使用年限为 5 年。每年应计提折旧额计算如下：

双倍直线折旧率＝（2÷5）×100%＝40%

预计净残值＝160 000×3%＝4 800（元）

各年应计提折旧额计算如表 6-3。

表 6-3 折旧计算表（双倍余额递减法）　　单位：元

年　份	年初账面净值	折旧率	折旧额	累计折旧额	期末账面净值
1	160 000	40%	64 000	64 000	96 000
2	96 000	40%	38 400	102 400	57 600
3	57 600	40%	23 040	125 440	34 560
4	34 560	—	14 880	140 320	19 600
5	19 600	—	14 880	155 200	4 800

表 6-3 中第 4 年由于 34 560×40%＜（34 560－4 800）÷2，所以，自第 4 年起换为直线法，其年折旧额为：

（34 560－4 800）÷2＝14 880（元）

4. *年数总和法*。年数总和法又叫年限积数法，它是以固定资产的原值减去预计净残值后的净额为基数，以一个逐年递减的分数为折旧率，计算各年固定资产折旧额的一种折旧方法。这种方法的特点是：计算折旧的基数是固定不变的，折旧率依固定资产尚可使用年限来确定，各年折旧率呈递减趋势，依此计算的折旧额也呈递减趋势。

年数总和法的各年折旧率，是以固定资产尚可使用年限作分子，以固定资产使用年限的逐年数字之和作分母。假定固定资产使用年限为n年，分母即为1＋2＋3＋…＋n＝n（n＋1）/2。计算公式为：

年折旧率＝尚可使用年限÷预计使用年限的逐年数字总和
＝（预计使用年限－已使用年限）÷预计使用年限×（1＋预计使用年限）/2

月折旧率＝年折旧率÷12

年折旧额＝（固定资产原值－预计净残值）×年折旧率

月折旧额＝（固定资产原值－预计净残值）×月折旧率

［**例 24**］某企业购置设备一台，原值为122 500元，预计净残值率为4％，预计使用年限为6年，采用年数总和法计提折旧。

预计净残值＝122 500×4％＝4 900（元）

计提折旧基数＝122 500－4 900＝117 600（元）

年折旧率的分母＝6×（1＋6）/2＝21

各年折旧率为：第1年6/21；第2年5/21；第3年4/2；第4年3/21；第5年2/21；第6年1/21，各年折旧额计算如表6－4。

表6－4　折旧计算表（年数总和法）　　单位：元

年　份	原值－预计净残值	年折旧率	各年折旧额	累计折旧额	期末账面净值
1	117 600	6/21	33 600	33 600	88 900
2	117 600	5/21	28 000	61 600	60 900
3	117 600	4/21	22 400	84 000	38 500
4	117 600	3/21	16 800	100 800	21 700
5	117 600	2/21	11 200	112 000	10 500
6	117 600	1/21	5 600	117 600	4 900

（三）固定资产折旧的核算

固定资产损耗的价值是企业成本费用的组成部分，企业应按月计提固定资产折旧。固定资产折旧通过“累计折旧”科目核算，该科目属资产类科目，是“固定资产”科目的备抵科目。贷方登记计提的固定资产折旧额和增加固定资产时而相应增加的折旧额；借方登记因出售、报废清理、盘亏等原因减少固定资产时转销的所提折旧额；余额在贷方，表示企业现有固定资产的累计折旧额。在资产负债表中，累计折旧作为固定资产的减项单独列示。每月计提的固定资产折旧费，应按固定资产的使用部门，借记“制造费用”、“管理费用”、“其他业务成本”等科目，贷记“累计折旧”科目。在会计实务中，每月固定资产折旧的计算是通过编制“固定资产折旧计算表”进行的。折旧计算表是在上月份计提折旧的基础上，对上月固定资产的增减情况进行调整后计算当月应计提的折旧。本月应提折旧额计算公式为：

$$\text{本月应提折旧额} = \text{上月应提折旧额} + \text{上月增加的固定资产应提折旧额} - \text{上月减少的固定资产应提折旧额}$$

固定资产折旧计算表可以由会计部门编制，也可以由各使用部门编制，最后由会计部门按固定资产使用部门进行汇总编制固定资产折旧汇总表，据以编制记账凭证。

［**例 25**］某企业 2008 年 6 月份的固定资产折旧汇总计算表如表 6-5。据此，应作会计分录：

借：制造费用　　73 900
　　管理费用　　4 300
　　其他业务成本　　1 200
　贷：累计折旧　　79 400

表 6-5　固定资产折旧计算汇总表

2008 年 6 月份　　单位：元

使用部门	上月计提折旧额	加：上月增加固定资产应计提折旧额	减：上月减少固定资产应计提折旧额	本月应计提折旧额
A 车间	28 350	1 250		29 600
B 车间	21 000		850	20 150
C 车间	24 150			24 150
车间合计	73 500	1 250	850	73 900
行政管理部门	4 050	250		4 300
出租	1 200			1 200
合计	78 750	1 500	850	79 400

四、固定资产减少的核算

（一）固定资产终止确认的条件

企业固定资产的减少，主要有固定资产出售、报废、对外投资转出、对外捐赠以及非正常原因造成的固定资产损毁损失和盘亏等方面。其中，固定资产出售、报废和非正常原因损毁损失等，要按规定程序转入固定资产清理；固定资产盘亏，要按规定转作待处理财产损溢；固定资产对外投资和对外捐赠，按有关规定处理。

固定资产满足下列条件之一的，应当予以终止确认：①该固定资产处于处置状态；②该固定资产预期通过使用或处置不能产生经济利益。

（二）固定资产清理

1. 固定资产清理的内容。固定资产清理，是指由于固定资产的报废、出售以及固定资产因非正常原因遭到损毁和损失，而对其账面价值及相关收入、支出的处理。企业将固定资产出售，因使用期满不能继续使用而报废的固定资产，因管理不善造成提前报废的固定资产以及因不可抗拒的自然灾害造成的固定资产损毁和损失，均应按规定程序办理报废、转让手续，转入固定资产清理。

2. 固定资产清理的核算原则。企业转入清理的固定资产，应通过“固定资产清理”科目核算。该科目属资产类科目，也是一个计价对比科目。借方登记转入清理的固定资产价值和发生的清理费用及有关税费；贷方登记清理固定资产的变价收入和应由保险公司或过失人承担的损失。借方余额为清理损失，其中保险公司或过失人承担部分列为其他应收款，净损失计入当期损益；贷方余额为清理净收益，计入当期损益。结转后，“固定资产清理”科目应无余额。

3. 固定资产清理的核算。

（1）出售固定资产。企业将不需用固定资产出售给其他单位时，应注销出售固定资产的账面价值，即按固定资产原值减去累计折旧和已计提的减值准备的差额，借记“固定资产清理”科目，按已提折旧，借记“累计折旧”科目，按已计提的减值准备，借记“固定资产减值准备”按固定资产原值，贷记“固定资产”科目；按固定资产售价借记“银行存款”，贷记“固定资产清理”科目；按支付的清理费用借记“固定资产清理”，贷记“银行存款”等科目；若出售建筑物等不动产，应按应交纳的营业税额借记“固定资产清理”，贷记“应交税费——应交营业税”科目。若固定资产清理后为净收益，应按“固定资产清理”科目贷方差额借记“固定资产清理”，贷记“营业外收入——处理非流动资产收益”科目；若固定资产清理后为净损失，则应按“固定资产清理”科目借方差额借记“营业外支出——处置非流动资产收益”，贷记“固定资产清理”科目。

［**例 26**］某企业出售一建筑物，原价 250 万元，已提折旧 70 万元，已计提的减值准备 10 万元，出售前发生清理费 3 000 元；出售价格为 210 万元，适用营业税率为 5%。企业应作会计分录：

(1) 注销出售的固定资产账面原值和已提折旧：

借：固定资产清理　　1 700 000

　　累计折旧　　700 000

　　固定资产减值准备　　100 000

　贷：固定资产　　2 500 000

(2) 支付清理费用时：

借：固定资产清理　　3 000

　贷：银行存款　　3 000

(3) 收到价款时：

借：银行存款　　2 100 000

　贷：固定资产清理　　2 100 000

(4) 计算应交纳的营业税：

应交营业税额=2 100 000×5%=105 000（元）

借：固定资产清理　　105 000

　贷：应交税费——应交营业税　　105 000

(5) 结转净收益时：

净收益=2 100 000−1 700 000−105 000−3 000=292 000（元）

借：固定资产清理　　292 000

　贷：营业外收入——处理非流动资产收益　　292 000

［**例 27**］某企业出售一台不需用新机器，原值 119 500 元，双方议定价格为 110 000 元，款项已存入银行。企业应作会计分录：

(1) 注销固定资产账面价值：

借：固定资产清理　　119 500

　贷：固定资产——不需用固定资产（机器）　　119 500

(2) 取得出售机器收入时：

借：银行存款　　110 000

　贷：固定资产清理　　110 000

(3) 结转净损失：

借：营业外支出——处理非流动资产收益　　9 500

　贷：固定资产清理　　9 500

(2) 固定资产报废

固定资产报废有两种情况：一是正常报废，包括由于固定资产长期使用而发生损耗不能继续使用而报废，和由于社会技术进步必须以先进设备代替落后设备而提前报废；一是非正常报废，主要包括因火灾、水灾、地震等自然灾害和责任事故使固定资产损毁而报废。固定资产正常报废和非正常报废均应转入固定资产清理；其会计处理与固定资产出售的会计处理基本相同，只是非正常报废造成的固定资产损失，一般会取得保险公司或责任人的赔偿款收入，其收入应作为其他应收款，借记“其他应收款”，贷记“固定资产清理”科目。

［**例 28**］某公司有旧仓库一座，原值 1 500 000 元，已提折旧 1 455 000 元，因使用期满经批准报废。在清理过程中以银行存款支付拆除费 18 000 元，出售残值取得变价收入 36 000 元。公司应作会计分录：

（1）注销报废的固定资产账面原值和已提折旧：

借：固定资产清理　　45 000
　　累计折旧　　1 455 000
　贷：固定资产——生产经营用固定资产（仓库）　　1 500 000

（2）支付清理费用时：

借：固定资产清理　　18 000
　贷：银行存款　　18 000

（3）收到残值变价收入时：

借：银行存款　　36 000
　贷：固定资产清理　　36 000

（4）结转固定资产清理净损失：

借：营业外支出——处理非流动资产收益　　27 000
　贷：固定资产清理　　27 000

［**例 29**］某公司因火灾烧毁检验用精密仪器一台，原值 236 000 元，已提折旧 137 352 元；经保险公司核准应赔偿款 84 000 元，清理中以现金支付清理费 150 元，残值变价收 2 400 元存入银行。公司应作如下会计分录：

（1）注销损毁固定资产账面原值和已提折旧：

借：固定资产清理　　98 648
　　累计折旧　　137 352
　贷：固定资产——生产经营用固定资产（仪器）　　236 000

（2）支付清理费用时：

借：固定资产清理　　150
　贷：库存现金　　150

（3）取得残值变价收入时：

借：银行存款　　2 400
　贷：固定资产清理　　2 400

（4）结转应收保险公司赔偿款时：

借：其他应收款——保险公司　　84 000

　贷：固定资产清理　　84 000

（5）结转固定资产清理净损失：

借：营业外支出——非常损失　　12 398

　贷：固定资产清理　　12 398

（三）固定资产对外投资

企业为扩大投资范围，减少经营风险向其他企业投资时，可用有关协议或合同为根据，将自有的固定资产进行投资。在向外拨付固定资产时，应按合同、协议约定或评估确认价值作为其投资额，如果评估确认按账面净值计价时，借记“长期股权投资”、“累计折旧”等科目，贷记“固定资产”科目。

[**例 30**] 美好公司将一台设备投资给明天公司，设备的原始价值为 56 万元，已提折旧额为 20 万元，该设备未计提减值准备。经评估确认，以账面价值作为投资额。公司应作会计分录：

借：长期股权投资　　360 000

　　累计折旧　　200 000

　贷：固定资产　　560 000

五、固定资产后续支出的核算

固定资产的后续支出是指企业的固定资产投入使用后，为了适应新技术发展的需要，或者为了维护或提高固定资产的使用效能，而对现有固定资产进行维护、改建、扩建或者改良等所发生的各项必要支出。根据新《企业会计准则》的规定，企业发生固定资产后续支出时，需要对支出的性质进行分析，并分别采用不同的方法进行核算。

（一）资本化后续支出

企业将固定资产进行更新改造，如符合资本化条件的，应将该固定资产的原价、已计提的累计折旧和减值准备转销，将其账面价值转入在建工程，并停止计提折旧。固定资产发生的可资本化的后续支出，通过“在建工程”科目核算。待更新改造等工程完工并达到预定可使用状态时，再转为固定资产，并按重新确定的使用寿命、预计净残值和折旧方法计提折旧。

[**例 31**] 某公司有一生产线，2006 年 12 月建成并投入使用，建造成本为 40 万元；采用平均年限法计提折旧；预计该生产线的使用寿命为 5 年，预计净残值率为原价的 3%。2009 年 1 月 1 日，公司为满足生产发展的需要，决定对该生产线进行改扩建以提高其生产能力。改扩建用时三个月，共发生支出 24 万元（假定全部用银行存款支付）。改扩建后的生产线预计尚可使用 6 年，

预计净残值率为改扩建后该生产线账面价值的3%，折旧方法仍为平均年限法。该公司会计分录如下：

(1) 2007年1月1日至2008年12月31日两年间，该生产线每年应计提折旧额为77 600元［400 000×（1－3%）/5］，每月提取折旧6 466.67元。两年的24个月中，每个月的月末计提折旧的核算为：

借：制造费用　　6 466.67
　贷：累计折旧　　6 466.67

(2) 2009年1月1日，该生产线的账面价值为244 800元（400 000－77 600×2），该生产线转入改扩建的会计分录为：

借：在建工程　　244 800
　　累计折旧　　155 200
　贷：固定资产——生产线　　400 000

(3) 2009年1月1日至3月31日，发生改扩建支出的会计分录为：

借：在建工程　　240 000
　贷：银行存款　　240 000

(4) 改扩建工程达到预定可使用状态，后续支出全部资本化后的生产线的账面价值484 800元，转为固定资产。其会计分录为：

借：固定资产——生产线　　484 800
　贷：在建工程　　484 800

(5) 改扩建后的生产线的年折旧额为78 376元［484 800×（1－3%）/6］，月折旧额为6 531.33元。2009年4月开始每月末计提折旧的会计分录为：

借：制造费用　　6 531.33
　贷：累计折旧　　6 531.33

（二）费用化后续支出

一般情况下，固定资产投入使用后，由于各个组成部分耐用程度不同或者使用的条件不同，可能会导致固定资产的局部损坏。为了维持固定资产的正常运转和使用，充分发挥其使用效能，企业会对固定资产进行必要的维护。固定资产的日常维护支出只是确保固定资产的正常工作状况，通常不满足固定资产的确认条件，应当在发生时计入管理费用或销售费用，不得采用预提或待摊方式处理。

［例32］ 某公司对行政办公楼进行维修，实际领用修理备件和维修材料57 000元，以银行存款支付维修人员工资21 000元。公司应作会计分录：

借：管理费用——修理费　　78 000
　贷：原材料　　57 000
　　　银行存款　　21 000

在具体实务中，对固定资产发生的下列各项后续支出，通常的处理方法为：

(1) 固定资产修理费用，应直接计入当期费用。

(2) 固定资产改良支出，应当记入固定资产账面价值。

(3) 如果不能区分是固定资产修理还是固定资产改良，或固定资产修理和固定资产改良结合在一起，则企业应判断，与固定资产有关的后续支出，是否满足固定资产的确认条件。如果该后续支出满足固定资产确认条件，后续支出应当记入固定资产账面价值；否则确认为当期费用。

(4) 固定资产装修费用，如果满足固定资产确认条件，装修费用应当记入固定资产账面价值；并在“固定资产”科目下单设“固定资产装修费用”明细科目进行核算，在两次装修间隔期间与固定资产尚可使用年限两者较短期间内，采用合理方法单独计提折旧。如果下次装修前，与该项固定资产相关的“固定资产装修费用”明细科目仍有账面价值，应将该账面价值一次全部计入当期营业外支出。

(5) 融资租入固定资产发生的后续支出，比照上述原则处理。发生固定资产装修费用等，满足固定资产确认条件的，应在两次装修间隔期间、剩余租赁期与固定资产尚可使用年限三者较短期间内，采用合理方法单独计提折旧。

(6) 经营租入固定资产发生的改良支出，应通过“长期待摊费用”科目核算，并在剩余租赁期与租赁资产尚可使用年限两者中较短的期间内，采用合理的方法进行摊销。

六、固定资产盘盈、盘亏的核算

为了保证固定资产核算的真实性，企业应经常对固定资产进行盘点清查。一般来说，每年至少应在编制会计决算报告之前对固定资产进行一次全面清查，平时可以根据需要进行局部清查。对清查过程中发现的盘盈、盘亏、毁损的固定资产，应及时查明原因，并编制固定资产盘盈、盘亏、毁损报告表，并根据企业的管理权限，经有关机构批准后，在期末结账前处理完毕。

如企业盘盈、盘亏、毁损的固定资产，在期末结账前尚未经批准的，在对外提供会计报告时应按上述规定进行处理，并在会计报表附注中作出说明；如果其后批准处理的金额与已处理的金额不一致，应按其差额再进行调整。

(一) 盘盈固定资产

企业在财产清查中盘盈的固定资产，作为前期差错处理。企业在财产清查中盘盈的固定资产，在按管理权限报经批准处理前应先通过“以前年度损益调整”科目（该科目核算企业本年发生的调整以前年度损益的事项以及本年度发生的重要前期差错更正涉及调整以前年度损益的事项）核算。盘盈固定资产，应按照以下规定确定其账面价值：如果同类或类似固定资产存在活跃市场的，按同类或类似固定资产的市场价格，减去按该项资产的新旧程度估计的价值损耗后的余额，作为入账价值，如果同类或类似固定资产不存在活跃市场的，按该项固定资产的预计未来现金流量的现值，作为入账价值。企业应按上述规定确定的入账价值，借记“固定资产”科目，贷记“以前年度损益调整”科目。

［**例33**］乙公司在财产清查中，发现一台未入账的设备，按同类或类似商品市场价格，减去按该项资产的新旧程度估计的价值损耗后的余额为30 000元。根据规定，该盘盈固定资产作为前期差错进行处理。假定丁公司适用的所得税税率为25%，按净利润的10%计提法定盈余公积，丁公司应作如下会计分录：

（1）盘盈固定资产时：

	借方	贷方
借：固定资产	30 000	
贷：以前年度损益调整		30 000

（2）确定应缴纳的所得税时：

	借方	贷方
借：以前年度损益调整	7 500	
贷：应交税费——应交所得税		7 500

（3）结转为留存收益时：

	借方	贷方
借：以前年度损益调整	22 500	
贷：盈余公积——法定盈余公积		2 250
利润分配——未分配利润		20 250

（二）固定资产盘亏

企业在财产清查中发现盘亏固定资产，应按其账面价值，借记“待处理财产损溢——待处理非流动资产损溢”科目，按其账面已提折旧额，借记“累计折旧”科目，按已计提的减值准备，借记“固定资产减值准备”科目，按其账面原值，贷记“固定资产”科目；报经批准后，将盘亏固定资产的价值转作营业外支出，借记“营业外支出——固定资产盘亏”科目，贷记“待处理财产损溢——待处理非流动资产损溢”科目。固定资产盘亏造成的损失，应当计入当期损益。

［**例34**］某公司在期末财产清查中，发现盘亏机器一台，其账面原值为55 000元，已提折旧21 230元。已计提的减值准备3 000元。公司应作会计分录：

（1）发现盘亏固定资产时：

借：待处理财产损溢——待处理非流动资产损溢　30 770
　　累计折旧　21 230
　　固定资产减值准备　3 000
　贷：固定资产——生产经营用固定资产（设备）　55 000

（2）报经批准后：

借：营业外支出——固定资产盘亏　30 770
　贷：待处理财产损溢——待处理非流动资产损溢　30 770

七、固定资产减值的核算

（一）固定资产减值的概念

固定资产减值是指固定资产的可回收金额低于其账面价值这样一种情况。

根据企业会计准则规定，企业应当在会计期末判断资产是否存在可能发生减值的迹象。存在下列迹象的，表明资产可能发生了减值。

（1）资产的市价当期大幅度下跌，其跌幅明显高于因时间的推移或者正常使用而预计的下跌。

（2）企业经营所处的经济、技术或者法律等环境以及资产所处的市场环境在当期或者将在近期发生重大变化，从而对企业产生不利影响。

（3）市场利率或者其他市场投资回报率在当期已经提高，从而影响企业资产预计未来现金流量现值的折现率，导致资产可收回金额大幅度降低。

（4）有证据表明资产已经陈旧过时或者其实体已经损坏。

（5）资产已经或者将被闲置、终止使用或者计划提前处置。

（6）企业内部报告的证据表明资产的经济绩效已经低于或者将低于预期，如资产所创造的净现金流量或者实现的营业利润（或者损失）远远低于预计金额等。

资产存在减值迹象时，应当估计其可回收金额。可回收金额应当根据资产的公允价值减去处置费用后的净额与资产预计未来现金流量的现值两者之间较高者确定。资产的公允价值减去处置费用后的净额与资产预计未来现金流量的现值，只要有一项超过了资产的账面价值，就表明资产没有发生减值，不需要再估计另一项。

固定资产的账面价值是指固定资产在企业的账簿中所登记的价值。一般是指固定资产在取得时所发生的实际成本。企业应当定期或至少于每年年度终了，对固定资产进行全面检查。

（二）固定资产减值损失的核算

固定资产减值准备是指企业根据谨慎性原则的要求，为应付固定资产减值有可能给企业带来的风险而预先提取的一种准备金。如企业为应付可能发生的坏账损失而预先提取坏账准备的道理一样，企业提取固定资产减值准备，就是为了应付固定资产减值有可能给企业带来的损失，化解由于固定资产减值损失而可能给企业带来的风险，也有利于科学地确定各个会计期间的损益，进而合理的确认企业各个会计期间的财务成果。

固定资产在资产负债表日存在可能发生减值迹象时，其可收回金额低于账面价值的，企业应当将该固定资产的账面价值减记至可收回金额，减记的金额确认为减值损失，计入当期损益，同时计提相应的资产减值准备，借记“资产减值损失——计提固定资产减值准备”科目，贷记“固定资产减值准备”科目。固定资产减值损失一经确认，在以后会计期间不得转回。

[**例 35**] 2008 年 12 月 31 日，美好公司的某生产线存在可能发生减值的迹象。经计算，该机器可收回金额合计为 123 万元，账面价值为 140 万元，以前年度未对该生产线计提减值准备。

由于该生产的可收回金额为 123 万元，账面价值为 140 万元，可收回金额低于账面价值，应按两者之间的差额 17 万元计提固定资产减值准备。会计处理如下：

借：资产减值损失——计提固定资产减值准备　　170 000

　贷：固定资产减值准备　　170 000

第五节　无形资产的核算

一、无形资产的概述

（一）无形资产的概念及确认条件

无形资产是指企业拥有或者控制的没有实物形态的可辨认非货币性资产。资产满足下列条件之一的，符合无形资产定义中的可辨认性标准：①能够从企业中分离或者划分出来，并能单独或者与相关合同、资产或负债一起，用于出售、转移、授予许可、租赁或者交换。例如，企业可以将自行开发设计的某种产品生产的专利权或某种非专利技术，由于本企业不再使用而出售给其他企业，这部分无形资产就从企业中分离出来了。②源自合同性权利或其他法定权利，无论这些权利是否可以从企业或其他权利和义务中转移或者分离。例如，企业以签订合同的形式允许其他企业使用本企业的商标权，商标权并未因对方使用而从企业中分离出去。

无形资产同时满足下列条件的，才能予以确认：①与该无形资产有关的经济利益很可能流入企业；②该无形资产的成本能够可靠地计量。

企业在判断无形资产产生的经济利益是否很可能流入时，应当对无形资产在预计使用寿命内可能存在的各种经济因素作出合理估计，并且应当有明确证据支持。如专利权、非专利权技术等应当有国家专利管理机构颁发的鉴定证书，商标权、著作权、土地使用权应有相关部门的证明文件等。

无形资产主要包括专利权、非专利技术、商标权、著作权、土地使用权、特许权等。商誉的存在无法与企业自身分离，不具有可辨认性，不属于无形资产。

（二）无形资产的分类

1. 专利权。专利权是指专利发明人经过专利申请获得批准，从而得到法律保护的对某一产品的设计、造型、配方、结构、制造工艺或程序等，拥有的专门权利。根据我国的专利法规定，专利权分为发明专利和实用新型及外观设计专利两种，自申请日起计算，发明专利权的期限为15年，实用新型及外观设计专利权的期限为5年。发明者在取得专利权后，在有效期限内将享有专利的独占权。

2. 非专利技术。非专利技术是指未经专利权申请的没有公开的专门技术、工艺规程、经验和产品设计等。非专利技术因为它未经法定机关按法律程序批准和认可，所以它不受法律保护。非专利技术没有法律上的有效年限，只有经济上的有效年限。

3. 商标权。商标权是商标所有者将某类指定的产品或商品上使用的特定名称或图案即商标，依法注册登记后，取得的受法律保护的独家使用权利。商标是用来辨认特定商品和劳务的标记，代表着企业的一种信誉，从而具有相应的经济价值。根据我国商标法规定，注册商标的有效期限为10年，期满可依法延长。

4. 土地使用权。土地使用权是某一企业按照法律规定所取得的在一定时期对国有土地进行开发、利用和经营的权利。在我国，根据法律规定，在我国境内的土地都属于国家或集体所有，任何单位和个人不得侵占、买卖、出租或非法转让。国家和集体可以依照法定程序对土地使用权实行有偿出让，企业也可以依照法定程序取得土地使用权，或将已取得的土地使用权依法转让。

5. 著作权。著作权也称版权，是指著作者或文艺作品创作者以及出版商依法享有的在一定年限内发表、制作、出版和发行其作品的专有权利。著作权受法律保护，未经著作权所有者许可或转让，他人不得占有和行使。

6. 特许权。特许权就是特许人授予受许人的某种权利，在该权利之下，受许人可以在约定的条件下使用特许人的某种工业产权或知识产权，它可以是单一的业务元素，如商标、专利等；也可以是若干业务元素的组合。遵照特许权由简单到复杂的顺序，按单一元素到综合模式级别可以把特许经营分为以下六种基本类型：商标特许经营、产品特许经营、生产特许经营、品牌特许经营、专利及商业秘密特许经营和经营模式特许经营。

（三）研究与开发支出

1. 研究与开发阶段的区分。企业自行进行研究开发项目的支出，应当区分研究阶段支出与开发阶段支出。研究阶段是探索性的，为进一步开发活动进行资料及相关方面的准备，已进行的研究活动将来是否会转入开发、开发后是否会形成无形资产等均具有较大的不确定性。比如，意在获取知识而进行的活动，研究成果或其他知识的应用研究、评价和最终选择；材料、设备、产品、工序、系统或服务替代品的研究；新的或经改进的材料、设备、产品、工序、系统或服务的可能替代品的配制、设计、评价和最终选择等，均属于研究活动。开发阶段相对于研究阶段而言，应当是已完成研究阶段的工作，在很大程度上具备了形成一项新产品或新技术的基本条件。比如，生产前或使用前的原型和模型的设计、建造和测试，不具有商业性生产经济规模的试生产设施的设计、建造和运营等，均属于开发活动。

2. 开发阶段相关支出资本化的条件。根据新《企业会计准则》规定，企业自行进行研究开发项目研究阶段的支出，应当于发生时计入当期损益；开发阶段的支出，同时满足下列条件的，才能确认为无形资产：

（1）完成该无形资产以使其能够使用或出售在技术上具有可行性。判断无形资产的开发在技术上是否具有可行性，应当以目前阶段的成果为基础，并提供相关证据和材料，证明企业进行开发所需的技术条件等已经具备，不存在技术上的障碍或其他不确定性。比如，企业已经完成了全部计划、设计和测试活动，这些活动是使资产能够达到设计规划书中的功能、特征和技术所必需的活动，或经过专家鉴定等。

（2）具有完成该无形资产并使用或出售的意图。企业能够说明其开发无形资产的目的。

（3）无形资产产生经济利益的方式。包括能够证明运用该无形资产生产的产品存在市场或无形资产自身存在的市场，无形资产将在内部使用的，应当证明其有用性。

（4）有足够的技术、财务资源和其他资源支持，以完成该无形资产的开发，并有能力使用或出售该无形资产。企业能够证明可以取得无形资产开发所需的技术、财务和其他资源，以及获得这些资源的相关计划。企业自有资金不足以提供支持的，应能够证明存在外部其他方面的资金支持，如银行等金融机构声明愿意为该无形资产的开发提供所需资金等。

(5) 归属于该无形资产开发阶段的支出能够可靠地计量。企业对于开发活动所发生的支出应当单独核算，比如，直接发生的研发人员工资、材料费，以及相关设备折旧费等。同时从事多项开发活动的，所发生的支出应当按照合理的标准在各项开发活动之间进行分配；无法合理分配的，应当计入当期损益。

无法区分研究阶段和开发阶段的支出，应当在发生时作为管理费用全部计入当期损益。

3. *自行开发无形资产费用的核算原则*。企业自行开发的无形资产发生的研发支出，无论是否满足资本化条件，均应先在“研发支出”科目中归集，期末，对于不符合资本化条件的研发支出，转入当期管理费用；符合资本化条件但尚未完成的开发费用，继续保留在“研发支出”科目中，待开发项目完成达到预定用途形成无形资产时，再将其发生的实际成本转入无形资产。

外购或以其他方式取得的、正在研发过程中应予以资本化的项目，先计入“研发支出”科目，其后发生资本支出比照上述原则进行处理。

(四) 无形资产的计价

无形资产应当按照成本进行初始计价。对于不同来源取得的无形资产其成本构成也不尽相同。

1. 企业购入的无形资产，其成本包括购买价款、相关税费以及直接归属于使该项资产达到预定用途所发生的其他支出。其中，直接归属于使该项资产达到预定用途所发生的其他支出，是指使无形资产达到预定用途所发生的专业服务费用、测试无形资产是否能够正常发挥作用的费用等。

2. 企业自行开发的无形资产，其成本包括自满足无形资产确认条件后至达到预定用途前所发生的支出总额，但是对于以前期间已经费用化的支出不再进行调整。包括开发该无形资产时使用或耗费的材料、人员薪酬等劳务成本、注册费及借款利息等支出，除上述支出外的销售费用、管理费用及培训支出等间接支出不构成无形资产的开发成本。

3. 投资者投入无形资产的成本，应当按照投资合同或协议约定的价值确定，但合同或协议约定价值不公允的除外。

4. 非货币性资产交换、债务重组、政府补助和企业合并取得的无形资产的成本，应当分别按照《企业会计准则第7号——非货币性资产交换》、《企业会计准则第12号——债务重组》、《企业会计准则第16号——政府补助》和《企业会计准则第20号——企业合并》确定。

二、无形资产取得的核算

企业无形资产的取得一般有企业外购、自行研发、投资者投入等主要途径。为了反映和监督无形资产取得和转让等情况，企业应设置“无形资产”科目。该科目借方登记取得的无形资产成本，贷方登记无形资产转出的金额，期末余额在借方，反映企业持有无形资产的成本。该科目应按无形资产的项目设置明细账，进行明细核算。

（一）购入无形资产

企业购入各项无形资产时，一般均应按实际支付的买价及其直接相关的费用，如咨询费、公证费、鉴定费、注册登记费等，借记“无形资产”科目，贷记“银行存款”科目。

［**例 36**］甲企业从外部某单位购入 A 项专利权，价款 60 000 元，用银行存款付讫。会计分录为：

借：无形资产——专利权 A　　60 000

　贷：银行存款　　60 000

（二）自行研发无形资产

企业自行研发无形资产，应设置“研发支出”科目核算企业进行研究与开发无形资产过程中发生的各项支出，并在其下设置“费用化支出”与“资本化支出”两个明细科目进行明细核算。属于研究阶段的支出，应于发生时确认为本期的费用，借记“研发支出——费用化支出”科目，贷记“银行存款”等科目；属于开发阶段的支出，符合无形资产确认标准的，借记“研发支出——资本化支出”科目，贷记“银行存款”等科目。当研究开发项目达到预定用途形成无形资产时，应根据“研发支出——资本化支出”明细账的余额，借记“无形资产”科目，贷记“研发支出——资本化支出”科目。每期期末，将“研发支出——费用化支出”科目余额转入“管理费用”科目。

［**例 37**］B 公司是一汽车生产企业，正在进行一种新工艺开发的研究。该研究项目的相关资料如下：研究活动与 2008 年 1 月 1 日开始，到 2009 年 12 月 31 日结束，总研发支出为 69 万元。其中 2008 年的支出为 50 万元，2009 年前 6 个月支出为 15 万元。直到 2009 年 7 月 1 日，这项新工艺的研发基本完成，进入试验阶段，该工艺投入使用后，预期能为企业每年节约成本 10 万元。

根据规定，将研发活动分为两个阶段，2009 年 7 月 1 日之前属于研究阶段，其支出应于发生时作为当期费用；2009 年后半年为开发阶段，其支出应予资本化，计入无形资产的成本。B 公司应作会计分录如下：

（1）2008 年发生研究支出时：

借：研发支出——费用化支出　　500 000

　贷：银行存款　　500 000

（2）2008 年末将研究支出费用化时：

借：管理费用　　500 000
　　贷：研发支出——费用化支出　　500 000

（3）2009 年上半年发生研究支出时：

借：研发支出——费用化支出　　150 000
　　贷：银行存款等　　150 000

（4）2009 年 6 月 30 日将研究支出费用化时：

借：管理费用　　150 000
　　贷：研发支出——费用化支出　　150 000

（5）2009 年下半年发生开发支出时：

借：研发支出——资本化支出　　40 000
　　贷：银行存款等　　40 000

（6）研发完成时：

借：无形资产　　40 000
　　贷：研发支出——资本化支出　　40 000

（三）投资者投入无形资产

投资者投入的无形资产，应投资各方确认的的金额，借记“无形资产”科目，贷记“实收资本”或“股本”科目。

［**例 38**］甲公司接受某公司以土地使用权方式投入的资本，该项土地使用权经评估后，双方商定的作价为 120 万元。公司应作会计分录为：

借：无形资产——土地使用权　　1 200 000
　　贷：实收资本　　1 200 000

三、无形资产摊销的核算

无形资产的价值，应按规定确定摊销期和摊销方法按期进行摊销。企业应设置“累计摊销”科目核算企业对使用寿命有限的无形资产计提的累计摊销，该科目属资产类科目，是“无形资产”科目的备抵科目。该科目贷方登记按期计提的无形资产摊销额；借方登记处置无形资产时结转的累计摊销额；余额在贷方，表示企业无形资产的累计摊销额。

根据新《企业会计准则》规定，无形资产的摊销金额一般应当计入当期损益。某项无形资产包含的经济利益通过所生产的产品或其他资产实现的，其摊销金额应当计入相关资产的成本。

企业应当于取得无形资产时分析判断其使用寿命。无形资产的使用寿命为有限的，应当估计该使用寿命的年限或者构成使用寿命的产量等类似计量单位数量；无法预见无形资产为企业带来经济利益期限的，应当视为使用寿命不确定的无形资产。下面就使用寿命有限和使用寿命不确定的无形资产两种情况分别说明。

（一）使用寿命有限的无形资产

应在其预计的使用寿命内采用系统合理的方法对应摊销金额进行摊销。应摊销金额是指无形资产的成本扣除预计残值后的金额。已计提减值准备的无形资产，还应扣除已计提的无形资产减值准备累计金额。

1. 企业摊销无形资产，应当自无形资产可供使用时起，至不再作为无形资产确认时止。企业选择无形资产的摊销方法，应当反映与该项无形资产有关的经济利益的预期实现方式。无法可靠确定预期实现方式的，应当采用直线法摊销。无形资产的摊销金额一般应当计入当期损益。

2. 使用寿命有限的无形资产，其残值应当视为零，但下列情况除外：①有第三方承诺在无形资产使用寿命结束时购买该无形资产；②可以根据活跃市场得到预计残值信息，并且该市场在无形资产使用寿命结束时很可能存在。

3. 核算原则：使用寿命有限的无形资产应在使用寿命内，采用合理的摊销方法进行摊销。摊销时，应当考虑该无形资产所服务的对象，并以此为基础将其摊销的价值计入相关资产的成本或者当期损益。

［**例 39**］甲公司从外单位购入某项专利权的成本为 600 万元，估计使用寿命为 8 年，该项专利用于产品的生产；同时，购入一项商标权，实际成本为 800 万元，估计使用寿命为 10 年。假定这两项无形资产的净残值均为零。购入价款均以银行存款支付。该公司应作会计分录为：

（1）取得无形资产时

借：无形资产——专利权	6 000 000	
——商标权	8 000 000	
贷：银行存款		14 000 000

（2）按年摊销

借：制造费用——专利权摊销	750 000	
管理费用——商标权摊销	800 000	
贷：累计摊销		1 550 000

（二）使用寿命不确定的无形资产不应摊销

但应在每个会计期间进行减值测试。如经减值测试表明已发生减值，则需要计提相应减值准备，其相关的账务处理为：借记“资产减值损失”科目，贷记“无形资产减值准备”科目。

四、无形资产减值的核算

无形资产减值指无形资产可收回金额低于其账面价值。企业应在资产负债表日判断无形资产是否存在可能发生减值的迹象（标准参照固定资产相关内容）。使用寿命不确定的无形资产无论是否存在减值迹象，每年都应进行减值测试。无形资产减值损失一经确认，在以后会计期间不得转回。

［**例 40**］2008 年 12 月 31 日，市场上某项技术生产的产品销售势头较好，已对甲公司产品销售产生重大不利影响。甲公司外购的类似专利技术的账面价值为 80 万元，剩余摊销年限为 4 年，经减值测试，该专利技术的可收回金额为 75 万元。

由于该专利技术在资产负债表日的账面价值为 80 万元，可收回金额为 75 万元，可收回金额低于其账面价值，应按其差额 5 万元计提减值准备。甲公司应作如下会计分录：

借：资产减值损失——计提无形资产减值准备　　　　50 000
　　贷：无形资产减值准备　　　　　　　　　　　　　　50 000

五、无形资产转让和报废的核算

（一）无形资产转让的核算

企业拥有的无形资产，可以依法转让，转让的方式有两种：一是转让所有权（即出售无形资产），二是转让使用权（即出租无形资产）。由于所有权和使用权在内容和性质上存在着不同，在会计核算上，两者会计处理方法也不一样。

如果转让的是无形资产的所有权，应按实际所取得的转让收入，借记“银行存款”等科目，按该项无形资产已计提的减值准备，借记“无形资产减值准备”科目，按已计提的累计摊销，借记“累计摊销”科目；按无形资产账面余额，贷记“无形资产”科目；按应支付的相关税费，贷记“银行存款”、“应交税费”等科目，按其差额，贷记“营业外收入”科目或借记“营业外支出”科目。

如果转让的是无形资产的使用权，应按实际所取得的租金收入，借记“银行存款”等科目，贷记“其他业务收入”等科目；确认应交税金时，借记“其他业务成本”科目，贷记“应交税费”科目。

［**例 41**］甲公司所拥有的某项商标权的成本为 500 万元，已摊销金额为 300 万元，已计提的减值准备为 50 万元。该公司于当期出售该商标权的所有权，取得出售收入 200 万元，应交纳的营业税等相关税费为 12 万元。据此，甲公司的账务处理如下：

借：银行存款　　　　　　　　　　　　　　　2 000 000
　　累计摊销　　　　　　　　　　　　　　　3 000 000
　　无形资产减值准备　　　　　　　　　　　　500 000

贷：无形资产　　5 000 000
　　应交税费——应交营业税　　120 000
　　营业外税收——处置非流动资产利得　　380 000

[例 42] 依上面例 41，若该公司只是将商标的使用权出租给外单位，转让期为 5 年，每年收取使用费 20 万元，转让时以现金支付技术服务费 2 万元。按 5%营业税率计算的应交营业税为 1 万元。有关会计分录如下：

（1）出租收取使用费时：

借：银行存款　　200 000
　贷：其他业务收入　　200 000

（2）支付服务费时：

借：其他业务成本　　20 000
　贷：库存现金　　20 000

（3）计算应交的营业税：

借：其他业务成本　　10 000
　贷：应交税费——应交营业税　　10 000

（二）无形资产报废的核算

如果无形资产预期不能为企业带来经济利润，例如，该无形资产已被其他新技术所替代，则应将其报废并予转销，其账面价值转作当期损益。转销时，应按已计提的累计摊销，借记“累计摊销”科目；按其账面余额，贷记“无形资产”科目；按其差额，借记“营业外支出”科目。已计提减值准备的，还应同时结转减值准备。

[例 43] 2008 年 12 月 31 日，甲公司某项专利权的账面余额为 600 万元，该项专利权的摊销期限为 10 年，采用直线法进行摊销，已摊销 5 年。该专利权的残值为零，已累计计提减值准备 160 万元。假定以该专利权生产的产品已没有市场，预期不能再为企业带来经济利益。假定不考虑其他相关因素，甲公司的账务处理如下：

借：累计摊销　　3 000 000
　　无形资产减值准备　　1 600 000
　　营业外支出——处置非流动资产损失　　1 400 000
　贷：无形资产——专利权　　6 000 000

第六节　其他资产的核算

其他资产是指除流动资产（货币资金、交易性金融资产、应收及预付款项、存货）和非流动资产（可供出售金融资产、持有至到期投资、长期股权投资、固定资产、无形资产等）以外的资产，主要包括长期待摊费用和其他非流动资产。

一、长期待摊费用

长期待摊费用是指企业已经发生但应由本期和以后各期负担的分摊期限在一年以上的各项费用，如以经营租赁方式租入的固定资产发生的改良支出等。对于筹建期间发生的开办费，应于发生时计入管理费用，不在本科目核算。企业与发行权益性证券直接相关的手续费、佣金等交易费用，计入“资本公积”科目，不作为长期待摊费用平均摊销。

为了反映长期待摊费用的增减变动情况，应设置“长期待摊费用”科目，借方登记企业发生的各项长期待摊费用，贷方登记各期的摊销额，期末余额在借方，反映企业尚未摊销的各项长期待摊费用；该科目应按照长期待摊费用的种类设置明细账，进行明细核算。

以经营租赁方式租入固定资产的改良支出是指，能增加以经营租赁方式租入固定资产的效用或延长其使用寿命的改装、翻修、改建支出，如在所租办公室内加隔离墙和固定附着物等。由于租入固定资产的所有权不归承租企业，不计入固定资产账户，只作备查登记，租约期满所租资产仍归其出租企业，因此，租入固定资产的改良支出应作为长期待摊费用处理。

1. *租入固定资产改良支出发生的核算*。企业租入固定资产进行改良时，应按实际发生的改良支出，借记“长期待摊费用——租入固定资产改良支出”科目，贷记“银行存款”、“原材料”、“应付职工薪酬”等科目。

［**例 44**］某企业从外单位租入专用设备一台，租入后进行改良，实际耗用原材料 80 000 元，发生工资费用 30 000 元，其他支出 10 000 元。有关会计分录为：

借：长期待摊费用——租入固定资产改良支出	120 000	
贷：原材料		80 000
应付职工薪酬		30 000
银行存款		10 000

2. *租入固定资产改良支出摊销的核算*。租入固定资产改良支出，应在一定的期限内予以摊销，摊销的期限应按改良装置本身的耐用年限和租约的期限较短者为准。摊销时应借记“管理费用”科目，贷记“长期待摊费用——租入固定资产改良支出”科目。

［**例 45**］依例 44，该企业固定资产改良支出共计 120 000 元，根据租赁合

同规定的租赁期限5年，按月平均分摊，每月摊销额为：（120 000÷5）÷12＝2 000元。按月摊销时的会计分录为：

借：管理费用　　　　　　　　　　　　　　　　2 000

　贷：长期待摊费用——租入固定资产改良支出　　　　2 000

二、其他非流动资产

具体包括国家批准储备的特种物资、冻结存款、冻结物资、以及临时设施和涉及诉讼中的财产等。

其他非流动资产一般不参与企业的正常生产经营活动，也不需要进行摊销，而且不是所有企业都有此类资产。其会计处理一般比较简单，企业如有此类业务发生，可以设置相应科目如“特种储备物资”、“冻结银行存款”等明细科目进行核算，并将其期末余额在资产负债表中单独列示。

第七节　非流动资产的披露

一、可供出售金融资产和持有至到期投资的披露

可供出售金融资产和持有至到期投资是企业非流动资产的一部分，在资产负债表中应按其流动性分列于非流动资产的第一、第二位。企业应当在附注中按可供出售金融资产的具体项目披露其持有的可供出售金融资产的期末公允价值和年初公允价值。包括可供出售债券、可供出售权益工具以及其他等项目，反映企业持有的各类可供出售金融资产的公允价值；企业按持有至到期投资的具体项目披露其持有至到期投资的期末账面余额和年初账面余额，以反映企业各类持有至到期投资的摊余成本。

二、长期股权投资的披露

投资企业应当在附注中披露与长期股权投资有关的下列信息：

（1）子公司、合营企业和联营企业清单，包括企业名称、注册地、业务性质、投资企业的持股比例和表决权比例。

（2）合营企业和联营企业当期的主要财务信息，包括资产、负债、收入、费用等合计金额。

（3）被投资单位向投资企业转移资金的能力受到严格限制的情况。

三、固定资产的披露

企业应当在附注中披露与固定资产有关的下列信息：

（1）固定资产的确认条件、分类、计量基础和折旧方法。

（2）各类固定资产的使用寿命、预计净残值和折旧率。

（3）各类固定资产的期初和期末原价、累计折旧额及固定资产减值准备累计金额。

（4）当期确认的折旧费用。

（5）对固定资产所有权的限制及其金额和用于担保的固定资产账面价值。

（6）准备处置的固定资产名称、账面价值、公允价值、预计处置费用和预计处置时间等。

四、无形资产和其他资产的披露

企业应当按照无形资产的类别在附注中披露与无形资产有关的下列信息：

（1）无形资产的期初和期末账面余额、累计摊销额及减值准备累计金额。

（2）使用寿命有限的无形资产，其使用寿命的估计情况；使用寿命不确定的无形资产，使用寿命不确定的判断依据。

（3）无形资产的摊销方法。

本章小结

非流动资产是指企业在其正常经营活动中所拥有的、不是以销售为目的的、使用期限较长的资产。它们与上两章的流动资产不同，具有非流动性的特征，且变现能力非常慢的特点。

可供出售金融资产，是指初始确认时即被指定为可供出售的非衍生金融资产，以及没有划分为持有至到期投资、贷款和应收账款、以公允价值计量且其变动计入当期损益的金融资产。持有至到期投资是指到期日固定、回收金额固定或可确定，且企业有明确意图和能力持有至到期的非衍生金融资产。

长期股权投资根据持股比例的不同，长期股权投资的核算分别采用成本法或权益法。在成本法下，长期股权投资以取得股权时的成本计价，投资企业确认投资收益，仅限于所获得的被投资单位在投资后产生的累积净利润的分配额，超过部分作为清算股利的收回冲减投资成本。权益法，指投资最初以投资成本计价，以后根据投资企业享有被投资单位所有者权益份额的变动对投资的账面价值进行调整的方法。长期股权投资如发生减值应按照个别投资项目计提长期投资减值准备，并确认为当期损失。

本章在阐明固定资产的概念、分类及计价的基础上，重点介绍了固定资产的增加、减少、折旧、后续支出和清查的核算，以及固定资产的期末计价。其中，企业固定资产取得的方式主要有：购入、自行建造、投资者投入、融资租入和盘盈等。不同来源方式取得的固定资产，其核算方法也不尽相同。

固定资产折旧是指固定资产在使用过程中，由于损耗而逐渐转移到产品成本中去的那部分价值。折旧计算方法分为两大类：直线折旧法和加速折旧法。直线折旧法包括：平均年限法和工作量法。加速折旧法包括：双倍余额递减法和年数总和法。其中，固定资产折旧范围、折旧方法是本章的重点内容。无论是固定资产，还是建工程，均应计提减值准备。本章重点介绍了固定资产减值准备的计提依据、计提核算已确认固定资产减值准备的核算。

企业固定资产的减少，主要有固定资产出售、报废、对外投资以及非正常原因造成的固定资产损毁损失和盘亏等几个方面。其中，固定资产出售、报废和非正常原因损毁损失等，要按规定程序转入固定资产清理；固定资产盘亏，要按规定转作待处理财产损溢。

固定资产的后续支出是指企业的固定资产投入使用后，为了适应新技术发展的需要，或者为了维护或提高固定资产的使用效能，而对现有固定资产进行维护、改建、扩建或者改良等所发生的各项必要支出。根据新《企业会计准则》的规定，企业发生固定资产后续支出时，需要对支出的性质进行分析，并分别采用资本化后续支出和费用化后续支出两种不同的方法进行核算。

在介绍了无形资产、长期待摊费用等其他资产的概念及有关内容的基础上，着重阐述了无形资产的特征及取得时的计价方法，具体说明了无形资产的取得、摊销、减值准备、转让和报废及长期待摊费用的核算。通过本章的学习，可以掌握各类非流动资产的有关概念、规定及相关会计处理。

通过本章的学习，知晓非流动资产披露的主要信息。

复习思考题

1. 如何确定各类投资的初始投资成本？
2. 交易性金融资产与可供出售金融资产公允价值变动的会计处理有何不同？
3. 如何确认持有至到期投资的利息收益？
4. 如何确认同一控制下的企业合并的初始投资成本？
5. 如何确定非同一控制下的企业合并的初始投资成本？
6. 如何确定长期股权投资的初始成本？
7. 什么是长期股权投资核算的成本法和权益法？
8. 简述长期股权投资成本法的适用范围及核算特点。
9. 简述长期股权投资权益法的适用范围及核算特点。
10. 什么是固定资产？它有什么特征？

11. 固定资产有哪些分类方法？各有什么作用？我国会计实务中，固定资产分哪几类？

12. 固定资产的计价标准（基础）有哪些？它们各有什么作用？

13. 固定资产增加的来源方式有哪些？各自应如何核算？

14. 影响固定资产折旧的基本因素有哪些？固定资产计提折旧的范围是什么？

15. 简述固定资产折旧的方法及各种方法的特点。

16. 如何计算每月的应计提折旧额？固定资产折旧如何核算？

17. 什么是固定资产清理？它包括哪些内容？如何核算？

18. 试说明固定资产后续支出的会计处理方法。

19. 试说明固定资产减值准备的计提及会计处理方法。

20. 固定资产盘盈、盘亏如何核算？

21. 简要说明无形资产的特征与分类。

22. 无形资产包括哪些内容？如何计价？

23. 自行研发无形资产是如何核算的？如何区分研究与开发支出？

24. 无形资产的摊销应考虑哪些因素？摊销方法与固定资产折旧有何区别？

25. 无形资产期末应如何计价？如何计提无形资产减值准备？

26. 非流动资产披露哪些主要信息？

练　习　题

习题一

（一）目的：练习可供出售金融资产的核算。

（二）资料：星海公司每年年末对可供出售金融资产按公允价值计量。2007 年 12 月 31 日，该公司作为可供出售金融资产的股票投资期末余额 85 万元，公允价值 78 万元；债券投资期末余额 25 万元，公允价值 25.2 万元。

（三）要求：编制星海公司确认公允价值变动的会计分录。

习题二

（一）目的：练习长期股权投资成本法的核算。

（二）资料：2006 年 1 月 10 日，星海公司以每股股利 2.50 元的价格购入宇通公司每股面值 1 元的普通股 60 万元股作为长期股权投资，并支付税金和手续费 1 万元。该股票占宇通公司全部普通股的 1%，星海公司采用成本法记账。

（三）要求：编制星海公司关于有关该项长期股权投资的下列会计分录：

(1) 2006 年 1 月 10 日，购入股票。

(2) 2006 年 3 月 5 日，宇通公司宣告 2005 年度股利分配方案，每股分配现金股利 0.10 元，并与 4 月 10 日派发。①2006 年 3 月 5 日，宇通公司宣告分配现金股利；②2006 年 4 月 10 日，收到现金股利。

(3) 2006 年度，宇通公司盈利 1 500 万元。2007 年 2 月 15 日，宣告 2006 年度股利分配方案，每股分配的现金股利为 0.15 元，并于 3 月 20 日派发。①2007 年 2 月 15 日，宇通公司宣告分配现金股利；②2007 年 3 月 20 日，收到现金股利。

（4）2008 年度，宇通公司亏损 720 万元。2009 年 3 月 5 日，宣告 2008 年度股利分配方案，每 10 股派送股票股利 3 股，并于 4 月 15 日派送。当年未分配现金股利。

习题三

（一）目的：练习长期股权投资权益法的核算。

（二）资料：2007 年 1 月 5 日，星海公司以每股 1.50 元的价格购入诚信公司每股面值 1 元的普通股 1 600 万元作为长期股权投资，并支付税金和手续费 120 000 元。该股票占诚信公司全部股票的 20%，星海公司采用权益法记账。2006 年 12 月 31 日，诚信公司净资产公允价值为 96 000 000 元。

（三）要求：编制星海公司有关该项长期股权投资的下列会计分录：

（1）2007 年 1 月 5 日，购入股票。

（2）2007 年 3 月 10 日，诚信公司宣告 2006 年度股利分配方案，每股分派现金股利 0.15 元，并于 4 月 5 日派发。①2007 年 3 月 10 日，诚信公司宣告分派现金股利。②2007 年 4 月 5 日，收到现金股利。

（3）2007 年度，诚信公司盈利 2 500 万元。2008 年 3 月 15 日，宣告 2007 年度股利分配方案，每股分派现金股利 0.20 元，并于 4 月 20 日派发。①确认 2007 年度投资收益。②2008 年 3 月 15 日，诚信公司宣告分派现金股利。③2008 年 4 月 20 日，收到现金股利。

（4）2008 年度，诚信公司亏损 480 万元。用以前年度留存收益弥补亏损后，2009 年 3 月 20 日，宣告 2008 年度股利分配方案，每股分派现金股利 0.10 元，并于 4 月 25 日派发。①确认 2008 年度投资损失。②2009 年 3 月 20 日，诚信公司宣告分派现金股利。③2009 年 4 月 25 日，收到现金股利。

习题四

（一）目的：练习持有至到期投资的核算。

（二）资料：2007 年 1 月 1 日，星海公司支付价款 560 000 元，购入当日发行的面值 500 000 元、期限 5 年、票面利率 8%、每年 12 月 31 日付息、到期还本的债券作为持有至到期投资。

（三）要求：作出星海公司有关该债券投资的下列会计处理：

（1）编制购入债券的会计分录。

（2）计算债券实际利率并编制债券利息收入确认表（表式参见教材）。

（3）编制各年年末未确认债券利息收益的会计分录。

（4）编制到期收回债券本金的会计分录。

习题五

（一）目的：练习持有至到期投资的核算。

（二）资料：2007 年 1 月 1 日，星海公司支付价款 205 000 元（含已到付息期但尚未支付的利息），购入 2006 年 1 月 1 日发行、面值 200 000 元、期限 4 年、票面利率 4%、每年 12 月 31 日付息、到期还本的乙公司债券作为持有至到期投资。

（三）要求：作出星海公司有关该债券投资的下列会计处理：

(1) 编制购入债券的会计分录。

(2) 计算债券实际利率并编制债券利息收入确认表。

(3) 编制各年年末确认债券利息收益的分录。

(4) 编制到期收回债券本金的会计分录。

习题六

(一) 目的：练习长期股权投资的核算。

(二) 资料：甲公司2007年1月20日购买东方股份公司发行的股票5 000 000股准备长期持有，占东方股份有限公司股份的30%。每股买入价为6元，另外，购买该股票时发生有关税费500 000元，款项已由银行存款支付。2006年12月31日，东方股份有限公司的所有者权益账面价值（与其公允价值不存在差异）100 000 000元。

2007年东方股份有限公司实现净利润10 000 000元。甲公司按照持股比例确认投资收益3 000 000元。2008年5月15日，东方股份有限公司已宣告发放现金股利，每10股派3元，甲公司可分排到1 500 000元。2008年6月15日，甲公司收到东方股份有限公司分派的现金股利。

2007年东方股份有限公司可供出售金融资产的公允价值增加了4 000 000元。甲公司按照持股比例确认相应的资本公积1 200 000元。

2009年1月20日，甲公司出售所持东方股份有限公司的股票5 000 000股，每股出售价为10元。款项已收回。

(三) 要求：根据以上资料，做相应各个时期甲公司的会计分录。

习题七

(一) 目的：练习购入固定资产的核算。

(二) 资料：某企业本期购入不需安装的机器设备，专用发票上的价款为50 000元，按17%计税的增值税额为8 500元，购入时的运杂费等共1 000元。另购入需安装的设备一套，价款75 000元，增值税12 750元，运杂费1 250元；安装时耗用生产用原材料2 500元（购入原材料时按17%的税率支付增值税），工资费用1 000元，制造费用750元。上述业务的设备购入等均由银行存款支付，需安装的设备也已安装完毕，投入使用。

(三) 要求：编制有关会计分录。

习题八

(一) 目的：练习固定资产清理的核算。

(二) 资料：某企业本期出售不动产固定资产的生产车间用房一套，原价为60 000元，已提折旧21 750元，收取价款44 600元，营业税率5%。该企业本期还报废超龄使用的设备一台，原价为87 500元，预计残值收入为5 000元，清理费用1 750元；清理中实际入库的残值为原材料4 625元，实际用银行存款支付的清理费用为2 000元。

(三) 要求：

(1) 计算报废超龄使用设备的应计提折旧总额。

(2) 编制有关会计分录。

习题九

（一）目的：练习固定资产减值准备和盘盈核算。

（二）资料：长风公司发生如下有关固定资产减值准备和清查盘点的经济业务：

(1) 公司的某一项固定资产发生减值准备。其账面价值为 200 000 元，经计算其可收回金额为 150 000 元。形成的减值损失为 50 000 元。

(2) 公司在会计期末将上述发生的固定资产减值损失 50 000 元转入“本年利润”科目。

(3) 公司的上述设备因经营不再使用而处置。其账面价值为 150 000 元，已计提折旧为 80 000 元，提取减值准备金额为 20 000 元，实际收到款项 50 000 元，已存入银行。

(4) 公司在财产清查中发现盘盈设备一台，重置价值为 5 000 元。

(5) 公司在财产清查中发现，由某员工负责保管使用的器具因使用不当发生损毁，实际成本为 6 000 元，已提取折旧 3 000 元，减值准备 1 500 元，假定没有残值。进行批准前的账务处理。

(6) 经批准，以上器具的净损失应由该员工个人理赔。

(7) 公司在财产清查中发现，企业用于经营管理的一台机器盘亏。实际成本为 80 000 元，已提取折旧 20 000 元，提取减值准备 10 000 元，进行批准前的账务处理。

(8) 经批准，以上盘亏机器的净损失由保险公司赔偿部分为 48 000 元，其余部分转化为企业的营业外支出。

（三）要求：根据所给资料编制会计分录。

习题十

（一）目的：练习固定资产折旧的计算。

（二）资料：某企业购入一台机器设备，原价为 60 000 元，预计净残值率为 4%，预计使用年限为 5 年。

（三）要求：分别按平均年限法，双倍余额递减和年数总和法计算第一年、第二年、第五年各年应计提的折旧额。

习题十一

（一）目的：练习无形资产的核算。

（二）资料：长风公司发生如下有关无形资产的经济业务：

(1) 公司购入一项商标权，价款和其他支出共计 150 000 元，用银行存款支付。

(2) 公司收到明达公司作为投资的一项专有技术，经评估确认价值为 200 000 元。

(3) 本月应摊销商标权和专有技术使用费 7 000 元。

(4) 公司购入的商标权具有减值迹象。该专利技术的账面价值为 150 000 元，经计算可收回金额为 120 000 元。确认减值损失为 30 000 元。

(5) 公司购入的商标权转让给长盛公司，转让收入 100 000 元已存入银行。

(6) 上述商标权的账面价值成本为 150 000 元，结转转让成本，同时结转已计提的累计 50 000 元。

(7) 公司自行开发一项新产品专利技术。在研究开发过程中，发生材料费 50 000 元，开发研究人员工资 20 000 元，另用银行存款支付其他费用 15 000 元。其中费用化支出为 15 000 元，资本化支出为 70 000 元。

(8) 将上述研发支出转为企业的费用和无形资产。

(三) 要求：根据所给资料编制会计分录。

第七章　负　　债

本章基本要求

通过本章的学习，要求学生：

1. 掌握负债的概念和基本特点；
2. 熟悉流动负债的分类和计价；
3. 掌握主要流动负债的会计核算方法；
4. 熟悉非流动负债的性质及种类；
5. 熟悉借款费用的内容及会计处理方法；
6. 理解非流动负债的会计核算方法；
7. 明确相关负债的披露；
8. 区分本章核算中所使用账户的经济内容；
9. 明确本章所述经济业务对企业经营成果与财务状况的影响。

第一节　负债的特征和种类

一、负债的特征

负债是指企业过去的交易或者事项所形成的、预期会导致经济利益流出企业的现时义务。具有以下几方面的特征：

（一）负债是由已经发生的经济业务引起的企业现时的经济义务

负债是企业过去的交易或事项所形成的一种后果。只有当企业实际已经承担了相应义务的交易或事项确实发生时，才能在会计处理中确认这项负债。例如，企业从银行借入资金，就应对银行承担还本付息的义务；向供应商赊购材料或商品，就应对其负有偿还货款的义务。而未来的经济业务，如公司董事会决定今后发行债券，这仅仅是未来交易的意向，其本身并不产生现存的经济责任，因而不属于企业的负债。

（二）负债是在将来某个时日履行的强制性责任

负债是一种具有强制性的责任，这种强制性源于相关的法律、合同等的规定。强制性规定包括负债的金额、偿还时间、利率以及对不能按期偿还的惩罚措施等。某项可有可无的、不具有强制性的责任不能确认为负债。例如，企业债转股后不再是债务，而债务重组以后仍是债务，两者的差别在于是否继续承担强制性偿还责任。

（三）负债要通过企业资产的流出或劳动的提供来清偿

不论何种原因产生的负债，企业都必须在未来某一特定时间偿还，这种义务的偿还即意味着企业经济利益的减少。尽管有时企业可通过举措新债或转化为所有者权益来结束一项现有负债，但其中前一种情况只是负债期限的延展，而后一种情况则相当于以增加所有者权益来获得资产，并用以偿债。总之，负债的清偿代表着企业未来经济利益的牺牲或丧失。

（四）负债金额能够用货币计量或估计

任何一种负债通常都可以用货币进行计量，而这种计量可以是确定的偿还金额，也可以是没有确定的金额，但可以合理地加以判断或估计。例如，企业赊购 A 商品 100 件，每件 45 元，则企业承担的债务时一个确定的金额 4 500 元。如果企业在提供产品售后服务之前预提保修费用，这时的预提数虽然是无法肯定的，但可以根据以往的经验合理估计。而那些无法用货币计量的，如企业对当地政府的一些承诺，包括社会治安、环境卫生、居民就业等，则不属于企业的负债。

二、负债的分类

（一）负债的分类

企业负债按其流动性，可分为流动负债和非流动负债。

流动负债是指可合理地预计、需要动用流动资产，或者用其他流动负债加以清偿的短期负债。流动负债一般包括短期借款、应付账款、其他应付款、一年内到期的非流动负债、预收账款、应付职工薪酬、应付利息和应交税费等。这些项目的清偿到期日不超过一年或一个营业周期（两者孰长）。非流动负债是指需要在下一年或下一个营业周期内动用流动资产或承担新的流动负债加以清偿的负债，包括长期借款、应付债券、长期应付款等。

（二）流动负债的分类

流动负债按其应付金额是否肯定，可以分为以下三类：

1. *应付金额肯定的流动负债*。这类流动负债一般在确认一项义务的同时，根据合同、契约或法律的规定具有确切的金额，乃至有确切的债权人和付款日，并且到期必须偿还。如企业购入一批材料，按合同规定的交易额开出承兑商业汇票，这一负债具有确定的金额和偿还日期及确定的债权人（卖方）。

2. *应付金额视经营情况而定的流动负债*。这类流动负债需待企业在一定的经营期末才能确定负债金额，在该经营期未结束前，负债金额不能以货币计量。如应交所得税、应付投资者的现金股利或利润，必须到一定的会计期间终了，计算出经营损益后才能确定应交的所得税，应分配给投资各方的现金股利或利润。

3. 应付金额需预先估计的流动负债。虽然这些负债是过去发生的现存义务，但其金额乃至偿还日期和债权人在编制资产负债表日仍难确定，如产品质量担保债务。这类债务应按以往的经验或依据有关资料估计确定其应承担义务的金额。

第二节 短期借款的核算

一、短期借款的概念

短期借款是指企业向银行或其他金融机构等借入的期限在一年以下（含一年）的各种借款。它一般是企业为维持正常的生产经营所需的资金而借入的，或者是为抵偿某些债务而借入的。短期借款的债权人一般为银行、其他金融机构等。

企业借入的短期借款，无论用于哪个方面，必须按期归还本金并支付利息。短期借款的利息，应作为财务费用计入当期损益。

二、短期借款的核算

短期借款的会计处理涉及三个方面的问题：一是取得借款的处理；二是借款利息的处理；三是借款归还的处理。为此，应通过“短期借款”、“财务费用”科目进行核算。

“短期借款”科目是用来核算企业借入的期限在一年以内（含一年）的各种借款。该科目的贷方登记取得的各种短期借款；借方登记归还的各种借款，期末余额在贷方，表示尚未归还的借款。该科目按债权人设置明细账，并按借款种类进行明细分类核算。

1. 企业按规定取得短期借款时，应借记“银行存款”科目，贷记“短期借款”科目。

2. 短期借款的利息，作为一项筹资费用，计入财务费用。在会计核算上要分别情况处理：

（1）如果短期借款的利息是按季支付的，或者利息是在借款到期时连同本金一起归还，并且数额较大的，为了正确计算各期的盈亏，按月预提计入财务费用。预提时，按预计应计入费用的借款利息，借记“财务费用”科目，贷记“应付利息”科目；实际支付利息的月份，按照已经预提的利息金额，借记“应付利息”科目，按实际支付的利息金额与预提数的差额，借记“财务费用”

科目，按实际支付的利息金额，贷记“银行存款”科目。

（2）如果短期借款的利息是按月支付的，或者利息是在借款到期时连同本金一起归还但数额不大的，在实际支付或收到银行的利息通知时，直接计入当期损益，借记“财务费用”科目，贷记“银行存款”科目。

3. 企业按规定归还短期借款本金时，借记“短期借款”科目，贷记“银行存款”等科目。

［**例1**］某企业4月1日从银行取得偿还期为6个月的借款80 000元，年利率为6%，每季度结息一次。根据以上资料，编制会计分录如下：

（1）取得借款时：

借：银行存款　　80 000

　贷：短期借款　　80 000

（2）每季度支付利息 80 000×6%×1/4＝1 200元

借：财务费用　　1 200

　贷：银行存款　　1 200

或者

每季度前两个月应作如下分录：

借：财务费用　　400

　贷：应付利息　　400

季度支付利息时应作如下分录：

借：财务费用　　400

　　应付利息　　800

　贷：银行存款　　1 200

（3）10月到期偿还短期借款时

借：短期借款　　80 000

　贷：银行存款　　80 000

第三节　应付及预收项目的核算

一、应付票据

（一）应付票据的概念

应付票据是指由出票人出票，由承兑人允诺在一定时期内支付一定款额的商业汇票。也是委托付款人在指定日期无条件支付确定的金额给收款人或者持票人的票据。根据《票据法》的规定，只有商品交易才可签发商业汇票，如购买材料、出售产成品等。企业间提供劳务等非商品交易业务不能使用商业汇票。

应付票据分为带息和不带息两种。由于应付票据的期限较短，不论是否带息，一般按面值记账。

（二）应付票据的核算

为了总括地反映和监督企业由于商品交易采用商业汇票的出票、承兑和支付情况，应设置“应付票据”科目。该科目的贷方登记开出并承兑的商业汇票面值，借方登记支付票据的款项，期末贷方余额表示尚未支付的票据款项。该科目按票据种类进行明细分类核算。另外，企业还要设置“应付票据备查簿”，详细登记每一种票据的种类、号数、签发日期、到期日期、票面金额、合同交易号等，应付票据到期付清后，应在备查簿内逐笔注销。

1. 企业开出商业承兑汇票购买材料或以商业承兑汇票抵付货款时，应借记“材料采购”科目（如取得的是增值税专用发票，还应同时借记“应交税费——应交增值税（进项税额）”科目）、“应付账款”科目，贷记“应付票据”科目；如果开出银行承兑汇票，须按票面金额的一定比例支付手续费，借记“财务费用”科目，贷记“银行存款”科目。汇票到期付款时，若为不带息票据，借记“应付票据”科目，贷记“银行存款”科目；若为带息票据，利息计入“财务费用”科目。如果票据到期企业无款支付商业承兑汇票，则将应付票据转为应付账款，支付的罚款在“营业外支出”科目中列支；到期不能支付的带息应付票据，应先计提应付利息，再转入“应付账款”科目，转入“应付账款”科目后，期末不再计提利息。如果企业无款支付到期的银行承兑汇票，则银行先代为付款，然后再向企业执行扣款，将尚未扣回的承兑金额转为企业的“短期借款”，支付的罚息在“营业外支出”科目中列支。

2. 带息应付票据的处理。应付票据如为带息的票据，其面值就是票据的现值。票据中应付利息，在核算中有两种方法。

（1）发生时列支。如果票据期限较短，利息金额不大，为简化核算手续，可以于票据到期支付票据面值和利息时，一次记入“财务费用”科目。

（2）计算应付利息，并增加应付票据的账面价值。对于带息票据，企业应按照票据的存续期间和票面利率计算应付利息，并增加应付票据的账面价值。在存续期间内计算应付利息并入账。按规定，企业应采用这种办法进行核算，即在期末计算应付利息，并增加应付票据的账面价值。

3. 不带息应付票据的处理。不带息应付票据，其面值就是票据到期时的应付金额。

［例 2］ 某企业 3 月 1 日购入原材料一批，买价为 10 000 元，增值税为

1 700元，共计 11 700 元，原材料已验收入库，采用商业汇票结算方式进行结算。该企业签付一张不带息的商业汇票，付款期限为 3 个月。6 月 1 日用银行存款支付票款 11 700 元。根据以上资料，编制会计分录如下：

（1）3 月 1 日企业开出商业承兑汇票时：

借：原材料　10 000

　　应交税费——应交增值税（进项税额）　1 700

　贷：应付票据——商业承兑汇票　11 700

（2）6 月 1 日支付票款时：

借：应付票据——商业承兑汇票　11 700

　贷：银行存款　11 700

［**例 3**］某企业 2 月 1 日购入原材料一批，买价为 20 000 元，增值税为 3 400元，共计 23 400 元，原材料已验收入库，采用商业汇票结算方式进行结算。该企业签发一张带息的商业汇票，付款期限为 2 个月，票面年利率为 9%，应付利息在到期日计提。4 月 1 日用银行存款支付票款。根据以上资料，编制会计分录如下：

（1）2 月 1 日企业开出商业承兑汇票时：

借：原材料　20 000

　　应交税费——应交增值税（进项税额）　3 400

　贷：应付票据——商业承兑汇票　23 400

（2）4 月 1 日支付票款时：

应付利息＝23 400×9％ ×2/12＝351（元）

到期价值＝23 400＋351＝23 751（元）

借：应付票据——商业承兑汇票　23 400

　　财务费用　351

　贷：银行存款　23 751

如果上例中到期日该企业无力支付票款，商业汇票为商业承兑汇票。应编制会计分录为：

借：应付票据——商业承兑汇票　23 400

　　财务费用　351

　贷：应付账款　23 751

如果上例中到期日该企业无力支付票款，商业汇票为银行承兑汇票。应编制会计分录为：

借：应付票据——银行承兑汇票　23 400

　　财务费用　351

贷：短期借款 23 751

［例 4］ 某企业 12 月 1 日购入原材料一批，买价为 30 000 元，增值税为 5 100元，共计 35 100 元，原材料已验收入库，采用商业汇票结算方式进行结算。该企业签发一张带息的商业汇票，付款期限为 3 个月，票面年利率为 6%，应付利息在年末及到期日计提。第二年 3 月 1 日用银行存款支付票款。

（1）12 月 1 日企业开出商业承兑汇票时：

借：原材料 30 000

应交税费——应交增值税（进项税额） 5 100

贷：应付票据——商业承兑汇票 35 100

（2）12 月 31 日计提利息费用时：

借：财务费用 175.50

贷：应付票据 175.50

（3）3 月 1 日支付票款时：

应付利息＝35 100 ×6% ×2/12＝351（元）

账面价值＝35 100＋175.50＝35 275.50（元）

到期价值＝35 275.50＋351＝35 626.50（元）

借：应付票据——商业承兑汇票 35 275.50

财务费用 351

贷：银行存款 35 626.50

如果上例中到期日该企业无力支付票款，商业汇票为商业承兑汇票。应编制会计分录为：

借：应付票据——商业承兑汇票 35 275.50

财务费用 351

贷：应付账款 35 626.50

支付罚款（面值的 5%，但不低于 50 元）时：

借：营业外支出 ××××

贷：银行存款 ××××

如果企业无款支付到期的银行承兑汇票，则银行先代为付款，企业在接到银行转来的“××号汇票无款支付转入逾期贷款户”等有关凭证时：

借：应付票据——银行承兑汇票 35 275.50

财务费用 351

贷：短期借款 35 626.50

企业日后将票据款项归还银行，并支付罚息时：

借：短期借款 ××××

营业外支出　　　　　　　　　　　　××××
　贷：银行存款　　　　　　　　　　　　××××

二、应付账款

（一）应付账款的概念

应付账款是指企业在经营过程中因购买材料、商品和接受劳务等而应付给供应单位的款项。应付账款与应付票据不同，两者虽然都是由于交易行为而引起的负债，都属于流动负债性质，但应付账款是尚未结清的债务，而应付票据是延期付款的证明，有承兑付款的票据为依据。

企业的应付赔偿金、应付租金、存入保证金等，属于其他应付款，不属于应付账款的范围。

（二）应付账款的核算

为了总括反映和监督企业因购买材料、商品和接受劳务供应等而应付给供应单位的款项及其偿还情况，应设置“应付账款”科目。该科目贷方登记企业购买材料、商品、接受劳务供应的应付而未付的款项；借方登记偿还的应付账款以及用商业汇票抵付的应付账款；期末贷方余额反映尚未偿还或抵付的应付账款。该科目应按债权人设置明细账。

1. 应付账款入账时间的确定，应以所购买物资的所有权已转移或接受的劳务已发生为准。企业购入物资等已验收入库，但发票账单未到时，为简化核算，平时可不进行核算；待收到发票账单时再进行核算。如果月末仍有未收到发票账单的物资，则需根据收料凭证，按暂估成本入账，应借记“原材料”等科目，贷记“应付账款——暂估应付账款”科目；下月初用红字冲回；待以后收到发票账单时，再按正常程序，借记“原材料”、“应交税费——应交增值税（进项税额）”等科目，贷记“应付账款”科目。

企业为生产产品经常接受供应单位提供的劳务。如外购动力费等。由于外购动力费用一般不是在每月月终支付，而是在每月中下旬的某一天支付，如果支付动力费时借记“生产成本”、“制造费用”等科目，贷记“银行存款”科目，则计入产品成本中的动力费用并不完全是当月的动力费用，而是上月支付日至本月支付日期间的费用。为了正确计算当月动力费用，一般做法是，每月支付动力费时，借记“应付账款”科目，贷记“银行存款”科目；月末计算分配全月应付动力费时，借记“生产成本”等科目，贷记“应付账款”科目。

［**例5**］某企业5月20日以银行存款支付外购动力费20 000元。该企业照明用电和动力用电分别安装，电表，月末根据各电表显示数字，计算出生产产

品应负担电费 13 000 元，车间照明应负担电费 2 500 元，管理部门应负担电费 5 000 元。其会计分录为：

（1）5 月 20 日支付外购动力费时：

借：应付账款　　20 000

　贷：银行存款　　20 000

（2）月底，将外购动力费分配计入成本费用时：

借：生产成本　　13 000

　　制造费用　　2 500

　　管理费用　　5 000

　贷：应付账款　　20 500

2. 应付账款一般按实际应付金额入账，而不按到期应付金额的现值入账。如果购入的资产在形成一笔应付账款时带有现金折扣，按具体会计准则的要求，应付账款按发票上记载的应付金额的总值入账，即按总价法确定入账价值。如果在折扣期内支付了货款，应是企业理财有方，因而应视为一项理财收益，冲减财务费用。

3. 企业偿付应付账款时，借记“应付账款”科目，贷记“银行存款”科目。开出承兑商业汇票抵付应付账款时，借记“应付账款”科目，贷记“应付票据”科目。

有些应付账款由于债权单位撤销或其他原因，使企业无法支付这笔款项。若企业的应付账款确实无法支付，计入当期损益，借记“应付账款”科目，贷记“营业外收入——其他”科目。

[例 6] 某企业 4 月 3 日赊购原材料一批，发票中注明的买价为 10 000 元，增值税为 1 700 元，共计 11 700 元，原材料已验收入库，付款条件为 2/10，1/20，n/30。该企业采用总价法进行核算。4 月 13 日用银行存款实际支付价款 11 466 元 [即 11 700×（1－2%）]，取得现金折扣 234 元。根据以上资料，编制会计分录如下：

（1）4 月 3 日购入原材料，按总价入账时：

借：原材料　　10 000

　　应交税费——应交增值税（进项税额）　　1 700

　贷：应付账款　　11 700

（2）4 月 13 日支付价款时：

借：应付账款　　11 700

　贷：银行存款　　11 466

　　　财务费用　　234

三、预收账款

预收账款是指企业按照合同规定，向购货方预收的定金或部分货款。这项负债要在以后用商品或劳务偿付。

预收账款一般是在三种情况下产生的：一是企业的产品或劳务在市场上供不应求；二是购货单位的信用不佳；三是生产周期长的企业（如建筑业、造船业等）为解决生产资金不足而向购货单位收取定金。

为了核算企业的预收账款，在预收账款业务较多的企业，一般应设置“预收账款”科目。该科目贷方登记预收的货款以及购货单位补付的货款；借方登记销售产品的售价和退回多收的余款。期末贷方余额表示尚未发出产品或提供劳务的预收账款，或者表示应向购货单位退回的多余款；借方余额表示应向购货单位补收的货款。该科目按购货单位设置明细账。

如果企业的预收货款业务不多，也可以不设“预收账款”科目，而是将预收的货款直接记入“应收账款”科目的贷方。

[例 7] 某企业 8 月 31 日预收长空公司货款 20 000 元，存入银行。9 月 30 日向长空公司发货一批，不含税的价款为 50 000 元，增值税 8 500 元，用银行存款代垫运杂费 100 元，共计 58 600 元；长空公司尚未补付货款。10 月 6 日，收到长空公司补付的货款 38 600 元，存入银行。根据以上资料，编制会计分录如下：

(1) 8 月 31 日预收长空公司货款时：

借：银行存款　　20 000

　贷：预收账款——长空公司　　20 000

(2) 9 月 30 日向长空公司发货时：

借：预收账款　　58 600

　贷：主营业务收入　　50 000

　　应交税费——应交增值税　　8 500

　　银行存款　　100

(3) 10 月 6 日，收到长空公司补付的货款时：

借：银行存款　　38 600

　贷：预收账款——长空公司　　38 600

四、应付职工薪酬

（一）职工薪酬的内容

职工薪酬，是指企业为获得职工提供的服务而给予各种形式的报酬以及其他相关支出。职工薪酬包括：

(1) 职工工资、奖金、津贴和补贴；

(2) 职工福利费；

(3) 医疗保险费、养老保险费、失业保险费、工伤保险费和生育保险费等社会保险费；

(4) 住房公积金；

(5) 工会经费和职工教育经费；

(6) 非货币性福利；

(7) 因解除与职工的劳动关系给予的补偿；

(8) 其他与获得职工提供的服务相关的支出。

(二) 职工薪酬的确认原则和计量

1. 职工薪酬的确认：企业应当在职工为其提供服务的会计期间，将应付的职工薪酬确认为负债，除因解除与职工的劳动关系给予的补偿外，应当根据职工提供服务的受益对象，分别下列情况处理：

(1) 应由生产产品、提供劳务负担的职工薪酬，计入产品成本或劳务成本；

(2) 应由在建工程、无形资产负担的职工薪酬，计入建造固定资产或无形资产成本；

(3) 上述 (1) 和 (2) 之外的其他职工薪酬，计入当期损益。

企业为职工缴纳的医疗保险费、养老保险费、失业保险费、工伤保险费、生育保险费等社会保险费和住房公积金，应当在职工为其提供服务的会计期间，根据工资总额的一定比例计算，并按照以上原则处理。

2. 职工薪酬的计量标准。

(1) 货币性职工薪酬：计量应付职工薪酬时，国家规定了计提基础和计提比例的，应当按照国家规定的标准计提。比如，应向社会保险经办机构等缴纳的医疗保险费、养老保险费（包括根据企业年金计划向企业年金基金相关管理人缴纳的补充养老保险费）、失业保险费、工伤保险费、生育保险费等社会保险费，应向住房公积金管理机构缴存的住房公积金，以及工会经费和职工教育经费等。没有规定计提基础和计提比例的，企业应当根据历史经验数据和实际情况，合理预计当期应付职工薪酬。当期实际发生金额大于预计金额的，应当补提应付职工薪酬；当期实际发生金额小于预计金额的，应当冲回多提的应付职工薪酬。

对于在职工提供服务的会计期末以后一年以上到期的应付职工薪酬，企业应当选择恰当的折现率，以应付职工薪酬折现后的金额计入相关资产成本或当期损益；应付职工薪酬金额与其折现后金额相差不大的，也可按照未折现金额计入相关资产成本或当期损益。

（2）非货币性职工薪酬：以其自产产品作为非货币性福利发放给职工的，应当根据受益对象，按照该产品的公允价值，计入相关资产成本或当期损益，同时确认应付职工薪酬。将企业拥有的房屋等资产无偿提供给职工使用的，应当根据受益对象，将该住房每期应计提的折旧计入相关资产成本或当期损益，同时确认应付职工薪酬。租赁住房等资产供职工无偿使用的，应当根据受益对象，将每期应付的租金计入相关资产成本或当期损益，并确认应付职工薪酬。难以认定受益对象的非货币性福利，直接计入当期损益和应付职工薪酬。

（三）应付职工薪酬的核算

为了反映和监督职工薪酬的发生和分配情况，企业需要设置“应付职工薪酬”科目。该科目属于负债类科目，用来核算企业应付给职工各种薪酬总额的计算与实际支出情况。其贷方登记本月计算的应付职工薪酬总额，包括各种工资、奖金、津贴和福利费等，借方登记本月实际支付的职工薪酬数。月末如为贷方余额，表示本月应付职工薪酬大于实付职工薪酬的差额，即应付未付的职工薪酬。“应付职工薪酬”科目可以按照“工资”、“职工福利”、“社会保险费”、“住房公积金”等进行明细核算。

1. *应付职工工资*。工资是企业使用职工的知识、技能、时间和精力而给予职工的一种补偿（报酬），应付职工工资是应付职工薪酬的重要组成部分。它应该根据每月计算出的每位职工实得工资额和当月发生的工资总额，于规定的日期付给职工。

企业应付职工的工资总额，不论是否在当月支付，都应通过“应付职工薪酬”科目核算。在实际工作中，为了方便职工、简化现金收付手续，往往从应付工资中代扣职工应缴的各种款项，如代扣住房公积金、医疗保险费和个人所得税等。这样每月直接发给职工个人的工资就等于应付工资减去代扣款项之后的差额。支付工资时，实际支付给职工的部分，借记“应付职工薪酬”科目，贷记“银行存款”或“库存现金”科目；由企业代扣代缴各种扣款时，借记“应付职工薪酬”科目，贷记“应交税费”、“其他应收款”或“其他应付款”等科目；若有逾期未领工资，应从“应付职工薪酬”科目转入“其他应付款”科目。

企业应付给职工的工资作为一项生产经营活动的耗费，应该在月份终了时，根据权责发生制和配比原则的要求，按照每月职工实际耗用于各项生产经营活动的劳动量进行工资分配，计入有关的成本、费用。工资分配应按照职工的工作岗位进行。从事生产经营的职工，其工资应构成企业的生产经营成本；

专设销售机构的职工工资作为一项销售费用；行政管理人员的工资计入管理费用；基建人员的工资计入在建工程成本。现举例说明工资支付和分配的会计处理。

[**例 8**] 美好公司 2009 年 1 月应付工资 227 000 元，其中：生产工人工资 130 900 元，车间管理人员工资 22 600 元，行政管理人员工资 37 400 元，专设销售机构人员工资 29 850 元，在建工程人员工资 6 250 元。在当期应付工资中，扣还前已代为缴纳的职工个人应支付的住房公积金 5 000 元，医疗保险费 3 000 元；代扣个人所得税 950 元。实发职工工资 218 050 元。相关账务处理如下：

（1）按实发工资 218 050 元从银行提取现金时：

借：库存现金　　218 050

　贷：银行存款　　218 050

（2）发放工资时：

借：应付职工薪酬——工资　　218 050

　贷：库存现金　　218 050

（3）结算代扣款项时：

借：应付职工薪酬——工资　　8 950

　贷：应交税费——应交个人所得税　　950

　　其他应收款　　8 000

（4）月末，根据工资分配表，分配本月工资费用时：

借：生产成本　　130 900

　　制造费用　　22 600

　　管理费用　　37 400

　　销售费用　　29 850

　　在建工程　　6 250

　贷：应付职工薪酬——工资　　227 000

2. 应付职工福利。企业雇用员工，理应承担为员工提供必要福利待遇的责任，这项责任在尚未履行或尚未全部履行时，就形成了一项应付职工的负债。职工福利费主要用于职工医疗卫生费用和职工困难补助。为了保证职工的身体健康和提高职工的福利待遇，根据国家规定，企业可以按照职工工资总额的一定比例在成本费用中列支职工福利费。这样，在支付职工福利费时，一方面使得银行存款等资产减少，另一方面使得应付职工薪酬这项负债减少，所以应将该项支出记入“应付职工薪酬”账户的借方和“银行存款”账户的贷方。列支职工福利费时，一方面使得公司当期的成本费用增加，另一方面使得公司的应付职工薪酬增加。对于计入成本费用的职工福利费应按职工的不同岗位，分别在不同的账户中列支。其列支范围与工资的列支范围基本相同，即对于生产工人的福利费，应记入“生产成本”账户的借方；车间管理人员的福利费，应记入“制造费用”账户的借方；厂部管理人员的福利费，应记入“管理费用”账户的借方；在建工程人员的福利费，应记入“在建工程”账户的借方；专设销售机构人员的福利费，应记入“销售费用”账户的借方，同时，应记入“应付职工薪酬”账户的贷方。

[例9] 承上例，美好公司2009年1月以银行存款支付职工福利费31 780元。其中：生产工人福利费为18 326元，车间管理人员福利费为3 164元，行政管理人员福利费为5 236元，专设销售机构人员福利费为4 179元，在建工程人员福利费为875元。相关账务处理如下：

（1）支付福利费时：

借：应付职工薪酬——职工福利　31 780

　贷：银行存款　31 780

（2）列支福利费时：

借：生产成本　18 326

　　制造费用　3 164

　　管理费用　5 236

　　销售费用　4 179

　　在建工程　875

　贷：应付职工薪酬——职工福利　31 780

3. 应付职工社会保险费及住房公积金。 企业为职工缴纳的医疗保险费、养老保险费、失业保险费、工伤保险费、生育保险费等社会保险费和住房公积金（简称“五险一金”），应当在职工为企业提供服务的会计期间，根据工资总额的一定比例计算，在成本费用中列支。其列支范围与工资及福利费的列支范围基本相同。

[例10] 承上例，美好公司2009年1月按工资总额的一定比例计算，并以银行存款向指定机构缴纳的职工医疗保险费等社会保险费为63 560元。其中：生产工人社会保险费为36 652元，车间管理人员社会保险费为6 328元，行政管理人员社会保险费为10 472元，专设销售机构人员社会保险费为8 358元，在建工程人员社会保险费为1 750元。相关账务处理如下：

（1）计算应缴职工社会保险费时：

借：生产成本　36 652

　　制造费用　6 328

管理费用　　10 472
销售费用　　8 358
在建工程　　1 750
贷：应付职工薪酬——社会保险费　　63 560

（2）缴纳职工社会保险费时：

借：应付职工薪酬——社会保险费　　63 560
贷：银行存款　　63 560

［**例 11**］承上例，美好公司 2009 年 1 月按工资总额的一定比例计算，并以银行存款向指定机构缴纳的职工住房公积金为 45 400 元。其中：生产工人住房公积金为 26 180 元，车间管理人员住房公积金为 4 520 元，行政管理人员住房公积金为 7 480 元，专设销售机构人员住房公积金为 5 970 元，在建工程人员住房公积金为 1 250 元。相关账务处理如下：

（1）计算应缴职工住房公积金时：

借：生产成本　　26 180
制造费用　　4 520
管理费用　　7 480
销售费用　　5 970
在建工程　　1 250
贷：应付职工薪酬——住房公积金　　45 400

（2）缴纳职工住房公积金时：

借：应付职工薪酬——住房公积金　　45 400
贷：银行存款　　45 400

五、应付股利

应付股利是指企业经董事会或股东大会，或类似机构决议确定分配的现金股利或利润。企业分配的股票股利，不包括在内。

为了核算企业对投资者分配的现金股利或利润，应设置“应付股利”科目，该科目贷方反映应分配给投资者的现金股利或利润数；借方反映实际支付给投资者的现金股利或利润数；期末余额一般在贷方，反映已经分配但尚未支付给投资者的现金股利或利润。该科目一般按投资者设置明细账。

企业应根据通过的股利或利润分配方案计算出应付投资者的现金股利或利润，借记“利润分配——应付现金股利或利润”科目，贷记“应付股利”科目。这部分计算出的应付股利或利润，在未支付给投资者前，属于企业的一笔流动负债；待实际支付时，借记“应付股利”科目，贷记“银行存款”等科目。

六、其他应付款

除了上述应付票据、应付账款等以外，企业还会发生一些其他应付、暂收其他单位或个人的款项，如应付租入固定资产和包装物的租金、存入保证金等。具体包括：

（1）应付经营租入固定资产和包装物租金；

（2）职工未按期领取的工资；应付职工统筹退休金。

（3）存入保证金（如出租或出借包装物收取的押金等）；

（4）应付、暂收所属单位、个人的款项；

（5）其他应付、暂收款项。

这些暂收应付款，构成了企业的一项流动负债，在会计上设置“其他应付款”科目进行核算，并按款项的类别和单位或个人设置明细科目核算。在核算时注意以下两个问题：

1. 应付租入固定资产的租金，是指企业采用经营性租赁方式租入固定资产所应支付的租金，这项应交纳的租金，应计入企业的费用；而融资租入固定资产应付的租赁费，则作为长期负债，计入“长期应付款”科目。

2. 存入保证金是其他单位或个人由于使用本企业的某项资产而交付的押金（如出租、出借包装物押金），待以后资产归还后还需退还的暂收款项。

发生的各种应付、暂收款项，借记“银行存款”、“管理费用”等科目，贷记“其他应付款”；支付时，借记“其他应付款”，贷记“银行存款”等科目。

［例 12］ 某企业出借新包装物一批，收到押金 1 000 元，存入银行。若租期到，出借包装物未退，按规定没收其押金 1 000 元。则企业应编制会计分录如下：

（1）收到押金时：

借：银行存款	1 000	
贷：其他应付款		1 000

（2）逾期未退，按规定没收押金时：

借：其他应付款	1 000	
贷：其他业务收入		854.70
应交税费——应交增值税（销项税额）		145.30

第四节　应交款项的核算

一、应交税费

企业作为商品生产和经营者，必须按照国家规定履行纳税义务，对其经营所得依法交纳各种税费。目前国家开征的税种主要有：增值税、消费税、营业税、城市维护建设税、资源税、土地增值税、房产税、车船使用税、印花税、土地使用税、耕地占用税、企业所得税等。各种税费按照税法的规定，其计税依据和计税方法不完全相同，会计处理方法也不完全一样。

为了总括地反映和监督企业应交税费的计算和交纳情况，应设置“应交税费”科目，并按税种设置明细科目。该科目的贷方登记应交纳的各种税金；借方登记已交纳的各种税费；期末贷方余额表示尚未交纳的税费，借方余额表示多交的税费。

（一）应交增值税

增值税是以商品生产、流通以及工业性加工、修理、修配各个环节的增值额为征税对象的一种流转税。在我国境内销售货物或者提供加工、修理、修配劳务以及进口货物的单位和个人为增值税纳税义务人。

按照我国现行税制规定，增值税的纳税义务人分为一般纳税人和小规模纳税人两种。小规模纳税人是指年销售额在规定的数额以下、会计核算不健全的纳税义务人。增值税实行价税分离、价外计征后，他们二者在应纳增值税额的计算方法和会计核算上是有所不同的，主要涉及购入和销售两个环节。下面先以一般纳税企业为主介绍其主要的会计处理方法，小规模纳税人应交增值税简化核算的方法后面再述。

第一，一般纳税企业核算

实行增值税后，一般纳税企业从税务上看，一是可以使用增值税专用发票，企业销售货物或提供劳务可以开具增值税专用发票；二是购入货物取得的增值税专用发票（或完税凭证或收购凭证或运费结算单据）上注明的增值税税额（进项）可以从销项税额中抵扣；三是如果企业销售货物或者提供劳务采用销售额和销项税额合并定价的，应按公式“销售额：含税销售额÷（1＋税率)”还原为不含税销售额，并按不含税销售额计算销项税额；四是如果企业会计核算不健全，或者不能够提供准确税务资料或者虽然符合一般纳税人条件，但不申请办理一般纳税人认定手续的，按照销售额和规定的增值税率计算应纳税额，不得抵扣进项税额，也不能使用增值税专用发票。

根据上述规定，一般纳税企业在核算上主要特点为：①在购进阶段，会计处理上就实行价与税的分离，价与税分离的依据为增值税专用发票上注明的增值税税额和价款，其中价款部分计入购入货物的成本，增值税额部分计入进项税额；②在销售阶段，销售价格中不再含税，如果定价时含税，应还原为不含税价格作为销售收入，向购买方收取的增值税作为销项税额。

1. 计税方法。《增值税暂行条例》规定，一般纳税企业销售货物或者提供应税劳务，应纳税额为当期销项税额抵扣当期进项税额后的余额，应纳税额计算公式为：

应纳税额＝当期销项税额－当期进项税额

销项税额＝销售额×税率

上式中的销售额是指纳税人销售货物或应税劳务向购买方收取的全部价款和价外费用；

2. 扣税和记账依据。按照《增值税暂行条例》规定，一般纳税企业购入货物或接受应税劳务支付的增值税（以下简称“进项税额”），可以从销售货物或提供劳务按规定收取的增值税（以下简称“销项税额”）中抵扣，但必须取得以下凭证：

（1）增值税专用发票。实行增值税后，增值税一般纳税企业销售货物或者提供应税劳务均应开具增值税专用发票，增值税专用，发票记载了销售货物的售价、税率以及税额等，购货方以增值税专用发票上记载的购人货物已支付的税额，作为扣税和记账的依据。

（2）完税凭证。企业进口货物必须交纳增值税，其交纳的增值税在完税凭证上注明。企业以完税凭证上注明的增值税额，作为扣税和记账的依据。

（3）收购凭证。一般纳税企业购进免税农产品、收购废旧物资，根据经主管税务机关批准使用的收购凭证上注明的买价和10％的扣除率计算进项税额，按照计算出的进项税额作为扣税和记账的依据。

（4）交通运费结算单发票。一般纳税企业外购货物（固定资产除外）所支付的运输费用，以及销售货物所支付的运输费用（代垫运费除外），根据经批准使用的交通运输发票所列运费金额和7％的扣除率计算进项税额，按照计算出的进项税额作为扣税和记账的依据。但随同运费支付的装卸费、保险费等其他杂费不得计算扣除进项税额。

3. 科目设置。为了反映企业应交增值税的抵扣、收取、退税、转出、查补税款等情况，一般纳税企业应在“应交税费”科目下设置“应交增值税”和“未交增值税”两个明细科目进行核算。

“应交增值税”明细科目的借方发生额，反映企业购进货物或接受应税劳务支付的进项税额、实际已交纳的增值税额和月终转出的当月应交未交的增值税额；贷方发生额，反映企业销售货物或提供应税劳务收取的销项税额、出口企业收到的出口退税以及进项税额转出数和转出多交增值税；期末借方余额，反映企业尚未抵扣的增值税。

“未交增值税”明细科目的借方发生额，反映企业月终转入的多交的增值税；贷方发生额，反映企业月终转入的当月发生的应交未交增值税；期末借方余额反映多交的增值税，贷方余额反映未交的增值税。

为了详细核算企业应交纳增值税的计算和解缴、抵扣等情况，企业应在“应交增值税”明细科目下设置“进项税额”、“已交税费”、“减免税款”、“出口抵减内销产品应纳税额”、“转出未交增值税”、“销项税额”、“出口退税”、“进项税额转出”、“转出多交增值税”等专栏。其账户格式见表7-1。

表7-1 应交税费——应交增值税

略	借方						贷方					借或贷	余额
	合计	进项税额	已交税金	减免税款	转出未交增值税	出口抵减内销产品应纳税额	合计	销项税额	出口退税	进项税额转出	转出多交增值税		

4. 核算。

(1) 一般购销业务的核算。①企业采购货物、接受应税劳务等要进行增值税进项税额的核算。即按增值税专用发票（或海关开具的进口货物完税凭证）上注明的增值税额，借记“应交税费——应交增值税（进项税额）”科目，按发票上记载的应计入采购成本或加工修理等货物成本的金额，借记“材料采购”、“制造费用”、“其他业务成本”、“委托加工物资”等科目，按应付或实际支付的金额，贷记“应付账款”、“应付票据”、“银行存款”等科目。②企业销售货物或提供应税劳务等要进行增值税销项税额的核算。即按实现的销售收入（不含增值税的销售额）和应交的增值税，借记“应收账款”、“应收票据”、“银行存款”等科目，按实现的销售收入贷记“主营业务收入”、“其他业务收入”等科目，按当期的销售收入和规定的税率计算出的增值税，贷记“应交税费—应交增值税（销项税额）”科目。如果发生销售退回，则做相反的会计分录。

[例13] 某国有工业企业购入原材料一批，增值税专用发票上注明的原材料价款600万元，增值税额为102万元，运费3万元。货款已经支付，材料已

经到达并验收入库。该企业当期销售产品不含税收入为1 200万元，货款尚未收到。假如该产品的增值税率为17%，不交纳消费税。根据上述经济业务，企业应作如下会计分录（该企业采用计划成本进行日常材料核算，原材料入库分录略）：

①采购原料时：

原材料成本＝600＋3×93%＝602.79（万元）

进项税额＝102＋3×7%＝102.21（万元）

借：材料采购　　6 027 900

　　应交税费——应交增值税（进项税额）　　1 022 100

　贷：银行存款　　7 050 000

②销售产品时：

销项税额＝1 200×17%＝204（万元）

借：应收账款　　14 040 000

　贷：主营业务收入　　12 000 000

　　应交税费——应交增值税（销项税额）　　2 040 000

（2）购入免税产品的核算。一般纳税企业购进免税产品，一般情况下不能扣税。但对于购入的免税农业产品可以按买价和10%的扣除率计算进项税额，并准予从销项税额中扣除。

购进免税农产品的核算为：按购进免税农业产品使用的经主管税务机关批准的收购凭证上注明的金额（买价）扣除依10%计算的进项税额，作为购进农业产品的成本，借记“材料采购”等科目；按买价的10%部分作为进项税额，借记“应交税费——应交增值税（进项税费）”科目；按买价贷记“银行存款”、“应付账款”、“应付票据”等科目。

［例14］某国有工业企业收购农业产品，实际支付的价款为150万元，收购的农业产品已入库。企业应作如下会计分录（该企业采用计划成本进行日常材料核算，原材料入库分录略）：

进项税额＝150×10%＝15（万元）

借：材料采购　　1 350 000

　　应交税费——应交增值税（进项税额）　　150 000

　贷：银行存款　　1 500 000

（3）不予抵扣项目的核算。按照我国现行税制规定，下列项目的进项税额不得从销项税额中抵扣：①购进固定资产；②用于非应税项的购进货物或者应税劳务；③用于免税项目的购进货物或者应税劳务；④用于集体福利或者个人消费的购进货物或者应税劳务；⑤非正常损失的购进货物；⑥非正常损失的在产品、产成品所耗用的购进货物或者应税劳务。这里的“购进货物”包括企业接受投资、捐赠及利润分配的货物，下同。

对于按规定不予抵扣的进项税额，核算上采用不同的方法：

①购入货物时即能认定其进项税额不能抵扣的，如购进固定资产，购入货物直接用于免税项目，或者直接用于非应税项目，或者直接用于集体福利和个人消费的，其增值税专用发票上注明的增值税额，记入购入货物及接受劳务的成本。

②购入货物时不能直接认定其进项税额能否抵扣的，其增值税专用发票上注明的增值税额，按照增值税会计处理方法记入“应交税费——应交增值税（进项税额）”科目，如果这部分购入货物以后用于按规定不得抵扣进项税额项目的，应将原已记入进项税额并已支付的增值税转入有关的承担者予以承担，通过“应交税费——应交增值税（进项税额转出）”科目转入有关的“在建工程”、“应付职工薪酬”、“待处理财产损溢”等科目。

[例 15] 某企业购入全新的不需安装的机器设备 1 台，买价 100 000 元，增值税 17 000 元，运杂费 500 元，共计 117 500 元，用银行存款支付。企业应作如下会计分录：

	借方	贷方
借：固定资产	117 500	
贷：银行存款		117 500

[例 16] 某国有工业企业购入一批材料，增值税专用发票上注明的增值税额为 20.4 万元，材料价款为 120 万元。材料已入库，货款已经支付（假设该企业材料采用实际成本进行核算）。材料入库后，该企业将该批材料的一半用于自建工程项目。根据该项经济业务，企业应作如下会计分录：

（1）材料入库：

	借方	贷方
借：原材料	1 200 000	
应交税费——应交增值税（进项税额）	204 000	
贷：银行存款		1 404 000

（2）工程领用材料：

	借方	贷方
借：在建工程	702 000	
贷：应交税费——应交增值税（进项税额转出）	102 000	
原材料		600 000

（4）视同销售的核算。按照《增值税暂行条例实施细则》的规定，对于企业下列行为，视同销售货物计算交纳增值税：①将货物交付他人代销；②销售代销货物；③设有两个以上机构并实行统一核算的纳税人，将货物从一个机构移送其他机构用于销售，但相关机构设在同一县（市）的除外；④将自产或委

托加工的货物，用于非应税项目；⑤将自产、委托加工或购买的货物作为投资，提供给其他单位或个体经营者；⑥将自产、委托加工或购买的货物分配给股东或投资者；⑦将自产、委托加工的货物用于集体福利或个人消费；⑧将自产、委托加工或购买的货物无偿赠送他人。

在具体会计处理上，不同的视同销售行为采取不同的方法：

①投资。企业将自产、委托加工或购买的货物作为投资的，投资方视同销售，吸收投资方视同购入处理，并按规定分别计算货物的销项税额和确认进项税额。

［例17］甲企业用原材料对乙企业投资。该批原材料的账面价值为200万元，投资双方协商确认不含税价格为220万元。假如该原材料的增值税率为17%，并开具增值税专用发票，注明税额37.4万元。根据上述经济业务，甲、乙（假如甲、乙企业原材料均采用实际成本进行核算）企业应分别作如下会计处理：

甲企业：对外投资转出原材料时

借：长期股权投资	2 374 000	
贷：原材料		2 000 000
应交税费——应交增值税（销项税额）		374 000

乙企业：收到投资时

借：原材料	2 000 000	
应交税费——应交增值税（进项税额）	374 000	
贷：实收资本		2 374 000

②企业将自产、委托加工或购买的货物无偿赠送他人，或用于广告、样品，也视同销售货物计算应交的增值税。核算原则与上述投资相同，即不通过销售核算，捐赠支出作为营业外支出处理；用于广告、样品的作为销售费用。

［例18］甲企业将自产的成本为520万元的货物赠与乙企业，该货物的增值税率为17%，若以货物的成本金额作为计税价格，甲、乙双方应作如下会计分录：

甲企业：捐赠货物应交增值税＝520×17%＝88.4（万元）

借：营业外支出	6 084 000	
贷：库存商品		5 200 000
应交税费——应交增值税（销项税额）		884 000

乙企业：收到捐赠的资产按确认的价值，以及增值税专用发票上注明的增值税额记账

借：原材料	5 200 000	

应交税费——应交增值税（进项税额） 884 000

贷：营业外收入 6 084 000

③将货物分配给股东或投资者。按规定，企业将自产、委托加工或购买的货物分配给股东或投资者也视同销售，这一行为虽然没有直接的货币流出，但事实上将货物出售后取得货币资产，然后再分配利润给股东，与将货物直接分配给股东，从严格意义上来说并无大的区别，只是这里没有货币的流入流出，而直接以货物流出的形式体现，并且体现的是企业内部与外部的关系。因此，这一视同销售行为，应通过销售处理。

［**例 19**］某国有工业企业以自己生产的产品分配现金股利，产品的成本为50万元，销售价格为80万元（不含税），该产品的增值税率为17%。企业应作如下会计分录：

计算销项税额＝80×17%＝13.6（万元）

借：应付股利 936 000

贷：主营业务收入 800 000

应交税费——应交增值税（销项税额） 136 000

借：利润分配——应付现金股利或利润 936 000

贷：应付股利 936 000

借：主营业务成本 500 000

贷：库存商品 500 000

（5）上交增值税的核算。企业按规定期限申报缴纳的增值税，在收到银行退回的税收缴款书后，借记“应交税费——应交增值税（已交税金）”科目，贷记“银行存款”科目。

（6）月终未交和多交增值税的结转。月份终了，企业应将当月发生的应交未交增值税额，借记“应交税费——应交增值税（转出未交增值税）”科目，贷记“应交税费——未交增值税”科目；或将当月多交的增值税额，借记“应交税费——未交增值税”科目，贷记“应交税费——应交增值税（转出多交增值税）”科目。

未交增值税在以后月份上交时，借记“应交税费——未交增值税”科目，贷记“银行存款”科目；多交的增值税在以后月份退回或抵交当月应交增值税时，借记“银行存款”科目或“应交增值税（已交税金）”科目，贷记“应交税费——未交增值税”科目。

第二，小规模纳税企业的核算

小规模纳税人的标准按国家有关规定执行。小规模纳税企业有以下几个特点：

（1）小规模纳税企业销售货物或者提供应税劳务，只能开具普通发票，不能开具增值税专用发票；但凡能认真履行纳税义务的小规模企业，经县（市）税务局批准，其销售货物或应税劳务可由税务所代开增值税专用发票。但销售免税货物或将货物、应税劳务销售给消费者，以及小额零星销售，不得代开专用发票。对于不能认真履行纳税义务的小规模企业，不得由税务所代开增值税专用发票。

（2）小规模纳税企业销售货物或提供应税劳务，实行简易办法，按3%（增值税转型改革后，对小规模纳税人不再区分工业和商业设置两征收率，将小规模纳税人的征收率统一降低至3%）的征收率计算应纳税额，计算公式为：

应纳税额＝销售额×征收率

（3）小规模纳税企业的销售额不包括其应纳税额。采用销售额和应纳税额合并定价方法的，按以下公式计算销售额：

销售额＝含税销售额÷（1＋征收率）

（4）小规模纳税企业一经认定为一般纳税企业后，一般不得再转为小规模纳税企业。

根据上述小规模纳税企业的特点，会计处理上规定：

（1）小规模纳税企业购入货物无论是否取得增值税专用发票，其支付的增值税额均不计入进项税额，不得由销项税额抵知，而计入购入货物的成本。相应地，其他企业从小规模纳税企业购入货物支付的增值税额，如果不能取得增值税专用发票，也不能作为进项税额抵扣，而应计入购入货物的成本。

（2）小规模纳税企业的销售收入按不含税价格计算。

（3）小规模纳税企业仍然使用“应交税费——应交增值税”科目，仍沿用三栏式账户，不需要在“应交增值税”科目中设置专栏。

［**例20**］某工业企业被核定为小规模纳税企业，本期购入原材料，按照增值税专用发票上记载的原材料成本为100万元，支付的增值税额为17万元，企业开出商业承兑汇票，材料尚未到达；该企业本期销售产品，含税价格为90万元，货款尚未收到。本月实际缴纳增值税8万元。根据上述经济业务，企业应作如下会计分录：

（1）购进货物：

借：材料采购　　1 170 000

　贷：应付票据　　1 170 000

（2）销售货物：

不含税价格＝90÷（1＋3%）＝87.4（万元）

应交增值税＝87.4×3%＝2.6（万元）

借：应收账款 900 000

贷：主营业务收入 874 000

应交税费——应交增值税 26 000

（3）上交本月应纳增值税 80 000 元时：

借：应交税费——应交增值税 80 000

贷：银行存款 80 000

（二）消费税

消费税是对在我国境内从事生产、委托加工和进口应税消费品的单位和个人，就其应税消费品的销售额或销售量征收的一种税。2006 年 4 月 1 日实施的消费税政策调整，消费税调整后具体征税范围如下：①烟；②酒及酒精；③化妆品（不包括护肤护发品）；④贵重首饰及珠宝玉石；⑤鞭炮、焰火；⑥成品油；⑦汽车轮胎；⑧摩托车；⑨小汽车；⑩高尔夫球及球具；⑪高档手表；⑫游艇；⑬木质一次性筷子；⑭实木地板。

消费税是一种价内税，实行从价定率征收和从量定额征收两种方法：

（1）实行从价定率征收方法的消费品的计税依据为其销售额。“销售额”是指含消费税但不含增值税的销售额。应纳税额的计算公式为：

应纳税额＝销售额×税率

（2）实行从量定额征收方法的消费品的计税依据为其销售数量。应纳税额的计算公式为：

应纳税额＝销售数量×单位税额

1. 科目设置。消费税实行价内征收，企业交纳的消费税仍然在“营业税金及附加”科目中核算；企业按规定应交的消费税，在“应交税费”科目下设置“应交消费税”明细科目核算。“应交消费税”明细科目的借方发生额，反映企业实际交纳的消费税和待抵扣的消费税；贷方发生额，反映按规定应交的消费税；期末贷方余额，反映尚未交纳的消费税；期末借方余额，反映多交或待抵扣的消费税。

2. 消费税的核算。

（1）应纳消费税核算。企业直接对外销售应税消费品时，应交纳的消费税，通过“营业税金及附加”科目核算企业经营活动发生的营业税、消费税、城市维护建设税、资源税和教育费附加等相关税费。企业按规定计算出应交纳的消费税，借记“营业税金及附加”科目，贷记“应交税费——应交消费税”科目。

［**例 21**］某国有工业企业 2008 年 9 月销售摩托车 10 辆，每辆售价 1.5 万元（不含增值税），货款尚未收到，摩托车每辆成本 0.5 万元。适用消费税税率为 10%。根据这项经济业务，企业应作如下会计分录：

①销售商品时：

应向购买方收取的增值税额＝15 000×10×17％＝25 500（元）

借：应收账款　　175 500

　贷：主营业务收入　　150 000

　　应交税费——应交增值税（销项税额）　　25 500

②确认应交消费税时：

应交纳的消费税＝15 000×10×10％＝15 000（元）

借：营业税金及附加　　15 000

　贷：应交税费——应交消费税　　15 000

③结转已销商品成本时：

借：主营业务成本　　50 000

　贷：库存商品　　50 000

（2）上交消费税的核算。企业按期交纳消费税时，借记“应交税费——应交消费税”科目，贷记“银行存款”科目。

（三）营业税

营业税是以我国境内提供应税劳务、转让无形资产和销售不动产的行为为课税对象所征收的一种税。其中应税劳务是指属于交通运输业、建筑业、金融保险业、邮电通信业、文化体育业、娱乐业、服务业等行业的劳务。营业税实行从价定率征收，计算公式为：

应纳税额＝营业额×税率

“营业额”是指企业提供应税劳务、转让无形资产或销售不动产向对方收取的全部价款和价外费用（如手续费、基金、集资款及代收代垫款项等）。

1. 科目设置。企业按规定应交的营业税，在“应交税费”科目下设置“应交营业税”明细科目核算。“应交营业税”明细科目的借方发生额，反映企业已交纳的营业税，贷方发生额，反映应交的营业税；期末借方余额，反映多交的营业税，期末贷方余额，反映尚未交纳的营业税。

2. 其他业务收入相关的营业税的核算。工业企业经营工业生产以外的其他业务所取得的收入，按规定应交的营业税，借记“其他业务成本”科目，贷记“应交税费——应交营业税”科目。

［例 22］某国有工业企业对外提供运输劳务，收入 35 万元，营业税税率 3％。当期用银行存款上交营业税 1 万元。根据这项经济业务，企业应作如下会计分录：

（1）确认应交营业税时：

应交营业税＝35×3％＝1.05（万元）

借：其他业务成本　　　　10 500

　贷：应交税费——应交营业税　　　　10 500

（2）上交营业税时：

借：应交税费——应交营业税　　　　10 000

　贷：银行存款　　　　10 000

3. 销售不动产相关的营业税的核算。企业销售不动产，应向不动产所在地主管税务机关申报交纳营业税。企业销售不动产按规定应交的营业税，借记“固定资产清理”科目，贷记“应交税费——应交营业税”科目。

4. 出租或出售无形资产相关的营业税的核算。在会计核算时，由于企业出租无形资产所发生的支出是通过“其他业务成本”科目核算的，而出售无形资产所发生的损益是通过营业外收支核算的。所以，出租无形资产应交纳的营业税应通过“其他业务成本”科目核算，即借记“其他业务成本”科目，贷记“应交税费——应交营业税”科目；出售无形资产应交纳的营业税应通过“营业外收入”或“营业外支出”科目核算。即借记“营业外支出”或贷记“营业外收入”科目，贷记“应交税费——应交营业税”科目。

5. 企业上交营业税时，借记，“应交税费——应交营业税”科目，贷记“银行存款”科目。

（四）资源税

按照现行税制规定，资源税是国家对在我国境内开采矿产品或者生产盐的单位和个人征收的一种税。资源税实行从量定额征收，计算公式为：

$$应纳税额=课税数量\times单位税额$$

“课税数量”为：开采或生产应税产品销售的，以销售数量为课税数量；开采或生产应税产品自用的，以自用数量为课税数量。

企业按规定应交的资源税，在“应交税费”科目下设置“应交资源税”明细科目核算。“应交资源税”明细科目的借方发生额，反映企业已交的或按规定允许抵扣的资源税，贷方发生额，反映应交的资源税；期末借方余额，反映多交或尚未抵扣的资源税，期末贷方余额，反映尚未交纳的资源税。

企业按规定计算出销售的应税产品应交纳的资源税，借记“营业税金及附加”科目，贷记“应交税费——应交资源税”科目；企业计算出自产自用的应税产品应交纳的资源税，借记“生产成本”、“制造费用”等科目，贷记“应交税费——应交资源税”科目；

企业按规定上交资源税时，借记“应交税费——应交资源税”科目，贷记“银行存款”科目。

［**例 23**］某企业销售煤炭 1 000 吨，每吨应交资源税 5 元，当期用银行存

款上交资源税 8 000 元。根据这项经济业务，企业应作如下会计分录：

（1）确认应交资源税时：

应交的资源税＝1 000×5＝5 000（元）

借：营业税金及附加　　5 000

　贷：应交税费——应交资源税　　5 000

（2）上交资源税时：

借：应交税费——应交资源税　　8 000

　贷：银行存款　　8 000

二、其他主要各税费

1. 企业按规定计算交纳的城市维护建设税，借记“营业税金及附加”、“其他业务成本”等科目，贷记“应交税费——应交城建税”科目；上交时，借记“应交税费——应交城建税”科目，贷记“银行存款”科目。

2. 企业按规定计算交纳的房产税、土地使用税、车船使用税，借记“管理费用”科目，贷记“应交税费——应交房产税、土地使用税、车船使用税”科目；上交时，借记“应交税费”科目，贷记“银行存款”科目。企业交纳的印花税，借记“管理费用”，科目，贷记“银行存款”科目。

3. 应交所得税的核算，参见有关章节。

第五节　非流动负债

一、非流动负债概述

（一）非流动负债的性质

非流动负债，也称长期负债，是指企业偿还期限在一年或超过一年的一个营业周期以上的债务。它包括向银行或其他金融机构借入的长期借款，以及为了筹集长期资金而发行的各种债券以及长期应付款等。非流动负债与流动负债的主要区别在于偿还期限上，即需要一年以内偿还的债务流动负债，如果超过一年以上偿还期限的则为非流动负债。

非流动负债除了具有负债的共同性质外，还具有如下特征：①债务偿还的期限较长，一般超过一年或者一个营业周期以上；②债务的金额较大；③可以采用分期偿还的方式。企业筹措这些资金主要是为了购买大型设备，以及增建或扩建厂房、办公楼等用途。企业发生这种长期负债就要负担一种长期的、固定的、数额较大的利息费用。企业必须在债务到期之前提前安排好偿付本息用的货币资金，以免发生财务危机。

应该指出，如果一项非流动负债将在一年或一个营业周期内到期，并且计划用流动资产来偿还，则应视为一项流动负债，以“一年内到期的非流动负债”项目列示在资产负债表的流动负债部分，但不需作任何核算。

（二）非流动负债的种类

举借长期债务的方式很多，目前我国企业的长期负债主要包括向银行或其他金融机构借入的长期借款、发行的超过一年以上企业债券（或称公司债券）即应付债券及长期应付款（融资租赁方式下的租赁固定资产的应付款和分期付款方式购入的固定资产和无形资产等发生的应付款项）。这些长期负债若按归还期限可分为一次归还的长期负债和分期归还的长期负债；若按使用的结果可分为形成固定资产的长期负债和形成流动资产的长期负债等不同的种类。企业应对各种长期负债分别加以核算，在资产负债表上分项列示。

（三）非流动负债的计价

非流动负债有多种类型，其计价方法也有所不同。计价的不同通常与非流动负债的现值、终值，及取得负债时的规定利率和当时的市场利率有关，有时涉及非流动负债的计价范围和利息支付方式等。通常非流动负债应以实际发生的金额计价入账。非流动负债的各种类型其实际发生额的内容并不完全一致，分别说明如下：

（1）长期借款是以实际取得的货币资金（或其他资产）与其使用期间的利息之和作为实际发生额来计价的。

（2）应付债券是按实际支付的本息来计价的，而对于债券发行时发生的溢价和折价，以及到期一次性偿还本息的债券所支付的债券利息不单独设账登记，只设一个“应付债券”科目，核算企业应实际支付的债券本息。但如果发行的债券属于分期付息到期一次性还本的，该类债券每期应付的利息在未付前属于流动负债，应单设“应付利息”科目核算。

（3）长期应付款中应付融资租入固定资产的应付款（租赁费），应按租赁开始日租赁资产公允价值与最低租赁付款额现值两者中较低者，作为长期应付款的入账价值。租赁费包括手续费、利息和构成固定资产价值的设备价款、运输费、途中保险费、安装调试费等；而企业超过正常信用条件延期付款方式购入的固定资产和无形资产等发生的应付款项，实质上具有融资性质，应按支付的价款总额计价。

二、长期借款的核算

（一）借款费用的处理方法

借款费用是指企业承担的、因借入资金而发生的有关费用，包括因借入资金而发生的利息（包括发行债券而发生的折价或溢价的摊销）、辅助费用以及外币借款有关的汇兑损益等。

在资产负债表日，企业应根据《企业会计准则第17号——借款费用》规定，将符合资本化条件的借款费用予以资本化，计入相关资产成本。符合资本化条件的资产，是指需要经过相当长时间的购建或者生产活动才能达到预定可使用或者可销售状态的固定资产和存货等资产。其他借款费用，应当在发生时根据其发生额确认为费用，计入当期损益。

1. 借款费用资本化条件。按照《企业会计准则第17号——借款费用》规定，当借款费用同时满足下列条件的，才能开始资本化：①资产支出已经发生。资产支出包括为购建或者生产符合资本化条件的资产而以支付现金、转移非现金资产或者承担带息债务的形式发生的支出。例如，企业用银行存款购买工程用材料，将自己生产的产品用于固定资产的建造，开出带息银行承兑汇票购入工程用物资。②借款费用已经发生。③为使资产达到可使用或者可销售状态所必要的购建或者生产活动已经开始。即只有三个条件同时满足时，借款费用才能计入购入资产的价值。

2. 借款利息费用资本化金额。

（1）专门借款利息费用的资本化金额。专门借款是指有明确的专门用途，即为购建或者生产某项符合资本化条件的资产而专门借入的款项，通常应有标明专门用途的借款合同。专门借款符合资本化条件时，应当在资本化期间内，将专门借款的利息费用计入相关资产的成本。专门借款利息费用的资本化金额为当期实际发生的利息费用后减去将尚未动用的借款资金存入银行取得的利息收入或者进行暂时性投资取得的投资收益后的金额。

（2）一般借款利息费用的资本化金额。一般借款是指除专门借款以外的其他借款。在借款费用资本化期间内，为购建或者生产符合资本化条件占用了一般借款的，一般借款应予资本化的利息金额应当按照下列公式计算：

$$\text{一般借款利息费用资本化金额} = \text{累计资产支出超过专门借款部分的资产支出加权平均数} \times \text{所占用一般借款的资本化率}$$

其中：

$$\text{所占用一般借款的资本化率} = \text{所占用一般借款加权平均利率} = \text{所占用一般借款当期实际发生的利息之和} / \text{所占用一般借款本金加权平均数数}$$

$$\text{所占用一般借款本金加权平均数} = \sum\left(\text{所占用每笔一般借款本金} \times \text{每笔一般借款在当期所占用的天数} / \text{当期天数}\right)$$

（3）借款费用的辅助费用资本化的金额。借款辅助费用资本化的金额是按照实际利率法所确定的金融负债交易费用对每期利息费用的调整额。借款实际利率与合同利率差异较小的，也可以采用合同利率计算确定利息费用。

(4) 借款费用资本化的暂停。符合资本化条件的资产在购建或者生产过程中如果发生非正常中断，且中断时间连续超过3个月的，应当暂停借款费用的资本化。正常中断期间的借款费用应当继续资本化。

3. 借款费用的核算。资产负债日，企业按摊余成本和实际利率计算确定的长期借款的利息费用，借记“在建工程”、“制造费用”、“财务费用”、“研发支出”等科目；按合同约定的名义利率计算确定的应付利息金额，贷记“长期借款——应计利息”（到期一次付息借款的利息）或“应付利息”（分期付息借款的利息）的科目；按其差额，贷记“长期借款——利息调整”科目。实际利率与合同约定的名义利率差异很小，也可以采用合同约定的名义利率计算确定利息费用。

(二) 长期借款的核算

长期借款是企业向银行或其他金融机构借入期限在一年以上（不含一年）的各项借款。

为了总括地核算和监督企业长期借款的借入、应计利息以及还本付息情况，应设置“长期借款”总账科目，该科目属于负债类，贷方登记借入的本金以及发生的利息金额，借方登记偿还的本息金额，余额在贷方，反映企业期末尚未偿还的长期借款金额。该科目应按长期借款单位和借款种类，分别设置“本金”、“利息调整”、“应计利息”明细账，详细反映每一种、每一笔借款的借入以及还本付息情况。

企业借入长期借款时，应借记“银行存款”科目，贷记“长期借款”科目；归还借款时，应借记“长期借款”科目，贷记“银行存款”科目。

[**例24**] 某企业为建造厂房，从银行借入长期借款600万元，已存入银行，借款期限为3年，年利率10%，每年计息一次，单利计算，到期一次还本付息。款项借入后，以银行存款支付工程款580万元，该厂房一年建造完成并交付使用，结转固定资产价值。有关会计分录为：

(1) 取得借款时：

借：银行存款 6 000 000

　贷：长期借款——本金 6 000 000

(2) 支付工程款时：

借：在建工程 5 800 000

　贷：银行存款 5 800 000

(3) 工程完工前应计利息（6 000 000×10%×1=600 000）：

借：在建工程 600 000

　贷：长期借款——应计利息 600 000

(4) 工程完工交付使用时，按实际成本（5 800 000+600 000)：

借：固定资产　6 400 000

　贷：在建工程　6 400 000

(5) 第二、三年分别计息时：

借：财务费用　600 000

　贷：长期借款——应计利息　600 000

(6) 到期偿还本息时（三年利息共计 1 800 000 元)：

借：长期借款——本金　6 000 000

　　　　　——应计利息　1 800 000

　贷：银行存款　7 800 000

［**例 25**］甲企业为建造一座仓库，于 2007 年 1 月 1 日向 A 银行专门借款 1 000 万元，借款期限两年，年利率 6%，到期一次还本付息。同时，又向 B 银行借入一般借款 400 万元，借款期限为五年，年利率 8%，每年付息一次（付息日为每年的 1 月 1 日)，到期还本。预计工期一年半，由某建筑公司承建，承包合同议定工程价款 1 600 万元，按 80%预付，20%在工程完工验收合格后一次付清。2008 年 12 月 31 日归还 A 银行本息。甲企业有关会计分录为：

(1) 2007 年 1 月 1 日取得借款时：

借：银行存款　14 000 000

　贷：长期借款——A 银行——本金　10 000 000

　　　　　　——B 银行——本金　4 000 000

(2) 支付工程款时：

借：在建工程——建筑工程　12 800 000

　贷：银行存款　12 800 000

(3) 2007 年 12 月 31 日，甲公司根据借款费用资本化的条件判断，专门借款的利息符合资本化条件，一般借款利息只有 280 万元符合资本化条件，相关的核算如下：

专门借款 2007 年利息＝1 000×6%＝60 万元

一般借款 2007 年的利息＝400×8%＝32 万元

其中，符合资本化条件的一般借款利息＝280×8%＝22.4 万元

借：在建工程——建筑工程　824 000

　　财务费用　96 000

　贷：长期借款——应计利息　600 000

　　　应付利息　320 000

(4) 2008 年 6 月 30 日，建筑工程验收合格，补付建筑公司工程款时：

借：在建工程——建筑工程　　3 200 000

　贷：银行存款　　3 200 000

应予资本化的利息＝1 000×6%÷2＋280×8%÷2＝41.2 万元

计入上半年损益利息金额＝（400－280）×8%÷2＝4.8 万元

借：在建工程——建筑工程　　412 000

　　财务费用　　48 000

　贷：长期借款——A 银行——应计利息　　300 000

　　　应付利息——B 银行　　160 000

（5）2008 年 12 月 31 日偿还 A 银行本息时：

借：长期借款——本金　　10 000 000

　　　　　——应计利息　　1 200 000

　贷：银行存款　　11 200 000

三、应付债券的核算

（一）应付债券的含义和种类

应付债券是企业举借长期债务而发行的一种书面凭证，是企业依照法定程序对外发行、约定在一定期限内还本付息的有价证券。发行债券是企业筹集长期资金的重要方式。

债券作为一种书面凭证，应载明：债券面值，也称票面额、本金或到期值金额，是债券上规定举债企业于到期日所应支付的金额；债券利率，也称票面利率，是指债券利息的年利率；付息日和到期日等债券凭证基本要素。

应付债券有很多种类，可按不同的标准加以分类。按能否转换为公司的股票划分，分为可转换债券和不可转换债券；按有无担保可分为有抵押应付债券和信用应付债券；按偿还方式的不同可分为定期偿还的应付债券和分期偿还的应付债券。企业发行的偿还期超过一年以上的债券，构成一项长期负债。

（二）债券发行的核算

企业发行的长期债券，应设置“应付债券”总账科目，核算企业债券的发行和本息的偿还情况，该科目属于负债类，贷方登记企业发行债券收到的款项和应支付的债券利息，借方登记实际支付的债券本息，贷方期末余额反映尚未归还的债券本息。该科目应设置“面值”、“利息调整”、“应计利息”三个明细科目，分别核算债券本金的取得和归还，债券溢价、折价的发生及摊销，应付债券利息的形成和支付、差额情况。

债券的发行价格，由于债券票面利率和发行时的同期市场利率的差别，可能会出现三种情况：一是当债券票面利率与同期市场利率一致时，债券的发行价格等于其票面价值，即按面值发行；二是当债券票面利率高于同期市场利率时，债券就能以高于其票面价值的价格发行，即按溢价发行；三是当债券票面利率低于同期市场利率时，债券一般以低于其票面价值的价格发行，即按折价发行。从理论上说，债券发行价格可按下列公式计算：

$$债券发行价格=\frac{到期偿还本金按}{市场利率计算的现值}+\frac{各期票面利息按}{市场利率计算的现值}$$

1. 债券按面值发行。债券按面值发行时，发行债券的实收金额即为债券的面值，企业应按实收款项，借记“银行存款”科目，贷记“应付债券——面值”科目。

［**例 26**］某企业于 2008 年 1 月 1 日发行为期 5 年，票面年利率为 12%，到期一次性还本付息的债券一批，债券面值总额为 100 万元。若发行时的市场利率也为 12%，债券按面值 100 万元发行（债券发行费用略），款项全部存入银行。会计分录为：

借：银行存款	1 000 000	
贷：应付债券——面值		1 000 000

2. 债券按溢价发行。债券按溢价发行时，发行债券的实收款大于债券的面值，企业应按收到的债券金额，借记“银行存款”科目；按债券面值，贷记“应付债券——面值”科目；按实收款项超过面值的部分，贷记“应付债券——债券溢价”科目。

［**例 27**］上面例 26 中，若该企业债券发行时的市场利率为 10%，按上面债券发行价格计算公式，该批债券的发行价格为 1 075 814.8 元（1 000 000×0.620 92+120 000×3.790 79=1 075 814.8），式中 1 000 000 元为债券到期值；0.620 92 为利率为 10%、期限为 5 的一元复利现值系数；120 000 元为债券各期的票面利息；3.790 79 为利率为 10%、期限为 5 的一元年金现值系数（这些系数一般可查表得知）。企业按 1 075 814.8 元的价格发行，所得款项已存入银行。会计分录为：

借：银行存款	1 075 814.8	
贷：应付债券——面值		1 000 000
——利息调整		75 814.8

3. 债券按折价发行。债券按折价发行时，发行债券的实收款小于债券的面值，企业应按收到的债券金额，借记“银行存款”科目；按债券面值，贷记“应付债券——面值”科目；按实收款项小于面值的部分，借记“应付债券——利息调整”科目。

［**例 28**］上面例 27 中，若该企业债券发行时的市场利率为 15%，按上面

债券发行价格计算公式，该批债券的发行价格为 899 439.2 元（1 000 000×0.497 18+120 000×3.352 16=899 439.2），式中 1 000 000 元为债券到期值；0.497 18 为利率为 15%、期限为 5 的一元复利现值系数；120 000 元为债券各期的票面利息；3.352 16 为利率为 15%、期限为 5 的一元年金现值系数）。企业按 899 439.2 元的价格发行，所得款项已存入银行。会计分录为：

借：银行存款　　899 439.2
　　应付债券——利息调整　　100 560.8
　贷：应付债券——面值　　1 000 000

企业发行债券会发生一定的发行费用，这些费用按新《企业会计准则》规定应当计入债券的初始成本，与债券的溢、折价一样，在债券存续期内作为对利息费用的一种调整。债券发行费用是指与债券发行直接有关的费用，一般包括债券承销费、印刷费、律师费、发行手续费及其他直接费用等。

（三）应付债券折价、溢价的摊销

债券的溢价和折价是整个债券存续期间发行企业应计利息费用的一项调整。发行企业应在确定并支付每期利息的同时，把债券溢价逐期在各期利息费用中扣除，而把债券折价逐期转作各期利息费用。这种将债券溢价和折价逐其调整利息费用的方法，称为债券溢价和折价的摊销。债券的利息费用按上述借款费用的处理方法进行。

债券溢价和折价的摊销，有直线法和实际利率法两种。直线法是将债券的溢价或折价平均分摊于各期的一种摊销方法；实际利率法是以实际利率乘以各期期初应付债券的账面价值计算各期利息费用，并将该利息费用额与按票面利率支付利息的差额，作为该期应摊销的债券溢价和折价。企业在债券发行后，应按其中某一方法计算各期摊销额，并进行核算。新《企业会计准则》规定利息调整应在存续期间内采用实际利率法进行摊销。

企业按期计算债券应计利息和摊销债券溢价或折价时，核算为：

若债券是按面值发行的，应按应计利息，借记“在建工程”或“财务费用”科目，贷记“应付债券——应计利息”科目；

［**例 29**］依上面例 27，该企业因按面值发行债券，每年年终应按票面利率计算的应计利息为 120 000 元（1 000 000×12%），并作如下会计分录：

借：在建工程（或财务费用）　　120 000
　贷：应付债券——应计利息　　120 000

若债券是溢价发行的，按应摊销的溢价额，借记“应付债券——债券溢价”科目，按应计利息与溢价摊销额的差额，借记“在建工程”或“财务费用”科目，按应计利息，贷记“应付债券——应计利息”科目；

[**例30**] 某企业为了筹集长期资金，于2008年1月1日发行5年期、面值为500万元的债券，债券的票面利率为6%，每年付息一次，到期偿还本金及最后一期利息，发行费用为30万元。假定债券发行价格为544.504万元，该企业发行时核算为：

借：银行存款　　5 145 040

　贷：应付债券——面值　　5 000 000

　　　　　　——利息调整　　145 040

2008年12月31日，计提利息及摊销溢价。首先需要计算实际利率，计算公式如下：

债券的账面价值=利息按实际利率贴现的现值+本金按实际利率贴现的现值

设实际利率为i，则：5 145 040=30×（P/A，i，5）+500（P/F，i，5）

用试误法，求得i=5.324 0%

可编制债券溢价摊销表，计算每期利息费用及应付利息，具体见表7-2

表7-2　债券溢价摊销表　　单位：元

计息日期	应付利息	利息费用	溢价摊销	摊余成本
	（1）=面值×票面利率	（2）=上一期×实际利率	（3）=（1）-（2）	（4）=上一期（4）-（3）
2008.01.01				5 145 040
2008.12.31	300 000	273 921.93	26 078.07	5 118 961.93
2009.12.31	300 000	272 533.53	27 466.47	5 091 495.46
2010.12.31	300 000	271 071.22	28 928.78	5 062 566.68
2011.12.31	300 000	269 531.05	30 468.95	5 032 097.73
2012.12.31	300 000	267 908.88	32 097.73	5 000 000.00
合　计	1 500 000	1 354 966.61	145 040.00	

2008年12月31日，企业的会计处理如下：

借：在建工程（或财务费用）　　273 921.93

　　应付债券——利息调整　　26 078.07

　贷：应付利息　　300 000

2009年1月1日，支付利息时：

借：应付利息　　300 000

　贷：银行存款　　300 000

2009年12月31日，企业的会计处理如下：

借：在建工程（或财务费用）　　272 533.53

应付债券——利息调整 27 466.47

贷：应付利息 300 000

2010 年、2011 年、2012 年 3 年计提利息、摊销溢价会计处理同上。

企业在实际支付债券利息时，按实际支付额，借记“应付债券——应计利息”科目，贷记“银行存款”等科目。

这里需说明的是，如果企业发行的分期付息到期一次还本的债券，每期计提利息并摊销溢折价时，按应摊销的溢折价金额，借记或贷记“应付债券——利息调整”科目，按应计利息与溢折价摊销的差额或合计，借记“在建工程”、“财务费用”等科目，按应计利息，贷记“应付利息”科目。也就是说，企业债券采用分期付息到期一次还本方式时，应增设“应付利息”科目，核算企业在每个计息日计提但尚未支付的债券利息。此类债券在实际付息时，应借记“应付利息”科目，贷记“银行存款”科目。

（四）应付债券偿还的核算

企业发行的债券应根据债券发行时订立的合同条款偿还本金及利息。债券本金偿还的方式有债券到期一次偿还、分期偿还和提前偿还等。在我国，一般采用到期一次偿还本息和分期付息到期一次性偿还本金两种方式。

［**例 31**］依上述 27、28、29、30 例，该企业应于第五年末，债券到期时一次性偿还本金和全部利息。会计分录为：

借：应付债券——面值 1 000 000

应付债券——应计利息（120 000×5） 600 000

贷：银行存款 1 600 000

如果是分期付息到期一次还本的债券，在到期还本时，应借记“应付债券——面值”科目，贷记“银行存款”科目。

（五）可转换公司债券的核算

我国发行可转换公司债券采取记名式无纸化发行方式，债券最短期限为 3 年，最长期限为 5 年。发行可转换公司债券的企业，在发行可转换公司债券以及转换为股份之前，应当按一般公司债券进行会计处理。当可转换公司债券持有人行使转换权利，将其持有的债券转换为股份或资本时，应当按其账面价值结转；可转换公司债券账面价值与可转换股份面值的差额，减去支付的现金后的余额，作为股本溢价，记入“资本公积”。

企业发行附有赎回选择权的可转换公司债券，其在赎回日可能支付的利息补偿金，即债券约定赎回期届满日应当支付的利息减去应付债券票面利息的差额，应当在债券发行日至债券约定赎回届满期间计提应付利息，计提的应付利息，按借款费用的处理原则处理。

同应付债券一样，新《企业会计准则》将“应付债券——可转换公司债券（溢价/折价）”合并为“应付债券——可转换公司债券（利息调整）”，核算方法上并无差别。

［**例 32**］某股份有限公司经批准于 2008 年 1 月 1 日发行可转换公司债券，面值 500 万元，票面利率 6%，按 509 万元溢价发行，三年期，到期还本付息，以银行存款支付发行费用 6 000 元，所筹资金用于公司的生产经营。该债券可于 2009 年 5 月 1 日转换为公司股票，换股率为 10 元面值换 1 股。2009 年 5 月 1 日债券的持有者将可转换公司债券全部转换为股份。债券溢价按直线法摊销，则该公司有关会计分录如下：

（1）2008 年 1 月 1 日债券发行时：

借：银行存款　　5 096 000

　贷：应付债券——可转换公司债券（面值）　　5 000 000

　　　　　　——可转换公司债券（利息调整）　　96 000

（2）2008 年 12 月 31 日计提利息处理并摊销溢价时：

借：财务费用　　268 000

　　应付债券——可转换公司债券（利息调整）　　32 000

　贷：应付债券——可转换公司债券（应计利息）　　300 000

（3）2009 年 4 月 31 日转换为股份前，计提利息处理并摊销溢价时：

借：财务费用　　89 333

　　应付债券——可转换公司债券（利息调整）　　10 667

　贷：应付债券——可转换公司债券（应计利息）　　100 000

（4）在将可转换公司债券转换为股份时，按应付债券的账面价值转入股本和资本公积，转换为股份数＝5 000 000÷10＝500 000（股），因每股面值为 1 元，总股本即为 500 000 元。

在 2009 年 5 月 1 日转换为股份时：

借：应付债券——可转换公司债券（面值）　　5 000 000

　　　　　——可转换公司债券（利息调整）　　53 333

　　　　　——可转换公司债券（应计利息）　　400 000

　贷：股本　　500 000

　　　资本公积——股本溢价　　4 953 333

四、长期应付款的核算

（一）长期应付款核算的内容

长期应付款是指除长期借款和应付债券以外的其他各种长期负债，包括应付融资租入固定资产的租赁费和分期付款方式购入的固定资产和无形资产等发生的应付款项等。为了核算企业除长期借款和应付债券以外的其他各项长期应付款项，应设置“长期应付款”科目，该科目属于负债类，贷方登记形成的长期应付款项，借方登记实际偿付的长期应付款，贷方余额反映尚未偿还的各种长期应付款。该科目应按其种类分设明细账，进行明细分类核算。

长期应付款的利息支出和有关费用以及汇兑差额，属于借款费用，应按前述借款费用处理方法进行。

（二）融资租入固定资产应付款

通过融资租赁方式租入固定资产是企业取得固定资产的重要途径。因融资租入固定资产而发生的应付融资租赁费，形成企业的一笔长期负债。对于该项长期负债，企业应设置“长期应付款——应付融资租赁款”明细科目进行核算。

企业融资租入固定资产时，在租赁开始日，应按租赁开始日租赁资产的公允价值与最低租赁付款额的现值两者中较低者，作为入账价值，借记“固定资产——融资租入固定资产”或“在建工程”科目，按最低租赁付款额，贷记“长期应付款——应付融资租赁款”科目，按其差额，借记“未确认融资费用”科目；

按租赁合同支付融资租赁费时，借记“长期应付款——应付融资租赁款”科目，贷记“银行存款”科目。

具体会计核算业务举例可参照有关内容。

第六节 负债的披露

符合负债定义和负债确认条件的项目，应当列入资产负债表；符合负债定义、但不符合负债确认条件的项目，不应当列入资产负债表。资产负债表中，应分流动负债和非流动负债分别列示。

短期借款、应付账款、应付职工薪酬、应交税费是企业流动负债的重要组成部分。其中，企业应按短期借款的具体项目披露其期末和年初账面余额，以反映企业向银行或其他金融机构等借入的期限在一年以下（含一年）的各种借款的账面余额。对于期末逾期借款，应分别贷款单位、借款金额、逾期时间、年利率、逾期未偿还原因和预期还款期等进行披露；企业应按应付职工薪酬的具体内容披露其年初账面余额、本期增加额、本期支付额以及期末账面余额，以反映企业根据有关规定应付给职工的各种薪酬。企业本期为职工提供的各项非货币性福利形式、金额以及其计算依据；企业应按应交税费的具体项目披露其期末和年初账面余额，以反映企业按照税法等规定计算应交纳的各种税费；其他流动负债（除上面披露的流动负债外）企业应按具体项目披露其期末和年初账面余额。

长期借款、应付债券、长期应付款等是企业非流动负债的重要组成部分。其中，企业应按长期借款的具体项目披露其期末和年初账面余额，以反映企业向银行或其他金融机构等借入的尚未偿还的各种长期借款。对于期末逾期借款，应分别贷款单位、借款金额、逾期时间、年利率、逾期未偿还原因和预期还款期等进行披露；企业应按应付债券的具体项目披露其年初账面余额、本期增加额、本期支付额以及期末账面余额；企业应按长期应付款的具体项目披露其期末和年初账面价值。

本章小结

负债是指企业过去的交易或者事项所形成的、预期会导致经济利益流出企业的现时义务。负债按其流动性，可分为流动负债和非流动负债两部分。划分流动负债和非流动负债的标准是偿付时间是否将在1年（含1年）或者超过1年的一个营业周期内。

流动负债包括短期借款、应付账款、应付票据、预收账款、其他应付款、应付职工薪酬、应交税费等。短期借款的利息，应按月预提记入“财务费用”，但若金额较小，期限较短，也可将所支付的利息全部计入支付月份的财务费用。应付账款入账时间的确定，应以与所购买物资的所有权有关的风险和报酬已转移或劳务已接受为标志，并待发票账单到达时按发票账单上的金额入账。应付票据核算企业开出、承兑的商业汇票，分有息票据和无息票据两种；不论是否带息，均按票面金额入账，如为带息票据，且期限较长、利息金额较大，可以按期预提应付利息记入“财务费用”和“应付票据”科目；商业汇票到期企业不能按期支付票据款的，如为商业承兑汇票，企业应将“应付票据”账户的账面余额以及尚未计提的利息转入“应付账款”账户，如为银行承兑汇票，企业应将“应付票据”账户的账面余额以及尚未计提的利息转入“短期借款”账户中。企业预收账款期末余额在借方，表示应收账款；余额在贷方，表示预收账款。企业职工薪酬包括职工工资、奖金、津贴和补贴；职工福利费；医疗保险费、养老保险费等社会保险费；住房公积金；工会经费和职工教育经费；非货币性福利；因解除与职工的劳动关系给予的补偿等。为了反映和监督职工薪酬的发生和分配情况，企业需要设置“应付职工薪酬”科目。该科目属于负债类科目，用来核算企业应付给职工各种薪酬总额的计算与实际支出情况；企业按国家规定应计交的增值税、消费税、营业税、企业所得税等应通过“应交税费”科目核算。

非流动负债包括长期借款、应付债券、长期应付款等。与流动负债相比，非流动负债具有债务金额大，偿还期限长，可以分期偿还等特点。借款费用是指企业承担的、因借入资金而发生的有关费用，包括：因借入资金而发生的利息（包括发行债券而发生的折价或溢价的摊销）、手续费以及外币借款有关的汇兑损益等。我国新《企业会计准则》规定，借款费用的会计处理，主要根据借款费用资本化三个条件：①资产支出已经发生；②借款费用已经发生；③为使资产达到可使用或者可销售状态所必要的购建或者生产活动已经开始同时满足时，应当予以资本化，计入购入资产的价值；不能予以资本化的，直接计入当期损益。应付债券是指企业发行期超过1年以上的债券，由于市场利率与票面利率不同，债券的发行有折价、溢价和面值发行三种方式，溢折价部分在债券的存续期内于计提利息时应予摊销，作为对利息费用的一种调整，并按借款费用处理的原则处理；发行可转换公司债券的企业，在发行可转换公司债券以及转换为股份之前，应当按一般公司债券进行会计处理，转换后，将其持有的债券转换为股份或资本时，应当按其账面价值结转，差额作为股本溢价，记入“资本公积”。长期应付款主要包括应付融资租入固定资产的租赁费等。

通过本章的学习，可以掌握流动负债和非流动负债的主要业务的会计核算及披露，并了解借款费用的会计处理。

复习思考题

1. 简述负债的概念及特征。
2. 流动负债应如何分类？
3. 短期借款利息的核算应怎样进行？
4. 应付票据的种类有哪些？应如何进行会计核算？
5. 应付账款和预付账款应怎样核算？
6. 应付职工薪酬的内容包括哪些？会计核算如何进行？
7. 一般纳税企业应交增值税怎样计算？如何进行增值税的会计处理？
8. 小规模纳税企业应交增值税的核算有什么特点？
9. 企业应交消费税、应交营业税如何进行会计核算？
10. 简述非流动负债的性质及种类。
11. 借款费用包括哪些内容？应如何进行会计处理？
12. 长期借款应如何进行核算？
13. 应付债券应如何进行核算？

14. 什么是可转换公司债券？企业发行可转换公司债券应如何进行核算？

15. 长期应付款包括什么内容？应如何进行核算？

练 习 题

习题一

（一）目的：练习应付票据的核算。

（二）资料：企业于 2008 年 10 月 1 日购入原材料一批，价款 150 000 元，增值税进项税额 25 500 元，企业开出并承兑商业承兑汇票一张，期限 6 个月，票面利率 5%。该材料已验收入库，企业按实际成本计价。

（三）要求：分别就以下情况编制会计分录。

（1）购入材料签发票据及 2008 年 12 月 31 日计算票据利息；

（2）票据到期时企业以银行存款支付票据款；

（3）票据到期时企业无力付款，该票据是商业承兑汇票；

（4）票据到期时企业无力付款，该票据是银行承兑汇票。

习题二

（一）目的：练习应付职工薪酬核算。

（二）资料：某企业根据工资结算汇总表结算 2008 年 12 月应付职工薪酬总额为 473 000元，代扣水、电、煤气费 30 000 元，代扣个人所得税 12 000 元，实发 431 000 元。发生如下经济业务：

（1）从银行提取现金 431 000 元。

（2）发放工资，支付现金 431 000 元。支付职工工资时，直接在工资中代扣职工应支付的水、电、煤气费 30 000 元，个人所得税 12 000 元。

（3）分配工资费用如下：工资费用分配表汇总列示：产品生产人员工资为 400 000 元，车间管理人员工资为 20 000 元，企业行政管理人员工资为 30 400 元，退休人员工资为 10 000元，销售人员工资为 7 600 元，在建工程人员工资为 5 000 元。

（4）分配 12 月份支付的职工福利费如下：福利费用分配汇总表列示：产品生产人员为 56 000 元，车间管理人员为 2 800 元，企业行政管理人员为 5 880 元，销售人员为 840 元，在建工程人员为 700 元。

（5）用现金向职工支付困难补助费 1 000 元，报销医药费 500 元。

（6）2009 年 1 月初，以银行存款支付职工的水、电、煤气费 30 000 元，个人所得税 12 000元。

（三）要求：根据上述业务编制会计分录。

习题三

（一）目的：练习流动负债的核算。

（二）资料：某企业，从另一企业购入价款（不含税）为 56 000 元的材料，在购入过程还使用供货方的包装物，需交保证金 2 000 元；该企业以银行承兑汇票结算了货款，并在按规定办理汇票手续时以银行存款交付了包装物保证金。另外，该企业还销售一批商品给其他企业，价款（不含税）87 000 元，收取的包装物押金为 3 000 元。该材料已验收入库，企业按实际成本计价（假设该企业是一般纳税人）。

（三）要求：分别作出有关的会计分录。

习题四

（一）目的：练习应交增值税的核算。

（二）资料：某企业本期购入的原材料含税价格为 23 400 元，用这些材料生产的产品含税售价为 35 100 元。

（三）要求：分别就以下情况编制购入材料、销售产品和缴纳税费的会计分录。

(1) 作为增值税一般纳税人（列示必要的计算过程）。

(2) 作为小规模纳税人（列示必要的计算过程）。

习题五

（一）目的：练习应交税费的核算

（二）资料：某企业 2007 年发生如下经济业务：

(1) 3 月 5 日，购入原材料一批，增值税专用发票上注明货款 50 000 元，增值税额 8 500元，货物尚未到达，货款尚未支付。

(2) 3 月 11 日，购入不需要安装设备一台，价款 200 000 元，增值税专用发票上注明的增值税额 34 000 元，款项已用银行存款支付，设备已运达企业。

(3) 3 月 20 日，销售产品一批，价款 260 000 元，按规定应收到增值税额 44 200 元，货单和增值税专用发票已交给卖方，款项尚未收到。

(4) 3 月 22 日，销售所生产的化妆品一批，价款 40 000 元（不含增值税），适用的增税税率为 17%，消费税税率 30%。加税款已全部受到。

(5) 企业 3 月份应缴纳消费税 12 000 元、营业税 2 850 元、增值税 45 150 元。计算 3 月份应缴纳的城市维护建设税和教育费附加。该企业适用的城市维护建设税税率为 7%，教育费附加费率为 3%。

(6) 4 月初，以银行存款缴纳 3 月份的增值税 45 150 元、消费税 12 000 元、营业税 2 850元以及城市维护建设税和教育费附加。

（三）要求：根据上述业务编制会计分录。

习题六

（一）目的：练习应付债券的核算。

（二）资料：以下三家公司发生如下经济业务：

(1) 长江公司于 2007 年 1 月 1 日发行 2 年期、到期一次还本付息的债券，发行面值总额为 4 000 000 元。发行债券所筹资金于发行到期日全部用于建造固定资产，到 2007 年 6 月 30 日工程竣工，债券于 2007 年 1 月 1 日还本付息。该债券票面利率为 7%，按面值发行。

(2) 美好公司为了修建新厂房，经批准于 2007 年 1 月 1 日发行 3 年期债券，面值为 2 000 000元，年利率为 10%，每年年末支付利息。债券溢价发行时实际收到发行款

2 103 100元，存入银行。发行债券所筹资金于发行日全部用于建造固定资产，厂房于2007年1月1日开始建设，于2008年12月31日完工，达到预测可使用状态。当时的市场利率为8%。

(3) 美景公司为了建造一条生产线，于2007年1月1日发行2年期债券，面值为1 500 000元，票面利率为6%，每年年末支付利息。债券折价发行，实际收到发行款1 360 000元。发行债券所筹资金于发行日全部用于建造固定资产，生产线从2007年1月1日开始建设，于2008年底完工，达到预定可使用状态。当时的市场利率为11.49%。

(三) 要求：根据上述业务，分别编制债券发行、每年年末计提应计利息、工程竣工时计提应计利息，美好公司的溢价摊销和美景公司的折价摊销，以及到期还本付息的会计分录。

习题七

(一) 目的：练习长期借款的核算。

(二) 资料：某企业本期向银行借入一笔三年期500 000元的借款，按复利制计息，年利率为10%，用于某项固定资产建造。该项固定资产于借款的第一年末完工，该企业于第二年末归还了两年的累计利息和60%的借款本金，第三年末归还了全部借款的剩余部分。

(三) 要求：编制有关会计分录（列示必要的计算过程）。

习题八

(一) 目的：综合练习。

(二) 资料：某公司与2007年发生下列经济业务：

(1) 购入材料5吨，材料价格为5 000元，增值税税率为17%，材料已验收入库，货款未付。

(2) 采购材料一批，材料价格30 000元，增值税税率为17%，开出不带息商业承兑汇票一张，面值35 100元，期限2个月，材料已收到，并验收入库。

(3) 偿还短期借款20 000元，并支付利息500元。

(4) 分配本月工资费用104 000元，其中：生产工人工资为80 000元，车间管理人员工资为10 000元，行政部门管理人员工资为6 000元，销售人员工资为3 000元，在建工人工资为5 000元。代扣个人所得税300元，扣还前已代为缴纳的职工个人应支付的住房公积金3 000元，各种社会保险费3 700元。

(5) 通过银行向职工发放工资97 000元。

(6) 本月以现金支付职工医药费5 000元，生活困难补贴9 560元。

(7) 计提本月职工福利费，其中：生产工人11 200元，车间管理人员1 400元，行政部门管理人员1 080元，销售人员280元，在建工程人员600元。

(8) 计提应缴纳的各种职工社会保险费20 800元，其中：生产工人16 000元，车间管理人员2 000元，行政部门管理人员1 200元，销售人员600元，在建工程人员1 000元。

(9) 计算应缴纳的职工住房公积金15 600元，其中：生产工人12 000元，车间管理人员1 500元，行政部门管理人员900元，销售人员450元，在建工程人员700元。

(10) 通过银行向保险公司交纳社会保险费20 800元，向住房公积金管理处缴纳15 600

元。

（11）计算本月应上缴城市维护建设税 3 000 元。

（12）年初按面值发行公司债券 1 000 000 元，2 年到期，年利率 6%，到期一次还本付息。

（13）向银行借入长期借款 500 000 元，用于生产用房的建设。

（14）在生产用房工程施工期间发生利息 12 000 元。

（15）生产用房竣工后发生利息 3 000 元。

（16）长期借款到期一次还本付息 515 000 元。

（三）要求：根据上述业务编制会计分录。

第八章　所有者权益

本章基本要求

通过本章学习，要求学生：

1. 了解所有者权益的性质和构成；
2. 明确投资者投入资本的分类和计价；
3. 区别不同组织形式投入资本核算的不同；
4. 理解资本公积的性质及其核算；
5. 掌握留存收益的内容及核算；
6. 了解所有者权益的披露；
7. 区分本章核算中所使用账户的经济内容；
8. 明确本章所述经济业务对企业经营成果与财务状况的影响。

第一节　所有者权益的性质和构成

一、所有者权益的性质

所有者权益亦称产权，是指所有者在企业资产中享有的剩余权益，其金额为企业全部资产减去全部负债后的余额。其构成内容包括投入资本和留存收益两大类。由于企业资产的提供者包括投资人和债权人，从权益原有的意义来讲，企业权益应包括所有者权益和债权人权益（即负债）两部分，即投资人和债权人对企业的资产都有相应的要求权，从而形成了“资产＝负债＋所有者权益”这一会计等式。然而，由于企业资产总额只有在满足了债权人的全部要求权之后，剩余的资产才能归企业投资人所有，因此，所有者权益实质上是对企业剩余资产的要求权，是企业的剩余权益。可见，所有者权益与债权人权益虽然同属于权益，但两者又有显著区别，主要表现在：

（一）要求权先后不同

债权人权益是企业债权人对企业全部资产的要求权；而所有者权益是企业投资者对企业净资产的要求权（即全部资产减去债权人权益后的余额）。可见，债权人对企业资产的要求权优先于所有者。当企业进行清算时，在支付了破产、清算费用后将优先用于偿还负债，如有剩余资产，才能按比例返还所有者。

（二）偿还与否不同

负债有明确的偿还期限，到期时，债权人有权按约定收回其本金及利息；而所有者权益一般没有明确的偿还期限，对于企业所有者（即投资人）来讲，在企业持续经营前提下，除非发生减资、清算，一般不能撤回投资。

（三）分利与否不同

债权人对企业只有按约定要求偿还本金和获取利息收入的权利，不能参与企业的利润分配；而所有者可以收取股利或利润形式参与企业的利润分配，按投资比例享有利润分配权。

（四）参与经营管理的权利不同

债权人的权利仅限于借款合同约定内容，无权参与企业的经营管理，无权作出经营决策；而所有者凭借其对企业的所有权，具有法定参与企业经营管理的权利。

（五）风险不同

债权人对企业投资的目的是获取固定金额的利息，按本金和事先约定的利率计算，一般不受企业盈亏的影响，风险较小；所有者对企业投资的目的之一是获取利润或现金股利，而其获取的利润或现金股利的多少取决于企业的盈利水平和利润分配政策，金额不固定，风险较大。

二、所有者权益的构成

在我国现行会计核算中，所有者权益包括实收资本（在股份公司称为股本）、资本公积、盈余公积和未分配利润四个部分。一般而言，实收资本和资本公积是由投资者直接投入的，如所有者的投入资本、资本溢价等；而盈余公积和未分配利润则是企业在生产经营过程中所实现的利润留存在企业所形成的，因此，也被称为留存收益。在外部投入资本不变的情况下，所有者权益增长主要依赖于企业留存收益的增加。

（一）实收资本（股本）

实收资本（股本）是投资者按照企业章程或合同、协议的约定，实际投入企业的各种资产的价值，是所有者投入企业的资本。实收资本包括国家投入资本、法人投入资本、个人投入资本和外商投入资本等，它反映不同投资者对企业享有的权益份额。

（二）资本公积

资本公积是指投资者或其他人（或单位）投入、所有权归属于投资者，但不构成实收资本的那部分资本或资产。从形成来源看，资本公积有其特定的来源渠道，一般与企业正常的生产经营活动不存在直接联系，从本质上讲属于投入资本范畴。主要包括股票发行溢价等，它是一切所有者的共同权益。

（三）留存收益

留存收益是企业从历年实现的净利润中提取或形成的留存于企业内部的积累，由企业净利润转化形成，包括盈余公积和未分配利润两部分。

1. 盈余公积。盈余公积是企业从净利润中提取的各种具有特定用途的资金，包括企业提取的法定盈余公积、任意盈余公积。

2. 未分配利润。未分配利润是企业留待以后年度进行分配的净利润，它是企业年度可供分配利润与已分配利润的差额，是尚未指定用途的净利润。

对所有者权益进行这种分类至少能够提供以下两个方面的重要信息：

首先，能够清晰地反映企业所有者权益的结构。所有者权益中投入资本和作为准资本的资本公积，构成企业在一定规模下开展生产经营的最基础的启动资金，是企业存在的基本条件。盈余公积和未分配利润等留存收益，来自于企业经营过程中的资本增值，反映了企业的资本积累情况，也是企业扩大生产经营规模的一个重要条件。将资本积累同投入资本相比，能够反映出企业的资本增值能力以及发展后劲。此外，不同所有者的投资比例还是决定企业利润分配或风险分担的依据。

其次，能够反映利润分配政策上的影响因素。所有者投资的主要目的之一是获得理想的投资收益。因此，他们必然非常关心企业利润分配政策的制定。企业在制定利润分配政策时，既要考虑对投资人的回报，也不能放弃企业持续经营的长远利益。这种近期利益和长远利益的兼顾，就形成了企业利润分配政策的指导思想：企业用于分配的只能是来自本期和前期的累计利润，而不应是所有者的投入资本；企业可供分配的利润，既不能分光吃净，导致企业无力扩大再生产，也不能过分地压缩应分配的数额，导致投资者对企业投资丧失信心。为了妥善地处理好利润分配过程中的复杂关系，就需要对所有者权益按其构成分层次地确定利润分配涉及的范围。也就是说，所有者权益中什么项目可以用于分配，什么项目不能用于分配，以及可用于分配的项目能够分配到什么程度等问题，都可以通过对所有者权益的合理分类来加以界定。

第二节　投入资本的核算

一、现代企业的组织形式

企业是以营利为目的的经济组织，它可以按不同的形式进行分类，如按照所有制形式，可分为国有企业、集体所有企业、私营企业以及混合所有制的企业（如股份制企业和中外合资企业）等。从所有者权益的会计核算角度，对企业按照组织形式分类更为重要，原因在于不同组织形式的企业，在对各自企业的资产、负债、成本费用和收入利润的会计核算上基本相同，但在所有者权益的核算上却存在着较大的差别。

对企业的组织形式，国际上通行的是将企业分为以下三种组织形式：第一种是独资企业，是指由单个投资者（如某一个人）出资设立的企业。第二种是合伙企业，是指由两个或两个以上的投资者按照协议共同出资、共同经营、共负盈亏的企业。独资企业和合伙企业的出资人往往也是企业的经营者，而且在其出资人所承担的责任方面也有相同之处，即出资人均需要对企业的债务负无限的连带清偿责任。上述两种类型的企业也被称为非公司企业组织。第三种是公司企业，它是依法定程序登记并设立的以营利为目的的企业法人。公司企业按照出资人即股东所负责任的不同，又可分为有限责任公司和股份有限公司等多种形式。在企业组织形式中，公司组织是目前国际上最主要的企业组织形式，其中，股份有限公司又是被广泛推崇的公司形式。

我国的公司组织形式，2006 年 1 月 1 日实施的修订后《中华人民共和国公司法》（以下简称《公司法》）对其作了明确的规范。公司是指依照《公司法》在中国境内设立的有限责任公司和股份有限公司，有限责任公司和股份有限公司是企业法人。《公司法》第五十六条规定："国有独资公司，是指国家单独出资、由国务院或者地方人民政府授权本级人民政府国有资产监督管理机构履行出资人职责的有限责任公司"，这里，《公司法》明确确立了国有独资的有限责任公司这一公司形式，这也是适合我国国情而产生的一种特殊的企业组织形式。因此，我国的公司组织主要包括国有独资有限责任公司（简称国有独资公司）、有限责任公司和股份有限公司三种形式。本章将重点以这三种形式说明其所有者权益的会计核算。

二、投入资本的形式及计价

拥有一定量的资本是任何一个企业法人设立并开展其经营活动的前提。这些资本主要是由企业的投资者作为资本投入到企业的各种资产所形成的，一般情况下无需偿还，可供企业长期周转使用。我国目前实行的是注册资本制度，我国企业法人登记管理条例明确规定，除国家另有规定外，企业的注册资金应当与实有资金相一致。企业不得擅自改变注册资金数额，也不得抽逃资金等。

在我国，投入资本按其投资主体的不同，可分为国家投入资本、法人投入资本、个人投入资本和外商投入资本等。国家投入资本是指国家作为投资主体向企业投入的资本。法人投入资本是指外单位以入股或联营等方式向企业投入的资本。个人投入资本是指个人向企业投入的资本。外商投入资本是指境外

（包括港、澳、台地区）企业或个人向企业投入的资本。

投资主体可以采用国家法律许可的各种形式向企业投资。在我国，投资者投入资本可以采取以下各种形式：

（一）以货币资金投资

这是指投资者直接以现金、银行存款向企业出资。如国家直接向企业拨付资金，国家、其他法人或个人以货币资金认购企业股份等进行的投资，以及外商以某种外币投入的资本。

（二）以实物资产和有价证券投资

实物资产投资是指投资者以一定数量的实物资产向企业进行的投资，这些实物资产主要包括：机器设备、房屋建筑物等固定资产，原材料、产成品等流动资产；有价证券投资是指以持有的其他单位的债券或股票等有价证券进行的投资。

（三）以无形资产投资

这是指投资者以工业产权、非专利技术、土地使用权等无形资产向企业进行的投资。无形资产作价出资的金额在企业的注册资本中，应控制在一定的比例范围内，我国《公司法》要求全体股东的货币出资金额不得低于公司注册资本的30％，也就是说无形资产出资最高比例可达70％。这有利于促进科技成果的产业化，调动企业和研发人员自主创新的积极性。但《外资企业法实施细则》另有规定，外资企业的工业产权、专有技术的作价应与国际上通常的作价原则一致，且作价金额不得超过注册资本的20％。

投入资本的计价是指投资者投入资本的入账金额确定的方法。我国《企业会计准则》规定，投资者投入的资本应按实际投资数额计价入账。不同的投资形式，其实际投资数额的确定并不完全相同。具体而言，若投资者以货币资金投入，则可以以实际拨付或转入的数额确定；若投资者以固定资产和流动资产等实物资产或无形资产投入，应先对投资的实物或无形资产按照法律、法规的规定进行评估，按资产评估确认后的价值入账。核实财产，不得高估或者低估作价。

三、国有独资公司的投入资本核算

国有独资公司是指国家授权投资的机构或者国家授权的部门单独投资设立的有限责任公司。在我国，国务院确定的生产特殊产品的公司或者属于特定行业的公司，应当采用国有独资公司形式。这类公司的所有者是单一的，即国家所有。目前我国多数国有独资公司是由原国营企业改制而成。

在会计核算上，国有独资公司如同独资企业，所不同的是它只负有限的清偿责任。这类公司无论是在组建设立时，还是在因扩大规模而增资时，所有者投入的资金，全部作为实收资本入账，而其他类型的企业，所有者投入的资本不一定全部作为实收资本。国有独资公司不发行股票，不会产生股票溢价发行收入；也不会在追加投资时，为维持一定的投资比例而产生资本公积。

为了总括反映国家授权投资的机构或部门单位向国有独资公司投入资本的增减情况，应设置“实收资本”总账科目，该科目的贷方反映公司实际收到国家有关机构或部门单位投入公司各种资产的价值；借方反映按规定程序减少注册资金的数额；期末贷方余额，反映代表国家投资的机构或部门单位实际投入的资金。

［**例 1**］由国家授权投资的机构独家出资组建某一国有独资公司，该公司注册资金为 1 500 万元人民币，该公司设立时实际收到投资机构转入的固定资产价值 800 万元，土地使用权价值 400 万元，另有 300 万元现金也已转入新组建公司的银行账户。该新组建公司在收到上述投资时，应作如下会计分录：

借：固定资产	8 000 000	
无形资产——土地使用权	4 000 000	
银行存款	3 000 000	
贷：实收资本		15 000 000

四、有限责任公司的投入资本核算

有限责任公司是指由 50 人以下股东共同出资，股东以其出资额为限对公司承担责任，公司以其全部资产对公司的债务承担责任的企业法人。我国《公司法》对有限责任公司的注册资本形成以及股东对公司出资等做出了相应的规范。《公司法》规定，有限责任公司注册资本的最低限额为人民币三万元。法律、行政法规对有限责任公司注册资本的最低限额有较高规定的，从其规定；股东可以用货币出资，也可以用实物、知识产权、土地使用权等可以用货币估价并可以依法转让的非货币财产作价出资；股东应当按期足额缴纳公司章程中规定的各自所认缴的出资额；而且，股东全部缴纳出资后，必须经法定的验资机构验资并出具证明。股东按照出资比例分得红利，公司新增资本时，股东可以优先出资认缴；股东之间可以相互转让其全部出资或者部分出资，但股东向股东以外的人转让其出资时，必须经全体股东过半数同意，不同意转让的股东应当购买该转让的出资，如果不购买该转让的出资，就视为同意转让；经股东同意转让的出资，在同等条件下，其他股东对该出资有优先购买权。

有限责任公司投入资本的会计核算如同上述国有独资公司的核算，也应通过设置“实收资本”总账科目进行，所不同的是：有限责任公司的股东即出资人不是一个，而是多个，因而需要按股东单位或姓名设置明细账，分别反映各个股东的投入资本情况。其次，有限责任公司股东投入的资本还应按不同情况处理，有限责任公司新设时，股东按照合同、章程投入公司的资本，应全部记入“实收资本”科目，实收资本应等于公司的注册资本；在有限责任公司增资扩股时，如有新投资者介入，新投资者缴纳的出资额大于其按约定比例计算的在公司注册资本中所占的份额部分，应作为资本溢价，记入“资本公积”科目；而独资公司不存在资本溢价问题。

有限责任公司的股东应按照合同、协议和章程规定的投资形式出资。下面分别以不同的投资形式说明有限责任公司投入资本的核算。

（一）货币资金投入

当收到股东以货币资金出资时，应借记“银行存款”、“库存现金”科目，贷记“实收资本”科目；若投入的金额超过占投资比例的部分，其超过部分如果属于资本溢价，应贷记“资本公积——资本溢价”科目。

［**例 2**］某有限责任公司收到 A 股东的货币资金出资 200 万元，款项已存入银行。该公司应作的会计分录为：

借：银行存款	2 000 000	
贷：实收资本		2 000 000

（二）实物资产投入

当收到股东以固定资产或流动资产等实物出资时，应借记“固定资产”、“原材料”等科目，贷记“实收资本”等科目。

［**例 3**］某新设有限责任公司（假设为一般纳税人、原材料按实际成本计价核算）收到 B 股东按合同章程出资的实物资产一批，包括固定资产和原材料，其中固定资产的原价为 150 万元，已提折旧 30 万元，资产评估的公允价值为 130 万元；评估确认的原材料价值为 40 万元，该原材料的应纳增值税计税价格为 42 万元，则该项原材料的增值税的进项税额为 7.14 万元。固定资产已交付使用，原材料也已验收入库。该公司应作如下会计分录：

借：固定资产	1 300 000	
原材料	400 000	
应交税费——应交增值税（进项税额）	71 400	
贷：实收资本		1 771 400

（三）无形资产投入

当收到股东以工业产权等无形资产出资时，应按该项无形资产的公允价值作价，借记“无形资产——××无形资产”科目，贷记“实收资本”等科目。

［**例 4**］某有限责任公司收到 C 股东按照合同章程规定的用甲专利权投资，

经评估确认的甲专利权公允价值为 30 万元。该公司在收到甲专利权后，应作如下会计分录：

借：无形资产——甲专利权　　300 000

　贷：实收资本　　300 000

五、股份有限公司的投入资本核算

股份有限公司是指全部资本由等额股份构成并通过发行股票募集资本，股东以其所持股份为限对公司承担责任，公司以其全部资产对公司的债务承担责任的企业法人。

我国《公司法》对股份有限公司的设立以及股本的形成做出了明确的规定。股份有限公司的设立，必须经过国务院授权的部门或者省级人民政府批准，可以采取发起设立或者募集设立的方式，由发起人认购公司所发行的全部股份而设立的公司即为发起设立；由发起人认购公司所发行股份的一部分，其余部分向社会公开募集而设立的公司即为募集设立。应当有二人以上二百人以下为发起人，其中须有半数以上的发起人在中国境内有住所，股份有限公司的注册资本为在本公司登记机关登记的实收股本总额，最低限额为人民币 500 万元。

股份有限公司与其他企业组织形式相比较，其最显著的特点是将公司的全部资本划分为等额股份，并通过发行股票的方式来募集资本，股票的面值与股份总数的乘积为股本总额，股本总额应等于企业的注册资本。在会计核算上股份有限公司应设置“股本”总账科目，用以核算股东投入公司的股本，并将核定的股本总额、股份总数、每股面值，在股本账户中作备查登记。为了反映公司股份的构成情况，应在“股本”科目下，按股东单位或姓名设置明细账。公司在核定的股本总额范围内，发行股票取得的相当于股票面值的部分，应记入“股本”科目；发行股票取得的超过股票面值的部分，应记入“资本公积”科目。

股份有限公司设立方式不同，其投入资本的具体会计核算也不同。下面分别说明如下：

1. *发起设立*。股份有限公司采取发起设立，其特点是公司的股份全部由发起人认购，不向发起人以外的任何人募集股份。按规定，发起人可以用货币出资，也可以用实物、知识产权、土地使用权作价出资，发起人以非货币资产出资的，必须进行资产评估作价，核实财产，并折合为股份。公司全体发起人的首次出资额不得低于注册资本的 20%，其余部分由发起人自公司成立之日起两年内缴足。发起人应当以书面认足公司章程规定其认购的股份；一次缴纳的，应即缴纳全部出资；分期缴纳的，应即缴纳首期出资；以非货币财产出资的，应当依法办理其财产权的转移手续。

股份有限公司在收到发起人的出资时，应借记“银行存款”等科目，贷记“股本”等科目。

［**例5**］甲公司是由A、B、C、D和E五个发起人共同发起，依法设立的股份有限公司，经核定的股本总额为5 000万元，划分为5 000万股，每股面值为1元。公司章程中规定的各发起人的出资比例和出资方式：A占50%，全部以非货币资产出资，折合股份2 500万股，其中包括固定资产和土地使用权，固定资产账面原价1 800万元，经评估确认的公允价值为1 700万元；经评估确认的土地使用权的公允价值为850万元，上述财产已依法转入甲公司：B、C、D、E各占12.5%，全部以货币资金出资，有关出资已全部到位，存入银行。甲公司在收到上述各方出资时，应作如下会计分录：

借：固定资产　　17 000 000
　　无形资产——土地使用权　　8 500 000
　　银行存款　　25 000 000
　贷：股本——A　　25 000 000
　　　股本——B　　6 250 000
　　　股本——C　　6 250 000
　　　股本——D　　6 250 000
　　　股本——E　　6 250 000
　　　资本公积　　500 000

2. *募集设立*。我国《公司法》规定，以募集设立股份有限公司的，发起人认购的股份不得少于公司股份总数的35%，其余部分应当向社会发行股票，公开募集。

股份有限公司的发起人向社会公开募集的股份，应当由依法设立的证券经营机构承销，签订承销协议，并与银行签订代收股款协议。公开募集股份时，股东出资通常以现金形式。按照我国《公司法》规定，同次发行的股票，每股的发行条件和价格应当相同。任何单位或者个人所认购的股份，每股应当支付相同的价款。股票的发行价格可以按照面值平价发行，也可以超过面值溢价发行，但不可低于面值折价发行。

公司发行股票一般需要经过股东认购、实收股款、发行股票等阶段。会计实务中，公开募集设立股份有限公司的投入资本核算可分为两部分，一是发起人认购的股份，可以比照上述发起设立公司有关股本形成的核算加以处理；二是向社会公开发行股票募集的股份，一般是在股票发行后，实际收到股款时，将股票面值的金额贷记“股本”科目，实收股款超过股票面值的部分，则记入“资本公积”科目的贷方。

［**例6**］某股份公司经批准向社会公开发行普通股票1 500万股，每股票面金额为1元，溢价发行。若发行后，实收股款为6 000万元，则该公司应作如下会计分录：

借：银行存款 60 000 000

贷：股本——普通股 15 000 000

资本公积——股本溢价 45 000 000

股份公司在募集股本过程中，往往伴随发生一系列的必要支出，包括如股票印刷费、鉴证费（如注册会计师的审计费等）以及支付给证券商的承销或包销费等，这些支出通称为股票发行费用或股份募集费用。若股票是按溢价发行的此项费用减去发行股票冻结期间所产生的利息收入的差额，应记入“资本公积——股本溢价”科目，不作为长期待摊费用平均摊销。

在我国，目前实行的注册资本制度，要求不同组织形式的企业，其实收资本或股本与其注册资本一致，在企业经营期内，投资者不得抽回资本，以保持企业资本的完整性。

六、库存股

股份公司通过收回本公司已发行在外的股票，在尚未转让或注销之前，这些股票留在公司形成库存股。公司持有的其他公司的股票为投资行为，不是库存股；本公司核定股本中尚未发行的股票也不是库存股；本公司收回并加以注销的本公司股票也不属于库存股。由于公司不能成为自己的股东，通过买卖自己的股票而获利，因此库存股不是投资，不能作为企业资产，而是股东权益的减少。股票回购的主要目的包括企业合并、反并购、减资或奖励本企业职工。库存股的会计处理分为两个阶段：第一阶段是购回本公司股票，本公司的所有者权益减少；第二阶段是将库存股转让、注销或奖励给职工。

库存股的核算方法主要有两种：成本法和面值法。成本法是指库存股按照取得成本入账，不考虑股票面值及其原先发行时的价格。库存股再次发行或注销时，将发行时的收入或面值与库存股成本之间的差额，记入“资本公积”等科目。面值法是指取得库存股按照股票面值入账，取得价格超过面值的，先冲销原先发行时溢价收入，仍有差额，再冲销盈余公积和未分配利润。新《企业会计准则》规定采取成本法。

为了核算企业收购、转让或注销本公司股份的变动情况，应设置“库存股”总账科目。该科目借方登记企业收购本公司股份的金额；贷方登记转让或注销本公司股份的金额；期末余额一般在借方，反映企业持有尚未转让或注销本公司股份的金额。当企业要求回购股票时，应按购买库存股票的成本借记“库存股”科目，在尚未发行、注销之前，库存股按其购买成本作为股东权益总额的减项，在报表中进行披露。库存股再次发行或注销时，按库存股的账面余额加以冲减，贷记“库存股”科目。下面我们分别按减资、奖励职工、购回股票又转让三种情况加以阐述。

（一）购回股票用于减资

［**例 7**］某股份有限公司由于经营规模缩小，经股东大会批准，采用收购本公司发行在外股票的方式减资 200 万元。公司股票每股面值 10 元，发行价格 15 元，原发行股票 100 万股，公司提取的盈余公积为 100 万元，未分配利润为 200 万元。

（1）假设该公司每股 20 元的价格收购本公司股票，由于每股面值 10 元，所以要收购 20 万股股票。由于收购价格高出每股面值 10 元，因此，该公司共超面值支付 200 万元，直接从原股票溢价中列支。应作如下会计分录：

购回股票时：支付的价款总额＝20×20＝400 万元

借：库存股	4 000 000	
贷：银行存款		4 000 000

减少股票减资时：

借：股本	2 000 000	
资本公积——股本溢价	2 000 000	
贷：库存股		4 000 000

（2）假设该公司以每股 40 元的价格收购本公司股票，公司收购股票价格高出面值 30 元，共计 600 万元。由于该种股票是溢价发行，所以超面值支付款项首先应冲减股票溢价收入，不足冲销部分 100 万元应冲减盈余公积。应作如下会计分录：

借：库存股	8 000 000	
贷：银行存款		8 000 000
借：股本	2 000 000	
资本公积——股本溢价	5 000 000	
盈余公积	1 000 000	
贷：库存股		8 000 000

（3）假定该公司以每股 46 元的价格收购本公司股票，公司购回股票价格高出面值 36 元，共计 720 万元，应先后冲减资本公积、盈余公积、未分配利润。作如下会计分录：

借：库存股　　9 200 000

　贷：银行存款　　9 200 000

借：股本　　2 000 000

　　资本公积——股本溢价　　5 000 000

　　盈余公积　　1 000 000

　　利润分配——未分配利润　　1 200 000

　贷：库存股　　9 200 000

（4）假设该公司以每股 8 元的价格收购本公司股票，共计支付 160 万元，低于股票面值 40 万元。这部分差额记入“资本公积——股本溢价”账户的贷方。相关的会计分录如下：

借：库存股　　1 600 000

　贷：银行存款　　1 600 000

借：股本　　2 000 000

　贷：库存股　　1 600 000

　　　资本公积——股本溢价　　400 000

（二）购回股票用于奖励职工

企业为奖励本公司职工而收购本公司股份，应按实际支付的金额，借记“库存股”科目，贷记“银行存款”等科目。同时，作备查登记。根据我国《公司法》的规定，收购本公司股份奖励职工的，所购股份不得超过本公司已发行股份总额 5%；用于收购的资金应当从公司的税后利润中支出；所收购的股份应当在一年内转让给职工。将收购的股份奖励给本公司职工属于以权益结算的股份支付，应当在等待期内每个资产负债表日，按照权益工具在授予日的公允价值，将取得的职工服务计入成本费用，借记“生产成本”、“制造费用”、“管理费用”科目，贷记“资本公积——其他资本公积”科目。职工行权购买本企业股份收到价款时，转销交付职工的库存股成本和等待期内资本公积（其他资本公积）的累计金额，同时按照其差额调整“资本公积（资本溢价）”科目，贷记“库存股”科目。

［**例 8**］甲股份有限公司 2008 年 1 月 1 日发行面值为 1 元的普通股 1 000 万股，发行价格为 5 元，共收到发行收入 5 000 万元。2008 年 10 月 1 日为奖励本企业职工，以每股 6 元的价格购回 10 万股本企业股票，于 2008 年 12 月 31 日奖励给公司高层管理人员。

(1) 2008 年 10 月 1 日，购回股票时：

借：库存股　　600 000

　贷：银行存款　　600 000

(2) 2008 年 12 月 31 日，奖励给高层管理人员时：

借：管理费用　　600 000

　贷：资本公积——其他资本公积　　600 000

借：资本公积——其他资本公积　　600 000

　贷：库存股　　600 000

(三) 回购股份又转让

企业转让库存股，应按实际收到的金额，借记“银行存款”等科目；按转让库存股的账面余额，贷记“库存股”科目；按其差额，贷记“资本公积——股本溢价”科目；如为借方差额的，借记“资本公积——股本溢价”科目，股本溢价不足冲减的，应依次冲减盈余公积、未分配利润，借记“盈余公积”、“利润分配——未分配利润”科目。

第三节　资本公积的核算

一、资本公积的性质和内容

(一) 资本公积的性质

资本公积是指由投资者或他人（或单位）投入，所有权归属于投资者，但不构成实收资本的那部分资本。从其形成来源分析，资本公积与企业的净利润无关，从本质上说属于投入资本的范畴。资本公积与留存收益有根本区别，因为后者是由企业实现的利润转化而来。资本公积经过一定的程序可以转增资本，所以它是一种资本准备，或称准资本。

(二) 资本公积的内容

在我国，资本公积有特定来源，由企业所有投资者共同享有。其内容包括：

1. 资本（或股本）溢价，是指企业投资者投入的资金超过其在注册资本中所占份额的部分，在股份有限公司称之为股本溢价。

2. 其他资本公积，是指除资本（或股本）溢价项目以外所形成的资本公积。其中主要是直接计入所有者权益的利得和损失，包括采用权益法核算的长期股权投资、购回股票奖励职工等。

二、资本公积形成的核算

企业应设置“资本公积”科目核算资本公积的增减变动情况。该科目的贷方登记企业资本公积的增加数额：借方登记企业资本公积的减少数额；期末余额一般在贷方，反映期末企业资本公积的实有数额。该科目应按照“资本（股本）溢价”、“其他资本公积”设置明细账，进行明细分类核算。

（一）资本（或股本）溢价的核算

1. 资本溢价。资本溢价是指投资者交付企业的出资额大于其在企业注册资金中所享有份额的数额。

有限责任公司创立时，投资者所出资金一般全部记入“实收资本”科目，投资者依其出资额对企业承担有限责任并享有权益。但在企业重组并有新的投资者加入时，为了维护原有投资者的权益，新加入投资者的出资额通常会大于其在注册资本中所占的份额。这是因为：

（1）企业初创时投入资本与正常经营过程中投入资本即使数量一致，其获利能力却可能不一致。企业在初创时，要经过筹建、试生产、开拓市场等过程，此时的投资风险大、回报低。而企业进入正常生产经营过程后，资本收益率一般要高于企业初创阶段。这种局面是企业初创时必要的资本垫支带来的，企业创办者为此付出了代价，所以新投资者需要付出大于初创时原始投资者的出资额，才能获得与其相同的投资份额。

（2）企业从创办至增资时，经过一段时期的经营，已有一定数额的以前年度利润形成的留存收益。这部分留存收益属于企业原始投资者，新投资者加入企业后，对这部分积累也要分享，所以，要求其付出大于原始投资者的出资额，才能取得与原有投资者相同的投资比例。新加入的投资者按其投资比例计算的出资额，应记入“实收资本”科目，超过部分应记入“资本公积——资本溢价”科目。

［**例 9**］某有限责任公司是由甲、乙、丙三方各出资 50 万元设立的，设立时的实收资本为 150 万元，已经营若干年，留成收益已达 20 万元。为扩大经营规模，三方决定重组公司，吸收丁投资者加入，同意丁投资者以现金出资 60 万元，投入后占该公司全部资本的 25%，同时公司的注册资本增资为 200 万元。则该公司在收到丁投资者的出资时，应作如下会计分录：

借：银行存款　　600 000

　贷：实收资本——丁　　500 000

　　　资本公积——资本溢价　　100 000

2. 股本溢价。股本溢价是指股份有限公司溢价发行股票时，实际收到的款项超出股票面值总额的数额。

股份有限公司的注册资本由等额股份构成，并通过发行股票的方式筹集资本金。企业的股本总额应按股票的面值与股份总数的乘积计算。股本应等于企业的注册资本，股东按其所持企业股份享有权利和承担义务。对于股份有限公司溢价发行股票的，在实际收到现金资产时，应按实际收到的款项，借记“银行存款”等科目；按每股面值和核定的股份总额的乘积，贷记“股本”科目；按其差额，贷记“资本公积”科目。

需要注意的是，委托证券商代理发行股票支付的手续费、佣金等发行费用，应从溢价发行收入中扣除，企业应按扣除发行费用后的数额贷记“资本公积”科目；按面值发行或溢价不足以支付发行费用的，应将发行收入（即面值）全部记入“股本”科目，支付的发行费用或溢价收入不足以支付发行费用的部分，借记“资本公积”科目。

[**例 10**] 某公司委托华夏证券公司代理发行普通股 20 000 000 股，每股面值 1 元，按每股 5.6 元的价格发行。公司与受托单位约定，按发行收入的 2% 收取手续费，从发行收入中扣除。假设该股票发行成功，股款已划入发行公司的银行账户。会计处理如下：

收到股款金额为：20 000 000×5.6×（1－2%）＝109 760 000（元）

应记入“资本公积”科目的金额为：

109 760 000－20 000 000＝89 760 000（元）

借：银行存款　　109 760 000

　贷：股本　　20 000 000

　　资本公积——股本溢价　　89 760 000

（二）其他资本公积

其他资本公积是除上述资本（或股本）溢价项目以外形成的资本公积。如企业对某投资单位的长期股权投资采用权益法核算的，在持股比例不变的情况下，对应被投资单位除净损益以外的所有者权益的其他变动，如果是利得，则应按持股比例计算其应享有被投资企业所有者权益的增加数额；如果是损失，则作相反分录。在处置长期股权投资时，应转销与该笔投资相关的其他资本公积。

[**例 11**] C 有限责任公司于 2008 年 1 月 1 日向 F 公司投资 800 万元，拥有该公司 20% 的股份，并对该公司有重大影响，因而对 F 公司长期股权投资采用权益法核算。2008 年 12 月 31 日，F 公司净损益之外的所有者权益增加了 100 万元。假定除此以外，F 公司的所有者权益没有变化，C 有限责任公司的持股比例没有变化，F 公司资产的账面价值与公允价值一致，不考虑其他因素。C 有限责任公司的会计分录如下：

借：长期股权投资——F 公司　　200 000

　贷：资本公积——其他资本公积　　200 000

C 有限责任公司增加的资本公积＝1 000 000×20%＝200 000 元

本例中，C 有限责任公司对 F 公司的长期股权投资采用权益法核算，持股比例未发生变化，F公司发生了除净损益之外的所有者权益的其他变动，C有限责任公司应按持股比例计算应享有的F公司权益的数额200 000元，作为增加其他资本公积处理。

三、资本公积使用的核算

企业的资本公积应由企业投资者享有，但不属于法定资本。当企业需要扩大经营规模，增加注册资本时，在符合有关规定和法定程序的前提下，资本公积可以转增资本金。转增后，所有者权益内部结构发生变化，即资本公积减少，实收资本增加，但并不改变所有者权益总额，也不会改变每个投资者的持股份额。用资本公积转增资本时，应冲减资本公积，同时按照转增前的实收资本（或股本）的结构或比例，将转增的金额记入“实收资本”或“股本”科目下各所有者的明细分类账。

[**例12**] 因扩大经营规模的需要，经批准，A公司按甲乙1∶3的出资比例将资本公积100万元转增资本，A公司会计分录如下：

借：资本公积	1 000 000	
贷：实收资本——甲		250 000
——乙		750 000

第四节　留存收益的核算

留存收益是指企业从历年实现的利润中提取或形成的留存于企业内部的积累，它来源于企业在日常生产经营活动中所实现的净利润，包括盈余公积和未分配利润两部分。留存收益属于所有者权益。

一、盈余公积

盈余公积是指企业从净利润中提取而形成的积累。它的使用仅限于规定用途。

（一）盈余公积的种类

企业的盈余公积按其提取方法可分为法定盈余公积、任意盈余公积两种。

法定盈余公积是指企业按照规定的比例从净利润中提取的盈余公积。法定盈余公积一般应按税后利润的10%提取（非公司制企业也可按超出10%的比例提取），此项盈余公积的提取额在达到注册资本的50%时可不再提取。任意盈余公积是指企业经股东大会或类似机构批准按照规定的比例从净利润中提取的盈余公积。目前主要是在公司制企业提取，提取比例由公司股东大会决定。

（二）盈余公积的用途

企业提取法定盈余公积和任意盈余公积主要用于以下两个方面：

1. 弥补亏损。企业发生亏损时，应由企业自行弥补。首先，可以用发生亏损后五年内实现的税前利润弥补；当发生的亏损在五年内仍不足弥补的，应用实现的税后利润弥补；通常情况下，所得税后利润仍不能弥补的亏损，可以用所提取的盈余公积加以弥补。企业用盈余公积弥补亏损时，应当由董事会提议，并经股东大会或类似机构批准。

2. 转增资本。转增资本（股本）。经股东大会决议，可将盈余公积转增资本。盈余公积转增资本时，应先办理增资手续，并按所有者（股东）的原出资比例增加资本。按规定，用法定盈余公积转增资本时，转增后应以该项公积金不少于注册资本的25%为限。

（三）盈余公积的核算

为了总括反映企业盈余公积的提取和使用情况，企业应设置“盈余公积”总账科目，该科目贷方反映从税后利润中提取的盈余公积，借方反映盈余公积的使用，贷方余额反映盈余公积的结余额。为了具体反映盈余公积的提取和使用，该科目应下设“法定盈余公积”和“任意盈余公积”两个明细科目进行核算。

1. 盈余公积形成的核算。企业按规定从税后利润中提取盈余公积时，应借记“利润分配”科目，贷记“盈余公积法定盈余公积”科目。有关核算将在第九章“利润分配”一节说明。

2. 盈余公积使用的核算。盈余公积用于转增资本，其核算如同资本公积转增资本，应按批准的增资文件，借记“盈余公积”科目，贷记“实收资本（或：股本）”科目。

[**例 13**] 某股份公司经股东大会决议，决定将法定盈余公积50万元转增资本，按规定增资程序获得批准后，该公司应作如下会计分录：

借：盈余公积——法定盈余公积　　500 000
　贷：股本　　500 000

用盈余公积弥补亏损时借记“盈余公积——法定（或任意）盈余公积”科目，贷记“利润分配——盈余公积补亏”科目。

[**例 14**] 某股份有限公司发生经营亏损20万元，经股东大会决议，用法定盈余公积弥补，会计核算上应作如下会计分录：

借：盈余公积——法定盈余公积　　200 000
　贷：利润分配——盈余公积补亏　　200 000

二、未分配利润

未分配利润是指企业尚未向投资者分配的净利润，包括企业以前年度积存的留待以后年度分配的净利润和当年的待分配的净利润。这部分净利润既没有分配给投资者，也没有指定用途，企业可随时分配使用。未分配利润由两层含义：一是留待以后年度处理的利润；二是未指定特定用途的利润。未分配利润属于企业所有者权益，从数量上来讲，未分配利润是期初未分配利润，加上本期实现的净利润，减去提取的各种盈余公积和分出利润后的余额。

为了反映企业未分配利润情况，应设置“利润分配——未分配利润”科目进行核算。年度终了，企业将全年实现的净利润，自“本年利润”科目转入“利润分配——未分配利润”科目，如为盈利，应借记“本年利润”科目，贷记“利润分配——未分配利润”科目；如为亏损，则作相反分录。同时，将“利润分配”科目下的其他明细科目的余额，如提取法定盈余公积、提取任意盈余公积、应付现金股利或利润等明细科目余额转入“未分配利润”明细科目。结转后，“未分配利润”明细科目如为贷方余额，为未分配的利润；如为借方余额，则表示未弥补的亏损。

［**例 15**］M 公司 2008 年年末未分配利润的数额为 310 万元，2008 年度实现的净利润为 500 万元，董事会制订的利润分配方案为：按 10%提取法定盈余公积，按 5%提取任意盈余公积；向股东分配现金股利 100 万元。其会计分录如下：

（1）结转 2008 年度实现的净利润时：

借：本年利润	5 000 000	
贷：利润分配——未分配利润		5 000 000

（2）提取 2008 年各项盈余公积时：

借：利润分配——提取法定盈余公积	500 000	
——提取任意盈余公积	250 000	
——应付现金股利或利润	1 000 000	
贷：盈余公积——法定盈余公积		500 000
——任意盈余公积		250 000
应付股利		1 000 000

（3）结算未分配利润时：

借：利润分配——未分配利润	1 750 000	
贷：利润分配——提取法定盈余公积		500 000
——提取任意盈余公积		250 000
——应付现金股利或利润		1 000 000

则M公司2008年末“利润分配——未分配利润”科目的贷方余额为6 350 000元，表示历年累积的未分配利润总额。

第五节 所有者权益的披露

所有者权益的金额取决于资产和负债的计量，所有者权益项目应当列入资产负债表。

在资产负债表中，所有者权益项目依次按下列顺序排列：实收资本（或股本）、资本公积、盈余公积、未分配利润。应说明实收资本（或股本）、资本公积、盈余公积的期末余额及其期初至期末间的重要变化。

其中，“实收资本”项目反映企业接受投资者投入的实收资本，资产负债表列示本科目贷方余额以反映企业实收资本或股本的总额；“资本公积”项目反映企业收到投资者出资额超出其在注册资本或股本中所占份额的部分，资产负债表列示本科目的贷方余额以反映企业的资本公积；“盈余公积”项目反映企业从净利润中提取的盈余公积，资产负债表列示本科目贷方余额以反映企业的盈余公积；“利润分配”项目反映企业利润分配（或亏损的弥补）和历年分配（或弥补）后的金额，资产负债表列示本科目年末余额以反映企业的未分配利润（或未弥补亏损）。

本章小结

所有者权益是企业投资人在企业资产中享有的剩余权益，其金额为企业全部资产减去全部负债后的余额。所有者权益由实收资本、资本公积、盈余公积、未分配利润所组成。实收资本和资本公积属于企业投入资本范畴。其中，实收资本是投资者投入企业的资本，因企业组织形式不同，其会计核算方法也有所不同。资本公积有其特定来源，应分别不同来源进行核算。留存收益是企业从历年实现的利润中提取或留存于企业的内部积累，它来源于企业实现的净利润，包括盈余公积和未分配利润两部分。其中盈余公积是企业按照规定从净利润中提取的各项积累资金，未分配利润是企业留待以后年度进行分配的结存利润。

复习思考题

1. 简述所有者权益的性质和构成。
2. 简述所有者权益与债权人权益（负债）的异同。

3. 不同类型企业投入资本的核算如何进行？

4. 资本公积包括哪些内容？其来源和用途怎样？如何进行核算？

5. 盈余公积包括哪些内容？其来源和用途怎样？如何进行核算？

6. 留存收益包括哪些内容？应如何进行核算？

练 习 题

习题一

（一）目的：练习所有者权益构成。

（二）资料：

某股份公司年初负债总额100万元，实收资本600 000元，资本公积150 000元，盈余公积200 000元，未配利润50 000元。本期发生亏损80 000元，用盈余公积弥补亏损30 000元。该公司年末资产总额2 000 000元，本年实收资本和资本公积没有发生变化。

（三）要求：计算公司年末未分配利润数额、所有者权益、负债总额。

习题二

（一）目的：练习权益的计算。

（二）资料：

隆大股份公司期初负债总额2 000 000元，实收资本1 600 000元，资本公积160 000元，盈余公积120 000元，未分配利润120 000元。本期发生的亏损400 000元，用盈余公积金弥补80 000元。企业期末资产总额3 960 000元，本期内实收资本和资本公积没有发生变化。

（三）要求：

（1）计算公司年末未分配利润数额。

（2）计算公司年末负债总额。

（3）分析说明本期发生的亏损对公司期末资产和负债的影响。

习题三

（一）目的：练习投入资本的核算。

（二）资料：某公司于2008年1月注册成立，当月发生经济业务如下：

（1）接银行通知，甲单位投资额1 000 000元已到账。

（2）接受乙单位以土地使用权作为投资，该项无形资产评估确认价值400 000元。

（3）接受丙公司以生产设备投资，该设备评估确认价值300 000元。

（三）要求：根据上述业务编制会计分录。

习题四

（一）目的：练习投入资本的核算。

（二）资料：星海公司发生以下经济业务：

（1）2007年，为甲证券公司代理发行普通股股票100万股，按面值发行，股票面值1元，证券公司按发行收入的3%收取手续费，并从发行收入中扣除。全部筹资款已存入银行。

(2) 2008 年，委托乙证券公司发行普通股 500 万股，每股面值 1 元，每股发行价格 6 元。根据约定，该股份公司按发行收入的 1%向证券公司支付发行费用，从发行收入中抵扣。股票发行成功，股款已划入股份公司的银行账户。

(三) 要求：根据上述业务编制会计分录。

习题五

(一) 目的：练习投入资本的核算。

(二) 资料：

某有限责任公由甲、乙、丙三位股东各出资 2 000 000 元设立，设立时实收资本为 6 000 000元。经营 5 年后，丁投资者有意加盟，经协商，企业将注册资本增加到 8 000 000 元，丁投资者愿以货币资金出资 2 400 000 元拥有 A 公司 25%的股权。

(三) 要求：根据上述资料编制丁投资者加入时的会计分录。

案 例 分 析

某股份有限公司 2008 年实现利润总额为 3 000 万元，年初“利润分配——未分配利润”借方余额为 1 200 万元（均为 5 年内未弥补亏损），本年度该企业有关利润分配方案如下：

1. 投资者分配现金股利 800 万元。
2. 按净利润的 10%提取法定盈余公积。

该企业编制有关分录如下：

(1) 弥补亏损时：

借：本年利润　　12 000 000

　贷：利润分配——未分配利润　　12 000 000

(2) 利润分配时：

提取法定盈余公积＝［（30 000 000－12 000 000）×75%－8 000 000］×10%＝550 000（元）

借：利润分配——提取法定盈余公积　　550 000

　　　　　——应付现金股利或利润　　8 000 000

　贷：盈余公积——法定盈余公积　　550 000

　　　应付股利　　8 000 000

该企业 2008 年末未分配利润金额为：

［（30 000 000－12 000 000）×75%－550 000－8 000 000］＝4 950 000（元）

要求：

1. 根据公司法的规定，企业进行利润分配的顺序是什么？
2. 如果你是公司财会人员，请问应如何对上述会计处理作出调整？

第九章　收入、费用和利润

本章基本要求

通过本章学习，要求学生：

1. 明确收入的内容及销售商品收入的确认条件；

2. 理解和掌握商品销售业务的核算；

3. 理解和掌握各项费用确认、计量及其核算的具体内容和方法；

4. 准确理解利润形成各因素之间的关系；熟练掌握企业利润的计算及本年利润的核算；

5. 理解所得税费用的核算；

6. 准确理解净利润分配的程序、内容及核算方法；

7. 明确收入、费用、利润的披露；

8. 区分本章核算中所使用账户的经济内容；

9. 明确木章所述经济业务对企业经营成果与财务状况的影响。

第一节　收　入

一、收入的概念及其分类

（一）收入的概念

收入是指企业在日常活动中形成的、会导致所有者权益增加的、与所有者投入资本无关的经济利益的总流入，包括销售商品收入、提供劳务收入和让渡资产使用权收入，但不包括企业代第三方收取的款项。

（二）收入的特征

收入是财务会计的基本要素之一，一般具有如下基本特征：

1. 收入的来源是企业的日常经营活动，而不是偶发的交易或事项。如工商企业的收入是从其销售商品、提供劳务等日常性活动中产生的。有些交易和事项也能为企业带来经济利益，但不属于企业的日常经营活动，其流入的经济利益是利得而不是收入，例如出售固定资产所取得的收益。

2. 收入可能表现为资产的增加或负债的减少，或二者兼而有之。与所有者投入资本无关的经济利益的总流入。收入通常表现为资产的增加，如在取得销售商品收入、提供劳务收入的同时，银行存款或应收账款等也相应增加；有时也表现为负债的减少，如预收账款的销售业务，在提供了商品或劳务并确认收入的同时，预收账款得以抵偿；或者在增加资产的同时也减少负债，如商品销售的货款中部分抵偿债务，部分收取现金。

3. 收入的结果将导致企业所有者权益增加。上述收入的三种形式，即资产增加或负债减少或二者兼而有之，根据“资产－负债＝所有者权益”的公式，企业取得收入一定能增加所有者权益。（这里所说的收入能增加所有者权益，仅指收入本身的影响，而收入扣除相关成本与费用后，则可能增加所有者权益或者减少所有者权益）

4. 收入不包括所有者向企业投入资本导致的经济利益流入。收入只包括本企业自身获得经济利益的流入，不包括企业的所有者向企业投入资本导致的经济利益流入。所有者向企业投入的资本，在增加资产的同时，直接增加所有者权益，不能作为企业的收入；为第三方或客户代收的款项，如增值税、旅行社代客户购买门票而收取票款等不包括在内。

（三）收入的分类

1. 收入按企业经营业务的主次，分为主营业务收入和其他业务收入。

（1）主营业务收入。主营业务是指企业日常活动中的主要活动，也即是企业持续的、主要的或核心的业务活动，也是企业为完成其经营目标所从事的所有活动。主营业务形成的收入称为“主营业务收入”。不同行业的主营业务收入表现形式也有所不同。如制造业企业主要包括销售商品（产成品）、自制半成品、代制品、代修品、提供工业性劳务等取得的收入；商品流通企业主要包括销售商品收入和代购代销收入等。主营业务收入一般占企业收入的比重较大，对企业的经济效益产生较大的影响。

（2）其他业务收入。其他业务收入是指企业从事主营业务以外的其他业务所形成的收入，如工业企业包装物出租收入、销售材料取得的收入、转让技术使用权取得的收入等。与主营业务收入相比，其他业务收入一般占企业收入的比重较小，具有服务对象不固定，收入数额不稳定的特点。

2. 收入按交易性质，分为销售商品收入、提供劳务收入和让渡资产使用权收入。

（1）销售商品收入。主要是指取得货币资产方式的商品销售，以及正常情况下的以商品抵偿债务的交易等。这里的商品则主要包括企业为销售而生产或购进的商品，如工业企业生产的产品、商品流通企业购进的商品等。企业销售的其他存货如原材料、包装物等也视同商品。但企业以商品进行的投资、捐赠及自用等，会计上均不作为商品销售处理。

（2）提供劳务收入。主要有提供旅游、运输、饮食、广告、理发、照相、洗染、咨询、代理、培训、产品安装等所获取的收入。

(3) 让渡资产使用权收入。是指企业让渡资产使用权所获取的收入，包括出借库存现金取得的利息收入、出租固定资产取得的租金收入等。

二、销售商品收入的确认和计量

收入的确认是一个非常重要的问题，它不仅关系到流转税纳税时间的确定，同时还会影响成本、费用的正确结转，以至于影响利润和应纳税所得额及应纳所得税额计算的正确性。

收入的确认是指收入在何时入账，并在利润表上反映。收入的计量则是指收入的金额应如何确定。不同性质的收入，其交易过程和实现的方式各具特点，因此收入的确认和计量应根据不同性质的收入分别进行。确认和计量在财务会计处理中是密不可分的。

(一) 销售商品收入的确认

根据我国新《企业会计准则》的规定，确认销售商品收入一般应同时具备以下五个条件：

1. 企业已将商品所有权上的主要风险和报酬转移给购货方。所谓商品所有权上的风险，主要指商品所有者承担该商品价值发生损失的可能性。如商品发生减值、毁损的可能性。商品使用权上的报酬，主要指商品所有者预期可获得的商品中包括的未来经济利益。如商品价值的增加以及商品的使用所形成的经济利益等。

所谓商品所有权上的风险和报酬转移给购货方，是指如果一项商品发生的任何损失均不需要本企业承担，未来的经济利益也不归本企业所有，则意味着该商品所有权上的风险和报酬已移出该企业。这是收入实现的重要标志。

2. 企业既没有保留通常与所有权相联系的继续管理权，也没有对已售出的商品实施控制。企业将商品所有权上的主要风险和报酬转移给买方后，如仍保留通常与所有权相联系的继续管理权，或仍然对售出商品实施控制，则此项销售不能成立，不能确认相应的销售收入。

3. 与交易相关的经济利益能够流入企业。经济利益是指直接或间接流入企业的现金或现金等价物。在销售商品的交易中，与交易相关的经济利益即为销售商品的价款。销售商品的价款能否有把握收回，是收入确认的一个重要条件。企业在销售商品时，如估计价款收回的可能性不大，即使收入确认的其他条件均已满足，也不应确认收入。

4. 相关的收入能够可靠地计量。收入能否可靠地计量，是收入确认的基本前提。企业在销售商品时，销售收入可以根据购销合同中规定的价格和成交量确定。

5. 相关的已发生或将发生的成本能够可靠地计量。根据收入和费用的相关性，与同一项销售相关的收入和成本应在同一会计期间予以确认。如果成本不能可靠的计量，相关的收入就不能确认。这时如果已收到价款，则应将其确认为一项负债。

（二）销售商品收入的计量

销售商品收入的计量视交易过程和实现方式的不同而异，主要有以下几种情况：

1. 一般来说，企业应当按照从购货方已收或应收的合同或协议价款的公允价值确定销售商品收入金额，但已收或应收的合同或协议价款不公允的除外。

2. 销售合同或协议价款的收取采用递延方式，实质上具有融资性质的，应当按照应收的合同或协议价款的公允价值确定销售商品收入金额。应收的合同或协议价款与其公允价值之间的差额，应当在合同或协议期间内采用实际利率法进行摊销，计入当期损益（冲减财务费用）。

3. 如果销售商品涉及现金折扣（销售折扣）的，应当按照扣除现金折扣前的金额确定销售商品收入金额，即按总价法确认销售商品收入。现金折扣在实际发生时，作为财务费用，计入当期损益。

4. 销售商品涉及商业折扣的，应当按照扣除商业折扣后的金额确定销售商品收入金额，即按净价法确认销售商品收入的金额。

5. 企业已经确认销售商品收入的售出商品发生销售折让的，应当在发生时冲减当期销售商品收入。销售折让属于资产负债表日后事项的，应该按照调整事项进行会计处理。

6. 企业已经确认销售商品收入的售出商品发生销售退回的，应当在发生时冲减当期销售商品收入。销售退回属于资产负债表日后事项的，按照调整事项的相关规定进行会计处理。

第二节　收入的核算

一、主营业务收入的核算

（一）科目设置

1. 为了总括地反映主营业务收入的实现情况，企业应设置“主营业务收入”科目。该科目核算企业销售商品、提供劳务及让渡资产使用权等日常活动中所产生的收入，贷方登记销售商品、提供劳务及让渡资产使用权等取得的收入，借方登记发生的销售退回和销售折让。贷方余额为销售净收入，期末应将销售净收入转入“本年利润”科目，结转后“主营业务收入”科目无余额。该科目应按主营业务种类设置明细分类账。

2. 企业在确定一定时期主营业务收入的同时，必须确定为取得收入而发生的必要的耗费和支出。为了准确核算这些耗费与支出，企业应设置“主营业务成本”、“销售费用”、“营业税金及附加”、“发出商品”和“未实现融资收益”等科目。

(1)“主营业务成本”科目，用来核算企业因销售商品、提供劳务或让渡资产使用权等日常活动而发生的实际成本，该科目的借方登记销售各种商品、提供各种劳务等的实际成本，期末将该科目余额转入“本年利润”科目，结转后该科目无余额。

(2)“销售费用”科目核算企业销售商品过程中而发生的费用。销售费用的核算见本章第四节有关内容。

(3)“营业税金及附加”科目，主要核算企业日常活动应负担的税金及附加，包括营业税、消费税、城市维护建设税、资源税和教育费附加等。其核算见本章第四节有关内容。

(4)“发出商品”科目是一个资产类科目，专门用于核算一般销售方式下，已经发出但尚未确认销售收入的商品成本。对尚未确认收入的发出商品在发出时记入该科目的借方；待确认收入后，按已实现收入的商品实际成本记入该科目的贷方；其余额表示尚未确认收入的发出商品实际成本。

(5)“未实现融资收益”科目用来核算企业分期计入租赁收入或利息收入的未实现融资收益。对于采用递延方式分期收款、具有融资性质的销售商品满足收入确认条件的，企业应当按照应收合同或协议价款，借记“长期应收款”科目，按应收合同或协议价款的公允价值（折现值），贷记“主营业务收入”科目，按其差额，贷记“未实现融资收益”科目。

(二) 一般商品销售业务的核算

企业销售商品符合收入确认条件的，应按实际收到或应收的价款，借记“银行存款”、“应收账款”、“应收票据”等科目，按实现的营业收入，贷记“主营业务收入”科目，按专用发票上注明的增值税额，贷记“应交税费——应交增值税（销项税额）”科目。需要交纳消费税、资源税、城市维护建设税和教育费附加等税费的，应在确认营业收入的同时，或在月份终了时，按应交的税费金额，借记“营业税金及附加”、“其他业务成本”科目，贷记“应交税费——应交消费税（或应交城市维护建设税）”等科目。

[**例 1**] 长城公司 10 月 5 日发给长虹机器厂甲产品 1 000 件，增值税专用

发票注明货款500 000元，增值税额85 600元，代垫运杂费10 000元，已向银行办妥托收手续。其会计分录为：

借：应收账款　595 000
　贷：银行存款　10 000
　　主营业务收入　500 000
　　应交税费——应交增值税（销项税额）　85 000

［例2］长城公司10月15日向新华工厂销售乙产品400件，增值税专用发票注明价款160 000元，增值税额27 200元，企业代垫运杂费2 000元，新华工厂开出期限三个月的商业承兑汇票一张。其会计分录为：

借：应收票据　189 200
　贷：银行存款　2 000
　　主营业务收入　160 000
　　应交税费——应交增值税（销项税额）　27 200

［例3］长城公司10月25日向东方工厂销售乙产品300件，增值税专用发票注明价款120 000元，增值税额20 400元，企业收到东方工厂的银行汇票一张，已办理好收款手续。其会计分录为：

借：银行存款　140 400
　贷：主营业务收入　120 000
　　应交税费——应交增值税（销项税额）　20 400

［例4］长城公司10月10日向繁星商场采用预收货款方式销售甲产品。

（1）10月10日按合同规定向繁星商场预收货款500 000元，作会计分录：

借：银行存款　500 000
　贷：预收账款　500 000

（2）10月28日按合同规定向繁星商场发出甲产品800件，增值税专用发票注明价款400 000，增值税额68 000元，确认销售收入实现，作会计分录：

借：预收账款　468 000
　贷：主营业务收入　400 000
　　应交税费——应交增值税（销项税额）　68 000

（3）同日将多余款项退还给繁星商场，作会计分录：

借：预收账款　32 000
　贷：银行存款　32 000

如果企业售出的商品不符合销售收入确认的5项条件中任何一条，均不应确认收入。对于在一般销售方式下，已经发出但尚未确认销售收入的商品成本应通过“发出商品”科目核算。

[**例 5**] 假设例 1 长城公司 10 月 5 日发给长虹机器厂的 1 000 件甲产品，在发出商品并办妥托收手续后得知，该厂在另一笔交易中发生巨额损失，资金周转十分困难，经与购货方交涉，确定此项收入本月收回的可能性不大，决定不确认收入。则长城公司应作如下会计处理：

(1) 将已发出商品成本转入“发出商品”科目，该批商品的成本为350 000元。会计分录为：

借：发出商品　　350 000
　贷：库存商品——甲产品　　350 000

(2) 将增值税发票上注明的增值税额转入应收账款。会计分录为：

借：应收账款——长虹机器厂　　85 000
　贷：应交税费——应交增值税（销项税额）　　85 000

假如 12 月 20 日长城公司得知长虹机器厂经营和财务状况已经好转，长虹机器厂也承诺付款，此时，长城公司确认该项收入时，应作如下会计分录：

借：应收账款——长虹机器厂　　500 000
　贷：主营业务收入　　500 000

同时：

借：主营业务成本　　350 000
　贷：发出商品　　350 000

（三）采用分期付款方式销售业务的核算

企业采用递延方式分期收款销售商品，实质上具有融资性质，由此产生的应收款项通过“长期应收款”科目核算，满足收入确认条件的，按应收合同或协议价款，借记“长期应收款”科目，按应收合同或协议价款的公允价值，贷记“主营业务收入”等科目；按专用发票上注明的增值税额，贷记“应交税费——应交增值税（销项税额）”科目；按其差额，贷记“未实现融资收益”科目。

[**例 6**] 甲公司 2005 年 1 月 1 日售出大型设备一套，协议约定分期收款方式，从销售当年末分 5 年分期收款，每年 2 000 元，合计 1 万元。假定购货方立即付款只须付 8 000 元即可，该商品的增值税率为 17%。

2005 年 1 月 1 日，销售时：

借：长期应收款　　10 000
　贷：主营业务收入　　8 000
　　　应交税费——应交增值税（销项税额）　　1 360
　　　未实现融资收益　　640

设合同实际利率为 i，则 9 360＝2 000×（P/A，i，5），求得 i＝2.25%，

编制利息收入计算表 9-1：

表 9-1 利息收入计算表

单位：元

计息日期	每期收款	利息收入	收到本金	未收本金
	(1)	(2)＝上期(4)×2.25%	(3)＝(1)－(2)	(4)＝上期(4)－(3)
2005.01.01				9 360
2005.12.31	2 000	210	1 790	7 570
2006.12.31	2 000	170	1 830	5 740
2007.12.31	2 000	129	1 871	3 869
2008.12.31	2 000	87	1 913	1 956
2009.12.31	2 000	44	1 956	0
合　计	10 000	640	9 360	

2005 年 12 月 31 日，收到第一期款项时：

借：银行存款　　2 000

　贷：长期应收款　　2 000

借：未实现融资收益　　210

　贷：财务费用　　210

2006 年 12 月 31 日，收到第二期款项时：

借：银行存款　　2 000

　贷：长期应收款　　2 000

借：未实现融资收益　　170

　贷：财务费用　　170

后 3 年的会计分录同上。

（四）委托代销商品销售业务的核算

企业委托其他单位代销商品，在发出代销商品时不确认收入的实现，应按发出商品的实际成本，借记“发出商品”科目，贷记“库存商品”科目；在收到代销单位的代销清单时确认收入，并借记“应收账款”等科目，贷记“主营业务收入”、“应交税费——应交增值税（销项税额）”等科目；同时按代销商品的实际成本，借记“主营业务成本”科目，贷记“委托代销商品”科目。

如果代销是采取由委托方向受托方支付手续费方式的，则委托方还应在收到代销清单时，根据应付的手续费，借记“销售费用”科目，贷记“应收账款”科目。

[例 7] 某企业委托甲商店代销 A 产品 1 000 件，单位售价 1 170 元（含 17%的增值税），单位成本 680 元，于 7 月 20 日发出该批产品。次月 20 日收到甲商店转来的代销清单，上列售出 400 件，共收手续费 5 000 元。其有关的

会计分录为：

（1）发出该批产品时

借：发出商品（或委托代销商品）　680 000

　贷：库存商品——A产品　680 000

（2）次月20日收到代销清单时

借：应收账款——甲商店　468 000

　贷：主营业务收入　400 000

　　应交税费——应交增值税（销项税额）　68 000

借：主营业务成本　272 000

　贷：发出商品（或委托代销商品）　272 000

借：销售费用　5 000

　贷：应收账款——甲商店　5 000

（3）收到甲商店汇来的货款净额463 000元时

借：银行存款　463 000

　贷：应收账款——甲商店　463 000

（五）发生销售折扣、销售折让与销售退回销售业务的核算

1. *销售折扣的核算*。销售折扣也即现金折扣，是指但在某些情况下，企业为了鼓励客户在一定期间内早日付款，而对销售货款给予一定比例的扣减，即为现金折扣。具体核算请参见本教材第五章。

2. *销售折让的核算*。销售折让，是指企业销售商品后，因售出商品质量问题等原因而对购货方在价格上给予的减让。销售折让应在实际发生时直接从当期实现的收入中抵减。发生销售折让时，应按双方协议予以折让的金额，借记“主营业务收入”科目，按相应扣减销项税额的金额借记“应交税费——应交增值税（销项税额）”科目，按其合计数贷记“应收账款”等科目。

［例8］甲企业销售商品给乙企业，增值税发票上注明价款为40 000元，增值税为6 800元，货到后买方发现商品质量存在问题，要求在价格上给予10%的折让。经查明，乙企业提出的要求符合合同的规定，甲企业同意折让并办妥了托收手续。假设此前甲企业已确认收入。甲企业有关核算如下：

（1）确认收入时：

借：应收账款——乙企业　46 800

　贷：主营业务收入　40 000

　　应交税费——应交增值税（销项税额）　6 800

（2）发生销售折让时：

借：主营业务收入　4 000

应交税费——应交增值税（销项税额） 680

贷：应收账款——乙企业 4 680

（3）实际收到款项时：

借：银行存款 42 120

贷：应收账款——乙企业 42 120

3. 销售退回的核算。销售退回，是指企业售出的商品，由于质量、品种不符合要求等原因而发生的退货。销售退回应分别情况加以处理：

第一，未确认收入的已发出商品的退回。进行核算时，将计入“发出商品”科目的商品成本转回“库存商品”科目即可。若采用计划成本核算的，应按计划成本计入“库存商品”科目，同时计算产品成本差异。

第二，已确认收入的销售商品退回。一般情况下，冲减退回当月的销售收入，同时冲减退回当月的销售成本。若该项销售已经发生现金折扣，应在退回当月一并调整。

第三，已确认收入的销售商品发生销售退回属于资产负债表日以后事项的，则按资产负债表日后事项的相关规定进行会计处理。

［**例 9**］甲公司为一般纳税人。2008 年 6 月 12 日向乙公司销售商品 1 000 件，单价 100 元（不含应收取的增值税），单位成本 80 元。该产品增值税税率为 17%，合同规定的付款条件为 2/10，1/20，n/30。乙公司于 2008 年 6 月 21 日付清货款。2008 年 8 月 4 日该商品因发生质量问题全部被退货。甲公司有关处理如下：

（1）2008 年 6 月 12 日确认收入时：

借：应收账款——乙公司 117 000

贷：主营业务收入 100 000

应交税费——应交增值税（销项税额） 17 000

同时，结转成本：

借：主营业务成本 80 000

贷：库存商品 80 000

（2）2008 年 6 月 21 日收到货款时：

借：银行存款 115 000

财务费用 2 000

贷：应收账款——乙公司 117 000

（3）2008 年 8 月 4 日销售退回时：

借：主营业务收入 100 000

应交税费——应交增值税（销项税额） 17 000

　　贷：银行存款　　115 000
　　　　财务费用　　2 000

同时，冲减商品销售成本：

　借：库存商品　　80 000
　　贷：主营业务成本　　80 000

二、其他业务收入的核算

（一）科目设置

为了反映和核算企业除主营业务收入以外的其他销售或其他业务所取得的收入。如企业出租无形资产、包装物和固定资产，提供运输等非工业性劳务和销售材料物资等的收入。企业应设置“其他业务收入”科目，并按其他业务的种类进行明细核算。企业实现的其他业务收入，按实际价款借记“库存现金”、“银行存款”、“应收账款”、“应收票据”等科目，贷记本科目和“应交税费”科目。月末将“其他业务收入”科目的余额转入“本年利润”科目，期末一般无余额。

（二）其他业务收入的核算

1. 材料销售的核算。企业为了减少不合理的材料储备及其他方面的原因，会积极处理呆滞材料和废料等，在取得收入时，借记“银行存款”、“应收账款”等科目，贷记“其他业务收入”、“应交税费——应交增值税（销项税额）”科目，同时在本期结转其已销材料成本，借记“其他业务成本”科目，贷记“原材料”科目等。

[例 10] 企业向 ABC 公司销售原材料一批，取得销售收入 8 000 元，增值税 1 360 元，该批材料的实际成本为 6 000 元，作有关会计分录：

（1）确认其他业务收入时：

　借：银行存款　　9 360
　　贷：其他业务收入——材料销售　　8 000
　　　　应交税费——应交增值税（销项税额）　　1 360

（2）同时结转已销材料的实际成本时：

　借：其他业务成本　　6 000
　　贷：原材料　　6 000

如果企业按计划成本计价，还应同时结转其应负担的材料成本差异。

2. 企业出租无形资产（转让无形资产使用权）的核算。

[例 11] 某企业将其一项无形资产的使用权出租给外单位使用，收取使用费 20 000 元，转让时支付技术服务费 2 000 元。作有关会计分录：

(1) 收取转让无形资产价款时:

借:银行存款　　20 000

　贷:其他业务收入　　20 000

同时确认税费:

借:其他业务成本　　1 000

　贷:应交税费——应交营业税　　1 000

(2) 支付服务费的会计分录为:

借:其他业务成本　　2 000

　贷:银行存款　　2 000

3. 固定资产出租的核算。

(1) 企业取得固定资产出租收入同时确认应纳税费时:

借:银行存款

　贷:其他业务收入——固定资产出租

同时:

借:其他业务成本——固定资产出租

　贷:应交税费——应交营业税

(2) 确认分摊折旧、支付费用时:

借:其他业务成本——固定资产出租

　贷:累计折旧

　　银行存款

4. 运输业务的核算。

(1) 企业取得运输业务收入时:

借:银行存款等

　贷:其他业务收入——运输业务收入

(2) 结转企业为取得运输收入所发生的折旧、燃料、税金等成本费用时:

借:其他业务成本

　贷:累计折旧

　　银行存款

　　应交税费——应交营业税

三、提供劳务收入的核算

(一) 确认

1. 在同一会计期间内开始并完成的劳务。对于一次就能完成的劳务收入,或在同一会计期间内开始并完成的劳务,应在提供劳务交易完成时确认收入,确认的金额通常为从接受劳务方已收或应收的合同或协议价款，确认原则可参照销售商品收入的确认原则。

2. *劳务开始和完成分属不同会计期间*。如劳务开始和完成分属不同会计期间，依据劳务结果能否可靠估计分以下两种情况进行会计处理：

（1）企业在资产负债表日提供劳务交易的结果能够可靠估计的，应当采用完工百分比法确认提供劳务收入。完工百分比法，是指按照提供劳务交易的完工进度确认收入与费用的方法。企业应当在资产负债表日按照提供劳务收入总额乘以完工进度扣除以前会计期间累计已确认提供劳务收入后的金额，确认当期提供劳务收入；同时，按照提供劳务估计总成本乘以完工进度扣除以前会计期间累计已确认劳务成本后的金额，结转当期劳务成本。收入、费用按下列公式计算：

本年确认的收入＝劳务总收入×本年度末止劳务完成程度一以前年度已确认的收入

本年确认的费用＝劳务总成本×本年度末止劳务的完成程度一以前年度已确认的费用

完工百分比法确认收入的关键是判断劳务交易的结果能否可靠的估计，确认劳务的完工程度。

（2）企业在资产负债表日提供劳务交易结果不能够可靠估计的，应当分别下列情况处理：①已经发生的劳务成本预计能够得到补偿的，按照已经发生的劳务成本金额确认提供劳务收入，并按相同金额结转劳务成本。在这种情况下，由于确认的收入与费用相等，因而本期无利润。②已经发生的劳务成本预计不能够得到补偿的，应当将已经发生的劳务成本计入当期损益，不确认提供劳务收入。

3. 企业与其他企业签订的合同或协议包括销售商品和提供劳务时，销售商品部分和提供劳务部分能够区分且能够单独计量的，应当将销售商品的部分作为销售商品处理，将提供劳务的部分作为提供劳务处理；销售商品部分和提供劳务部分不能够区分，或虽能区分但不能够单独计量的，应当将销售商品部分和提供劳务部分全部作为销售商品处理。

（二）提供劳务收入核算

1. 对于一次就能完成的劳务，企业应在提供劳务完成时确认收入及相关成本；对于持续一段时间但在同一会计期间内开始并完成的劳务，企业应在为提供劳务发生相关支出时确认劳务成本，劳务完成时再确认劳务收入，并结转相关劳务成本。对于劳务开始和完成分属不同会计期间提供劳务收入，根据完工百分比法，确认劳务收入。

2. “劳务成本”科目核算对外提供劳务发生的成本。企业对外提供劳务发生的支出一般先通过“劳务成本”科目予以归集，待确认为费用时，再由“劳务成本”科目转入“主营业务成本”或“其他业务成本”科目。

[**例 12**] 甲公司于 2008 年 3 月 10 日接受一项设备安装任务，该安装任务可一次完成，合同总价款为 9 000 元，实际发生安装 5 000 元。假定安装业务属于甲公司的主营业务。甲公司应在安装完成时作如下会计分录：

借：应收账款（或银行存款）　　9 000
　贷：主营业务收入　　9 000
借：主营业务成本　　5 000
　贷：银行存款等　　5 000

若上述安装任务需要花费一段时间（不超过本会计期间）才能完成，则应在为提供劳务发生有关的支出时：

借：劳务成本
　贷：银行存款等

（注：以上分录未写明金额，主要是由于实际发生成本 5 000 元是个总计数，而每笔归集劳务成本的分录金额不同，下同）

待安装完成确认所提供的收入并结转该项劳务总成本时：

借：应收账款（或银行存款等）　　9 000
　贷：主营业务收入　　9 000
借：主营业务成本　　5 000
　贷：劳务成本　　5 000

[**例 13**] 甲公司于 2008 年 12 月 1 日接受一项设备安装任务，安装期为 3 个月，合同总收入 30 万元，至年底已预收安装费 22 万元，实际发生安装费用 14 万元（假设均为安装人员薪酬），估计还会发生 6 万元。假定甲公司按实际发生的成本占估计总成本比例确定劳务的完工进度，不考虑其他因素，甲公司账务处理如下：

实际发生的成本占估计总成本的比例＝140 000÷（140 000＋60 000）＝70％

2008 年 12 月 31 日确认的提供劳务收入＝300 000×70％－0＝210 000 元

2008 年 12 月 31 日确认的提供劳务成本＝（140 000＋60 000）×70％－0＝140 000 元

（1）实际发生劳务成本时：

借：劳务成本　　140 000
　贷：应付职工薪酬　　140 000

（2）预收劳务款时：

借：银行存款　　220 000

贷：预收账款　　220 000

(3) 2008 年 12 月 31 日确认的提供劳务收入并结转成本时

借：预收账款　　210 000

贷：主营业务收入　　210 000

借：主营业务成本　　140 000

贷：劳务成本　　140 000

四、让渡资产使用权的核算

企业有些交易活动并不转移资产的所有权，而只是让渡资产的使用权，由此取得的收入即为让渡资产使用权收入，主要包括利息收入、使用费收入。企业对外出租资产收取租金、进行债权投资收取的利息、进行股权投资取得的股利，也属于让渡资产使用权形成的收入。

利息收入和使用费收入应当在以下条件均满足时予以确认：

(1) 相关的经济利益很可能流入企业。

(2) 收入的金额能够可靠得计量。

利息收入和使用费收入应按下列方法分别予以计量：

(1) 利息收入应按他人使用本企业货币资金的时间和实际利率计算确定。

(2) 使用费收入应按有关合同或协议约定的收费时间和方法计算确定。

[**例 14**] 甲商业银行于 2008 年 10 月 1 日向乙公司发放一笔贷款 100 万元，期限一年，年利率 5%，甲商业银行发放贷款时没有发生交易费用，该贷款合同利率与实际利率相同。假定甲商业银行按季度编制财务报表，不考虑其他因素。甲商业银行账务处理如下：

(1) 2008 年 10 月 1 日对外贷款时：

借：贷款　　1 000 000

贷：吸收存款　　1 000 000

(2) 2008 年 12 月 31 日确认利息收入时：

借：应收利息（1 000 000×5% ÷4）　　12 500

贷：利息收入　　12 500

第三节　费　用

一、费用的概念及其内容

（一）费用的概念

费用是指企业在日常活动中发生的、会导致所有者权益减少的、与向所有者分配利润无关的经济利益的总流出。费用只有在经济利益很可能流出从而导致企业资产减少或者负债增加且经济利益的流出额能够可靠计量时才能予以确认。

以上是我国企业会计准则中所规定的费用的定义及确定标准。重点强调是费用与企业的日常经营活动以及所有者权益变动之间的关系。其中也蕴含了费用与企业实现的收入之间存在的配比关系，因为企业的所有者权益发生变动最终取决于利润的多寡。可见，企业会计准则所定义的费用是指最终可以确定企业的经营成果——利润的那部分费用。企业在经营过程中为生产产品、提供劳务等发生的可归属于产品成本、劳务成本等的费用，这些费用是确认企业会计准则中所定义的费用的基础和前提。企业在各个会计期间所发生的，按照规定不能计入产品或劳务成本，而应直接计入当期损益的费用。这部分费用一般被称为期间费用，属于企业会计准则中所定义的费用的范畴。

一般意义上的费用是指企业在日常生产经营过程中发生的各项耗费，即企业在生产经营过程中为取得收入而进行产品生产和劳务提供等产生的消耗。费用的发生往往要消耗企业的资产，这些消耗包括对原材料等劳动对象的耗费、对机器设备等劳动手段的耗费，以及对员工的活劳动的耗费等。

（二）费用的组成内容

通过上面的分析可以看出，作为费用有广义和狭义之分。我国的企业会计准则所给出的关于费用的定义可以看成是狭义的费用。根据这个定义，费用仅包括与企业的商品生产或劳务提供等日常经营活动所产生的费用。具体是指企业为取得营业收入进行产品生产和销售、提供劳务等主营业务活动（也称基本业务活动）、其他业务活动及对外投资活动所发生的耗费，这些费用在会计上一般称为营业费用。营业费用属于企业的经常性经营费用，具体包括主营业务成本、营业税金及附加、其他业务成本、投资损失和期间费用（包括销售费用、管理费用和财务费用）等，这些费用的发生与企业的日常经营活动有着直接联系，而且在会计期末都要直接计入当期损益。

从广义的角度来看，企业费用还应包括企业在材料物资的采购、固定资产的购置过程中发生的各种支出，以及企业在产品生产、劳务提供过程中发生的，但不能计入当期损益的那部分费用。例如，企业的产品虽然被生产出来了，但暂时并没有被销售掉，由此而产生的材料消耗、人工费消耗和设备消耗等也属于企业在经营过程中发生的耗费，理所当然地应被视为企业的一种费用。这些费用的发生，不仅与企业经常性的经营活动有着直接关系，而且是计算和确定主营业务成本、其他业务成本等费用的前提和基础。

另外，按照企业会计准则的规定可以直接计入当期利润的营业外支出（损失），虽然不作为费用的内容加以认定，而是直接计入企业的利润，即在“收入－费用＋利得（营业外收入）－损失（营业外支出）＝利润”公式中，营业外支出直接作为一个减项。这种做法与费用作为利润的减项是相同的，因而与等式中的费用也具有共同点，在一定意义上也可看成是企业的具有费用性质的支出。

关于费用的组成内容参见图 9－1。

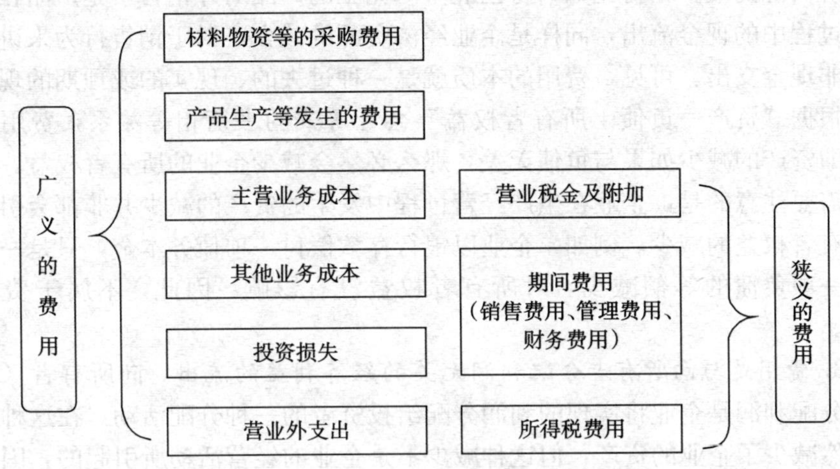

图 9－1　费用的组成内容图

（三）费用的特征

按照我国会计准则对费用的定义，费用具有以下三种基本特征：

1. *费用是指企业在日常活动中发生的经济利益的流出。*企业的日常活动也称基本业务活动，在不同的企业，其日常活动的内容是有较大差别的。如一个生产彩电的企业，其日常活动就是组织彩电的生产和销售，而一个从事房地产开发的企业则主要是组织房屋的建造和出售。而在有些企业，并不进行产品的生产，而是以为客户提供某些方面的服务作为自己的日常活动。如酒店为客人提供饮食服务，广告公司为客户提供广告策划和设计服务等。费用就是指这些企业在日常活动中发生的经济利益的流出。之所以强调费用是企业日常活动中发生的经济利益的流出，主要在于将其与企业在日常活动之外的一些偶发的事项而引起的企业经济利益的流出区别开来。如企业因违反合同规定未及时支付供应商的货款而遭受的罚款，或因自然灾害等造成设备、材料等的损失等，并不是企业所经常发生的事项，由此而产生的损失就不作为费用认定，而是作为企业的营业外支出处理。

2. *费用是会导致所有者权益减少的经济利益的流出。*如上所述，企业费用的发生会导致企业的经济利益流出企业，而企业经济利益的所有权又归属于企业的所有者，因此，费用的发生最终会使企业的所有者权益减少。对于这一点不难理解，一般来说，费用的增加往往是对企业资产的消耗，会引起企业资产的减少。这种减少可具体表现为一个企业实际的现金支出或非现金支出，也可以是预期的现金支出。比如，企业在产品销售中用现金或银行存款支付应由企业负担的运输费、装卸费、广告费等销售费用，就属于现金支出，会导致企业经济资源的减少；再比如，将已经生产完工的产品对外销售，是产品在过去生产过程中的现金流出，同样是企业经济资源的减少，对于销售行为来讲，就属于非现金支出。可见，费用的本质就是一种过去的、现实的或预期的现金流出。根据“资产＝负债＋所有者权益”会计等式的平衡相等关系，费用的增加，即资产的减少如果与负债无关，那么必然会减少企业的所有者权益。

需要注意的是，企业在生产经营过程中发生的资产的减少并非都会引起企业所有者权益的减少。例如，企业以银行存款偿付一项债务本金，只是一项资产和一项负债的等额减少，对所有者权益没有影响，因此，不属于费用性支出。

3. 费用是与向所有者分配利润无关的经济利益的流出。向所有者（投资者）分配利润是企业将实现的利润分配给投资者的一种分配活动，在这种情况下虽然减少了企业的资产，但这种减少不是企业的经营活动所引起的，因而也不属于费用性支出。

二、成本的概念及其与费用的联系和区别

（一）成本的概念

成本是指在发生的费用中最终要计入一定的成本计算对象的那部分费用。企业发生的费用尽管多种多样，但在发生以后，有些费用按照规定应计入一定的核算对象，构成一定资产的成本。例如，企业在材料采购过程中发生的买价、运输费用等，最终要按照所购买材料的品种、数量等计入这些材料的采购成本；而在产品生产过程中耗费的原材料、支付的人工费等，都要计入所生产产品的成本。这样，原来所发生的采购费用就转化为了采购成本；发生的各种生产费用就转化为了生产成本。而有些费用则不能计入一定的成本核算对象，在发生后只能直接作为当期的费用来处理。如企业管理部门支付的办公费用、水电费等，因其与产品的生产没有直接关系，在发生后就不计入产品的生产成本，而应全部计算为当期的费用，即计入这些费用发生当期的损益。可见，在发生的所有费用中，只有那些能够按照规定计入一定成本核算对象的部分，才称为成本。如果不能计入一定的成本核算对象，则只能作为费用来处理。

与费用一样，成本也有广义与狭义之分。广义的成本泛指企业为取得资产

所付出的代价。如前面一些章节已经研究过的，企业为取得原材料、包装物等流动资产所付出的代价称为材料采购成本，为取得设备和厂房等固定资产所付出的代价称为固定资产成本等。以上为取得各种流动资产和固定资产所发生的各种费用支出，最终都要由这些支出所形成的资产来承担，计入这些资产的成本。在下面我们还会研究企业为取得产成品等流动资产所产生的产品生产成本、企业为取得销售商品的货币资产所产生的产品销售成本（也称主营业务成本）等情况。狭义的成本仅指企业为生产产品和提供劳务而产生的各种成本，即主营业务成本、其他业务支出等。

（二）成本与费用的联系与区别

1. *成本与费用的联系*。从上面的分析可以看出，成本与费用二者之间有着密切的联系。一般说来，两者都是企业耗费的经济资源的存在形式，但费用的发生往往是成本计算的前提与基础，从这一点来看，成本是可以对象化的费用，即这部分费用在发生以后，一定能归集计入某一种资产的价值。例如，产品生产企业在生产准备过程进行材料采购所产生的费用支出，经过归集以后，就会形成材料的采购成本；进行设备采购所产生的费用支出，经过归集以后，就会形成设备的购置成本等。此外，在一定的业务范围内，成本与费用之间可以相互转化。如上所述，企业在生产准备过程进行材料和设备采购所产生的费用支出会形成材料和设备的采购、购置成本；而在产品的生产过程，企业将购入的材料和设备等用于产品生产，上述采购、购置成本即转化为生产费用；当产品生产完工以后，经过一定的归集，生产费用又构成了产品的生产成本；在产品的销售过程，产品被销售出去，产品在生产过程中形成的生产成本又会转化为产品的销售成本。产品的销售成本会计上也称为主营业务成本，按照规定必须从产品销售期间的销售收入中予以补偿，并与收入相互配比，借以确定当期销售商品的损益（利润或亏损）。因此，从另一个角度看，主营业务成本又是与企业的收入直接联系的一种费用。产品生产企业的成本与费用之间的联系及相互转化关系参见图 9-2。

2. *成本与费用的区别*。成本与费用二者之间也有着明显的区别。费用一般与一定的会计期间相联系，表现为对企业资产价值的消耗；而成本则是与一定的成本核算对象相联系，是已经对象化了的费用。如企业某一会计期间为生产多种产品而发生的共同性费用，在没有分配计入一定的产品成本之前，只是表明企业为进行产品生产发生了多少生产费用，而不能称之为成本。只有采用一定的方法计入一定的产品之后，才被称之为这些产品的成本。另外，当期的成本不一定等于当期的费用。以产品生产为例，当期生产的某种产品如果不是在本期而是在以前会计期间投入生产的，并且在本期全部完工。那么，该完工

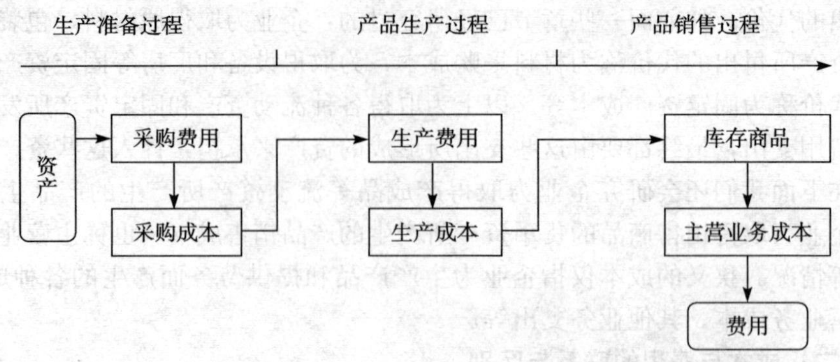

图 9-2　产品生产企业成本与费用之间的联系及相互转化关系图

产品的成本中就不仅应包括本期所发生的生产费用，而且也应包括该产品在以前会计期间的生产过程中所发生的费用。在这种情况下，计算出来的完工产品成本就会大于当期所发生的生产费用。又如，企业的库存商品在没有销售之前，只是一种资产（产成品），其成本即为产品的生产成本。按照企业会计准则的规定，只有被销售的那部分库存商品的成本才能被确认为主营业务成本，即产品的销售成本。主营业务成本属于与当期实现的销售收入存在着配比关系的费用。假定企业的库存商品均为本期所生产出来的，其成本均为本期的产品生产成本。但在期末企业转为本期主营业务成本的那部分费用只能是已经销售掉的库存商品的成本，没有被销售仍然存放在仓库中的那部分商品的成本则不能确认为当期的费用。在这种情况下，所确认的主营业务成本这种费用就会小于库存商品成本。分析可知，企业当期的成本不一定等于当期的费用。

三、费用的分类

企业发生的各项费用可按照其经济内容和经济用途等不同标准进行分类。

（一）费用按经济内容分类

就费用的一般意义而言，企业发生的各种费用都是对企业资产的耗费，并形成不同的费用内容。按照这种分类方法，企业的费用一般可分为以下九类：

1. 外购材料。指企业为进行生产而耗用的一切从外部购入的原材料及主要材料、半成品、辅助材料、包装物、修理用备件和低值易耗品等。

2. 外购燃料。指企业为进行生产而耗用的从外部购进的各种燃料，如煤炭、油料等。

3. 外购动力。指企业为进行生产而耗用的从外部购进的各种动力，如购入电力等。

4. 工资。指企业应计入成本和费用的职工工资。

5. 提取的福利费。指企业按照工资总额的一定比例提取并计入成本和费用的职工福利费。

以上 4、5 两项是企业职工薪酬的主要构成部分。

6. 折旧费。指企业按照核定的固定资产折旧率计算提取、计入成本和费用的固定资产折旧额。

7. 利息支出。指企业应计入成本费用的利息支出减去利息收入后的净额。

8. 税金。指企业应计入成本和费用的各种税金。

9. 其他支出。指除以上内容以外的其他各种费用支出。

（二）费用按经济用途分类

企业的费用按其经济用途可分为生产费用和期间费用两类。就产品的制造业企业来说，它的费用绝大部分是为进行产品的生产而发生的，这部分费用最终将计入产品的生产成本，并随着产品的出售再转化为产品的销售成本，计算为销售产品当期的费用。而有些费用在发生以后与某种产品的生产没有直接的关系，就不能计入产品的生产成本。其中的生产费用是指最终能够构成产品或劳务的价值，即应计入产品生产成本的费用。按其计入成本的方式不同，又可分为直接费用和间接费用。直接费用是在发生时直接计入产品或劳务成本的费用，包括直接材料、直接人工；间接费用一般是在月末时分配计入产品或劳务成本的费用，主要是指在产品的生产过程中发生的制造费用。期间费用则是不能计入产品生产成本、劳务成本，而应直接计入当期损益的费用，包括销售费用、管理费用和财务费用。

费用按经济用途分类的组成内容见图 9－3。

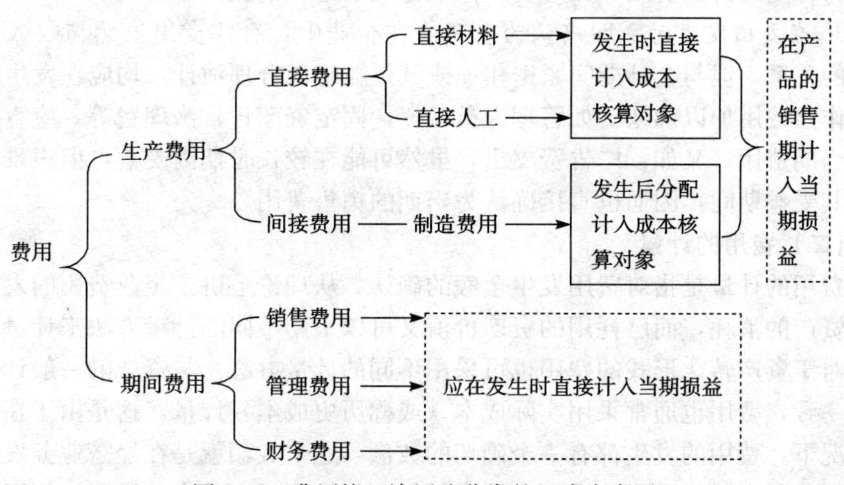

图 9－3　费用按经济用途分类的组成内容图

如前所述，企业发生的生产费用（生产成本）既是对企业资产的耗费，也是计算和确定主营业务成本（费用）的前提和基础，因而，生产费用的核算是费用核算的重要内容。在本章中，将重点研究生产费用的核算方法。期间费用是属于企业在产品生产的日常活动中发生的，并应计入当期损益的费用，因而也在本章中先来研究其核算方法。至于应当计入当期损益的主营业务成本、营业税金及附加、其他业务成本和投资损失，以及营业外支出等费用内容，由于它们与企业的收入之间有着密切联系，将在第十一章中结合收入及利润核算的内容一并讲述。

四、费用的确认与计量

（一）费用的确认

所谓费用的确认是指在什么时间，或者在哪一个会计期间将发生的费用登记入账。根据“收入－费用＝利润”会计等式可知，企业各个会计期间费用的确认直接关系到企业利润的正确计算。如果费用的确认期间不合理，就难以保证企业利润计算的准确性。根据费用与收入之间的相互关系，企业费用的确认可归结为以下三种情况：

1. *按其与营业收入的因果关系确认费用。*凡是与本期收入有直接联系的耗费都应确定为本期的费用，如已销商品的成本是为了取得营业收入而直接发生的耗费，应在取得营业收入的期间确认为营业费用。

2. *采用一定的分摊程序，系统合理地分配费用。*如果一项资产能够在若干个会计期间为企业带来收益，企业就应采用一定的分配方式，将该资产的成本分配于各个会计期间。如，固定资产的价值，应采用一定的折旧方法，分别确认为各期的折旧费用，无形资产摊销也属于这一情况。

3. *在支出发生时立即确认为费用。*在企业中，有些支出虽然与收入没有直接的关系，但与会计期间紧密相连或其效益难以合理估计，均应在发生当期直接作为费用加以确认。如管理人员工资，固定资产日常修理费等，应直接确认为当期费用；又如，广告费支出，虽然可能在较长时期内受益，但很难合理估计其受益期间，因而也直接确认为当期的销售费用。

（二）费用的计量

费用的计量是指对费用发生金额的确认。从理论上讲，企业费用的发生就是对资产的消耗，而已耗用的资产价值又可以采用不同的计量方法来计量。因此，对于资产转化形式的费用也可采用不同的计量方法。与资产的一般计量方法相一致，费用也通常采用实际成本（或称历史成本）计量。这是由于在大多数情况下，费用的发生都有一个确切的数额，这个数额就是在经济业务发生时由企业实际支付，或虽然没有实际支付但已经按照规定的方法进行计算而确认的合理数额。前者如企业生产产品耗用的材料、支付给员工的工资等；后者如企业按照既定的方法计算提取的折旧、本期虽然不需要实际支付货币资金但应当负担的借款利息等。这些数额的形成都有着一定的具有证明效力的原始凭证，能够客观、真实地反映企业经济业务的情况，不仅可信度高，而且还具有可检验性和可证实性等特点。以企业实际发生的资金耗费的价值作为费用的计量标准是可行的，也是合理的。当然，当资产的计量属性发生变化以后，费用的计量方法也要随之变化，而不能固守历史成本计量方法。比如，按照企业会计准则的规定，存货的期末计量应根据成本和市价孰低原则来确定，如果企业生产产品领用的材料的价格已经低于了其历史成本（即购买时的成本），那么，领用的材料就应按新确定的成本（市价）来加以确认了。

第四节 费用的核算

一、主营业务成本的核算

（一）科目设置

主营业务成本是指企业因销售商品、提供劳务或让渡资产使用权等日常活动而发生的实际成本，是与企业本期主营业务收入直接相关的本期已销售商品和提供劳务的实际成本，在制造业企业，它是本期各种商品等的实际销售数量与各该商品实际单位成本乘积的总和。

为了反映和监督企业进行工业性生产所发生的各项生产费用，计算商品的生产成本，设置"生产成本"和"制造费用"科目。"生产成本"科目应按成本计算对象进行明细核算。企业直接用于商品生产的原材料、人工等直接生产费用，借记本科目，并按成本计算对象分别归集，贷记"原材料"、"应付职工薪酬"等科目。其他间接生产费用先在"制造费用"科目借方汇集，月终，再按一定的分配标准，分配计入有关的商品成本，借记"生产成本"科目，贷记"制造费用"科目。生产费用按成本计算对象归集后，还要在完工产品和在产品之间进行分配，计算完工产品成本和月末在产品成本。已经完工并已验收入库的产品，应于月终，按实际成本，借记"库存商品"科目，贷记本科目。本科目的月末借方余额，为尚未加工完成的在产品成本。

"制造费用"科目是用来核算企业为生产商品和提供劳务而发生的各项间接费用，包括职工薪酬、折旧费、修理费、办公费、水电费、机物料消耗、劳动保护费等。本科目应按不同的车间、部门设置明细账。企业发生的制造费用，借记本科目，贷记"原材料"、"应付职工薪酬"、"累计折旧"等科目。月终，分配制造费用，应借记"生产成本"科目，并分配计入有关的成本计算对象，贷记本科目。除季节性生产企业外，本科目月末应无余额。

为了总括地反映和监督已销售商品的生产成本，企业应设置“主营业务成本”科目，借方登记销售各种商品、提供各种劳务或让渡资产使用权等的实际成本，期末将该科目余额转入“本年利润”科目，结转后该科目无余额。该科目应按照主营业务的种类设置明细账，进行明细核算。

（二）核算

企业在按实际成本进行库存商品收发核算的情况下，本月生产和销售的库存商品成本都只能在月末才能计算出来，因而结转已销售商品生产成本的分录，即借记“主营业务成本”科目，贷记“库存商品”等科目的分录，要到月末才能编制。为了简化核算工作，一般是根据商品出库凭证所列发出数量和各种主营业务明细账所出商品的单位成本，汇总编制商品发出汇总表，据以编制结转已销售商品生产成本的会计分录。问题是本月销售的商品可能是本月生产的，也可能是以前月份生产的，而不同月份生产的同一种类商品的实际单位成本，不可能完全相同，因而结转已销售商品成本时，就有一个按什么成本计价的问题。企业可以根据具体情况，采用先进先出法、加权平均法、个别计价法等，确定销售商品的实际单位成本。方法一经确定，不得随意变更，如需变更，应在会计报表附注中予以说明。如果库存商品收发采用计划成本核算的企业，平时的营业成本按计划成本结转，月末，计算并结转本月销售商品应负担的成本差异，将已销商品的计划成本调整为实际成本。

工业企业产品生产成本核算与主营业务成本核算的一般程序见图 9-4。

［**例 15**］长城公司 10 月末根据“一般商品销售业务商品发出汇总表”（见表 9-2），结转发出商品的销售成本。

表 9-2　一般商品销售业务商品发出汇总表

2008 年 10 月 31 日

产品名称	计量单位	数量	单位成本	总成本
甲产品	件	1 800	350	630 000
乙产品	件	700	280	196 000
合　计				826 000

其会计分录为：

借：主营业务成本——甲产品　　630 000

　　　　　　　　——乙产品　　196 000

　贷：库存商品——甲产品　　630 000

　　　　　　　——乙产品　　196 000

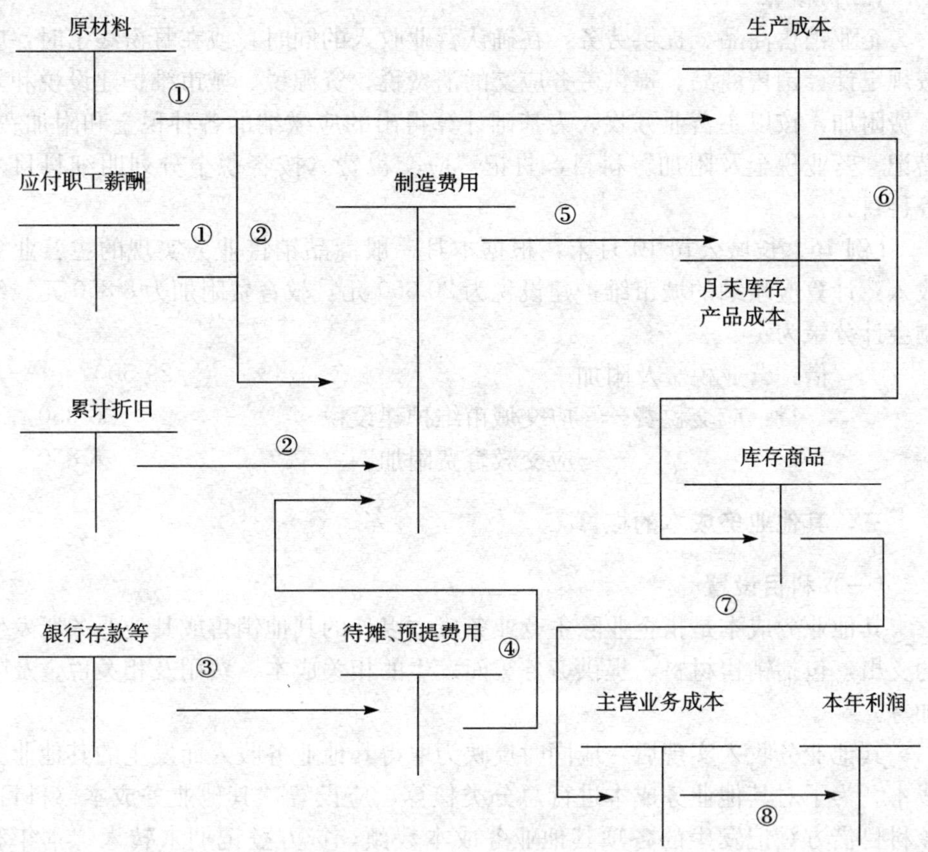

图 9-4　产品生产成本核算与主营业务成本核算的一般程序图

注：①归集直接材料、人工等直接费用；②归集间接费用；③预提和待摊费用；④分配预提待摊费用；⑤分配制造费用；⑥月末，结转完工入库产品的生产成本；⑦月末，结转已销商品的生产成本；⑧期末，将“主营业务成本”科目借方余额转入“本年利润”科目。

二、营业税金及附加的核算

（一）科目设置

营业税金及附加是指应由主营业务收入补偿的各种税金，包括消费税、资源税、城市维护建设税和教育费附加等税费。

“营业税金及附加”科目，主要核算企业日常活动应负担的税金及附加。该科目借方登记按照规定计算出的企业应由主营业务负担的税金及附加。期末将该科目余额转入“本年利润”科目，结转后一般无余额。

（二）核算

企业销售商品、提供劳务，在确认营业收入的同时，或在月份终了时，应按规定计算销售商品、提供劳务应交的消费税、资源税、城市维护建设税和教育费附加，按以主营业务收入为基础计算得出的应缴纳的各种税金和附加费，借记“营业税金及附加”科目，贷记“应交税费（按各税金分列明细科目）”等科目。

［**例 16**］长城公司 10 月末，根据本月一般商品销售业务实现的主营业务收入，计算应缴纳的城市维护建设税为 20 650 元，教育费附加为 8 850 元。编制会计分录为：

借：营业税金及附加　　29 500

　贷：应交税费——应交城市维护建设税　　20 650

　　　　　　——应交教育费附加　　8 850

三、其他业务成本的核算

（一）科目设置

其他业务成本是指企业除主营业务成本以外的其他销售或其他业务所发生的支出，包括销售材料、提供劳务等而发生的相关成本、费用及相关税金及附加等。

其他业务收入实现后，应同时反映为取得其他业务收入而发生的其他业务成本。为了对其他业务成本进行总分类核算，应设置“其他业务成本”科目。该科目借方登记发生的各项其他业务成本数额；贷方登记期末转入“本年利润”科目的数额；结转后该科目无余额。该科目应按其他业务的种类设置明细账。

（二）核算

企业发生的其他业务成本，借记本科目，贷记“原材料”、“累计折旧”、“生产成本”、“应付职工薪酬”、“应交税费”、“银行存款”等有关科目。相关业务的核算实例可参见其他业务收入的核算。

四、期间费用的核算

期间费用是指费用的发生与某种产品的生产没有直接关系，不能计入产品生产成本、劳务成本，只能直接计入当期损益的费用，包括销售费用、管理费用和财务费用。

（一）销售费用的核算

1. 科目设置。“销售费用”科目用于核算企业销售商品过程中发生的费用，包括运输费、装卸费、包装费、保险费、展览费和广告费，以及为销售本企业商品而专设的销售机构（含销售网点、售后服务网点）的职工薪酬、业务费等经营费用。商品流通企业在购买商品过程中发生的运输费、装卸费、包装费、保险费、运输途中的合理损耗和入库前的挑选整理费等，也作为销售费用处理。该科目借方登记发生的各项销售费用；贷方登记期末转入“本年利润”科目的数额，结转后本科目期末无余额。该科目应按费用项目设置明细账。

2. 销售费用的归集与结转。企业发生各项产品销售费用时，应借记本科目，贷记“库存现金”、“银行存款”、“应付职工薪酬”等科目；期末结转时，借记“本年利润”科目，贷记本科目。

[**例 17**] 某企业以银行存款支付本月发生的广告费 5 000 元。编制会计分录如下：

借：销售费用——广告费　　5 000
　贷：银行存款　　5 000

（二）管理费用的核算

1. 科目设置。“管理费用”科目用于核算企业行政管理部门为组织和管理生产经营活动而发生的费用，包括企业的董事会和执行管理部门在企业的经营管理中发生的，或者应由企业统一负担的公司经费（包括行政管理部门职工工资、折旧、修理费、物料消耗、办公费和差旅费等）工会经费、董事会费、聘请中介机构费、咨询费、诉讼费、业务招待费、房产税、车船使用税、土地使用税、印花税、技术转让费、研究开发费、排污费、存货盘亏或盘盈等。该科目借方登记发生的各项管理费用；贷方登记期末转入“本年利润”科目的数额，结转后本科目无余额。该科目应按费用项目设置明细账。

2. 管理费用的归集与结转。企业发生各项管理费用时，应借记本科目，贷记“库存现金”、“银行存款”、“长期待摊费用”、“累计折旧”、“累计摊销”、“应交税费”、“应付职工薪酬”等科目；期末结转时，借记“本年利润”科目，贷记本科目。

[**例 18**] 某企业以现金支付业务招待费 900 元，编制会计分录如下：

借：管理费用——业务招待费　　900
　贷：库存现金　　900

（三）财务费用的核算

1. 科目设置。“财务费用”科目用于核算企业为筹集生产经营所需资金等而发生的费用，包括利息支出（减利息收入）、汇兑损失（减汇兑收益）以及相关的手续费、企业发生的现金折扣或收到的现金折扣等。为购建固定资产等专门借款所发生的费用，在固定资产达到预定可使用状态前，按规定应予资本化，计入有关固定资产的成本，不包括在本科目的核算范围内。本科目的借方，登记企业发生的各项财务费用；贷方登记企业发生的应冲减财务费用的利息收入、汇兑收益等，期末应将本科目的余额转入“本年利润”科目，结转后本科目无余额。该科目应按费用项目设置明细账。

2. 财务费用的归集与结转。企业发生财务费用时，应借记本科目，贷记“银行存款”、“长期借款”等科目。发生的应冲减财务费用的利息收入、汇兑收益，借记“银行存款”、“长期借款”等科目，贷记本科目。期末，应将“财务费用”科目的余额转入“本年利润”科目，结转时，借记“本年利润”科目，贷记本科目。

［**例 19**］企业支付金融机构手续费 500 元。编制会计分录如下：

借：财务费用　　500

　贷：银行存款　　500

第五节　本年利润的核算

一、利润总额和净利润的计算

利润是企业在一定会计期间的经营成果，包括收入与成本费用相抵后的差额、直接计入当期利润的利得和损失等。根据新《企业会计准则》的规定，企业利润包括营业利润、利润总额和净利润三部分，用公式表示如下：

营业利润＝营业收入－营业成本－营业税金及附加－销售费用－管理费用－财务费用－资产减值损失＋公允价值变动收益（或－损失）＋投资收益（或－损失）

利润总额（或亏损总额）＝营业利润＋营业外收入－营业外支出

净利润＝利润总额－所得税费用

（一）营业利润

营业利润是企业某一会计期间正常营业收入扣除营业成本、营业税金及附加和期间费用后的余额。是企业利润总额的基本组成部分。营业收入包括主营业务收入与其他业务收入，营业成本包括主营业务成本与其他业务成本。具体业务核算详见有关章节。

（二）资产减值损失

资产减值是指资产的可收回金额低于其账面价值。资产减值损失是企业计提各项资产减值准备所形成的损失。

1. 可收回金额的计量结果表明，资产的可收回金额低于其账面价值的，应当将资产的账面价值减记至可收回金额，减记的金额确认为资产减值损失，计入当期损益，同时计提相应的资产减值准备。资产减值损失发生时，借记“资产减值损失”科目，贷记“坏账准备”、“存货跌价准备”、“长期股权投资减值准备”、“持有至到期投资减值准备”、“固定资产减值准备”、“无形资产减值准备”等科目。

资产减值损失确认后，减值资产的折旧或者摊销费用应当在未来期间作相应调整，以使该资产在剩余使用寿命内，系统地分摊调整后的资产账面价值（扣除预计净残值）。资产减值损失一经确认，在以后会计期间不得转回。

2. 企业计提坏账准备、存货跌价准备、持有至到期投资减值准备、贷款损失准备等，相关资产的价值又得以恢复的，应在原已计提的减值准备金额内，按恢复增加的金额，借记“存货跌价准备”、“长期股权投资减值准备”、“持有至到期投资减值准备”等科目，贷记“资产减值损失”等科目。具体业务核算详见有关章节。

（三）公允价值变动损益

公允价值变动损益包括企业交易性金融资产、交易性金融负债、以及采用公允价值模式计量的投资性房地产、衍生工具等公允价值变动形成的应计入当期损益的利得或损失。

为了核算企业短期或长期投资的公允价值高于其账面余额的差额，应设置“公允价值变动损益”科目，该科目贷方登记资产负债表日企业持有相关资产公允价值高于账面余额的差额；借方登记资产负债表日企业持有相关资产公允价值低于账面余额的差额；期末，将“公允价值变动损益”账户的余额转入“本年利润”账户时，若“公允价值变动损益”账户是贷方余额，则借记“公允价值变动损益”科目，贷记“本年利润”科目，若“公允价值变动损益”账户是借方余额，则借记“本年利润”科目，贷记“公允价值变动损益”科目，结转后本科目无余额。具体业务核算详见有关章节。

（四）投资收益

投资收益是指企业在一定的会计期间对外投资所取得的回报。包括对外投资所分得的利润、股利和收到的债券利息，投资到期收回或到期前转让债权得款项高于账面价值的差额，以及按照权益法核算的股权投资在被投资单位增加的净资产中所拥有的数额等。投资活动也可能遭受损失，如投资到期收回的或到期前转让所得款低于账面价值的差额，即为投资损失。投资收益减去投资损失则为投资净收益。

为了核算企业对外投资取得的回报，企业应设置“投资收益”科目。该科目贷方登记企业取得的对外投资收益数；借方登记企业发生的对外投资损失数以及期末转入“本年利润”科目的数额；结转后本科目无余额。该科目应按投资收益种类设置明细账。具体业务核算详见第四章和第六章有关交易性金融资产和非流动资产的核算。

（五）营业外收入

营业外收入是指企业发生的与企业生产经营无直接关系的各项收入。主要包括罚款净收入、处置非流动资产利得、盘盈利得、无法支付的款项等。

为了对营业外收入进行总分类核算，应设置“营业外收入”科目。该科目贷方登记企业发生的营业外收入数；借方登记期末转入“本年利润”科目的数额；结转后本科目无余额。该科目应按营业外收入的具体项目设置明细账。当企业发生各项营业外收入时，应借记“银行存款”、“固定资产清理”、“应付账款”等科目，贷记“营业外收入”科目。期末结转时借记“营业外收入”科目，贷记“本年利润”科目。具体业务核算详见有关章节。

（六）营业外支出

营业外支出是指企业发生的与企业生产经营无直接关系的各项支出。主要包括处置非流动资产净损失、固定资产盘亏、非常损失、罚款和捐赠支出等。

为了对营业外支出进行总分类核算，应设置“营业外支出”科目。该科目借方登记发生的各项营业外支出数额；贷方登记期末转入“本年利润”科目的数额；结转后该科目无余额。该科目应按支出项目设置明细账。

当企业发生各项营业外支出时，应借记“营业外支出”科目，贷记“库存现金”、“银行存款”、“待处理财产损溢”、“固定资产清理”等科目；期末将“营业外支出”科目余额转入“本年利润”科目时，借记“本年利润”科目，贷记“营业外支出”科目。具体业务核算详见有关章节。

（七）所得税费用

所得税费用是企业根据有关所得税会计准则确认的应从当期利润总额中扣除的应纳所得税额。所得税是国家对企业生产经营所得和其他所得依法课征的一种税。根据《中华人民共和国企业所得税法》规定，凡实行独立经济核算的国有企业、集体企业、私营企业、联营企业、股份制企业以及有生产、经营所得和其他所得的其他组织，均为企业所得税的纳税义务人

（简称纳税人）。我国目前实行的企业所得税税率分别为15%、20%和25%三档。

所得税会计是从资产负债表出发，通过比较资产负债表上列示的资产、负债按照企业会计准则规定确定的账面价值与按照税法确定的计税基础，对于两者之间的差额分别应纳税暂时性差异与可抵扣暂时性差异，确认相关的递延所得税负债和递延所得税资产，并在此基础上确定每一期间利润表中的所得税费用。新《企业会计准则》规定，企业应采用资产负债表债务法核算所得税。

企业应设置“所得税费用”总账科目，核算企业根据有关所得税会计准则确认的应从当期利润总额中扣除的所得税费用，分别设置“当期所得税费用”、“递延所得税费用”科目进行明细核算。“应交税费——应交所得税”核算企业按照税法计算确定的当期应缴所得税金额。

二、本年利润的核算

（一）科目设置

为了进行本年利润的核算，企业应设置“本年利润”科目，核算企业本年度实现的利润（或亏损）。年度终了时，企业应将各收益类科目的余额转入本科目贷方，将各成本、费用、支出科目的余额转入本科目借方。结转以后，“本年利润”科目余额如在借方，则表示企业发生的亏损总额，余额如在贷方，则反映企业本年度累计实现的利润总额。

（二）利润总额的核算方法

利润总额的核算方法有“账结法”和“表结法”两种，每月月末，企业可以根据实际情况自行选用；年终，应采用“账结法”。

1. 账结法。账结法是指企业每月结账时，将损益类科目的余额，全部转入“本年利润”科目，通过“本年利润”科目结出本月份的利润总额或亏损总额，以及本年累计损益。

［**例20**］假设某企业3月末未转账前损益类科目的余额如下：

收入科目（贷方余额）

主营业务收入	905 400	投资收益	120 270
营业外收入	51 000		

支出科目（借方余额）

营业税金及附加	10 950	所得税费用	870
主营业务成本	482 690	管理费用	25 290
销售费用	44 300	财务费用	3 570

营业外支出 9 000 资产减值损失 0

公允价值变动收益 0

根据上述资料，企业月终应作会计分录如下：

(1) 将所有收入类科目余额转入“本年利润”科目时：

借：主营业务收入 905 400

投资收益 120 270

营业外收入 51 000

贷：本年利润 1 076 670

(2) 将所有支出科目余额转入“本年利润”科目时：

借：本年利润 576 670

贷：营业税金及附加 10 950

主营业务成本 482 690

销售费用 44 300

管理费用 25 290

财务费用 3 570

营业外支出 9 000

所得税费用 870

经过以上结转后，该企业3月份“本年利润”科目增加贷方余额50万元(1 076 670－576 670)，即该企业3月份实现的净利润总额为50万元。

上述本年利润结转的核算可用“T”形账户表示如图9-5。

2. *表结法*。表结法指企业每月结账时，不需要把损益类各科目的余额转入“本年利润”科目，而是通过结出各损益类科目的本年累计余额，就可据以逐项填制“利润表”，通过“利润表”计算出从年初到本月止的本年累计利润，然后减去上月止本表中的本年累计利润，就是本月份的利润或亏损。

企业在采用“表结法”的情况下，年终时仍需采用“账结法”，将损益类各科目的全年累计余额转入“本年利润”科目，在“本年利润”科目集中反映本年的全年利润及其构成情况。

年终，企业按上述步骤和方法计算出“本年利润”余额后，不论盈利还是亏损，均应按照国家税收的有关规定，计算缴纳所得税，并将所得税费用转入“本年利润”科目的借方，然后才能将“本年利润”科目的最终余额（即净利润）转入“利润分配”科目。若为借方余额，则借记“利润分配——未分配利润”科目，贷记“本年利润”科目；若为贷方余额，则借记“本年利润”科目，贷记“利润分配——未分配利润”科目。结转后，“本年利润”科目应无余额。

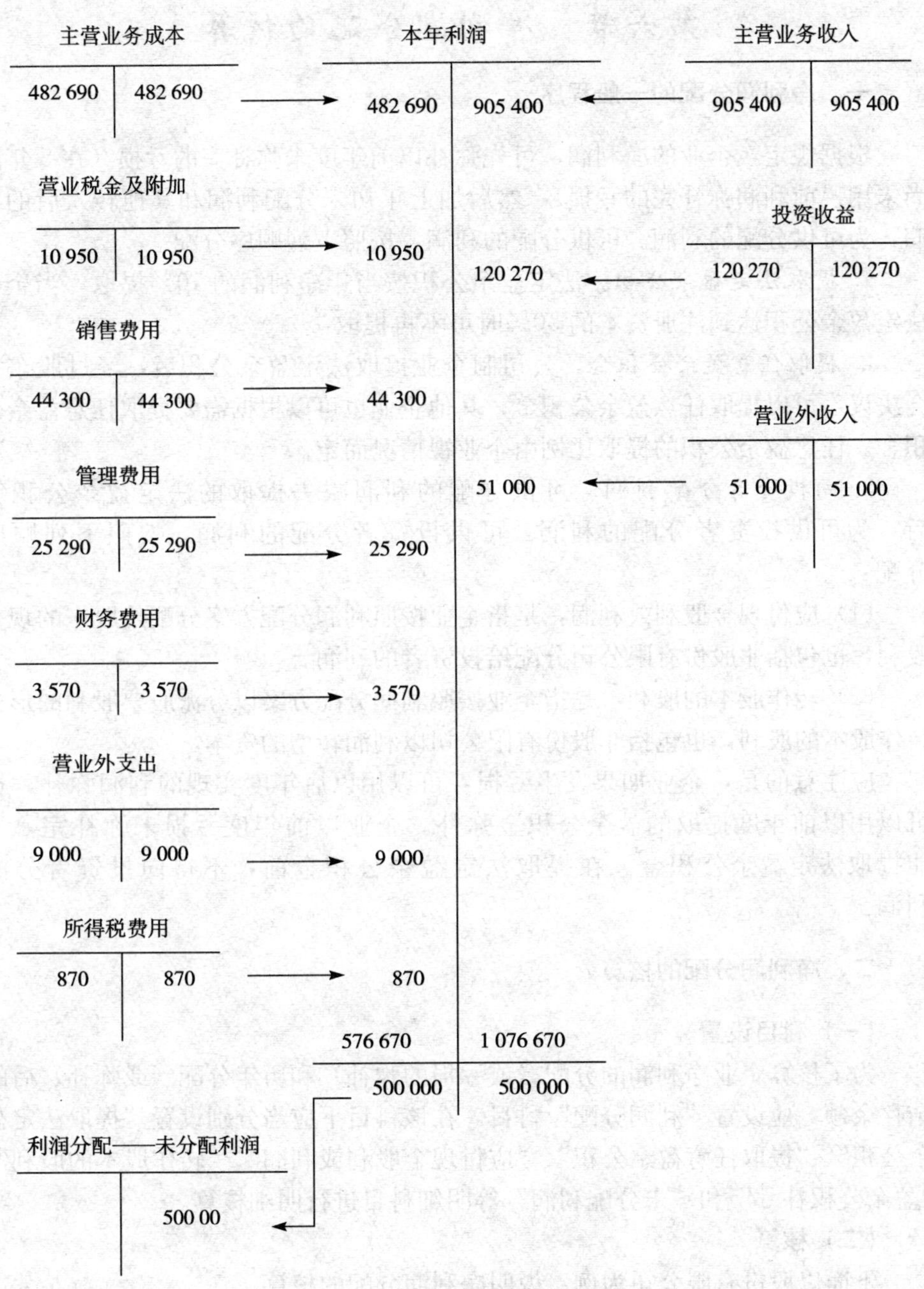

图 9-5　净利润实现的核算图

第六节　净利润分配的核算

一、净利润分配的一般程序

根据规定，企业的净利润，可先弥补以前年度未弥补完的亏损（在5年内尚未用税前利润弥补完的亏损），然后加上年初未分配利润和其他转入后的利润，为可供分配的利润。可供分配的利润，按照下列顺序分配：

1. 提取法定盈余公积。法定盈余公积按当年净利润的10%提取，当企业法定盈余公积达到注册资本的50%时可不再提取。

2. 提取任意盈余公积金。公司制企业提取法定盈余公积后，经过股东大会决议，可以提取任意盈余公积金；其他企业也可以根据需要提取任意盈余公积金。任意盈余公积的提取比例由企业视情况而定。

3. 向投资者分配利润。可供分配的利润减去提取的法定盈余公积等后，为可供投资者分配的利润。可供投资者分配的利润，按照下列顺序分配：

（1）应付现金股利或利润，是指企业按照利润分配方案分配给股东的现金股利，也包括非股份有限公司分配给投资者的利润。

（2）转作股本的股利，是指企业按照利润分配方案以分派股票股利的形式转作股本的股利，也包括非股份有限公司以利润转增的资本。

应注意的是，企业如果发生亏损，可以用以后年度实现的利润弥补，也可以用以前年度提取的盈余公积金弥补。企业以前年度亏损未弥补完，不能提取法定盈余公积金。在提取法定盈余公积金前，不得向投资者分配利润。

二、净利润分配的核算

（一）科目设置

为了核算企业净利润的分配（或亏损的弥补）和历年分配（或弥补）后的结存余额，应设置“利润分配”科目。在该科目下应当分别设置“提取法定盈余公积”、“提取任意盈余公积”、“应付现金股利或利润”、“转作股本的股利”、“盈余公积补亏”和“未分配利润”等明细科目进行明细核算。

（二）核算

下面以股份有限公司为例，说明净利润分配的核算。

1. 亏损的弥补。若企业以前年度发生亏损，表现为“利润分配——未分配利润”账户的借方余额。企业若用当年税前利润弥补以前年度亏损（5年内亏损可用税前利润弥补）或税后利润弥补以前年度亏损，是通过用当年实现的税前利润或税后利润抵减“利润分配——未分配利润”账户借方余额的方式实现的。对这一事项，不需单独设置账户核算，也不需编制会计分录。若用盈余公积弥补亏损，应借记“盈余公积”科目，贷记“利润分配——盈余公积补亏”科目。

2. 提取法定盈余公积金。

[**例 21**] 新兴股份有限公司交纳所得税后净利润为 2 010 万元假设按规定提取 10%的盈余公积金，应作如下会计分录：

借：利润分配——提取法定盈余公积　　　　　　2 010 000

　贷：盈余公积——法定盈余公积　　　　　　　　2 010 000

3. 向投资者分配利润。企业年度实现的净利润，在提取盈余公积之后，才能向投资者分配利润。向投资者分配利润，并不取决于企业当年是否盈利或亏损，而取决于企业是否拥有可供分配的利润，它反映在“利润分配”账面余额中。

（1）现金股利发放的核算。现金股利是以现金形式发放的股利，现金股利一经董事会宣告，就成为企业对股东的流动负债。此时，企业应借记“利润分配——应付现金股利或利润”科目，贷记“应付股利”科目，发放时，借记“应付股利”科目，贷记“库存现金”科目。

假定例 21，新兴股份有限公司经董事会决定分配现金股利 1 000 万股，每股股利 0.01 元。其会计分录如下：

①宣告股利时：

借：利润分配——应付现金股利或利润　　　　　100 000

　贷：应付股利　　　　　　　　　　　　　　　　100 000

②发放股利时：

借：应付股利　　　　　　　　　　　　　　　　100 000

　贷：库存现金　　　　　　　　　　　　　　　　100 000

（2）股票股利发放的核算。股票股利是指公司以增发股票方式分给股东的股息。通常是以现有普通股股东持股比例进行分配的。分派股票股利，在会计上并不引起所有者权益总额减少，它只是将留存收益转为资本。股票股利的发放增加了公司在外的股票数量。股票股利增加了每位股东持有公司股份的绝对额，但并不影响每位股东占公司股东权益的比重。

假定例 21，新兴股份有限公司总股本为 1 000 万股，每股面值 1 元，本期按每 10 股送 3 股派发股票股利。分录如下：

实际发放时：1 000÷10×3＝300（万股）

借：利润分配——转作股本的股利　　　　　　　　3 000 000

　贷：股本　　　　　　　　　　　　　　　　　　　3 000 000

4. 利润分配的年终结转。年度终了时，企业应结转本年实现的净利润，借记“本年利润”科目，贷记“利润分配——未分配利润”科目，同时，将“利润分配”科目下的其他明细科目余额转入“利润分配——未分配利润”明细科目。结转后，除“未分配利润”明细科目外，“利润分配”科目的其他明细科目均应无余额。若“未分配利润”科目年末余额为贷方余额，则表示历年积存的未分配利润，若为借方余额，则表示历年积存的未弥补亏损。

假定例 21，新兴公司年终结账前“利润分配”科目的上述各明细科目和“本年利润”科目的余额如下：

本年利润（贷方余额）　　　　　　　20 100 000

利润分配——未分配利润　　　　　　20 100 000

利润分配——提取法定盈余公积　　　　2 010 000

利润分配——应付现金股利或利润　　　　100 000

利润分配——转作股本的股利　　　　　3 000 000

年末利润及其分配结算的有关会计分录如下：

①年终，结转本年实现净利润时：

借：本年利润　　　　　　　　　　　　　　　20 100 000

　贷：利润分配——未分配利润　　　　　　　　　20 100 000

②年终，结转本年利润分配时：

借：利润分配——未分配利润　　　　　　　　5 110 000

　贷：利润分配——提取法定盈余公积　　　　　　　2 010 000

　　　　　　——应付现金股利或利润　　　　　　　　100 000

　　　　　　——转作股本的股利　　　　　　　　　3 000 000

计算结果表明，新兴公司年终结账后，“未分配利润”明细科目有贷方余额为 1 499 万元，这即表示了该公司历年积存的未分配利润额，同时也反映了公司留到下一年度的未分配利润额。

上述净利润分配的核算可用“T”形账户表示如图 9－6。

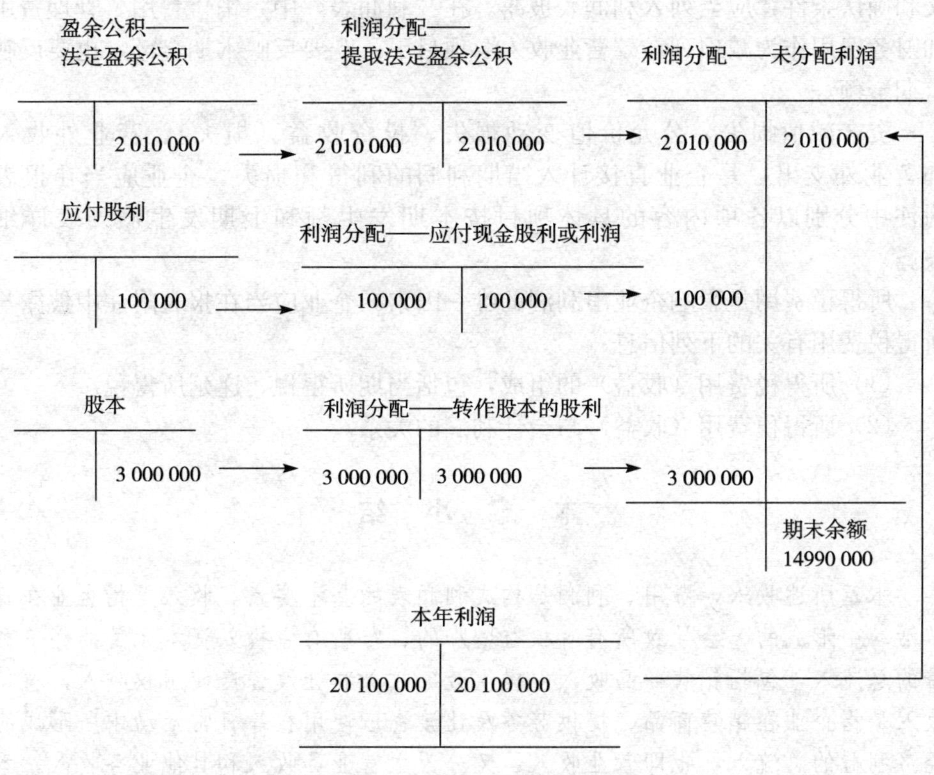

图 9-6　净利润分配的核算图

第七节　收入、费用、利润的披露

收入、费用、利润是构成利润表的基本因素。收入作为利润的主要来源，在利润表中与费用一起反映企业一定期间的经营成果。

营业收入属于应计入当期利润的收入，符合企业会计准则中关于收入的定义和确认条件，应当列入利润表披露，并应在报表附注中以营业收入的具体项目按本期发生额和上期发生额列表详细披露。同时还应在附注中披露与收入有关的下列信息：

(1) 收入确认所采用的会计政策，包括确定提供劳务交易完工进度的方法。

(2) 本期确认的销售商品收入、提供劳务收入、利息收入和使用费收入的金额。

期间费用属于应计入当期损益的费用，符合企业会计准则中关于费用的定义和确认条件，应当列入利润表披露。在“利润表”中，销售费用、管理费用和财务费用作为减项列在“营业收入”项目下，既要反映本期金额，也要反映上期金额。

资产减值损失、公允价值变动损失、投资收益（损失）、营业外收入和营业外支出，是企业直接计入当期利润的利得和损失。企业应当在报表附注中分别以各项内容的具体项目按本期发生额和上期发生额列表详细披露。

所得税费用是影响企业净利润的唯一因素。企业应当在报表附注中披露与所得税费用有关的下列信息：

（1）所得税费用（收益）的组成，包括当期所得税、递延所得税。

（2）所得税费用（收益）与会计利润的关系。

本 章 小 结

本章所述收入、费用、利润是构成利润表的基本要素。收入是指企业在日常活动中形成的、会导致所有者权益增加的、与所有者投入资本无关的经济利益的总流入，包括销售商品收入、提供劳务收入和让渡资产使用权收入，狭义收入是指企业在销售商品、提供劳务及让渡资产使用权等日常活动中所形成的经济利益的总流入，也即营业收入，又分为主营业务收入和其他业务收入。本章在重点介绍销售商品收入确认的五个条件的基础上，分别就主营业务收入、提供劳务收入、让渡资产使用权收入的基本内容及主要业务的核算方法进行了系统地讲述。狭义费用是指企业为销售商品、提供劳务等日常活动所发生的经济利益的流出，也即营业费用。从狭义费用的概念出发，若按费用的经济用途作为分类的标准，可将费用分为生产成本和期间费用两大类，其中期间费用包括销售费用、管理费用和财务费用。本章在系统介绍了营业费用确认原则和标准的基础上，分别就主营业务成本、营业税金及附加、其他业务成本、期间费用、资产减值损失、公允价值变动损失、投资损失和营业外支出的基本内容及主要业务的核算方法进行了系统地讲述。作为独立经济实体，企业应依法就其经营所得和其他所得计算所得税费用。利润是企业在一定期间的经营成果，即收入和费用相抵后的差额，以及直接计入当期利润的利得和损失等。企业利润包括营业利润、利润总额和净利润三部分，利润的核算有表结法和账结法两种方法。利润分配是一项政策性很强的工作，必须要严格按国家法律和企业章程的规定进行分配并核算。

复习思考题

1. 简述收入、费用的内容。

2. 销售商品收入确认的条件主要有哪些?

3. 主营业务收入取得的核算如何进行?

4. 费用的确认应遵循哪些原则?

5. 提供劳务收入与让渡资产使用权收入包括哪些?

6. 期间费用包括哪些内容?应如何进行核算?

7. 营业外收支包括哪些内容?如何进行核算?

8. 构成利润的指标有哪些?其各自包括的内容是什么?利润总额和净利润应如何计算?

9. 企业净利润分配的一般程序是什么?应如何进行核算?

练 习 题

习题一

(一) 目的:练习销售商品的核算。

(二) 资料:

某公司生产甲、乙两种产品,甲产品单位成本为 200 元,不含税售价 250 元,乙产品单位成本为 150 元,不含税售价 200 元,产品的增值税税率为 17%,2008 年 3 月发生下列业务:

1. 2 日,收到长江公司汇来的预付购货款 30 000 元。

2. 2 日,销售乙产品 5 000 件给黄河公司,商业折扣 5%,付款条件 2/30,n/90。

3. 13 日,销售给黄河公司甲产品 400 件,代垫运杂费 6 250 元,已向银行办理托收手续。

4. 24 日,发出长江公司预定的甲产品 100 件,代垫运杂费 250 元,余款退回。

5. 25 日,采用分期收款方式向淮河公司销售甲产品 200 件,合同约定分 5 次等额付款。第一期货款已收到存入银行。

6. 25 日,收到甲产品退货 20 件并支付了退货款。该货是去年售出,因质量问题退回。当时每件售价 300 元,单位成本 240 元。

7. 30 日,收到黄河公司支付的乙产品款项。

(三) 要求:根据上述业务编制会计分录。

习题二

(一) 目的:练习费用的核算。

(二) 资料:长风公司本月发生如下有关期间费用的经济业务:

(1) 应分配专设销售机构的职工工资 8 000 元。

(2) 按专设销售机构的职工工资总额提取职工福利费 1 120 元。

(3) 用银行存款支付业务招待费 1 500 元。

(4) 计提企业管理部门使用的固定资产折旧费 2 000 元。

(5) 用银行存款支付产品广告费 5 000 元。

(6) 用现金支付应由公司负担的销售 A 产品的运输费 800 元。

(7) 分配企业管理人员工资 20 000 元，提取职工福利费 2 800 元。

(8) 预提应由本月负担的银行借款利息 1 500 元。

(三) 要求：根据所给资料编制会计分录。

习题三

(一) 目的：练习收入的核算。

(二) 资料：

2007 年 9 月 20 日，星海公司将一批不需用的库存原材料销售给诚信公司。原材料采购成本 90 000 元，已计提跌价准备 35 000 元，销售价格 50 000 元，增值税税额 8 500 元。星海公司开出发票账单并发出原材料。星海公司在销售员材料时已知悉诚信公司目前面临资金周转困难，近期内难以收回货款，但考虑到诚信公司以往的业务关系以及处理积压库存原材料，仍将原材料发运给诚信公司以往的业务关系以及处理积压库存原材料，仍将原材料发运给诚信公司。2008 年 5 月 10 日，诚信公司向星海公司承诺在本月内付清全部货款。

(三) 要求：编制星海公司销售原材料的下列会计分录：

(1) 2007 年 9 月 20 日，发出原材料。

(2) 2008 年 5 月 10 日，诚心公司承诺付款。

(3) 2008 年 5 月 31 日，收到全部货款。

习题四

(一) 目的：练习净利润分配的核算。

(二) 资料：

(1) 某公司在年度终了时，经决算确定实现净利润 5 560 000 元。董事会决议确定的年度利润分配方案及有关资料如下：(1) 公司总股本 1 000 万股，每股面值 1 元。其中优先股 100 万股，每年按固定股利率 10% 发放股利；普通股 900 万股，按规定发放股利。(2) 分别按净利润的 10% 计算提取法定盈余公积。(3) 提取任意盈余公积 50 000 元。(4) 普通股股票每 10 股送 3 股，并派发现金 1 元。

(2) 假如该公司年初“未分配利润”明细科目贷方余额 150 000 元；“盈余公积”科目年初为贷方余额 2 000 000 元。

(三) 要求：

(1) 编制公司净利润分配的有关会计分录。

(2) 计算公司下一年继续进行分配的利润额。

(3) 年末公司留存收益是多少？

习题五

（一）目的：练习利润及净利润分配的核算。

（二）资料：某公司 2008 年年度决算时，各损益账户余额如下：

单位：元

账户名称	借方余额	贷方余额
主营业务收入		3 100 000
其他业务收入		1 920 000
投资收益		240 000
营业外收入		92 000
主营业务成本	1 740 000	
营业税金及附加	20 000	
管理费用	17 000	
销售费用	30 000	
财务费用	80 000	
其他业务成本	1 220 000	
营业外支出	116 000	
所得税费用	552 000	

该公司按 10％计提法定盈余公积，并分配普通股股利 600 000 元。

（三）要求：

（1）结转各损益类账户余额。

（2）计算并结转本年净损益。

（3）进行利润分配的核算，并结转利润分配各明细科目。

第十章 财务会计报告

本章基本要求

通过本章学习，要求学生：

1. 理解财务会计报告的作用，了解其种类，掌握其编制要求；
2. 理解资产负债表、利润表的作用及其提供的主要信息；
3. 掌握资产负债和利润表及的编制方法；
4. 明确现金流量表的作用，理解企业现金流量的来源和去向；
5. 掌握现金流量表和所有者权益变动表的结构和内容；
6. 了解现金流量表和所有者权益变动表的编制方法；
7. 明确会计报表附注的作用及主要内容。

第一节 财务会计报告的作用、种类和编制要求

一、财务会计报告的作用

企业日常发生的经济业务，经过会计的确认、计量、记录后，已经反映在会计账簿中。账簿中的会计资料虽然比会计凭证更加系统化和条理化，但是仍然比较分散，它只能反映某一个账户或企业经营活动中某一个方面的情况，不能集中概括地表现企业经济活动的全貌，也无法对外报送，以满足不同使用者的要求，因此，还需要对账簿中的核算资料作进一步的加工提炼，并以表格或文字的形式即财务会计报告表现出来，使之成为能够全面概括地反映企业财务状况、经营成果、现金流量及所有者权益（股东权益）变动情况的综合会计信息。可以说，编制财务会计报告是会计核算工作的总结，财务会计报告是会计核算工作的最终产品。

财务会计报告是提供会计信息的一种重要手段。企业财务会计报告是指企业对外提供的、以日常会计核算资料为主要依据，反映企业某一特定日期财务状况和某一会计期间经营成果、现金流量以及所有者权益（股东权益）变动情况的文件。企业编制财务会计报告，对于改善企业外部有关方面的经济决策环境和加强企业内部经营管理，具有重要作用。具体说来，财务会计报告的作用主要表现在以下几个方面：

1. 企业的投资者（包括潜在的投资者）和债权人（包括潜在的债权

人），为了进行正确的投资决策和信贷决策，需要利用财务会计报告了解有关企业经营成果、财务状况、现金流量情况及所有者权益变动情况的会计信息。

2. 企业管理者为了考核和分析财务成本计划或预算的完成情况，总结经济工作的成绩和存在的问题，评价经济效益，需要利用财务会计报告掌握本企业有关财务状况、经营成果、现金流量情况及所有者权益变动情况的会计信息。

3. 国家有关部门为了加强宏观经济管理，需要各单位提供财务会计报告资料，以便通过汇总分析，了解和掌握各部门、各地区经济计划（预算）完成情况，各种财经法律制度的执行情况，并针对存在的问题，及时运用经济杠杆和其他手段，调控经济活动，优化资源配置。

二、财务会计报告的种类

新《企业会计准则》对企业财务会计报告的种类、格式和内容作了统一规定。按此规定，企业财务会计报告可以分为财务会计报表、会计报表附注和其他应当在财务会计报告中披露的相关信息和资料三大类。

（一）财务会计报表

财务会计报表（以下简称会计报表）是表格形式的财务会计报告，是企业财务会计报告的主要组成部分。按照不同的标准，会计报表可以作如下分类。

1. 按会计报表所反映的经济内容不同，可以分为反映财务状况的报表、反映经营成果的报表和反映资金变动的报表。反映财务状况的报表主要包括资产负债表、所有者权益（股东权益）变动表、应交增值税明细表、存货明细表、固定资产明细表等；反映经营成果的报表主要包括利润表、分部报表（业务分部、地区分部）等；反映资金变动的报表主要包括现金流量表。其中资产负债表、利润表、现金流量表、所有者权益变动表是主要报表，简称主表，其他是附属报表，简称附表。

2. 按会计报表反映的主体范围不同，可以分为个别会计报表和合并会计报表。个别会计报表是以单个企业为会计主体，反映其财务状况、经营成果、现金流量和所有者权益（股东权益）变动情况的会计报表；合并会计报表是以企业集团为会计主体，对集团内母公司、子公司的个别会计报表进行合并调整后编制而成的会计报表，可以反映企业集团整体的财务状况、经营成果、现金流量和所有者权益（股东权益）变动情况。

3. 按会计报表的编制单位不同，可以分为基层报表和汇总报表。基层报表是指由独立核算的基层单位编制的，反映本单位财务状况、经营成果、现金流量和所有者权益（股东权益）变动情况的会计报表。汇总报表是指上级主管部门根据所属单位上报的会计报表和汇总单位本身的会计报表综合编制而成的会计报表。

4. 按会计报表的编制用途不同，可以分为对外报表和对内报表。对外报表是指向企业外部投资者、债权人、政府主管部门等各类报表使用者提供的通用会计报表，这类会计报表的格式和内容由国家财政部统一设计制定。对内报表是指为满足企业内部经营管理部门和决策部门需要而编制的会计报表，其种类、格式和内容均由企业自行设计确定。

5. 按会计报表的编制时间不同，可以分为年度报表（简称年报）、半年度报表、季度报表（简称季报）和月度报表（简称月报），分别在会计年度结束时、会计年度中间、季度末和月度末编制。半年度报表、季度报表和月度报表或其他任何一种会计期间内的报表，又统称为中期报表。

（二）会计报表附注

作为对会计报表的必要补充，会计报表附注是财务会计报告的重要组成部分。会计报表附注是对资产负债表、利润表、现金流量表和所有者权益变动表等报表中列示项目的文字描述或明细资料，以及对未能在这些报表中列示项目的说明等。是为了帮助理解会计报表的内容而对会计报表本身难以充分表达或无法表达的内容和项目，以另一种形式所作的说明、补充和解释。它对于正确理解会计报表内容有不可或缺的作用。

通常会计报表附注中有固定资产明细表、主营业务收支明细表、应交增值税明细表等。

（三）其他相关信息和资料

该部分主要是填报其他应当在财务会计报告中披露的相关信息和资料。

三、财务会计报告的编制要求

为了保证财务会计报告提供的信息能够客观、及时、全面地反映企业的财务状况、经营成果、现金流量和所有者权益（股东权益）变动情况，满足会计信息使用者了解、考核和管理企业的经济活动，进行经济决策的需要，企业在编制财务会计报告时，除了按照现行规定的会计报表的种类、格式、内容和编制方法，定期或不定期向有关部门填制和上报会计报表外，企业编制财务会计报告还必须符合以下基本要求：

（一）内容完整

财务会计报告必须按照国家统一规定的种类、格式和内容填报。对规定编制的会计报表，必须不得漏填漏报；对应填列的报表指标，无论是表内项目，还是补充项目都要填列齐全；不便于列入报表主体的内容以附注形式加以说明；除了报表中的数据指标外，还应当提供非数据性的财务信息资料，如财务报表的编制基础、会计政策、会计估计的选择及其变更、关联方关系及其交易、资产负债表日后事项以及重要项目的详细说明等均应在报表附注中加以说明。

（二）数字真实

根据客观性原则，企业财务会计报告中的各项数据指标必须真实可靠，能够准确地反映企业的财务状况和经营成果的实际情况，不带有编表者的个人偏向。这是对会计信息的基本要求，体现了会计的真实性和相关性原则。为了财务会计报告的数字真实准确，应做到以下几点：

1. 报告期内所有的经济业务必须全部登记入账，应根据核对无误的账簿记录编制财务会计报告，不得用估计数字编制财务会计报告，不得弄虚作假，不得篡改数字。

2. 在编制财务会计报告之前，应认真核对账簿记录，做到账证相符、账账相符。发现有不符之处，应先查明原因，加以更正，再据以编制会计报表。

3. 企业应定期进行财产清查，对各项财产物资、货币资金和往来款项进行盘点、核实，在账实相符的基础上编制财务会计报告。

4. 在编制会计报表时，要核对会计报表之间的数字。各种会计报表之间，以及同一会计报表各项目指标之间，有勾稽关系的数字都要核对相符，本期会计报表与上期会计报表之间的数字应相互衔接一致，本年度会计报表与上年度会计报表之间的相关指标数字应衔接一致。

（三）清晰易懂

清晰易懂体现了会计信息质量要求中可理解性的要求。财务会计报告是为会计信息使用者进行经济决策提供服务的，而绝大多数使用者并不是会计专业人士。为了便于使用者理解会计信息的含义，以便据此做出正确判断，要求财务会计报告指标名称及其相关的解释清晰明了，浅显易懂，尽量避免使用晦涩难懂的专业术语。

（四）编报及时

时效性是会计信息的重要质量特征，会计信息只有及时传递给使用者，才能帮助他们进行正确的决策。如果传递不及时，即使是真实可靠、内容完整、清晰易懂的财务会计报告，对使用者也没有任何价值。因此，根据会计的及时性和相关性要求，企业应按规定的期限和程序时间及时编制和报送财务会计报告，以便使用者及时、有效地利用会计信息资料。

第二节　资产负债表

一、资产负债表的概念和作用

资产负债表，又称为财务状况表，是反映企业某一特定日期（月末、季末、年末）所拥有或控制的经济资源、所承担的现实义务和所有者对净资产的要求权的报表。资产负债表是静态报表，表中的数据是时点数，反映企业在报告期末瞬间的情况。资产负债表属于月度报表。

资产负债表以“资产＝负债＋所有者权益”这一基本会计等式为基础设计，表中按照一定的分类标准和一定的次序，列示企业在特定日期的资产、负债、所有者权益数额及其相互关系，即企业的财务状况。从资产负债表上，会计信息使用者可以获取以下信息：

（一）企业的短期偿债能力

短期偿债能力，是指企业偿还短期债务的能力。短期偿债能力主要表现为企业资产和负债的流动性。资产的流动性是指资产的变现能力，即资产转化为现金的能力。负债的流动性是指债务到期清偿所需要的时间。企业是否有足够的资产及时转化为现金，以清偿到期债务，对于债权人至关重要。资产负债表中有关流动资产和流动负债的信息，有助于报表使用者分析和评价企业的短期偿债能力。

（二）企业的长期偿债能力和资本结构

长期偿债能力，是指企业偿还全部债务本金和利息的能力，长期偿债能力取决于企业的资本结构和获利能力。资本结构是指企业权益总额中负债与所有者权益的相对比例，负债的相对比例越大，企业的偿债压力越大，长期偿债能力也就越弱。资产负债表可以为分析和评价企业的资本结构和长期偿债能力提供信息。

（三）企业的财务弹性

财务弹性是指当企业面临突发性资金需要时，是否有能力及时采取有效措施调度资金，迅速应对。财务弹性大的企业具有较强的调剂资金的能力，当企业遇到有利的投资机会或急需大笔资金偿还债务时，可以随时筹集到资金，使企业抓住获利机会，得到充分的发展，或度过财务难关，摆脱财务困境；当企业进入用资淡季时，可以随时将存量资金调出，以降低资金成本。

企业的财务弹性主要来自于：①资产的流动性或变现能力；②企业经营活动中产生现金流入的能力；③从企业外部筹集和调度资金的能力，例如向债权人借款或吸收投资人投资等；④在不影响正常经营的前提下变卖长期资产，以获取现金的能力；⑤调剂货币资金存量的能力。资产负债表上列示的资产状况和资本结构，有助于分析和评价企业的财务弹性。

二、资产负债表项目的分类

编制资产负债表时，通常按照项目的流动性大小，对资产、负债、所有者权益项目进行归类。据此，资产分为流动资产与非流动资产，负债分为流动负债与非流动负债，所有者权益分为投入资本与留存收益。在资产负债表上，资产按流动性大小排列，流动性大的资产排列在前，流动性小的资产排列在后；负债按到期远近排列，近者排列在前，远者排列在后；所有者权益按永久性程度排列，永久性大的排列在前，永久性小的排列在后。在此基础上，各类项目还可做进一步细分。

（一）资产项目的分类

资产按流动性大小分为流动资产和非流动资产两大类。

1. *流动资产*。流动资产是指在可以一年内或超过一年的一个营业周期内变为现金或者被耗用、售出的资产。按照流动资产的流动性大小，可依次排列为货币资金、交易性金融资产、应收票据、应收账款、预付账款、其他应收款、存货等。

2. *非流动资产*。非流动资产是指流动资产以外的其他所有资产，包括可供出售金融资产、持有至到期投资、长期股权投资、固定资产、无形资产、其他资产等。

（二）负债项目的分类

负债按到期日先后分为流动负债和非流动负债两大类。

1. *流动负债*。流动负债是指要求在一年内或超过一年的一个营业周期内归还的债务，包括短期借款、应付票据、应付账款、预收账款、应付职工薪酬、应交税费、应付股利、应付利息、其他应付款等。

2. *非流动负债*。非流动负债是指归还期在一年或一个营业周期以上的债务，包括长期借款、应付债券、长期应付款等。

（三）所有者权益的分类

所有者权益指企业投资者对企业净资产的要求权。根据企业对所有者权益拥有的永久程度，分为投入资本和留存收益两大类。

1. *投入资本*。投入资本是指企业投资者实际投入企业的资本，包括实收资本（股份制企业称为股本）和资本公积。实收资本是指有限责任公司的投资者按照公司章程规定交纳的并经过注册的出资额，股本是指股份有限公司投资者投入企业的资本中相当于股票面值或设定面值的部分。资本公积是指资本在自身运动中由于非经营活动而产生的增值，包括资本溢价等。

2. *留存收益*。留存收益是通过企业生产经营活动形成的资本，即留存在企业的净利润。在我国，留存收益分为盈余公积和未分配利润两部分。盈余公积是已确定用途的留存收益，在使用上受国家法律法规的限制，未分配利润是未确定用途的留存收益，在使用上企业有较大的自主权。

资产负债表按流动性分类的结果及排列顺序如表 10-1 所示。

表 10-1

资　产	负债及所有者权益
流动资产	负债：
非流动资产	流动负债
	非流动负债
	所有者权益：
	投入资本
	留存收益

三、资产负债表的格式

资产负债表由表头、主表组成。表头部分列示报表名称、编制单位、报表日期和计量单位等内容；主表部分列示资产、负债和所有者权益各项目的具体组成内容及其金额。主表部分的格式分为账户式、报告式两种。

（一）账户式资产负债表

账户式资产负债表根据会计等式“资产＝负债＋所有者权益”设计，该表分为左右两方，资产项目列示在表的左方，负债和所有者权益项目列示在表的右方，左右两方是相等的关系。

账户式资产负债表的优点是资产与权益之间的平衡关系一目了然，因此目前世界上绝大多数国家均采用这种格式，我国的资产负债表也采用这种格式，其简化格式如表 10-2 所示。

表 10-2　账户式资产负债表

资　产		负债及所有者权益	
流动资产	××××	流动负债	××××
非流动资产	××××	非流动负债	××××
其他资产	××××	所有者权益	××××
资产总计	××××××	负债及所有者权益总计	××××××

(二)报告式资产负债表

报告式资产负债表将资产、负债、所有者权益自上而下垂直排列,一般是将资产项目列示在表的上部,负债和所有者权益项目列示在表的下部。并根据“资产=负债+所有者权益”或“资产-负债=所有者权益”的会计等式,建立报表上下部分之间的关系。表中各类项目的具体内容和排列顺序与表10-2相同。报告式资产负债表的简化格式如表10-3所示。

表10-3 报告式资产负债表

项 目	金 额
流动资产	××××
非流动资产	××××
其他资产	××××
资产总计	××××××
流动负债	××××
非流动负债	××××
所有者权益	××××
负债及所有者权益总计	××××××

报告式资产负债表的优缺点与账户式资产负债表正好相反,优点是便于编制比较资产负债表和对报表项目做旁注,缺点是资产与权益之间的平衡关系不够清晰。

四、资产负债表的编制

(一)资产负债表编制的基本要求

编制资产负债表时,应注意满足以下基本要求:

1. 应按期编制资产负债表。资产负债表反映企业在资产负债表日的财务状况,资产负债表日为日历月末、季末、年末。

2. 资产负债表的表头应列示企业名称、资产负债表日、货币单位和报表编号。这些项目分别体现了会计核算的四个基本假设,即:会计主体假设、持续经营假设、会计分期假设和货币计量假设。

3. 资产负债表各项目金额均以“元”为单位,元以下填至“分”。特殊目的的报表可采取百元、千元、万元为整数单位。采用外币为记账本位币的企业,应将外币反映的资产负债表折合为以人民币为计量单位的资产负债表。

4. 最好编制至少两年期期末的比较资产负债表,以便报表使用者分析企业财务状况的变动情况，预测其发展趋势。如果上期项目的名称和内容与本期不一致，应按本期要求对上期数据进行调整，以使各期项目具有可比性。

（二）资产负债表的编制方法

为了对比反映企业的财务状况，资产负债表各项目金额都应分别列示其“年初数”和“期末数”。其中“年初数”栏的各项数字，应根据上年末资产负债表“期末数”栏内所列数字填写。如果本年度资产负债表规定的各个项目的名称和内容同上年度不相一致，应对上年末资产负债表各项目的名称和数字按照本年度的规定进行调整，填入资产负债表“年初数”栏内。

资产负债表内“期末数”栏的各项数字，应根据有关总账科目或明细账的期末余额填列。其填列方法可归纳如下：

1. 根据总账科目期末余额直接填列。资产负债表各项目的数据来源，主要是根据总账科目余额直接填列，例如，交易性金融资产、固定资产清理、长期待摊费用、短期借款、应付票据、应付职工薪酬、应交税费、应付利息、应付股利、其他应付款、实收资本、资本公积、盈余公积等项目，根据相关总账科目的期末余额直接填列。

2. 根据总账科目期末余额计算填列。资产负债表某些项目需要根据若干个总账科目期末余额计算填列，例如，“货币资金”项目，应根据“库存现金”、“银行存款”、“其他货币资金”科目的期末余额合计数填列；“存货”项目，应根据“材料采购”（或“在途物资”）、“原材料”（或“库存商品”、“受托代销商品”）、“委托加工物资”（或“委托代销商品”）、“周转材料”、“材料成本差异”、“生产成本”、“自制半成品”、“存货跌价准备”等科目借贷方余额的差额计算填列；

3. 根据明细科目期末余额计算填列。资产负债表某些项目需要根据有关科目所属的相关明细科目的期末余额计算填列，例如，“预收账款”项目，应根据“应收账款”、“预收账款”总账科目所属明细科目的贷方余额之和计算填列；“应付账款”项目，应根据“应付账款”、“预付账款”总账科目所属明细科目的贷方余额之和计算填列；“预付账款”项目，应根据“应付账款”、“预付账款”总账科目所属明细科目的借方余额之和计算填列；

4. 根据总账科目和明细科目余额分析计算填列。资产负债表某些项目需要根据总账科目或明细科目期末余额分析计算填列，例如，“长期借款”项目，需要根据“长期借款”总账账户余额扣除“长期借款”账户下属的明细账户中反映的将于一年内到期的长期借款部分计算填列。

5. 根据总账科目与其备抵科目抵销后的净额填列。例如，“存货”项目，应根据“原材料”、“库存商品”、“委托加工物资”（或“委托代销商品”）、“周转材料”、“材料成本差异”、“生产成本”等科目期末余额，减去“存货跌价准备”科目期末余额后的金额填列；

我国新《企业会计准则》规定的资产负债表的格式和内容如表 10－5 所示。

（三）资产负债表的编制示例

［**例 1**］海立有限责任公司 2008 年 12 月 31 日有关账户的总账和明细账如表 10－4 所示。

表 10－4 海立公司有关账户的总账和明细账 单位：元

总 账	明细账户	借方余额	贷方余额	总 账	明细账户	借方余额	贷方余额
库存现金		6 000		短期借款			360 000
银行存款		90 000		应付账款			60 000
交易性金融资产		84 000			F 企业		42 000
应收账款		138 000			H 企业	30 000	
	A 企业	60 000			W 企业		48 000
	B 企业		12 000	预收账款			6 000
	C 企业	90 000			U 企业		24 000
预付账款			40 200		V 企业	18 000	
	D 企业	30 000		其他应付款			72 000
	E 企业		1 800	应付职工薪酬			208 200
	G 企业	12 000		应交税费			360 000
其他应收款		48 000		应付股利			120 000
原材料		162 000					
生产成本		48 000		长期借款			384 000
库存商品		120 000		实收资本			1 680 000
长期股权投资		1 362 000		盈余公积			132 480
固定资产		2 400 000		利润分配	未分配利润		959 520
累计折旧			360 000				
无形资产		180 000					
长期待摊费用		24 000					

根据上述资料，编制海立有限责任公司 2008 年 12 月 31 日的资产负债表如表 10－5 所示。

表 10-5 资产负债表

会企 01 表

编制单位：海立有限责任公司　　2008 年 12 月 31 日　　单位：元

资　产	行次	年初余额	期末余额	负债及所有者权益	行次	年初余额	期末余额
流动资产：		略		流动负债：		略	
货币资金			96 000	短期借款			360 000
交易性金融资产			84 000	应付票据			
应收票据				应付账款			91 800
应收账款			168 000	预收账款			36 000
预付账款			72 000	应付职工薪酬			208 200
其他应收款			48 000	应交税费			360 000
存货			330 000	应付股利			120 000
				其他应付款			72 000
一年内到期的非流动资产				一年内到期的非流动负债			
其他流动资产							
流动资产合计：			798 000	其他流动负债			
非流动资产：				流动负债合计			1 248 000
可供出售金融资产				非流动负债：			
持有至到期投资				长期借款			384 000
投资性房地产				应付债券			
长期股权投资			1 362 000	长期应付款			
固定资产			2 040 000	非流动负债合计			384 000
无形资产			180 000	负债合计			1 632 000
长期待摊费用			24 000	所有者权益：			
其他非流动资产				实收资本			1 680 000
非流动资产合计			3 606 000	资本公积			
				盈余公积			132 480
				未分配利润			959 520
				所有者权益合计			2 772 000
资产总计		略	4 404 000	负债及所有者权益总计		略	4 404 000

资产负债表各项目的涵义和核算方法，已在前面各章中分别讲述，此处不再重复。

第三节　利　润　表

一、利润表的概念和作用

利润表，又称为损益表或收益表，我国新《企业会计准则》指出："利润表是指反映企业在一定会计期间的经营成果的会计报表。"利润表是动态报表，表中的数据是时期累计数，反映了企业在某一时期内的累计经营成果。利润表属于月度报表。

企业的经营成果，通常表现为企业在一定时期内取得的利润（或亏损），利润（或亏损）是企业经济效益的综合体现，包括收入与成本费用相抵后的差额、直接计入当期利润的利得和损失等。利润表根据"收入－费用＝利润"这一会计等式设计，表中按照一定的分类标准和一定的次序，列示企业在某一时期的收入和费用，并通过计算确定企业的净利润（或净亏损）。对于会计信息使用者来说，利润表的作用主要有以下几个方面。

（一）评价企业的经营成果和获利能力

企业的经营成果和获利能力都与利润高低有直接关系。经营成果是指企业通过生产经营活动所增加的财富，直接表现为在一定时期的利润总额。获利能力是指企业利用现有资源获取经营成果的能力，主要通过销售利润率、资产报酬率、净资产收益率、成本费用利润率等指标来表示。从利润表可以了解当期的经营成果，将利润表与资产负债表等会计资料联系起来，可以评价企业的获利能力。将不同时期的数据进行比较，可以预测企业未来的利润增长规模和发展趋势。

（二）评价企业的偿债能力

企业的偿债能力一方面取决于资产的流动性和资本结构，另一方面取决于企业的获利能力。如果企业在较长时间内获利能力不足，甚至亏损，就会使企业资产的流动性和资本结构逐步恶化，最终影响企业的偿债能力，使企业陷入资不抵债的境地。因此通过利润表，可以间接评价和预测企业的偿债能力。这种分析对于长期债权人尤为重要。

（三）预测企业未来的现金流量

利润是企业从内部获取现金净流入量的主要来源，企业未来的现金流量与企业目前的获利水平有密切关系，根据过去和现在的利润水平，可以预测企业未来的现金流量状况。

（四）考评企业管理当局的经营业绩

投资者办企业的初衷是追求最大利润，考评企业经营者是否成功的重要标准也是能否获取更高的利润。通过对不同时期利润表中各种收入、费用和利润进行比较，并分析其变动的原因，可以评价企业管理者的经营业绩，作为董事会是否聘用经营者的参考依据。

（五）进行利润分配的依据

现代企业是由若干个不同的利益集团出资组建的经济实体，出资者的目的是为了参与企业经营，并分享企业的经营成果。企业有了利润首先要向国家交纳所得税，余下的部分按照规定进行分配。利润额的高低直接影响国家税收和各方利益集团的分享额，如股东的股利、经营者的薪酬、职工工资等，这些项目的计算都必须以利润表为依据。

二、利润表的格式与内容

利润表是通过一定的表格来反映企业的经营成果。由于不同国家和地区对会计报表的信息要求不完全相同，利润表的结构也不完全相同。目前比较普遍的利润表格式有多步式和单步式两种格式。

（一）单步式利润表

单步式利润表是将本期发生的所有收入汇集在一起，将所有的成本、费用也汇集在一起，然后将收入合计减成本费用合计，计算出本期净利润。其格式如表 10－6 所示。单步式利润表编制简单，易于理解，但不能反映利润的形成情况。

表 10－6　单步式利润表

项　　目	金　　额
收入：	
营业收入	××××××
营业外收入	××××
公允价值变动收益	××××
投资收益	××××
收入合计	××××××××
费用：	
营业成本	×××××
营业税金及附加	×××
销售费用	××××
管理费用	×××
财务费用	×××
资产减值损失	×××
营业外支出	××
所得税费用	×××
净利润	××××

（二）多步式利润表

多步式利润表是将利润表的内容作多项分类，即从营业收入到本期净利润，要作多步计算，以便形成几种利润信息。在各国会计实务中，多步式利润表的具体步骤不完全相同。我国是根据经营活动对净利润的影响程度进行分步的，企业净利润的计算按照营业利润、利润总额、净利润和每股收益分为四步进行。具体格式如表 10－7 所示

表 10－7　多步式利润表

项　　目	金　　额
一、营业收入	××××××××××
减：营业成本	××××××
营业税金及附加	×××
销售费用	××××××
管理费用	×××
财务费用	××××
资产减值损失	××××
加：公允价值变动净收益（损失以“一”号填列）	××××
投资收益（损失以“一”号填列）	×××××
其中：对联营企业和合营企业的投资收益	×××
二、营业利润（亏损以“一”号填列）	×××
加：营业外收入	××
减：营业外支出	××
其中：非流动资产处置损失	××
三、利润总额（亏损总额以“一”号填列）	××××
减：所得税费用	×××
四、净利润（净亏损以“一”号填列）	××××
五、每股收益	××××
（一）基本每股收益	××××
（二）稀释每股收益	××××

多步式利润表弥补了单步式利润表的不足，它将各种利润分别列示，通过收入与费用的有机配合，提供丰富的中间信息。多步式利润表主次清晰，有利于分析企业利润的形成过程，便于在不同企业之间进行比较、对企业的经营成果做出正确判断，并有助于预测企业未来的获利能力。因此，我国和世界上绝大多数国家都采用多步式利润表。

三、利润表的编制方法

（一）利润表的编制方法

利润表是动态报表，表中各项目根据有关收入和费用账户的本期发生额填列。具体来说，“本月数”栏反映各项目的本月实际发生额，“本年累计数”栏反映各项目自年初起至本月末止的累计实际发生额。编制年度利润表时，应将“本月数”栏改为“上年数”栏，填列上年全年累计实际发生额。如果上年利润表项目的名称和内容与本年度不一致，应对上年报表项目的名称和数字按本年度规定进行调整后填列。

利润表项目的填列方法大致有以下几种：

1. 根据有关总分类账户的本期发生额分析填列，如：营业收入、营业成本、营业税金及附加、销售费用、管理费用、财务费用、营业外收入、营业外支出、所得税费用等项目。

2. 根据有关明细分类账户的本期发生额分析填列，如非流动资产处置损失等项目。

3. 根据报表中有关项目的数字计算后填列，如营业利润、利润总额、净利润和每股收益等项目。

（二）利润表的编制示例

［**例 2**］海立有限责任公司 2008 年 12 月 31 日有关损益类账户发生额及其 11 月份利润表中的“本期累计金额”栏有关数据如表 10 - 8 所示。

表 10 - 8　损益类账户发生额　　单位：元

账户名称	12 月份发生额	本期累计金额
主营业务收入	3 600 000	5 826 316
主营业务成本	2 040 000	1 800 000
营业税金及附加	120 000	450 000
其他业务收入	200 000	323 684
其他业务成本	80 000	720 000
销售费用	180 000	390 000
管理费用	288 000	462 000
财务费用	72 000	258 000
投资收益	240 000	360 000
营业外收入	45 000	135 000
营业外支出	28 500	43 500
所得税费用	421 245	655 375

根据上述资料，编制海立有限责任公司2008年度的利润表如表10-9所示。

表10-9 利润表

会商银02表

编制单位：海立有限责任公司　　2008年度　　单位：元

项　目	行次	本期金额	本期累计金额
一、营业收入	1	3 800 000	9 950 000
减：营业成本	2	2 120 000	4 640 000
营业税金及附加	3	120 000	570 000
销售费用	4	180 000	570 000
管理费用	7	288 000	750 000
财务费用	9	72 000	330 000
资产减值损失	10		
加：公允价值变动净收益	11		
投资净收益	14	240 000	600 000
二、营业利润	15	1 260 000	3 690 000
加：营业外收入	16	45 000	180 000
减：营业外支出	17	28 500	72 000
三、利润总额	20	1 276 500	3 798 000
减：所得税费用	22	319 125	949 500
四、净利润	25	957 375	2 848 500
五、每股收益			
（一）基本每股收益			
（二）稀释每股收益			

四、每股收益

普通股或潜在普通股已公开交易的企业以及正处在公开发行普通股或潜在普通股过程中的企业，应当在利润表中分别列示基本每股收益和稀释每股收益，并在附注中披露下列相关信息：①基本每股收益和稀释每股收益分子、分母的计算过程；②列报期间不具有稀释性，但以后期间很可能具有稀释性的潜在普通股；③在资产负债表日至财务报告批准报出日之间，企业发行在外普通股或潜在普通股股数发生重大变化的情况。

（一）基本每股收益

基本每股收益仅考虑当期实际发行在外的普通股股份，按照当期归属于普通股股东的当期净利润除以当期实际发行在外普通股的加权平均数计算确定。归属于普通股股东的当期净利润，是指企业当期实现的可供普通股股东分配的净利润或应由普通股股东分担的净亏损金额。发生亏损的企业，每股收益以负数列示。以合并财务报表为基础计算的每股收益，归属于普通股股东的当期净利润应当是归属于母公司普通股股东的合并净利润，即扣减少数股东损益后的余额。当期实际发行在外普通股的加权平均数的计算公式为：

发行在外普通股加权平均数＝期初发行在外普通股股数＋当期新发行普通股股数×已发行时间÷报告期时间－当期回购普通股股数×已回购时间÷报告期时间

（二）稀释每股收益

潜在普通股是指赋予持有者在报告期或以后期间享有取得普通股权利的一种金融工具或其他合同。目前，我国企业发行的潜在普通股主要有可转换公司债券、认股权证、股份期权等。潜在普通股如果当期转换为普通股，就会减少每股收益，这部分潜在普通股称之为稀释性潜在普通股。

企业存在稀释性潜在普通股的，应当根据其影响分别对归属于普通股股东的当期净利润以及发行在外普通股的加权平均数进行调整，并根据调整后的数据计算稀释每股收益。计算每股收益时，假设潜在普通股在当期期初全部转换为普通股；如果潜在普通股为当期发行的，则假设在发行日就全部转换为普通股。

1. *对归属于普通股股东的当期净利润进行调整*。调整内容为：①当期已确认为费用的稀释性潜在普通股利息；②稀释性潜在普通股转换时将产生的收益或者费用。以上的两项调整应当考虑相关的所得税影响。

2. *对当期实际发行在外普通股的加权平均数的调整*。在计算稀释每股收益时，当期发行在外普通股的加权平均数应当为计算基本每股收益的普通股的加权平均数与假定稀释性潜在普通股转换为普通股而增加的普通股股数的加权平均数之和。

［**例3**］美好公司2008年归属于普通股股东的净利润为10 890万元，期初发行在外普通股股数1亿股，12月1日回购普通股1 200万股。2008年7月1日按面值发行2 000万元的可转换公司债券，票面利率6%。每100元债券可转换为110股面值为1元的普通股。所得税率为25%。假设不考虑转换收益或费用，也不考虑可转换公司债券在负债和股东权益之间的分拆，那么，2008年度每股收益计算如下：

发行在外普通股加权平均数＝10 000－1 200×1÷12＝9 900（万股）

基本每股收益＝10 890÷9 900＝1.1（元）

净利润调整数（增加）＝2 000×6%×6÷12（1－25%）＝45（万元）

增加的普通股股数的加权平均数＝2 000÷100×110×6÷12＝1 100（万股）

稀释每股收益＝（10 890＋45）÷（9 900＋1 100）＝0.994 1（元）

第四节　现金流量表

一、现金流量表的性质和作用

现金流量表是指反映企业在一定会计期间现金和现金等价物流入和流出的报表。现金是指企业的库存现金以及可随时用于支付的存款。不能随时支用的存款，如定期存款或受限制的境外存款，则不属于现金，而应将其列为投资。但是提前通知金融机构便可支取的定期存款，则包括在现金流量表的现金范围内。现金等价物是指企业持有的期限短、流动性强、易于转换为已知金额的现金、价值变动风险很小的投资。现金等价物虽然不是现金，但其支付能力与现金差别很小，可视同现金。期限短，一般是指自购买日起3个月内到期的债券投资等，权益性投资变现的金额通常不确定，因此不属于现金等价物。企业应当根据具体情况，确定现金等价物的范围，一经确定不得随意变更。

现金流量表的编制基础是现金，对于报表使用者来说，现金流量表的作用可概括为以下几个方面：

1. *判断企业的偿债能力和支付能力，并预测企业未来的现金流量。*现金是直接的支付手段，判断企业是否具有偿还债务和支付股利的能力，最有效的方法便是分析其有无足够的现金净流入量。通过现金流量表，可以了解企业过去实际收到和付出的现金数额，通过对现金流量表各部分进行的分析，可以了解现金净流量变化的原因，从而评价企业的偿债能力和支付能力，预测企业未来的现金流量。

2. *反映企业现金盈缺的原因，以便加强现金管理。*从现金流量表中经营活动、投资活动、筹资活动所引起的现金流量数额，可以了解不同性质的经济业务对企业现金流量的影响，分析企业现金的来源和去向，揭示现金盈余或不足的原因，以便合理调度资金，加强资金管理，并为编制现金收支预算提供依据。

3. *将经营活动现金净流量与净利润进行对比，可以评价净利润的质量。*从长期看，营业净利润应当等于经营活动现金净流量。但由于利润计算的基础是权责发生制，而现金流量的计算基础是收付实现制，因此从短期看，营业净利润不一定等于经营现金净流量。通过现金流量表，可以揭示两者不一致的原因，评价净利润的质量和可靠性。

4. *有助于提高会计信息的可比性和真实性*。由于现金流量表的编制基础是收付实现制，因此表中数据不受会计处理方法的影响，从而提高了信息的可比性，便于在不同企业和同一企业的不同时期之间进行对比。同时，也可防止企业利用、改变会计方法来粉饰财务状况和经营成果现象的发生，提高会计信息的可靠性。

二、现金流量的分类

现金流量是指一定时期内企业现金和现金等价物流入流出的金额。企业现金有不同的收入来源和不同的支出用途。为了对频繁发生的现金流入与现金流出进行合理分类，以便在此基础上对现金流量进行分析，从而充分发挥现金流量表的作用。按照新《企业会计准则》的规定，现金流量分为经营活动现金流量、投资活动现金流量和筹资活动现金流量三大类。

1. *经营活动产生的现金流量*。经营活动是指企业投资活动和筹资活动以外的所有交易和事项，包括销售商品或提供劳务、购买商品或接受劳务、收到的税费返还、支付职工薪酬、支付各项税费、支付广告费用等。经营活动是企业最主要的营业活动，也是影响企业现金流量变动的主要原因。从经营活动中取得的现金，是企业现金的内部来源。通过经营活动产生的现金流量，可以说明企业经营活动对现金流入和现金流出的影响程度，判断企业在不依靠外部筹资的情况下，是否能够维持正常生产经营、偿还债务、支付股利、对外投资等对资金的需求。根据企业经营活动现金流量的历史数据，并结合其他资料，可以预测其未来经营活动的现金流量。

2. *投资活动产生的现金流量*。投资活动是指企业长期资产的购建和不包括在现金等价物范围内的投资及其处置活动。编制现金流量表所指的“投资”既包括对外投资，又包括非流动资产的构建和处置。投资活动包括取得和收回投资、购建和处置固定资产、购买和处置无形资产等。通过投资活动产生的现金流量，了解企业与投资业务相关的现金收支情况，判断投资活动对企业现金流量净额的影响程度。由于三个月内到期的短期债券视同现金，因此投资活动产生的现金流量不包括这类债券投资产生的现金流量。

3. *筹资活动产生的现金流量*。筹资活动是指导致企业资本及债务规模和构成发生变化的活动。筹资活动包括发行股票或接受投入资本、分派现金股利、取得和偿还银行借款、发行和偿还公司债券等。通过筹资活动产生的现金流量，可以分析企业的筹资能力，对外部筹资的依赖程度，判断筹资活动对企业现金流量净额的影响程度。

三、现金流量表的基本格式

我国新《企业会计准则》规定的现金流量表采用的是垂直报告式结构，全表分为表头、正表和补充资料三部分。

（一）表头

表头部分列示报表名称、编制单位、编报年度和计量单位。

（二）正表

正表包括五部分内容：经营活动产生的现金流量、投资活动产生的现金流量、筹资活动产生的现金流量、汇率变动对现金的影响、现金及现金等价物净增加额。

经营活动的现金流量是企业最重要的现金来源，它代表了企业自身产生现金的能力，因此列示在现金流量表的第一部分。这部分现金流量有“直接法”和“间接法”两种编制方法。经营活动产生的现金流量又分为现金流入和流出两部分，现金流入量减去现金流出量，为经营活动产生的现金流量净额，正数为净流入量，负数为净流出量（下同）。

投资活动的现金流量列示在现金流量表的第二部分，这部分现金流量的列示比较简单，直接将各种投资活动产生的现金流入量和流出量分别列示，相抵后的差额为投资活动产生的现金流量净额。

筹资活动的现金流量列示在现金流量表的第三部分，列示方法与投资活动相同，即分别反映每项筹资活动的现金流入量和流出量，相抵后确定筹资活动产生的现金流量净额。

现金流量表的第四部分是汇率变动对现金的影响，反映企业持有的外币现金因汇率变动而产生的记账本位币折算差额。

现金流量表的第五部分是现金及现金等价物净增加额，等于前四部分相加的代数和。该数额为企业本期内现金及现金等价物的净增加额或净减少额，应等于资产负债表中现金及现金等价物的期末数减期初数的差额。

（三）补充资料

补充资料是对现金流量表正表的补充说明，包括三部分内容：一是将净利润调节为经营活动现金净流量，这部分实际上是用间接法编制经营活动现金流量，应与正表部分中的“经营活动产生的现金流量净额”数字相等；二是不涉及现金收支的投资和筹资活动，如本期转为资本的债务金额、一年内到期的可转换公司债券本息、融资租入固定资产的应付租赁费等，这些活动在它们发生的当期不会产生现金流量，但对企业的资本结构和未来现金流量会产生明显的影响，因此应在报表补充资料中予以披露；三是现金及现金等价物净变动情况，该部分通过现金及现金等价物账户的期末余额减去期初余额后计算得出，计算结果应与正表部分第五项的数字相等。

我国新《企业会计准则》规定的一般企业现金流量表的具体格式如表10-10所示。

表10-10 现金流量表

会企03表

编制单位：××单位　　20××年____月　　单位：元

项　　目	本期金额	上期金额
一、经营活动产生的现金流量：		
销售商品、提供劳务收到的现金		
收到的税费返还		
收到其他与经营活动有关的现金		
经营活动现金流入小计		
购买商品、接受劳务支付的现金		
支付给职工以及为职工支付的现金		
支付的各项税费		
支付其他与经营活动有关的现金		
经营活动现金流出小计		
经营活动产生的现金流量净额		
二、投资活动产生的现金流量：		
收回投资收到的现金		
取得投资收益所收到的现金		
处置固定资产、无形资产和其他长期资产收回的现金净额		
处置子公司及其他营业单位收到的现金净额		
收到其他与投资活动有关的现金		
投资活动现金流入小计		
购建固定资产、无形资产和其他长期资产所支付的现金		
投资支付的现金		
取得子公司及其他营业单位支付的现金净额		
支付其他与投资活动有关的现金		
投资活动现金流出小计		
投资活动产生的现金流量净额		
三、筹资活动产生的现金流量：		
吸收投资收到的现金		
取得借款收到的现金		
收到其他与筹资活动有关的现金		
筹资活动现金流入小计		
偿还债务支付的现金		
分配股利、利润或偿付利息支付的现金		
支付其他与筹资活动有关的现金		

（续）

项　　目	本期金额	上期金额
筹资活动现金流出小计		
筹资活动产生的现金流量净额		
四、汇率变动对现金及现金等价物的影响		
五、现金及现金等价物净增加额		
加：期初现金及现金等价物余额		
六、期末现金及现金等价物余额		

补 充 资 料	本期金额	上期金额
1. 将净利润调节为经营活动现金流量：		
净利润		
加：资产减值准备		
固定资产折旧、油气资产折耗、生产性生物资产折旧		
无形资产摊销		
长期待摊费用摊销		
处置固定资产、无形资产和其他长期资产的损失（收益以“—”号填列）		
固定资产报废损失（收益以“—”号填列）		
公允价值变动损失（收益以“—”号填列）		
财务费用（收益以“—”号填列）		
投资损失（收益以“—”号填列）		
递延所得税资产减少（增加以“—”号填列）		
递延所得税负债增加（减少以“—”号填列）		
存货的减少（增加以“—”号填列）		
经营性应收项目的减少（增加以“—”号填列）		
经营性应付项目的增加（减少以“—”号填列）		
其他		
经营活动产生的现金流量净额		
2. 不涉及现金收支的重大投资和筹资活动：		
债务转为资本		
一年内到期的可转换公司债券		
融资租入固定资产		
3. 现金及现金等价物净变动情况：		
现金的期末余额		
减：现金的期初余额		
加：现金等价物的期末余额		
减：现金等价物的期初余额		
现金及现金等价物净增加额		

四、现金流量表的编制方法

（一）经营活动现金净流量的计算与列示

编制现金流量表时，经营活动产生的现金净流量的计算和列示有两种方法，即直接法和间接法。直接法是指通过现金收入和支出的主要类别反映来自企业经营活动的现金流量；而间接法是指以本期净利润为起算点，调整不涉及现金的收入、费用、营业外收支以及应收应付等项目的增减变动，据此计算并列示经营活动的现金流量。直接法能显示经营活动现金流量的各项流入流出的内容，比间接法更能体现现金流量表的目的，提供的信息有助于评价企业未来的现金流量；间接法确定的经营活动现金流量，则有助于分析影响现金流量的原因以及从现金流量角度分析企业净利润的质量。国际会计准则鼓励企业采用直线法编制现金流量表。在我国企业也按直线法编制现金流量表主表，补充资料作为现金流量表附表应提供按间接法将净利润调节为经营活动现金流量的信息。

上述现金流量表（表 10－10）主表中的经营活动现金流入和流出各项目，其编制方法，分别说明如下：

1. “销售商品、提供劳务收到的现金”项目。反映企业销售商品、提供劳务实际收到的现金（含销售收入和应向购买者收取的增值税额），包括本期销售商品、提供劳务收到的现金，以及前期销售和前期提供劳务、本期收到的现金和本期预收的账款，减去本期退回本期销售的商品和前期销售本期退回的商品支付的现金。企业销售材料和代购代销业务收到的现金，也在本项目反映。本项目可以根据“库存现金”、“银行存款”、“应收账款”、“应收票据”、“预收账款”、“主营业务收入”、“其他业务收入”等科目的记录分析填列。

在计算本项目金额时，可采用以下公式：

销售商品、提供劳务收到的现金＝当期销售商品、提供劳务收到的现金
＋当期收回前期的应收账款和应收票据
＋当期预收的账款－当期销售退回支付的现金
＋当期收回前期核销的坏账损失

2. “收到的税费返还”项目。反映企业收到返还的各种税费，如收到的增值税、消费税、营业税、所得税、教育费附加等。本项目可以根据“库存现金”、“银行存款”、“营业外收入”、“其他应收款”等科目的记录分析填列。

3. “收到的其他与经营活动有关的现金”项目。反映企业除了上述各项目外，收到的其他与经营活动有关的现金流入，如罚款收入、流动资产损失中由

个人赔偿的现金收入等。其他现金流入如价值较大的，应单列项目反映。本项目可以根据“库存现金”、“银行存款”、“营业外收入”等科目的记录分析填列。

4.“购买商品、接受劳务支付的现金”项目。反映企业购买材料、商品、接受劳务实际支付的现金，包括本期购入商品、接受劳务支付的现金（包括增值税进项税额），以及本期支付前期购入商品、接受劳务的未付款项和本期预付款项。本期发生的购货退回收到的现金应从本项目内减去。本项目可以根据“库存现金”、“银行存款”、“应付账款”、“应付票据”、“预付账款”、“主营业务成本”、“其他业务成本”等科目的记录分析填列。

在计算本项目金额时，通常可以采用以下公式：

购买商品、接受劳务支付的现金＝当期购买商品、接受劳务支付的现金
＋当期支付前期的应付账款和应付票据
＋当期预付的款项
－当期因购货退回收到的现金

5.“支付给职工以及为职工支付的现金”项目。反映企业实际支付给职工，以及为职工支付的现金，包括本期实际支付给职工的工资、奖金、各种津贴和补贴等，以及为职工支付的其他费用。企业代扣代缴的职工个人所得税，也在本项目反映。不包括支付的离退休人员的各项费用和支付给在建工程人员的工资等。企业支付给离退休人员的各项费用，包括支付的统筹退休金以及未参加统筹的退休人员的费用，在“支付的其他与经营活动有关的现金”项目中反映；支付的在建工程人员的工资，在“购建固定资产、无形资产和其他长期资产所支付的现金”项目反映。本项目可以根据“应付职工薪酬”、“库存现金”、“银行存款”等科目的记录分析填列。

企业为职工支付的养老、失业等社会保险基金、补充养老保险、住房公积金、支付给职工的住房困难补助等，应按职工的工作性质和服务对象，分别在本项目和在“购建固定资产、无形资产和其他长期资产所支付的现金”项目反映。

6.“支付的各项税费”项目。反映企业按规定支付的各种税费，包括本期发生并支付的税费，以及本期支付以前各期发生的税费和本期预缴的税费，如支付的教育费附加、矿产资源补偿费、印花税、房产税、土地增值税、车船使用税、预交的营业税等。不包括计入固定资产价值、实际支付的耕地占用税等。也不包括本期退回的增值税、所得税，本期退回的增值税、所得税在“收到的税费返还”项目反映。本项目可以根据“库存现金”、“银行存款”、“管理费用”、“营业外支出”等科目的记录分析填列。

7.“支付的其他与经营活动有关的现金”项目。反映企业除上述各项目外，支付的其他与经营活动有关的现金流出，如罚款支出、支付的差旅费、业务招待费现金支出、支付的保险费等，其他现金流出如价值较大的，应单列项目反映。本项目可以根据“库存现金”、“银行存款”、“管理费用”、“营业外支出”等科目的记录分析填列。

（二）投资活动产生的现金流量的计算与列示

1.“收回投资所收到的现金”项目。反映企业出售、转让或到期收回除现金等价物以外的其他企业的权益工具、债务工具和合营中的权益等投资。收回债务工具实现的投资收益、处置子公司及其他营业单位收到的现金净额不包括在本项目内。本项目可以根据“可供出售金融资产”、“持有至到期投资”、“长期股权投资”、“库存现金”、“银行存款”等科目的记录分析填列。

2.“取得投资收益所收到的现金”项目。反映企业除现金等价物以外的对其他企业的权益工具、债务工具和合营中的权益投资分回的现金股利和利息等。不包括股票股利。本项目可以根据“库存现金”、“银行存款”、“投资收益”等科目的记录分析填列。

3.“处置固定资产、无形资产和其他长期资产所收回的现金净额”项目。反映企业处置固定资产、无形资产和其他长期资产所取得的现金，减去为处置这些资产而支付的有关费用后的净额。由于自然灾害所造成的固定资产等长期资产损失而收到的保险赔偿收入，也在本项目反映。本项目可以根据“固定资产清理”、“库存现金”、“银行存款”等科目的记录分析填列。

4.“处置子公司及其他营业单位收到的现金净额”项目。反映企业处置子公司及其他营业单位所取得的现金，减去相关处置费用以及子公司及其他营业单位持有的现金和现金等价物后的净额。本科目可以根据“长期股权投资”、“库存现金”、“银行存款”等科目的记录分析填列。

5.“收到的其他与投资活动有关的现金”项目。反映企业除了上述各项以外，收到的其他与投资活动有关的现金流入。如企业收回购买股票和债券时支付的已宣告但尚未领取的现金股利或已到付息期但尚未领取的债券利息。其他现金流入如价值较大的，应单列项目反映。本项目可以根据“应收利息”、“应收股利”、“库存现金”、“银行存款款”等科目的记录分析填列。

6.“购建固定资产、无形资产和其他长期资产所支付的现金”项目。反映企业购买、建造固定资产，取得无形资产和其他长期资产所支付的现金，包括用现金支付的应由在建工程和无形资产负担的职工薪酬，不包括为购建固定资产而发生的借款利息资本化的部分，以及融资租入固定资产支付的租赁费，借款利息和融资租入固定资产支付的租赁费，在筹资活动产生的现金流量中反映。企业以分期方式购建固定资产，其首次付款支付的现金作为投资活动的现金流出，以后各期支付的现金作为筹资活动的现金流出。本项目可以根据“固定资产”、“在建工程”、“无形资产”、“库存现金”、“银行存款”等科目的记录分析填列。

7.“投资所支付的现金”项目。反映企业取得除现金等价物以外的对其他企业的权益工具、债务工具和合营中的权益投资所支付的现金，以及支付的佣金、手续费等交易费用，但取得子公司及其他营业单位支付的现金净额除外。本项目可以根据“长期股权投资”、“持有至到期投资”、“交易性金融资产”、“库存现金”、“银行存款”等科目的记录分析填列。

企业购买股票和债券时，实际支付的价款中包含的已宣告但尚未领取的现金股利或已到付息期但尚未领取的债券的利息，应在投资活动的“支付的其他与投资活动有关的现金”项目反映；收回购买股票和债券时支付的已宣告但尚未领取的现金股利或已到付息期但尚未领取的债券的利息，在投资活动的“收到的其他与投资活动有关的现金”项目反映。

8.“投资子公司及其他营业单位支付的现金净额”项目。反映企业购买子公司及其他营业单位购买出价中以现金支付的部分，减去子公司及其他营业单位持有的现金和现金等价物后的净额，本项目可以根据“可供出售金融资产”、“持有至到期投资”、“长期股权投资”、“库存现金”、“银行存款”等科目的记录分析填列。

9.“支付的其他与投资活动有关的现金”项目。反映企业除了上述各项以外，支付的其他与投资活动有关的现金流出。其他现金流出如价值较大的，应单列项目反映。本项目可以根据有关科目的记录分析填列。

（三）筹资活动产生的现金流量的计算与列示

1.“吸收投资所收到的现金”项目。反映企业收到的投资者投入的现金，包括以发行股票、债券等方式筹集的资金实际收到款项净额（发行收入减去支付的佣金等发行费用后的净额）。以发行股票、债券等方式筹集资金而由企业直接支付的审计、咨询等费用，在“支付的其他与筹资活动有关的现金”项目反映，不从本项目内减去。本项目可以根据“实收资本（或股本）”、“库存现金”、“银行存款”等科目的记录分析填列。

2.“借款所收到的现金”项目。反映企业举借各种短期、长期借款所收到的现金。本项目可以根据“短期借款”、“长期借款”、“库存现金”、“银行存款”等科目的记录分析填列。

3.“收到的其他与筹资活动有关的现金”项目。反映企业除上述各项目外，收到的其他与筹资活动有关的现金流入，如接受现金捐赠等。其他现金流入如价值较大的，应单列项目反映。本项目可以根据有关科目的记录分析填列。

4.“偿还债务所支付的现金”项目。反映企业以现金偿还债务的本金，包括偿还金融企业的借款本金、偿还债券本金等。企业偿还的借款利息、债券利息，在“分配股利、利润或偿付利息所支付的现金”项目反映，不包括在本项目内。本项目可以根据“短期借款”、“长期借款”、“库存现金”、“银行存款”等科目的记录分析填列。

5.“分配股利、利润或偿付利息所支付的现金”项目。反映企业实际支付的现金股利，支付给其他投资单位的利润以及支付的借款利息、债券利息等。本项目可以根据“应付股利”、“财务费用”、“长期借款”、“库存现金”、“银行存款”等科目的记录分析填列。

6.“支付的其他与筹资活动有关的现金”项目。反映企业除了上述各项外，支付的其他与筹资活动有关的现金流出，如捐赠现金支出、融资租入固定资产支付的租赁费等。其他现金流出如价值较大的，应单列项目反映。本项目可以根据有关科目的记录分析填列。

7.“汇率变动对现金的影响”项目。反映企业外币现金流量及境外子公司的现金流量折算为人民币时，所采用的现金流量发生日的即期汇率或按照系统合理的方法确定的、与现金流量发生日即期汇率近似的汇率折算的人民币金额与“现金及现金等价物净增加额”中外币现金净增加额按期末汇率折算的人民币金额之间的差额。

（四）补充资料项目的内容及填列

1.“将净利润调节为经营活动的现金流量”各项目的填列方法如下：

(1)“资产减值准备”项目，反映企业计提的各项资产的减值准备。本项目可以根据“管理费用”、“投资收益”、“营业外支出”等科目的记录分析填列。

(2)“固定资产折旧、油气资产折耗、生产性生物资产折旧”项目，反映企业本期累计提取的固定资产折旧、油气资产折耗、生产性生物资产折旧。本项目可以根据“累计折旧”、“累计折耗”、“生产性生物资产累计折旧”科目的贷方发生额分析填列。

(3)“无形资产摊销”和“长期待摊费用摊销”两个项目，分别反映企业本期累计摊入成本费用的无形资产的价值及长期待摊费用。这两个项目可以根据“无形资产”、“长期待摊费用”科目的贷方发生额分析填列。

(4)“处置固定资产、无形资产和其他长期资产的损失（减：收益）”，反映企业本期由于处置固定资产、无形资产和其他长期资产而发生的净损失。本项目可以根据“营业外收入”、“营业外支出”、“其他业务收入”、“其他业务支出”科目所属有关明细科目的记录分析填列；如为净收益，以“—”号填列。

(5)“固定资产报废损失”项目，反映企业本期固定资产盘亏（减盘盈）后的净损失。本项目可以根据“营业外支出”、“营业外收入”科目所属有关明细科目中固定资产盘亏损失减去固定资产盘盈收益后的差额填列。

(6)“公允价值变动损失”项目，反映企业本期各项投资等公允价值变动的净损失。

(7)“财务费用”项目，反映企业本期发生的应属于投资活动或筹资活动的财务费用。本项目可以根据“财务费用”科目的本期借方发生额分析填列；如为收益，以“—”号填列。

(8)“投资损失（减：收益）”项目，反映企业本期投资所发生的损失减去收益后的净损失。本项目可以根据利润表“投资收益”项目的数字填列；如为投资收益，以“—”号填列。

(9)“递延所得税负债（减：递延所得税资产）”项目，反映企业本期递延税款的净增加或净减少。本项目可以根据资产负债表“递延所得税资产”、“递延所得税负债”项目的期初、期末余额的差额填列。“递延所得税资产”的期末数小于期初数的差额，以及“递延所得税负债”的期末数大于期初数的差额，以正数填列；“递延所得税资产”的期末数大于期初数的差额，以及“递延所得税负债”的期末数小于期初数的差额，以“—”号填列。

(10)“存货的减少（减：增加）”项目，反映企业本期存货的减少（减增加）。本项目可以根据资产负债表“存货”项目的期初、期末余额的差额填列；期末数大于期初数的差额，以“—”号填列。

(11)“经营性应收项目的减少（减：增加）”项目，反映企业本期经营性应收项目（包括应收账款、应收票据和其他应收款中与经营活动有关的部分及应收的增值税销项税额等）的减少（减：增加）。

(12)“经营性应付项目的增加（减：减少）”项目，反映企业本期经营性应付项目（包括应付账款、应付票据、应付职工薪酬、应交税费、其他应付款中与经营活动有关的部分以及应付的增值税进项税额等）的增加（减：减少）。

2.“不涉及现金收支的投资和筹资活动”，反映企业一定期间内影响资产或负债但不形成该期现金收支的所有投资和筹资活动的信息。不涉及现金收支的投资和筹资活动各项目的填列方法如下：

(1)“债务转为资本”项目，反映企业本期转为资本的债务金额。

(2)“一年内到期的可转换公司债券”项目，反映企业一年内到期的可转换公司债券的本息。

（3）“融资租入固定资产”项目，反映企业本期融资租入固定资产计入“长期应付款”科目的金额。

3. 将净利润调节为经营活动的现金流量。将净利润调节为经营活动的现金流量实际上就是采用间接法编制经营活动的现金流量。以净利润为基础，采用间接法需要加以调整的项目可以分为四大类：①实际没有支付现金的费用；②实际没有收到现金的收益；③不属于经营活动的利润；④经营性应收应付项目的增减变动。此外，与增值税有关的现金流量没有包括在净利润中，但属于经营活动的现金流量，也应加以调整。

第五节　所有者权益变动表

一、所有者权益变动表的内容

所有者权益变动表应当反映构成所有者权益的各组成部分当期的增减变动情况。当期损益、直接计入所有者权益的利得和损失、以及与所有者（或股东，下同）的资本交易导致的所有者权益的变动，应当分别列示。

所有者权益变动表至少应当单独列示反映下列信息的项目：

1. 净利润。

2. 直接计入所有者权益的利得和损失项目及其总额。

3. 会计政策变更和差错更正的累积影响金额。

4. 所有者投入资本和向所有者分配利润等。

5. 按照规定提取的盈余公积。

6. 实收资本（或股本）、资本公积、盈余公积、未分配利润的期初和期末余额及其调节情况。

二、所有者权益变动表的结构

为了清楚地表明构成所有者权益的各组成部分当期的增减变动情况，所有者权益变动表应当以矩阵的形式列示：一方面，列示导致所有者权益变动的交易或事项，改变了以往仅仅按照所有者权益的各组成部分反映所有者权益变动情况，而是从所有者权益变动的来源对一定时期所有者权益变动情况进行全面反映；另一方面，按照所有者权益各组成部分（包括实收资本、资本公积、盈余公积、未分配利润和库存股）及其总额列示交易或事项对所有者权益的影响。此外，企业还需要提供比较所有者权益变动表，所有者权益变动表还就各项目再分为“本年金额”和“上年金额”两栏分别填列。所有者权益变动表的格式如表 10 - 11。

表 10-11　所有者权益变动表

会企 04 表

编制单位：　　　　　　年　　　　　　单位：元

项　目	本年金额							上年金额						
	归属于母公司所有者权益					少数股东权益	所有者权益合计	归属于母公司所有者权益					少数股东权益	所有者权益合计
	实收资本（或股本）	资本公积	减：库存股	盈余公积	未分配利润			实收资本（或股本）	资本公积	减：库存股	盈余公积	未分配利润		
一、上年年末余额														
加：会计政策变更														
前期差错更正														
二、本年年初余额														
三、本年增减变动金额（减少以“—”号填列）														
（一）净利润														
（二）直接计入所有者权益的利得和损失														
1. 可供出售金融资产公允价值变动净额														
2. 权益法下被投资单位其他所有者权益变动的影响														
3. 与计入所有者权益项目相关的所得税影响														
4. 其他														
上述（一）和（二）小计														
（三）所有者投入和减少资本														

（续）

项目	本年金额							上年金额						
	归属于母公司所有者权益					少数股东权益	所有者权益合计	归属于母公司所有者权益					少数股东权益	所有者权益合计
	实收资本（或股本）	资本公积	减：库存股	盈余公积	未分配利润			实收资本（或股本）	资本公积	减：库存股	盈余公积	未分配利润		
1. 所有者投入资本														
2. 股份支付计入所有者权益的金额														
3. 其他														
（四）利润分配														
1. 提取盈余公积														
2. 提取一般风险准备														
3. 对所有者（或股东）的分配														
4. 其他														
（五）所有者权益内部结转														
1. 资本公积转增资本（或股本）														
2. 盈余公积转增资本（或股本）														
3. 盈余公积弥补亏损														
4. 其他														
四、本期期末余额														

法定代表人：　　　　主管会计工作负责人：　　　　会计机构负责人：　　　　制表人：

第六节 会计报表附注及其他相关信息和资料

由于会计报表内容具有一定的固定性和规定性，因此使其所提供的会计信息量受到限制。为了满足会计信息使用者决策的要求，企业除了编制资产负债表、利润表、现金流量表、所有者权益变动表外，还要编制会计报表附注和其他应当在财务会计报告中披露的相关信息和资料，以便充分披露企业的会计信息。

一、会计报表附注

会计报表附注是企业财务会计报告的重要组成部分，其作用是对会计报表不能包含或不能披露的内容做进一步的解释和说明，以帮助报表使用者更好地理解和使用会计信息。会计报表附注可以用文字形式对报表项目进行定性分析，也可以用数字形式对报表项目的计量结果做补充说明。会计报表附注通常随年度会计报表一起编制，附注应当按照如下顺序披露有关内容：

（一）企业的基本情况

1. 企业注册地、组织形式和总部地址。
2. 企业的业务性质和主要经营活动。
3. 母公司以及集团最终母公司的名称。
4. 财务报告的批准报者和财务报告批准报出日。

（二）财务报表的编制基础

（三）遵循企业会计准则的声明

企业应当明确说明编制的财务报表符合新《企业会计准则》的要求，真实、公允地反映了企业的财务状况、经营成果、现金流量和所有者权益（股东权益）变动情况等相关信息，以此明确企业编制财务报表所依据的制度基础。

如果企业编制的财务报表只是部分的遵循了新《企业会计准则》的规定，附注中不得做出这种表述。

（四）重要会计政策和会计估计

企业应当披露采用重要会计政策和会计估计，不重要的会计政策和会计估计可以不披露。

1. 重要会计政策的说明。由于企业经济业务的复杂性和多样性，某些经济业务可以有多种会计处理方法，也即存在不止一种可供选择的会计政策。企业在发生某项经济业务时，必须从允许的会计处理方法中选择适合本企业特点的会计政策，企业选择不同的会计处理方法，可能极大地影响企业的财务状况和经营成果，进而编制出不同的财务报表。为了有助于使用者的理解，有必要对这些会计政策加以披露。需要特别指出的是，说明会计政策时还需要披露下列两项内容：

(1) 财务报表项目计量基础。会计计量属性包括历史成本、重置成本、可变现净值、现值和公允价值，这直接显著影响报表的分析，这项披露要求便于使用者了解企业财务报表中的项目是按何种计量基础予以计量的，如存货是按成本还是可变现净值计量等。

(2) 会计政策的依据。主要是指企业在运用会计政策过程中所作的对报表中确认的项目金额最具影响的判断。例如，企业如何判断持有的金融资产是持有至到期投资而不是交易性投资；又比如，对于拥有的持股不足50%的关联企业，企业为何判断企业拥有控制权因此将其纳入合并范围；再比如，企业如何判断与租赁资产相关的所有风险和报酬已转移给企业，从而符合融资租赁的标准；以及投资性房地产的判断标准是什么等等，这些判断对报表中确认的项目金额具有重要影响。因此，这些披露要求有助于使用者理解企业选择和运用会计政策的背景，增加财务报表的可理解性。

2. *重要会计估计说明*。企业应当披露会计估计中所采用的关键假设和不确定因素确定依据，这些关键假设和不确定因素在下一会计期间内很可能导致资产、负债账面价值进行重大调整。在确定报表中确认的资产和负债的账面金额过程中，企业有时需要对不确定的未来事项在资产负债表日对这些资产和负债的影响加以估计。例如，固定资产可回收金额的计算需要根据公允价值减去处置费用后的净额与预计未来现金流量的现值两者之间的较高者确定，在计算资产预计未来现金流量现值时需要对未来现金流量预测所采取的假设及其依据、所选择的折现率为什么是合理的等。这些假设的变动对这些资产和负债项目金额的确定影响很大，有可能会在下一个会计年度内做出重大调整。因此，强调这一披露要求，有助于提高财务报表的可理解性。

（五）会计政策和会计估计变更以及差错更正的说明

企业应当按照《企业会计准则第28号——会计政策、会计估计变更和差错更正》及其应用指南的规定，披露会计政策和会计估计变更以及差错更正的有关情况。

（六）重要报表项目说明

企业应当以文字和数字描述相结合、尽可能以列表形式披露重要报表项目的构成或当期增减变动情况、并与报表项目互相参照。在披露顺序上，一般应当按照资产负债表、利润表、现金流量表、所有者权益变动表的顺序及其报表项目列示的顺序。

（七）其他需要说明的重要事项

这主要包括或有和承诺事项、资产负债表日后非调整事项、关联方关系及其交易等。

二、其他相关信息和资料

为了便于报表使用者全面了解企业的财务情况，企业在对外报送年度财务会计报表时，应完善其他应当在财务会计报告中披露的相关信息和资料。

本 章 小 结

财务会计报告是会计核算的最终产品，是提供会计信息的载体。企业的财务会计报告包括会计报表、报表附注和其他应当在财务会计报告中披露的相关信息和资料三部分，其中会计报表包括资产负债表、利润表、现金流量表、所有者权益变动表四张主要报表。

资产负债表是反映企业在某一特定日期财务状况的报表，是静态报表，它根据“资产＝负债＋所有者权益”的会计等式设计排列。通过资产负债表，可以了解企业的偿债能力、支付能力和财务弹性。资产负债表主要根据资产、负债、所有者权益总分类账户和有关明细分类账户的期末余额分析计算填列。利润表是反映企业在某一时期内经营成果的报表，是动态报表，它根据“收入－费用＝利润”的会计等式设计排列。通过利润表，可以了解企业经营成果和获利能力，考核企业管理者的业绩，预测企业未来的现金流量。利润表根据收入、费用总分类账户的本期发生额分析计算填列。现金流量表是反映企业在某一时期现金流入和流出情况的报表，也是动态报表。现金流量表中的现金包括库存现金、随时可用于支付的存款和现金等价物，表中按照现金流量性质，分为经营活动现金流量、投资活动现金流量、筹资活动现金流量三部分列示。通过现金流量表，可以了解企业现金的来源和使用情况，分析企业的支付能力和偿债能力，评价企业净利润的质量。所有者权益变动表应当反映构成所有者权益的各组成部分当期的增减变动情况，让报表使用者准确理解所有者权益变动的结构性信息及根源。

由于会计报表内容的固定性和规范性，使其反映的会计信息量受到一定限制，因此还需要编制报表附注和其他应当在财务会计报告中披露的相关信息和资料，对会计报表项目进行补充说明，以满足报表使用者决策的需要。

复 习 思 考 题

1. 什么是财务会计报告？财务会计报告有什么作用？
2. 什么是财务状况？
3. 资产负债表的作用有哪些？怎样通过资产负债表来评价企业的流动性和财务弹性？
4. 资产负债表的格式有几种？请简单列示其格式。
5. 怎样编制资产负债表？
6. 什么是经营成果？
7. 利润表的作用有哪些？怎样通过利润表来评价企业的获利能力和偿债能力？
8. 利润表的格式有几种？请简单列示其格式。
9. 怎样编制利润表和利润分配表？
10. 现金流量表中“现金”的概念是什么？现金流量表的作用有哪些？
11. 什么是现金流量？哪些类型的业务会引起现金流量发生变化？
12. 简述现金流量表中对现金流量的分类和内容。
13. 什么是所有者权益变动表？主要提供哪些信息？
14. 思考资产负债表、利润表、现金流量表和所有者权益变动表之间的关系。
15. 会计报表附注的作用是什么？主要披露哪些方面的内容？

练 习 题

习题一

（一）目的：练习资产负债表和利润表的编制。

（二）资料：

1. 某公司 2008 年 5 月 31 日的试算平衡表如下：

试算平衡表

2008 年 5 月 31 日　　单位：元

账户名称	借方余额	贷方余额	账户名称	借方余额	贷方余额
库存现金	6 000		短期借款		200 000
银行存款	30 600		应付账款		130 000
交易性金融资产	60 000		应付利息		20 000
应收账款	70 000		长期借款		400 000
坏账准备		350	实收资本		500 000
预付账款	10 000		资本公积		106 000
其他应收款	2 000		盈余公积		70 000
原材料	140 000		未分配利润		20 250

（续）

账户名称	借方余额	贷方余额	账户名称	借方余额	贷方余额
生产成本	80 000				
库存商品	1 000 130				
长期股权投资	340 000				
固定资产	700 000				
累计折旧		92 000			
合计	1 538 600	92 350			1 446 250

2. 2008 年 6 月份，该公司发生下列经济业务：

（1）购进原材料 200 000 元，增值税进项税额为 3 400 元，材料已验收入库，款项尚未支付。

（2）上期已核销的应收账款又收回 4 000 元。

（3）销售产成品取得收入 100 000 元，增值税销项税额为 17 000 元，款项已存入银行。销售成本为收入的 65%。

（4）本期发生固定资产大修理支出 15 000。

（5）计提固定资产折旧 10 000 元（计入管理费用）。

（6）通过银行支付广告费用 20 000 元。

（7）预提短期借款利息费用 1 600 元。

（8）归还长期借款 70 000 元。

（9）预交所得税 11 000 元。

（三）要求：

（1）根据以上业务，编制会计分录。

（2）编制该公司 2008 年 6 月 30 日的资产负债表和利润表。

习题二

（一）目的：练习资产负债表和利润表的编制。

（二）资料：

1. 某股份有限公司为增值税一般纳税人，增值税率为 17%，所得税率为 25%。其 2008 年 1 月 1 日有关科目的余额如下表所示：

科目余额表 单位：元

科目名称	借方余额	科目名称	贷方余额
库存现金	2 000	短期借款	300 000
银行存款	1 280 000	应付票据	200 000
其他货币资金	124 300	应付账款	953 800
交易性金融资产	15 000	其他应付款	50 000
应收票据	246 000	应付职工薪酬	101 000
应收账款	300 000	应交税费	36 600

（续）

科目名称	借方余额	科目名称	贷方余额
坏账准备	－900	应付利息	1 000
预付账款	200 000	长期借款	1 600 000
其他应收款	5 000	其中：一年内到期的长期负债	1 000 000
材料采购	225 000	股本	5 000 000
原材料	550 000	盈余公积	100 000
周转材料	88 050	利润分配	
库存商品	1 680 000	（未分配利润）	50 000
材料成本差异	36 950		
长期股权投资	250 000		
固定资产	1 500 000		
累计折旧	－400 000		
在建工程	1 500 000		
无形资产	600 000		
长期待摊费用	200 000		
合计	8 401 400	合计	8 401 400

2. 该公司 2008 年发生的经济业务如下：

（1）收到银行通知，用银行存款支付到期的商业承兑汇票 100 000 元。

（2）购入原材料一批，用银行存款 150 000 元支付，购入材料支付的增值税额为25 500元，款项已付，材料未到。

（3）收到原材料一批，实际成本 100 000 元，计划成本 95 000 元，材料已验收入库，货款已于上月支付。

（4）用银行汇票支付采购材料价款，公司收到开户银行转来银行汇票多余款收账通知，通知填写的多余款 234 元，购入材料及运费 99 800 元，支付的增值税额 16 966 元，原材料已验收入库，该批原材料计划价格 100 000 元。

（5）销售产品一批，销售价款 300 000 元（不含应收取的增值税），该批产品实际成本 180 000 元，产品已发出，价款未收到。

（6）公司将交易性金融资产 15 000 元兑现，收到本金 15 000 元，投资收益 1 500 元，均存入银行。

（7）购入不需安装的设备 1 台，价款 85 470 元，支付的增值税 14 530 元，支付包装费、运费 1 000 元，价款及包装费、运费以银行存款支付。设备已支付使用。

（8）购入工程物资一批，价款 150 000 元（含已交纳的增值税），已用银行存款支付。

（9）工程应付职工薪酬 228 000 元（其中应付福利费 28 000 元），其他应交款 100 000元。

（10）工程完工，计算应负担的长期借款利息 150 000 元，该项借款本息未付。

（11）一项工程完工，交付生产使用，已办理竣工手续，固定资产价值 1 400 000 元。

（12）基本生产车间1台机床报废，原价200 000元，已提折旧180 000元，清理费用500元，残值收入800元，均通过银行存款收支。该项固定资产已清理完毕。

（13）从银行借入3年期借款400 000元，借款已存入银行账户，该项借款用于购建固定资产。

（14）销售产品一批，销售价款700 000元，应收的增值税额119 000元，销售产品的实际成本420 000元，货款银行已收到。

（15）公司将要到期的一张面值为200 000元的无息银行承兑汇票（不含增值税），连同解税通知和进账单交银行办理转账。收到银行盖章退回的进账单一联。款项银行已收到。

（16）收到现金股利30 000元（该项投资为成本法核算，对方税率和本企业一致，均为33%），已存入银行。

（17）公司出售一台不需用设备，收到价款300 000元，该设备原价400 000元，已提折旧150 000元，该项设备已由购入单位运走。

（18）归还短期借款本金250 000元，利息12 500元，已预提。

（19）提取现金500 000元，准备发放工资。

（20）支付工资500 000元，其中包括支付在建工程人员的工资200 000元。

（21）分配应支付的职工工资300 000元（不包括在建工程应负担的工资），其中生产人员工资275 000元，车间管理人员工资10 000元，行政管理部门人员工资15 000元。

（22）提取职工福利费42 000元（不包括在建工程应负担的福利费28 000元），其中生产工人福利费38 500元，车间管理人员福利费1 400元，行政管理部门福利费2 100元。

（23）提取应计入本期损益的借款利息共21 500元，其中，短期借款利息11 500元；长期借款利息共10 000元。

（24）基本生产领用原材料，计划成本700 000元，领用周转材料，计划成本50 000元，采用一次摊销法摊销。

（25）结转领用原材料应分摊的材料成本差异，材料成本差异率为5%。

（26）摊销无形资产60 000元，摊销印花税10 000元，基本生产发生固定资产修理费（已列入预付账款）90 000元。

（27）计提固定资产折旧100 000元，其中计入制造费用80 000元，管理费用20 000元。

（28）收到应收账款51 000元（不含增值税），存入银行，按应收账款余额3‰计提坏账准备。

（29）用银行存款支付产品展览费10 000元。

（30）计算并结转本期完工产品成本1 282 400元。没有期初在产品，本期生产的产品全部完工入库。

（31）广告费10 000元，已用银行存款支付。

（32）公司采用商业承兑汇票结算方式销售产品一批，价款250 000元，增值税额为42 500元，收到292 500元的商业承兑汇票1张，产品实际成本150 000元。

（33）公司将上述承兑汇票到银行办理贴现，贴现息为20 000元。

(34) 提取现金 50 000 元，准备支付退休费。

(35) 支付退休金 50 000 元，未统筹。

(36) 公司本期产品销售应交纳的教育费附加为 2 000 元。

(37) 用银行存款交纳增值税 100 000 元，教育费附加 2 000 元。

(38) 结转本期产品销售成本 750 000 元。

(39) 计算并结转应交所得税（税率为 25%）77 575 元。

(40) 将各收支科目结转本年净利润 262 725 元。

(41) 提取法定盈余公积金 26 272.50 元，分配普通股现金股利 32 215.85 元。

(42) 将利润分配各明细科目的余额转入“未分配利润”明细科目，结转本年利润。

(43) 偿还长期借款 1 000 000 元。

(44) 用银行存款交纳所得税 97 089 元。

(三) 要求：

(1) 根据上述资料编制会计分录。

(2) 编制该公司 2008 年 12 月 31 日资产负债表和利润表。

第十一章　会计报表分析

本章基本要求

通过本章学习，要求学生：

1. 明确会计报表分析的意义和目的；
2. 熟悉会计报表分析的基本程序和方法；
3. 掌握会计报表分析的比率分析法；
4. 掌握会计报表的综合分析；
5. 理解会计报表附注的分析。

第一节　会计报表分析概述

一、会计报表分析的意义和目的

（一）会计报表分析的意义

会计报表分析，是指以会计报表、报表附注和其他应当在财务会计报告中披露的相关信息和资料为依据，采用专门方法，对企业过去和现在的财务状况、经营成果、现金流量和所有者权益（股东权益）变动情况进行系统的分析和评价，以便了解企业的过去和现在，预测企业的未来，为会计信息使用者进行经济决策提供重要依据。

企业通过定期编制会计报表，向会计信息使用者提供反映企业财务状况和经营成果的信息资料，供其进行经济决策时参考。但是，由于会计报表只是对企业已经发生或已经完成的经济活动的概括和总结，报表上的数据只能反映企业过去和现在的情况，不能反映企业的未来，也不能说明造成目前状况的原因，因此有必要对会计报表所提供的数据作进一步的加工整理、分析比较，借助一套指标体系，分析企业的偿债能力、营运能力、获利能力和成长能力，预测企业的发展趋势和经营前景，为制定经济决策提供依据。

（二）会计报表分析的目的

会计报表分析的目的取决于会计报表使用者的要求。企业会计报表的使用者包括企业外部和企业内部两种，外部使用者主要有投资者、债权人、政府监管部门等；内部使用者主要有企业管理当局、雇员和工会组织。由于不同的报表使用者与企业的经济利益不同，其进行会计报表分析的目的也不尽相同。

1. 投资者。包括向企业提供权益性资本的法人、个人和政府部门。权益性投资者仅享有企业利润和资产的剩余分配权，在企业兴盛时期，投资者可以享有更多的利益；反之，在企业衰败时，则首当其冲要承担相应的损失。由于投资者承担的风险最大，且权益性投资是企业资金的主要来源，因此在所有的会计信息使用者中，投资人对会计信息的需求最大也最全面。

投资者最关心的是投资回报率，投资回报率取决于企业的盈利能力和企业管理者对资产的营运能力。同时，作为企业经营风险的最终承担者，他们又十分关心企业的偿债能力。因此，从投资者的角度进行会计报表分析，主要分析企业的获利能力、对资产的营运能力以及企业的偿债能力。

2. 债权人。包括向企业提供信贷资金的金融机构和提供商业信用的供应商。由于贷款利息相对固定，债权人的收益也具有固定性的特点，无论企业的利润多高，债权人得到的都仅限于合同规定的利息，但如果企业出现亏损或陷入财务困境，债权人也可能连本金都难以收回。债权人收益和风险的这种不对称性决定了债权人进行会计报表分析的目的和方式。

资产是偿还负债的基础。提供短期信用的债权人主要关心企业当前的资本结构、流动资产的变现能力以及流动资产与流动负债的比例，评价企业的短期偿债能力。提供长期信用的债权人则更关心企业未来的现金流量和长期盈利能力，因为长期盈利能力是确保企业在各种情况下有能力偿还债务本金和利息的基础。由于权益资本与借贷资本的比例直接影响到长期债权人借贷资金的安全，还反映了企业管理当局对风险的态度，因此，长期债权人也十分关心企业的资本结构。

以资产作抵押或附加限制性条款的贷款（如限制企业的股利分配），债权人往往更关心企业所抵押资产的状况和未来现金流量的可靠性和稳定性，他们对财务报表的分析主要是评价借款人是否有控制现金流量的能力和保持稳定财务状况的能力。

3. 政府监管部门。包括税务部门、工商管理部门、社会保障机构、企业主管部门、证券监管部门等。这些部门通过会计报表分析，可以审查企业纳税申报数据的计算是否正确，是否及时履行了纳税义务，是否遵守了政府的有关法规和市场秩序，以及职工就业和收入情况等。

4. 企业经理人员。企业作为自主经营、自负盈亏的经济实体，其经营目标是追求企业价值的最大化，因此希望通过会计报表分析对企业的财务状况、盈利能力、资产使用效率以及未来持续发展的可能性进行全面了解。与企业外部的报表使用者不同，企业经理人员进行的分析不仅依据对外公开的财务报表，而且依据企业自用的内部会计报表，如：产品单位成本表、费用明细表等。通过分析，经理人员可以对企业的经营情况和财务管理工作进行监控，以便及时发现问题，并采取措施加以解决。

5. 其他报表使用者。会计报表分析还能满足其他一些报表使用者的需要，如：通过会计报表分析，证券经纪人可以提出投资建议，企业雇员和工会组织可以评价工资薪酬是否合理以及就业前景，律师可以进行司法取证，经济学家可以进行有关经济政策和经济发展方面的研究等。

综上所述，会计报表分析的目的可以概括为：评价过去的经营业绩，了解现在的财务状况，预测未来的发展前景。根据分析主体的不同，投资者主要分析投资的安全性和盈利性，债权人主要分析企业的偿债能力和支付能力，税务部门主要分析企业的收入和支出，检查企业纳税义务的履行情况，企业经理人员主要分析企业的现状和存在的问题，检查企业经营政策的执行情况，为制定企业的经营发展战略提供依据。据此，会计报表分析可以分为：偿债能力分析、营运能力分析、获利能力分析、综合分析等。

二、会计报表分析的基本步骤

会计报表分析是一项技术性很强的工作，必须按照科学的程序进行，一般来讲要经过以下几个步骤。

1. 明确分析目标。分析目标是会计报表分析的出发点，它决定着分析范围的确定、资料收集的详细程度、分析标准和方法的选择等整个分析过程。会计信息有很多需求者，比如股权投资者、债权投资者、企业管理当局、企业员工、政府相关管理部门、企业的供应商、企业的顾客等，不同的利益主体对会计信息的关注点有所差异，而且，各个主体的决策有时是面向全局的问题，有时是面向局部的问题，有时是监督，有时是评价，只有弄清了会计报表分析的目标，财务分析人员才能有的放矢地开展工作，才能保证会计报表分析工作的效率和效果。

2. 确定分析范围。分析范围取决于分析目标，它可以是企业经营活动的某一个方面，也可以是经营活动的全过程。根据成本效益原则，通常不是每一项分析都要求对企业的财务状况和经营成果进行全面分析，更多的时候是仅需对某一方面进行重点分析，对其他方面的分析只起参考作用，以便降低分析成本、提高分析效益。通过确定分析范围，可以做到有的放矢，将有限的时间和精力集中在重点要解决的问题上。

3. 选择分析标准。会计报表分析工作是需要判断、需要比较的，判断就要有标准，标准是否合适直接决定着判断结果的正误。可以作为分析判断的标准很多，可以是行业中标杆企业的指标值，可以是竞争对手的数据，还可以是来自企业所在行业的平均值、企业的历史指标值、企业的计划指标值等，有时甚至可以用分析人员自己认定的经验值。分析的目标不同，分析人员对评价标准的选择会有差异，合适的、有利于分析的标准就是最好的。

4. 收集和整理资料。分析目标和分析方案确定以后，便可根据分析工作需要收集所需资料。资料的收集要与本次会计报表分析工作具有较高的相关性，否则既影响会计报表分析的效率，又影响会计报表分析的效果。会计报表分析的主要依据是企业的财务会计报告，包括资产负债表、利润表、现金流量表、所有者权益变动表、报表附注和其他应当在财务会计报告中披露的相关信息和资料。由于企业的经济活动与内外部环境因素有很大关系，因此还需要收集企业内部供产销各方面的信息和企业外部宏观经济形势、国家有关的政策和法规，以及企业所在行业情况等信息资料。如影响企业经营的宏观经济、法律等环境，企业所在行业的发展状况、行业特点，竞争对手的状况，企业管理层的倾向、企业的文化、企业的历史、企业的发展战略等资料。分析人员获取财务资料的渠道也很多，有的直接来自企业对外披露的资料，有的来自行业协会，有的来自统计部门及其公布的资料，有的来自新闻媒体，有的来自中介机构，有的来自企业的往来部门与机构。在条件允许的情况下，资料收集得越多，分析的效果就会越好。收集资料的工作完成后，还应对所收集的资料进行整理和筛选，去粗取精，去伪存真，使分析建立在可靠的基础之上。

5. 选择分析方法，进行分析计算。在充分收集资料的基础上，分析人员便可着手进行分析计算。会计报表的分析方法很多，常见的有审阅分析法、比率分析法、比较分析法、结构分析法、趋势分析法等，不同的分析方法各有特点、各有优缺点，应根据分析目的和范围选用，可以选择其中的一种方法，也可以综合运用几种方法，以达到能够对企业作出全面、客观的评价为标准。

6. 得出分析结论，撰写分析报告。会计报表分析的最终目的是对分析对象作出评价，为经济决策提供依据，因此，在对经济指标进行计算比较后，还需把各项经济指标综合起来加以分析、比较和考察，运用专业知识和职业判断能力，对数字所揭示的问题进行解释和描述，得出分析结论并写成书面报告。会计报表分析报告应包括企业背景资料、分析证据、分析假设、关键因素、分析结论等内容。

三、会计报表分析应注意的问题

会计报表分析是一项复杂的工作，如果把握不好，容易得出错误的结论。因此，进行会计报表分析应该注意以下问题：

第一，进行会计报表分析之前，必须要了解清楚财务信息的特点和财务信息的局限性。由于财务会计以货币为计量工具，因此，财务信息是一种货币化的信息，它可以对企业的经济业务和事项进行货币抽象和价值汇总，方便人们对问题的分析，但是，财务信息的局限性是明显的：①财务信息仅仅是对可以进行货币量化的经济业务和事项进行反映，不能用货币量化的经济业务没有在会计报表中提供，所以财务信息是一种不完整的信息；人们在决策过程中非财务方面的信息同样重要。②会计报表上提供的信息是企业已经发生业务的信息，那些将要发生、还没有发生的业务原则上不在报表上反映，所以现行会计报表信息总体上是面向过去的；而人们的决策更多地是面向未来的。③会计报表上提供的信息主要是基于历史成本加工的，尽管成本与市价孰低等会计处理方法对历史成本信息作了一些修正，但是，现行会计还是一种历史成本导向的会计；而人们的决策更多地是面向现行市价的。④会计人员在加工财务信息时，有些经济业务的处理充满着估计，会计方法则可以进行选择，这会使不同企业之间、同一企业不同时期之间的财务信息的可比性降低，这是需要财务分析人员注意的。

第二，在进行会计报表分析之前，财务分析人员一定要充分了解企业的会计政策。由于经济环境的不确定性以及不同地区、不同行业、不同时期经济环境的差异性，《企业会计准则》和《企业会计制度》往往对同样的经济业务作出了多种可供选择的规定，有些业务的处理还依赖于大量的估计。报表上反映的数据与这些数据的来源同样重要，不了解企业所采纳的会计政策和所使用的会计估计，人们就无法恰当地解读会计报表数据。对会计政策的了解包括理解企业进行会计核算所遵循的政策和会计政策的调整两个方面。资产负债表日后事项的说明对剖析会计报表也是十分有帮助的。

第三，在实施会计报表分析过程中，分析人员一定要认真评估企业的经营环境和经营特点。会计报表分析必须同时关注三个问题：报表数据是多少，报表数据是在什么会计政策下取得的，报表数据是在什么环境下生成的。只有深入了解了这三个问题，才能较好地解读会计报表数据，获得决策所需的财务信息。首先，同样的会计报表数据在不同的经营环境下，分析的结果是不同的。比如，有些企业是通过税收减免或返还实现盈利的，有些企业是在正常税赋条件下实现盈利的，企业都实现了盈利，但企业真正的盈利能力可能有很大的差异。其次，不同行业都有自己的一些特点，传统制造业企业往往拥有很多固定资产，商品流通企业的流动资产比率一般较高，高科技企业中的人工成本较高等。了解了企业所在行业的特点，会计报表分析就容易解读出正确的结论。最后，不同企业有不同的发展思路，同一企业在不同的时期也有不同的特点，比如，企业发展的初期，利润留存率可能比较高，企业成熟了，利润留存率就会下降，所以高低不同的财务指标值可能都是可以接受的，关键是看其是否与企业的发展相吻合、相匹配。

第四，在实施会计报表分析时，要认真选择评价标准。正确地选择评价标准，对我们得出恰当的会计报表分析结论是有很大影响的。可以作为会计报表分析判断的标准很多，可以是行业中标杆企业的指标值，可以是竞争对手的指标值，可以是同行业的平均值，可以是企业的历史指标值，可以是企业的计划或预算值，以不同的指标值作为判断的标准，可以对同一财务指标值作出“很好”或“很差”的结论，因此，在评价标准选择上一定要结合此次会计报表分析的目标而定，注意评价标准对所分析问题的针对性。

第五，在进行会计报表分析时，要注意区分可控事件与不可控事件、连续事件与非连续事件对企业财务结果的影响。有些影响会计报表信息的因素是可控的，有的是不可控的，属于可控的因素企业一定要努力解决，属于不可控的因素企业一定要努力避免；有些因素是连续性的，有些因素是非连续性的，对连续性的影响因素，财务分析人员应该注意其对企业财务情况造成的长期影响，对偶然因素要注意其影响的短期性。

第二节　会计报表分析的基本方法

进行会计报表分析，应根据不同的分析目标和分析范围，选择不同的分析方法。常用的分析方法有以下几种：审阅分析法、比率分析法、比较分析法、因素分析法、结构分析法、趋势分析法等。

一、审阅分析法

（一）审阅分析法的概念

会计报表的审阅分析法是会计报表的分析方法之一。它不需要以会计报表数据为基础进行各种财务指标的重新计算，再判断企业的偿债能力、盈利能力和资产运营能力，而是一种直接由分析人员阅读会计报表数据及其与会计报表数据相关的资料，边阅读、边思考、边下结论，通过对会计报表数据的审阅直接分析、评价企业的财务状况、经营成果、现金流量和所有者权益（股东权益）变动情况的会计报表分析方法。

会计报表审阅分析法的最大特点在于“审阅”二字，它通过对报表的审阅解读，分析问题，得出分析结论。这种方法具有显著的优点：①简单、直观、易掌握；②分析人员在注意报表数据数量特征的同时，会进行质量特征的研判

（比如同时对收入和利润的数量与质量进行分析），容易得出较为客观的分析结论。审阅分析法的不足也是明显的：①审阅分析过程中充满着分析人员的经验判断，把握不好会造成主观误判；②整个分析过程比较零散，容易缺乏整体性。

审阅分析法作为其他分析方法的基础、作为其他分析方法的补充是比较有效的。财务分析人员对会计报表实施审阅分析时，如能同时阅读两年或两年以上的报表，进行对比分析，效果会更好。

（二）审阅分析法的技巧

掌握会计报表审阅分析法的技巧，既可提高分析的效率，又可改进分析的效果。拿到会计报表及其相关资料，可以按以下步骤展开审阅分析：

第一，审阅公司的宏观经济环境、企业的行业发展状况和行业发展特点、行业中标杆企业和竞争对手的情况、企业自身的历史和特点、企业所遵循的会计政策等财务和非财务资料，为会计报表的分析和判断奠定基础。不了解企业的制度背景，不了解企业的经营环境，不了解企业的发展规划，人们是无法进行财务分析、实施财务判断的。

第二，审阅会计报表中的总计项目和小计项目。在审阅总计和小计项目时；最好把最近年度的数据进行比较，这样可以依此对企业的整体财务情况及其变化作出初步判断。

第三，审阅金额大的项目。这样的项目及其数据对企业财务状况的影响力较大，对其进行深入分析，可以抓住报表分析的重点。

第四，审阅金额变化大的项目。金额变化大和金额大是不一样的，金额大是个结果，金额变化大反映的是变动趋势，可以从大变到小，也可以从小变到大，之所以发生金额的巨大变化，背后是企业重要投资、筹资和经营活动的发生，这些活动是需要我们特别关注的。

第五，审阅报表中一些项目之间的关系。比如对外投资、投资收益、收回投资收到的现金、分得股利或利润所收到的现金、取得债券利息收入所收到的现金等项目之间具有密切的相关性，它们都与对外投资活动有关；又如在建工程与固定资产之间也有密切的关系，在建工程完工就会转入固定资产。对类似的具有密切关系的系列项目进行审阅分析能够帮助分析人员发现很多问题。

第六，审阅其他的重要项目。比如，货币资金项目在企业资金运营中占据重要位置，需要特别关注；企业其他应收款、其他应付款都与企业的资金往来、划拨和费用、利润有关，分析人员应该给予特别的分析。

通过上述项目的审阅分析，分析人员对企业的财务状况进行了深入的剖析，这时就可以对起初作出的初步判断进行修正了。

二、比率分析法

比率分析法，是指将同一时期内某些相互关联的经济指标进行对比，求出它们之间的比率，以揭示这些指标之间的相互关系，并由此判断企业财务状况和经营成果的一种分析方法。在会计报表分析中，比率分析法应用比较广泛。这是因为，只采用绝对值对比不能深入揭示企业理财活动的内在矛盾，而采用相对值对比则能做到这一点。例如，甲、乙两个企业，年营业利润都是100万元，甲企业的营业净收人为1 000万元，乙企业的营业净收入为5 000万元。如果从营业利润的绝对值来看，两个企业的经营成果相同，但这个评价是不确切的。实际上，甲企业的营业收入利润率为10%（100/1 000)，乙企业的营业收入利润率只有2%（100/5 000)。可见，采用相对值对比分析，甲企业的经营成果明显优于乙企业，这个评价与利用绝对数评价相比更符合客观实际。

会计报表的比率分析，经常采用以下两种对比形式：

1. 相关比率。即根据经济活动中存在的相互依存关系，将报表项目中两个性质不同但又相关的项目进行对比，计算比率指标，以此评价企业的财务状况和经营成果。例如：将利润与资产进行对比，计算资产报酬率，可用于评价企业的获利能力；将负债与资产进行对比，计算资产负债率，可用于评价企业的偿债能力等。将这些比率指标的实际数与基准数进行对比，还可以分析企业财务状况和经营成果的变动情况。

2. 构成比率。即通过计算报表中某个项目的组成部分占总体的比率，来评价企业的经济活动。例如：将利润与销售收入对比，计算销售利润率，可用于分析每一元销售收入可获得的利润水平；将利润与成本费用对比，计算成本费用利润率，可用于分析每消耗一元成本费用可获得的利润水平等。

应当说明的是，采用比率分析法计算得出的数据，只能反映企业在某一时期某一方面的情况，分析时还需将其与前期比率、本行业平均比率、或预先设定的比率以及竞争者的比率等进行对比，才能对企业作出客观评价。此外，由于影响比率的因素很多，各因素之间关系错综复杂，有时仅从某些指标的提高或降低并不能判断是好或不好。例如，通过削减管理费用，可以降低管理费用占销售收入的比率，提高销售利润率，但如果管理费用的降低是由于削减了企业研究开发费用，从长远看则会导致销售收入和市场份额下降，这说明获利能力暂时的提高将可能极大损害企业未来的发展。也就是说，进行财务分析，除了计算比率指标外，还必须深入实际，掌握企业生产经营活动的具体情况，才能作出正确的判断。

对比率分析的内容和方法，下节将予详细介绍。

三、比较分析法

比较分析法，是指将会计报表中的某些项目或指标与选定的分析标准进行对比，确定其数量差异，以分析和评价企业财务状况和经营成果的一种方法。采用比较分析法，通常需要编制比较会计报表，包括比较资产负债表、比较利润表和比较现金流量表。比较会计报表是将两年或连续几年的报表项目并排列示，以便直接观察每个项目的增减变动情况，了解会计报表各项的变动趋势。

由于在比较报表中对各项目逐项进行水平方向的比较，因此比较分析法也称为水平分析法。

根据分析目的不同，比较分析法可以采用以下几种常用的指标评价标准：

1. 公认标准。是对各类企业不同时期都普遍适用的指标评价标准。典型的公认标准是2：1的流动比率和1：1的速动比率，利用这些标准能揭示企业短期偿债能力及财务风险的一般状况。

2. 行业标准。是反映某行业水平的指标评价标准。在比较分析时，既可以用本企业财务指标与同行业平均水平指标对比，也可以用本企业财务指标与同行业先进水平指标对比，还可以用本企业财务指标与同行业公认标准指标对比。通过行业标准指标比较，有利于揭示本企业在同行业中所处的地位及存在的差距。

3. 目标标准。是反映本企业目标水平的指标评价标准。当企业的实际财务指标达不到目标标准时，应进一步分析原因，以便改进财务管理工作。

4. 历史标准。是反映本企业历史水平的指标评价标准。在会计报表分析中，运用历史标准的具体方法有三种，即期末与期初对比，本期与历史同期对比，以及本期与历史最好水平对比。会计报表分析中采用历史标准，有利于揭示企业财务状况和经营成果的变化趋势及存在的差距。

采用比较分析法时，要注意指标的可比性，即：进行比较的指标在计算口径、计价基础、时间单位等方面必须一致。进行不同时期的对比时，要考虑企业的技术经济条件、生产经营环境，以及所采用的会计政策和方法是否发生了变化。进行不同企业之间的对比时，要考虑企业之间有无可比的基础。因为即使是同一行业的企业，其经济业务也会千差万别，例如，石油行业既包括专门销售石油的公司，也包括采油、炼油及油品深加工行业，虽然这些企业属于同一个行业，但其经营活动毫无可比之处。此外，还应了解本行业的技术经济动态，以及宏观经济环境的变化对企业生产经营活动的影响，以便对企业作出实事求是的评价。

四、因素分析法

因素分析法是用来揭示经济指标变化的原因，测定各个因素对经济指标变动的影响程度的分析方法。它又可具体划分为主次因素分析法、因果分析法及连环替代法等。

1. 主次分析法是将影响经济指标的各因素区分为主要因素、次要因素，然后对主要因素进行深入分析，对其他因素则花较少时间，以取得事半功倍的效果。

2. 因果分析法则是将经济指标分解为若干因素，对每个因素再作进一步分析，以揭示经济指标变化的原因。

3. 连环替代法是一种因素分析法，它不仅能定性，而且能定量地测定影响经济指标的各个因素对该指标变动差异的影响程度。其方法是将经济指标分解为两个或两个以上的因素，逐一变动各个因素，从数量上测算每一因素变动对经济指标总体的影响。

五、结构分析法

结构分析法，是指根据会计报表中各项目之间的依存关系，对各项目占总体的比重进行分析，以揭示会计报表结构是否合理以及结构的变动情况，了解企业当前的财务状况和经营成果，发现存在的问题，并预测未来的发展趋势。

采用结构分析法，可以对企业的资产结构、资本结构、盈利结构、成本结构等进行分析，一般通过编制共同比会计报表进行。共同比资产负债表是将资产总额、负债及所有者权益总额分别作为100%，将每一类中的具体项目换算为各自总额的百分比，以便分析资产结构和资本结构是否合理。共同比利润表是将主营业务收入净额设定为100%，表中的其他损益项目换算为收入净额的百分比，以便分析各项目变动对净利润的影响。共同比现金流量表是将现金流入总额和现金流出总额分别设定为100%，将各项现金流入和现金流出分别换算为流入总额和流出总额的百分比，以便分析现金流量各项目变动对总流量的影响。由于按结构分析法编制的共同比会计报表反映了报表各项目之间的纵向关系，所以这种方法也称为垂直分析法。

对不同时期的共同比会计报表进行比较，分析报表各项目占总体比例在不同时期的变动情况，可以了解企业财务结构的稳定性和利润结构、现金净流量结构的变动趋势。将不同企业的会计报表转化为结构百分比形式，可以增强会计报表的可比性，便于进行不同企业之间的对比分析。

六、趋势分析法

趋势分析法是利用会计报表提供的数据资料，将各期实际指标与历史指标进行定基对比和环比对比，揭示企业财务状况和经营成果变化趋势的一种分析方法。采用趋势分析法通常要编制比较会计报表，具体做法有两种：

1. 编制绝对数比较会计报表，即将一般会计报表的“金额栏”划分成若干期的金额，以便进行比较分析。

2. 编制相对数比较会计报表，即将会计报表上的某一关键项目的金额当作100%，再计算出其他项目对关键项目的百分比，以显示各项目的相对地位，然后把连续若干期按相对数编制的会计报表合并为一张比较会计报表，以反映各项目结构上的变化。由于绝对数趋势分析不利于揭示企业发展的趋向，具有隐蔽性，相对数趋势分析却可以避免这种不足。相对数趋势分析法有两种形式：

（1）定基相对数分析法。定基相对数分析法是选定一个基期，以其财务数据作为100%，以后年度的财务数据分别与基期的财务数据进行比较，从而将各年的数据转化为百分比的形式表示，然后对这些百分比数据进行比较分析，揭示财务指标的变化情况。在定基相对数分析法中，基期的选择对于分析结论的正确性是至关重要的，基期的财务数据一定具有代表性，如果基数太小，以后年度百分比的高速增长将变得毫无意义；基数是零或负数，趋势相对数分析更没意义。

（2）环比相对数分析法是一种逐年变化基期的相对数分析法，每年计算相对数时都以上年的财务数据为基数，这样不断计算出各年的财务相对数，再进行相对数的分析，从而揭示财务变化的趋势。

以上所述是会计报表分析中常用的几种分析方法，除此以外，还可以根据分析的具体要求采用其他方法，如为了观察指标的发展动态和增减速度，可以采用指数法，为了使分析结果更直观和醒目，可以采用图表法等。总之，会计报表分析方法很多，分析时可以采用一种方法，也可以将几种方法结合使用。但无论采用哪种方法，都必须深入了解企业的实际情况，只有这样，才能对分析结果作出合理的解释和说明。

第三节　会计报表的比率分析法

一、反映偿债能力的比率

偿债能力是指企业偿还全部到期债务的能力，这是企业债权人、投资者和管理者都十分关心的问题。因为在瞬息万变的市场经济条件下，即使具有良好发展前景的企业，也可能会由于不能按期偿还债务而被迫清算。因此，分析和判断企业的偿债能力，是会计报表分析的一项重要内容。通过分析，可以了解企业的资本结构、财务实力和资产变现能力，判断企业近期和远期偿还债务的能力，以便债权人和投资者据此制定经济决策，企业管理者也可据此统筹安排、合理调度资金。

企业的偿债能力可以从短期和长期两个方面进行分析。为了便于分析，给出宏大股份有限公司（简称宏大公司）最近三年的比较资产负债表、比较利润表，如表 11-1、表 11-2 所示。

表 11-1　宏大公司比较资产负债表（2005—2008 年）　单位：万元

项　目	2005 年	2006 年	2007 年	2008 年
资产				
货币资金	20	28	22	24
应收账款	52	72	92	152
存货	28	60	92	166
流动资产合计	100	160	206	342
长期股权投资		105	122	126
固定资产	400	535	712	832
非流动资产合计	400	640	834	958
资产总计	500	800	1 040	1 300
负债及所有者权益				
短期借款	20	26	30	40
应付账款	40	48	55	92
应付职工薪酬	10	12	15	18
应交税费	10	14	20	30
流动负债合计	80	100	120	180
应付债券	100	100	200	300
负债合计	180	200	320	480

（续）

项　　目	2005 年	2006 年	2007 年	2008 年
股本（每股 1 元）	200	300	320	320
资本公积	40	192	232	242
盈余公积	60	78	120	180
未分配利润	20	30	48	78
所有者权益合计	320	600	720	820
负债及所有者权益合计	500	800	1 040	1 300

表 11-2　宏大公司比较利润表（2006—2008 年）　　单位：万元

项　　目	2006 年	2007 年	2008 年
一、营业收入	480	690	1 050
减：营业成本	283	408	635
营业税金及附加	20	30	50
销售费用	72	84	106
管理费用	54	62	80
财务费用	12	25	36
加：投资收益	12	21	35
二、营业利润	51	102	203
加：营业外收入	1	2	2
减：营业外支出	2	4	5
三、利润总额	50	100	175
减：所得税费用	12.5	25	43.75
四、净利润	37.5	75	131.25

（一）短期偿债能力的财务比率指标

短期偿债能力是指企业运用流动性资产偿还流动性负债的能力，用于反映企业短期偿债能力的比率指标主要有流动比率、速动比率、现金比率。

1. 流动比率。流动比率是指企业全部流动资产与全部流动负债之间的比率，计算公式为：

$$流动比率=流动资产÷流动负债$$

流动比率越高，说明企业的短期偿债能力越强，反之，则说明短期偿债能力较弱。一般认为，流动比率应维持在 2 左右，它表明 1 元的流动负债有 2 元的流动资产作保障。

运用流动比率指标时，应当注意以下问题：

(1) 该指标只反映流动资产与流动负债之间的数量关系，没有考虑流动资产的结构和流动性。如果流动资产中含有大量的积压存货、预付账款或长期收不回来的应收账款，即使流动比率大于2，也并不表示其偿债能力强。反之，如果流动资产中多为变现能力很强的资产，即使流动比率小于2，其偿债能力依然很强。

(2) 该指标是根据资产负债表数字计算得出的，是时点指标，只反映期末流动资产与流动负债的比率关系，不能代表企业在整个会计期间的偿债能力。

(3) 从该指标的计算公式看，当流动比率大于1时，分子分母等量增加，会使流动比率下降，等量减少则会使流动比率上升，因此该指标受人为操作的可能性较大。例如，在年末集中偿还借款，下年初再借回，或有意将年末应购进的存货推迟到下年初再购进等，都可能导致流动比率虚增。

(4) 行业不同，对流动比率的要求也有所不同，一般而言，营业周期越短，对流动比率的要求越低，营业周期越长，对流动比率的要求越高。例如，饮食行业的正常流动比率远远低于工业和商业，其原因是饮食行业的存货周转速度快而且大部分为现金销售。

因此，运用流动比率来评价企业的短期偿债能力，通常只能在本行业内进行对比，同时必须与企业的资产结构、资产变现速度及行业特点结合起来进行综合考虑，才能得出正确的分析结论。

根据表11-1中的有关资料，计算近三年宏大公司的流动比率：

2006年：流动比率＝160÷100＝1.60

2007年：流动比率＝206÷120＝1.72

2008年：流动比率＝342÷180＝1.90

计算结果表明，宏大公司从2006年到2008年，流动比率逐年上升，说明该公司的短期偿债能力越来越强。

将上述计算结果与本行业的平均水平或先进水平进行对比，可以确定该公司在本行业的地位。通过对流动资产和流动负债的构成项目逐项分析，可以找出影响流动比率变动的主要原因。

2. 速动比率。速动比率，也称为酸性实验比率，指企业变现能力最强的速动资产与全部流动负债之间的比率。计算公式为：

速动比率＝速动资产÷流动负债

速动资产包括货币资金、应收票据、应收账款、其他应收款等，等于全部流动资产减去存货、预付账款等。存货和预付账款都属于流动性较差、变现所需时间较长的资产。存货需要经过销售和应收账款环节才能转变为现金，特别是当存货中包含积压和滞销产品或必须经过较长时间储备才能销售的产品时

（如酒厂的产品），其变现能力更差。预付账款是预付的购货款，其变现时间比存货更长。计算速动比率时，将这两项资产扣除，可以比较准确地反映企业的短期偿债能力。速动比率越高，表明企业的短期偿债能力越强，但同时也说明企业拥有较多的不能获利的货币资金和应收账款。如果速动比率过低，则表明企业将可能依赖出售存货或举借新债偿还到期债务，说明企业的短期偿债能力较弱。一般认为，速动比率应维持在1左右，它说明1元的流动负债有1元的速动资产作保障。

根据表11-1中的有关资料，计算宏大公司速动比率如下：

2006年：速动比率＝100÷100＝1

2007年：速动比率＝114÷120＝0.95

2008年：速动比率＝176÷180＝0.98

计算结果表明，从2006—2008年，虽然宏大公司的流动比率持续上升，但速动比率却相对稳定并略有下降。结合资产负债表进行分析，可以看出流动比率上升主要是由于存货储备上升所致。

根据速动比率分析企业的短期偿债能力时，应注意速动资产中应收账款的比例以及应收账款的账龄和可收回性。在速动比率相同的条件下，应收账款所占的比例越低，账龄越短，说明速动资产的质量越好，变现能力越强，反之则较弱。分析时可借助应收账款周转率来了解应收账款质量，以便对速动比率作出正确评价。

应当说明的是，速动比率在不同行业和企业也应有所区别。例如，零售商店通常只有现金销售，应收账款很少，这类企业的速动比率一般明显低于1，但仍有很强的短期偿债能力。

3. **现金比率**。由于影响应收账款和存货变现的不确定因素很多，特别是当分析人员怀疑其实际价值和流动性有问题时，可以用现金比率来评价企业的短期偿债能力。

现金比率，也称为超速动比率，指企业的现金及现金等价物与流动负债之间的比率。货币资金也称为现金，短期投资中大部分属于现金等价物，因此该指标的计算公式为：

现金比率＝年经营现金净流量÷流动负债

现金比率越高，说明企业的短期偿债能力越强，反之则较弱。但在一般情况下，企业的流动负债不是马上就需要全部偿还的，要求企业随时保持足够的现金和现金等价物以备偿还流动负债既不现实也没有必要，如果真是这样，反而说明企业的年经营现金净流量过多，暴露出企业在资金管理方面存在问题，因此在实际工作中，分析人员并不重视这个指标。只有当企业的应收账款和存货都存在严重问题，或企业陷入财务困境时，才利用现金比率分析企业的短期偿债能力。从这个意义上讲，现金比率表明企业在最坏情况下偿付流动负债的能力。

（二）长期偿债能力的财务比率指标

长期偿债能力，指企业偿还全部债务本金和利息的能力。长期偿债能力取决于两个方面，一是合理的资本结构，二是企业的获利能力。资本结构是指企业资产、负债、所有者权益之间的数量关系。资产来源于负债和所有者权益，负债必须按期偿还，并支付固定的利息，负债占资产比例越大，企业的偿债压力也就越大，企业无力支付到期债务本息的可能性也就越大。所有者权益可供企业长期使用，既没有偿还期限，也没有固定的股利支付要求，其占资产的比例越大，企业的财务实力越强，偿债能力也就越强。但从长期看，企业的偿债能力最终取决于它的获利能力。较强的获利能力不仅可以使企业从经营活动中获取足够的现金流入量，而且可以吸引投资者和债权人，随时筹集到所需要的资金，以偿还到期债务的本金和利息。因此对企业长期偿债能力分析，通常用的比率指标主要有资产负债率、权益负债率、有形净资产负债率、长期资本负债率和已获利息倍数。

1. 资产负债率。指企业负债总额与资产总额之间的比率。计算公式为：

资产负债率＝负债总额÷资产总额

资产负债率反映企业资产总额中有多大比例是依靠借贷筹集的。资产负债率越高，企业的债务负担越重，不能偿还的可能性也就越大，债权人的风险也越高，但较高的资产负债率也可能为投资人带来较多的利益。因此，不同的分析主体，对资产负债率的评价也有所不同。

债权人最关心能否按期收回借贷本金和利息，如果资产负债率过高，说明企业的资产大部分由债权人提供，经营风险大部分由债权人承担。资产负债率低，表明企业可用于抵债的资产多，债权人的保障程度高，即使企业破产清算，债权人的贷款也有一定的收回保证。因此，债权人认为该比率越低越好。

从投资者角度看，由于负债利息可以在计算所得税前扣除，因此负债高可以起到节税作用。同时，以举债方式筹资既可以保持股东对企业的控制权，又可以分散经营风险，并通过财务杠杆作用，提高投资者的回报。因此对于投资者而言，只要债务成本率低于资产回报率，资产负债率就越高越好，反之，则应当降低资产负债率。

此外，资产负债率还可以反映企业经营者利用借入资金进行经营活动的能力。一般认为，资产负债率高，说明企业朝气蓬勃，对前途充满信心。资产负债率过低，则说明企业畏缩不前，经营者缺乏魄力。

判断一个企业的资产负债率是否适宜，一般以企业获利能力和经营活动现金流量是否稳定为标准，企业获利能力越强，现金流量越稳定，为债权人所接受或公认为安全的负债比率越高，反之则低。例如，公用事业单位的资产负债率可以高达70%以上，而一般制造业则应维持在50%左右。

根据表11-1中的有关资料，计算宏大公司近三年的资产负债率：

2006年：资产负债率＝200÷800＝25%

2007年：资产负债率＝320÷1 040＝30.77%

2008年：资产负债率＝480÷1 300＝36.92%

计算结果表明，在过去的三年中，宏大公司的资产负债率逐年上升，但仍在正常范围内。一方面说明宏大公司的偿债能力较强，另一方面也表明该公司没有充分利用借贷方式筹资，应结合资产报酬率指标作进一步分析。

2. *权益负债率*。也叫产权比率，是指企业的负债总额与所有者权益总额之间的比率，反映债务资本与权益资本的对比关系。计算公式为：

权益负债率＝负债总额÷所有者权益总额

从债权人角度看，权益负债率越低越好。该指标越低，说明企业自有资本越雄厚，债权人投入资金受所有者权益保障的程度越大，债权人越有安全感。所有者权益是债权人利益的最终保障，如果负债总额超出所有者权益总额，债权人将承担较大的经营风险，企业一旦破产清算，债权人将难以收回资金。一般认为，该指标应维持在1左右。

根据表11-1中的有关资料，计算宏大公司近三年的权益负债率：

2006年：权益负债率＝200÷600＝33.33%

2007年：权益负债率＝320÷720＝44.44%

2008年：权益负债率＝480÷820＝58.54%

该指标计算结果与资产负债率一致，虽然宏大公司最近三年的权益负债率逐年上升，但仍然在正常范围内。

3. *或有负债比率*。指有可能发生的债务。这些或有负债一经确认，将会增加公司的偿债负担。或有负债比率即表示或有负债总额占所有者权益总额的比率，反映企业所有者权益应对可能发生的或有负债的保障程度。计算公式为：

或有负债比率＝或有负债总额 ÷ 所有者权益总额

或有负债总额＝已贴现商业承兑汇票金额＋对外担保金额＋未决诉讼未决仲裁金额（除贴现与担保引起的诉讼或仲裁）＋其他或有负债金额。

4. *已获利息倍数*。也称为利息赚取倍数，指企业息税前利润（即经营收益）与利息费用之间的比率，可用于衡量企业偿付借款利息的能力。计算公式为：

已获利息倍数＝息税前利润 ÷利息费用

＝（利润总额＋利息费用 ）÷ 利息费用

公式中的利息费用是指支付给债权人的全部利息，包括计入本期财务费用的利息和计入资产成本的资本化利息。由于我国的利润表不单独列示利息费用，外部分析人员可将财务费用视同利息费用。

已获利息倍数可以反映企业用经营收益支付利息的能力，该比率越高，说明企业偿付利息的能力越强，债权人借贷本金的收回就越有保障。实际上，只要企业能够及时足额偿还利息，保持良好的付息记录，就可以通过借新债还旧债的方式偿还债务本金，企业就没有偿还债务本金的压力。一般认为，已获利息倍数在 3 以下时，企业的偿债能力就比较弱了，如果小于 1，说明企业的经营收益已经不足以支付举债经营的利息，企业已陷入财务困境，债权人的借贷资金已无安全性可言。

为了考察企业偿债能力是否稳定，通常需要连续计算几个年度的已获利息倍数，从中选取最低年度作为代表企业偿债能力的指标，并与同行业平均水平进行对比，以判断企业的偿债能力。其理由是，不论经营好坏，企业都要偿付一定的利息，特别是具有周期性经营特点的企业，在利润较高的年度，可能已获利息倍数很高，在利润低的年度，则已获利息倍数很低，用低年度的指标作为判断企业偿债能力的标准，更符合谨慎原则。

根据表 11－1 和表 11－2 中的有关资料，计算宏大公司最近三年的已获利息倍数：

2006 年：已获利息倍数＝（50＋12）÷12＝5.17

2007 年：已获利息倍数＝（100＋25）÷25＝5

2008 年；已获利息倍数＝（175＋36）÷36＝5.86

计算结果表明，虽然宏大公司近三年负债大量增加，但由于经营收益增长较快，因此已获利息倍数比较稳定，为及时偿付利息提供了保障。

应当说明的是，根据已获利息倍数评价企业的偿债能力，也应考虑行业特点，并与企业的营业现金净流量结合起来。在资本密集的行业，例如航空业，大量的固定资产折旧费用和无形资产摊销费用要在计算利润总额前扣除，但这些费用并不需要支付现金，因此，即使其已获利息倍数较低，通常也能按期偿还债务。

5. *带息负债比率*。是指企业某一时点的带息负债总额与负债总额的比率，反映企业负债中带息负债的比重，在一定程度上体现了企业未来的偿债（尤其是偿还利息）压力。其计算公式为：

带息负债比率＝带息负债总额÷负债总额

带息负债总额＝短期借款＋一年内到期的长期负债＋长期借款＋应付债券＋应付利息

二、反映营运能力的比率

资产营运能力，指企业有效运用各种资产的能力，反映企业的经营管理水平。营运能力强，表明企业可以用较少的投入取得较高的经济效益，提高企业的偿债能力和获利能力。因此，营运能力分析是财务分析的一项重要内容，反映营运能力的财务比率也是分析企业偿债能力和获利能力的补充指标。企业营运能力的分析可以从流动资产营运能力分析、固定资产营运能力和全部资产营运能力分析三个方面进行。

（一）流动资产营运能力分析

反映流动资产营运能力的指标主要有流动资产周转率，此外还有应收账款周转率和存货周转率。

1. 流动资产周转率。是反映企业全部流动资产利用效率的指标，有两种表示方式，一种是流动资产周转次数，另一种是流动资产周转天数。计算公式为：

（1）流动资产周转次数，表示流动资产在一年内周转了几次，反映当年销售收入净额与流动资产占用额之间的关系。计算公式为：

流动资产周转次数＝营业收入净额÷流动资产平均余额

其中：流动资产平均余额＝（期初流动资产余额＋期末流动资产余额）÷2

分母中的期初和期末流动资产余额，可以用年初数和年末数计算，也可以用月初数和月末数先计算出各月流动资产平均余额，再将各月平均余额之和除以12，即可求出全年平均余额。在季节性生产和销售的企业，最好用后一种方法计算资产平均余额（下同）。

（2）流动资产周转天数，表示流动资产周转一次所需要的平均天数，用360天（一年近似天数）除以应收账款周转次数计算求得。计算公式为：

流动资产周转天数＝360÷流动资产周转次数

或＝（流动资产平均余额×360）÷销售收入净额

根据表11-1和表11-2中的有关资料，计算宏大公司2003年流动资产周转率：

流动资产周转率（周转次数）＝950÷（206＋342）/2＝3.46（次/年）

流动资产周转率（周转天数）＝360÷3.46＝104.04（天）

在一年内，流动资产周转的次数越多，或周转一次所需要的天数越少，说明流动资产运用的效果越好。为了分析流动资产周转速度变化的原因，还需要计算流动资产中占比重最大的应收账款的周转率和存货的周转率。

2. *应收账款周转率*。是反映应收账款变现速度的指标，也有两种表达方式：一种是应收账款周转次数，另一种是应收账款周转天数。

（1）应收账款周转次数，表示应收账款在一年内周转了几次，反映当年应收账款的收款频率。计算公式为：

应收账款周转次数＝赊销收入净额÷应收账款平均余额

由于会计报表上不反映赊销收入，分子中的赊销收入净额通常用销售收入净额代替。如果现金销售所占比例较小，则其计算结果与实际相差不多。如果现金销售虽然占比例较大但比较稳定，则各年计算结果仍有可比性。

（2）应收账款周转天数，又称为平均收账期，指应收账款从发生到收回所需要的平均天数。计算公式为：

应收账款周转天数＝360÷应收账款周转次数

或＝（应收账款平均余额×360）÷赊销收入净额

在一定时期内，应收账款周转次数越多或周转一次所需要的时间越短，说明应收账款变现速度越快，资产利用的效率越高。反之，则说明资产利用效率较低。

根据表11-1和表11-2中的有关资料，计算宏大公司2003年应收账款周转率：

应收账款周转率（周转次数）＝950÷[(92＋152)/2]＝7.79(次/年)

应收账款周转率（周转天数）＝360÷7.79＝46.21（天）

即：2008年度，宏大公司应收账款的收款频率为7.79次，平均收账期为46.21天。分析时可以将该指标与前期指标、企业信用期或行业平均水平进行对比。

如果宏大公司的信用期为30天，则实际收账期大大超过信用期，说明该公司应收账款质量较差。可能是该公司收款工作力度不够，也可能是客户发生财务困难或故意拖欠货款。不管什么原因，客观上都加大了应收账款的资金占用，降低了资产使用效率。企业应当采取相应的措施，如加强货款的催收工作，检查企业的信用政策是否合理等。

应当注意的是，平均收账期并不一定代表应收账款的总体情况。有时候，平均收账期超过信用期很可能只是因为一两个大客户逾期拖欠货款。为了确定拖欠货款是普遍现象还是个别现象，可以对应收账款进行账龄分析。分析人员可以从会计报表附注中获取账龄信息。

此外，还应当注意的是，应收账款持有量与销售收入成正比，应收账款周转率与企业的信用政策密切相关。有时，企业为了扩大销售会放宽信用政策，延长信用期，如果因此而增加了销售收入和销售利润，扩大了产品的市场占有率，在这种情况下，虽然应收账款周转率下降，但并不说明企业资产营运能力差。因为从长远看，由此带来的利益可以弥补因应收账款过多而增加的资金占用成本。此时，企业需要在扩大销售和因放款信用政策而增加应收账款之间进行权衡。

3. 存货周转率。存货是企业流动资产中所占比重最大的资产，其变现速度直接影响企业资产的营运能力。存货周转率是反映企业销售能力和存货流动性的指标，也有两种表达方式：一种是存货周转次数，另一种是存货周转天数。

（1）存货周转次数，表示企业存货在一年内周转了几次，反映当年存货的销售频率。计算公式为：

存货周转次数＝销售成本÷存货平均余额

（2）存货周转天数，表示本年存货从入库到销售所需要的平均天数。计算公式为：

存货周转率（周转天数）＝360÷存货周转次数

或＝存货平均余额×360÷销售成本

在一定时期内，存货周转次数越多或周转一次所需要的时间越短，说明企业的销售能力越强，存货流动性越强，即存货转变为应收账款或现金的速度越快，存货管理业绩越好。在正常情况下，销售存货应获得一定的利润，因此存货周转速度与销售利润成正比。存货周转速度加快，说明同样数额的存货资金占用能够为企业带来较大的经济效益。

从计算公式可以看出，提高存货周转率的途径有两条，一是扩大销售，二是减少存货储备。但如果存货储备过低，有可能发生因缺货而丢失潜在客户的情况，影响未来的销售收入，或因增加存货的采购批量和生产批量造成存货订货成本和生产准备成本上升。因此，企业需要在保持足够的存货储备但可能造成存货资金积压与减少存货储备但有可能丢失潜在客户之间进行权衡。

为了找出存货周转率变动的原因，可以计算原材料周转率、在产品周转率、产成品周转率，以分析存货结构对存货周转率的影响；还可以计算各部门存货周转率，分析各部门的存货管理水平，以便找出存货管理各环节中存在的问题。

根据表 11－1、表 11－2 中的有关资料，计算宏大公司 2003 年的存货周转率：

存货周转率（周转次数）＝560÷[(92＋166)/2]＝4.34(次/年)

存货周转率（周转天数）＝360÷4.34＝82.95（天）

即：在2008年，宏大公司存货的销售频率为4.34次，存货的平均库存天数为82.95天。分析时可以将计算结果与该公司前几期实际数据及同行业平均水平或先进水平进行对比，以便对该公司存货的周转情况作出正确评价。

应当说明的是，也可以用销售收入代替销售成本计算存货周转率，分析存货的周转速度。但是，如果分析的目的是为了确定存货从入库到销售的平均天数，则应选用销售成本计算。

（二）固定资产营运能力分析

固定资产是企业的主要劳动资料，在全部资产中所占比例最大，企业对固定资产的运用效率直接影响企业的经济效益，因此固定资产分析是营运能力分析的重要组成部分。固定资产营运能力主要通过固定资产周转率（周转次数）指标来反映，计算公式为：

固定资产周转率＝销售收入净额÷固定资产净值平均余额

固定资产周转率表示销售收入与固定资产投资之间的关系，该指标越高，说明每一元固定资产投资所创造的销售收入越多，固定资产利用的效率越高；反之，则说明固定资产利用效率较低。

根据表11-1和表11-2中的有关资料，计算宏大公司2008年固定资产周转率：

固定资产周转率＝950÷［（712＋832）/2］＝1.23（次/年）

即：2008年，宏大公司每1元固定资产投资可带来1.23元销售收入。分析时可将计算结果与企业前几期的实际资料或同行业平均水平对比，并结合企业生产经营活动的实际情况进行综合判断。

（三）全部资产营运能力分析

总资产周转率是反映全部资产营运能力的指标，表示企业的全部资产在一年内周转了几次，可以衡量企业在现有资产投资水平下创造销售收入的能力。计算公式为：

总资产周转率＝销售收入净额÷总资产净值平均余额

总资产周转率表明企业每一元资产在一年内所带来的销售收入，该比率越高，说明资产利用效率越高，反之则说明资产利用效率较差，企业应采取措施提高销售收入，或处置多余资产。将该指标与企业前期实际或同行业指标进行对比，可以对企业营运能力作出总体评价。

利用该比率分析企业营运能力时，还应考虑企业的销售利润率水平。因为总资产周转率高只能说明单位资产为企业带来了较高的收入，但不一定能获取较高的利润。

根据表 11－1 和表 11－2 中的有关资料，计算宏大公司总资产周转率：

2007 年：总资产周转率＝620÷［（800＋1 040）/2］＝0.67

2008 年：总资产周转率＝950÷［（1 040＋1 300）/2］＝0.81

计算结果表明，2007 年宏大公司每一元资产为企业带来 0.67 元的销售收入，2008 年则带来 0.81 元的销售收入。

三、反映获利能力的比率

获利能力，是指企业利用现有资产、资本，在一定的收入和耗费水平下赚取利润的能力。获取利润是投资者创办企业的初衷，也是企业的主要经营目标，因此，无论是企业的投资者、债权人，还是经营管理者，都非常关心企业的获利能力。投资者关心企业的获利能力，是因为利润是股利的惟一来源，企业利润高低直接影响其投资收益，上市公司的获利能力提高，还可以使股票价格上涨，使股东从股票升值中获得资本收益。债权人关心企业的获利能力，是因为利润是偿还企业债务的最终来源，只要企业具有较强的获利能力和稳定的现金流入量，即使负债率偏高，也能保证偿还到期债务。经营管理者关心企业的获利能力，是因为利润是考核企业经营管理水平的综合指标，也是衡量经营管理者业绩的主要标准，此外，通过对企业获利能力的分析，还可以揭示企业在经营管理中存在的问题，以便采取措施加以改进。

反映企业获利能力的指标主要有销售毛利率、销售利润率、成本费用利润率、资产报酬率、净资产收益率、资本保值增值率等，上市公司还可以计算每股收益、市盈率、每股净资产等指标。

（一）销售毛利率

销售毛利率，指销售毛利润与销售收入净额之间的比率，反映企业所销售商品或所提供劳务的初始获利能力。计算公式为：

销售毛利率＝（营业收入净额－营业成本）÷营业收入净额

企业销售商品或劳务的收入首先要弥补其生产成本，余下的还要扣除销售税金和期间费用后才是企业的利润，因此销售毛利润是企业净利润的主要来源。该指标越高，表明企业销售成本占收入的比例越低，企业的获利能力越强。

根据表 11－2 中的有关数据，计算宏大公司的销售毛利率：

2006 年：销售毛利率＝（480－283）÷480＝41.04％

2007 年：销售毛利率＝（690－408）÷690＝40.86％

2008 年：销售毛利率＝（1 050－635）÷1 050＝39.52％

计算结果表明，从2006年到2008年，宏大公司的销售毛利率持续下降，每百元销售收入可获得的毛利润，2006年为41.04元，2007年为40.86元，2008年为39.52元，表明公司销售成本占收入的比例上升，销售业务的获利水平下降。应进一步分析原因，搞清楚是由于销售价格变动还是销售成本提高，也可以将该指标与同行业平均水平进行对比，以便对此作出客观评价。

（二）销售利润率

销售利润率，指企业税前利润与销售收入净额之间的比率。计算公式为：

销售利润率＝ 利润总额 ÷ 营业收入净额

销售利润率指标反映企业每百元营业收入净额给企业带来的利润，该指标越高，说明企业经营活动的获利能力越强。连续计算几年的销售利润率并加以比较，可以评价企业获利能力的发展趋势。

根据表11-2中的有关资料，计算宏大公司的销售利润率：

2006年：销售利润率＝50÷480＝10.42％

2007年：销售利润率＝100÷690＝14.49％

2008年：销售利润率＝175÷1050＝16.67％

计算结果表明，从2006—2008年，宏大公司的销售利润率稳步上升，每百元销售收入可获得的税前利润，2006年为10.42元，2007年为14.49元，2008年为16.67元。该公司在销售毛利率下降的情况下，销售利润率却大幅度提高，可能是由于期间费用下降，也可能是由于其他业务利润或非经营性收益增加的结果。具体原因还需作进一步分析。销售利润率的分析，可以采用共同比百分比法，分别计算每个成本费用项目占销售收入的百分比，并分析其变动趋势。根据表11-2中有关资料，编制共同比利润表，分析宏大公司销售利润率的变动原因。如表11-3所示。

表11-3 共同比利润表　单位：％

项　目	2001年	2002年	2003年
一、营业收入	100	100	100
减：营业成本	58.96	59.13	60.48
营业税金及附加	4.17	4.35	4.76
销售费用	15.00	12.17	10.10
管理费用	11.25	8.99	7.62
财务费用	2.50	3.62	3.43
加：投资收益	2.50	3.04	3.33
二、营业利润	10.63	14.78	19.33

（续）

项　　目	2001年	2002年	2003年
加：营业外收入	0.21	0.29	0.19
减：营业外支出	0.42	0.58	0.48
三、利润总额	10.42	14.49	16.67
减：所得税费用	3.54	5.07	5.71
四、净利润	6.88	9.42	10.95

表11-3的计算结果表明，宏大公司近三年的销售利润率从10.42%上升到16.67%，主要是由于降低了营业费用和管理费用占销售收入的比例。其中销售费用从15.00%下降到10.10%，管理费用从11.25%下降到7.62%。这两种费用与企业的经营战略和管理水平有密切关系，应进一步分析这两种费用下降的原因，查明是由于企业加强了费用控制或扩大了销售，使营业费用和管理费用的比例下降，还是为了片面追求费用下降而压缩广告费和研究开发费等必要的支出。如果是前者，应给予肯定；如果是后者，虽然从短期看企业的费用下降了，但很可能影响企业未来的销售和产品开发，损害企业的长远利益。

从表11-3还可以看出，宏大公司销售成本占销售收入的比例持续上升，可能是由于企业实行薄利多销政策，降低售价以扩大销售，也可能是由于生产成本增加。应结合企业的生产和销售情况作进一步分析。此外，该公司的投资收益、营业外收入、营业外支出占销售收入的比例均有变化，但因其变化较小，且所占比例也较小，可不作为分析重点。

由于企业的利润可以分为营业利润、利润总额、净利润，因此除了销售利润率指标外，还可以计算销售营业利润率、销售净利率指标，从不同角度分析企业经营业务的获利能力。通过计算销售营业利润率和销售净利率，还有助于分析销售利润率变动的原因。

（三）成本费用利润率

成本费用利润率，指销售成本和期间费用与利润总额之间的比率，反映企业投入与产出的关系。计算公式为：

成本费用利润率＝利润总额÷（营业成本＋营业税金及附加
＋营业费用＋管理费用＋财务费用）

该指标越高，说明企业投入产出比例越高，企业的获利能力越强。连续计算几年的成本费用利润率并加以比较，可以评价企业获利能力的发展趋势。

根据表 11－2 中的有关资料，计算宏大公司的成本费用利润率：

2006 年：成本费用利润率＝50÷（283＋20＋72＋54＋12）＝11.34％

2007 年：成本费用利润率＝100÷（408＋30＋84＋62＋25）＝16.42％

2008 年：成本费用利润率＝175÷（635＋50＋106＋80＋36）＝19.29％

计算结果表明，从 2006 年到 2008 年，宏大公司的成本费用利润率稳步上升，每消耗一百元成本费用可获得的利润额，2006 年为 11.34 元，2007 年为 16.42 元，2008 年为 19.29 元，说明该公司的投入产出比不断提高，获利能力越来越强。

（四）资产报酬率

资产报酬率，指企业的息税前利润与全部资产平均余额之间的比率，反映每百元资产可获得的息税前利润，是衡量企业资产综合利用效果的指标。计算公式为：

资产报酬率＝（利润总额＋利息费用）÷全部资产平均余额

由于利息费用在计算利润总额前已作为费用从收入中扣除，但利息费用的高低主要受企业资本结构的影响，与企业的经营管理水平没有直接关系，当企业负债发生增减变动时，利息费用也会随之增减变动，从而使利润总额相应减少或增加，但这种增减变动与企业的实际获利能力并无直接关系。为了排除资本结构不同对利润的影响，客观反映企业的获利能力，同时增强资产报酬率指标的可比性，进行报表分析时，通常用利润总额加上利息费用作为分析公式的分子。

企业息税前利润高低与资产利用效率和经营管理水平有密切关系，因此，资产报酬率是一个综合性指标，该指标越高，说明企业资产利用效率越高，获利能力越强。反之，则说明企业资产利用效率较低，获利能力较差。在市场经济比较发达，行业之间竞争比较公平的条件下，各行业的资产报酬率应当趋于一致。如果某个企业的资产报酬率偏低，说明该企业的资产结构、资产使用效率或经营管理中存在问题。

根据表 11－1 和表 11－2 中有关资料，计算宏大公司的资产报酬率：

2006 年：资产报酬率＝（50＋12）÷［（500＋800）/2］＝9.54％

2007 年：资产报酬率＝（100＋25）÷［（800＋1 040）/2］＝13.59％

2008 年：资产报酬率＝（175＋36）÷［（1 040＋1 300）/2］＝18.03％

计算结果表明，从 2006 年到 2008 年，宏大公司的资产报酬率稳定上升，每百元资产可获得的息税前利润，2006 年为 9.54 元，2007 年为 13.59 元，2008 年为 18.03 元，表明公司获利能力的发展趋势良好。将该指标与同行业平均水平进行对比，可以了解该公司在行业中的地位。

（五）净资产收益率

净资产收益率，也称为所有者权益收益率，指净利润与所有者权益之间的比率（在股份制企业，该指标被称为股东权益报酬率，指属于普通股东的净利润与普通股东权益之间的比率），可用于衡量企业投资者获取潜在投资收益的能力。计算公式为：

净资产收益率＝净利润÷净资产平均余额

公式中的分母也可以用年末数。由于净资产的年末数一般大于年初数，因此按年末计算也称为摊薄。

从上述计算公式可以看出，净资产收益率的高低与企业资本结构有密切关系，该指标所反映的获利能力，受企业经营能力、财务决策、筹资方式等多种因素的综合影响。

根据表 11-1 和表 11-2 中有关资料，计算宏大公司的净资产收益率：

2006 年：净资产收益率＝37.5÷［（320＋600）/2］＝4.08%

2007 年：净资产收益率＝75÷［（600＋720）/2］＝11.36%

2008 年：净资产收益率＝131.25÷［（720＋820）/2］＝17.05%

计算结果表明，从 2006—2008 年三年中，宏大公司的净资产收益率呈直线上升趋势，投资者获得的回报稳步提高。联系资产报酬率进行分析，可以看出该公司获利能力的发展趋势良好。

（六）资本保值增值率

资本保值增值率，指期末所有者权益与期初所有者权益之间的比率。计算公式为：

资本保值增值率＝期末所有者权益总额÷期初所有者权益总额

当资本保值增值率大于 1 时，说明期末所有者权益增加，投资者的投资得到增值；当资本保值增值率等于 1 时，说明期末所有者权益不增不减，投资者的投资得到保值。分析时应从分子中扣除由于客观因素引起的所有者权益增加的数额，并考虑企业的利润分配情况和通货膨胀因素的影响。

根据表 11-1 中有关资料，计算宏大公司 2008 年的资本保值增值率（假设该年度没有发生除利润以外的影响所有者权益变动的事项）：

资本保值增值率＝820/720＝1.14

计算结果表明，2008 年度，宏大公司投资者的投资得到了增值。

（七）每股收益

每股收益，也称为每股盈余或每股净利润，指属于普通股东的企业净利润与普通股数之间的比率，是股份制企业从普通股股东角度评价企业获利能力的指标。计算公式为：

每股收益＝（净利润－优先股股利）÷普通股平均股数

每股收益可用来衡量普通股东获得的潜在报酬。从普通股东角度看，该指标越高，说明企业的获利能力越强，普通股股价越有上涨的空间。如果企业发行了可转换债券，当持有者行使转换权力时，会使普通股股数增加，从而导致每股收益下降，分析时应考虑可能产生的摊薄效果。

根据表 11－1 和表 11－2 中有关资料，计算宏大公司的每股收益：

2006 年：每股收益＝37.5÷［200＋300）/2］＝0.15（元）

2007 年：每股收益＝75÷［（300＋320）/2］＝0.242（元）

2008 年：每股收益＝131.25÷［（320＋320）/2］＝0.410（元）

计算结果表明，从 2006 年至 2008 年三年中，宏大公司每一普通股获取的净利润不断提高，股东投资效益的发展趋势良好。

应当说明的是，每股收益只是从股东角度衡量企业的获利水平，考察股东的投资回报，不能用于考核企业整体的获利能力，更不能用于不同企业或同一企业不同时期获利能力的比较。其原因有两个方面：一是每股收益没有考虑企业用来获取利润的资产数量。如果两个企业的每股收益完全相同，但其资产数额不等，即创造利润的条件不同，那么这两个企业的获利能力实际是不同的。二是每股收益受资本结构的影响较大。如果两个企业的资产数额和净利润完全相等，但普通股股数不等，那么这两个企业的每股收益便不相同。

（八）市盈率

市盈率也称为价格收益率，指普通股每股市价与每股收益之间的比率。计算公式为：

市盈率＝ 每股市价÷每股收益

市盈率反映投资者为获得每股净利润所愿意支付的价格，可用于衡量买入的股票是否物有所值。如果企业能够在股市上长期维持较高的市盈率，说明该企业的获利能力稳定，具有良好的发展前景和较强的成长能力，对投资者有较大的吸引力。但如果市盈率太高，说明股票价格过高，有人为炒作的可能；市盈率过低，又说明投资者对该股票不感兴趣。经济发达国家的平均市盈率一般在 20 倍左右，而发展中国家的市盈率一般在 40 倍左右。

假设 2008 年 12 月 31 日宏大公司普通股的市场价格为 8 元/股，则：

市盈率＝8÷0.410＝19.51（倍）

由于市盈率的变动受每股市价和每股收益两个因素的影响，根据市盈率评价企业的获利能力时，应注意两个问题：一是每股市价除了受企业经营成果和发展前景影响外，还受宏观经济环境、国家产业政策、行业发展前景以及政局是否稳定等多种因素影响，分析时应对此给予关注，以便对市盈率变动作出客观评价。二是如果净利润下降并导致每股收益降低时，市盈率可能很高，此时仅根据市盈率指标可能会作出错误的判断。

（九）每股净资产

每股净资产，指普通股东权益总额与普通股股数之间的比率，反映每一普通股所代表的企业净资产的账面价值。计算公式为：

每股净资产＝普通股东权益总额÷普通股股数

（十）每股股利

每股股利是公司股利总额与公司流通股数的比值。反映的是上市公司每一普通股获取股利的大小。

每股股利 ＝普通股现金股利总额÷普通股股数

连续计算几年的每股账面价值，分析其发展趋势，可以评价企业未来的发展潜力。将每股账面价值与市价比较，可据此排定股票顺序，进行投资决策。一般认为，每股市价高于每股账面价值时，说明企业发展前景好，低于每股账面价值时，说明股票价格有上涨空间，股票吸引力大。但如果每股市价长期低于每股账面价值，则反映投资者对企业的发展前景丧失信心。

以上介绍了评价企业获利能力的九个主要指标，其中销售毛利率、销售利润率、成本费用利润率反映企业收入、成本费用与利润的关系，可用于同行业的对比分析；资产报酬率和净资产收益率反映企业在现有资产和资本条件下获取利润的能力，综合性最强，将这两个指标进行层层分解，可以了解企业获利能力变动的原因，通过进行不同时期或不同企业之间的对比，可以了解企业获利能力的变动趋势以及企业在本行业的地位。每股收益、市盈率和每股账面价值主要用于投资价值分析。由于股东的实际投资回报主要体现在股票增值和现金股利上，因此股东对每股收益、市盈率和每股账面价值更为关注。

应当说明的是，在进行企业获利能力分析时，除了计算上述指标外，还应当关注那些财务报表上反映不出来但影响获利能力的因素。例如会计政策的选择和会计估计变更、资产负债表表外事项等。会计政策和会计估计包括固定资产的折旧方法和折旧年限、存货的计价方法、无形资产和其他长期资产的摊销年限、资产减值准备的计提比率等，企业选择的自由度较大，而不同的选择会导致完全不同的利润水平，从而使分析指标缺乏可比性。资产负债表表外事项包括或有负债、大量的经营性租赁费用等，或有负债一旦成为现实负债，将会对企业的获利能力产生负面影响，而经营性租赁费必须计入当期，从而减少了当期利润。

第四节 企业会计报表的综合分析

前一节分别从偿债能力、营运能力、获利能力方面对企业的财务状况和经营成果进行了分析，通过分析，可以了解企业在某一方面的情况，通过对同一企业不同时期或不同企业之间的对比，可以了解企业某一方面的发展趋势和在本行业的地位。但是这种分析无法从总体上对企业作出综合判断，因此，还需要研究综合分析问题，即运用一个综合系统，将个别分析结果进行判断和融合，做出概括性结论，以综合评价企业的经营绩效，判断其整体财务状况和经营成果的优劣。常用的分析方法有杜邦分析法和沃尔评分法。

一、杜邦分析法

杜邦分析法是利用财务比率指标间的内在联系，对企业综合效益进行分析评价的方法。这种方法由美国杜邦公司率先提出并应用，故此得名。杜邦分析法以净资产收益率（股东权益报酬率）为核心，经过层层分解，将上一节所介绍的一些分析指标按其内在联系排列，以揭示企业的获利能力及其前因后果。杜邦分析法的分析步骤如下：

第一步，分解净资产收益率：

$$\begin{aligned}\text{净资产收益率} &= \text{净利润}/\text{净资产} \\ &= \frac{\text{净利润}}{\text{资产总额}} \times \frac{\text{资产总额}}{\text{净资产}} \\ &= \text{资产净利率} \times \text{杠杆率}\end{aligned}$$

其中：杠杆率＝1÷（1－资产负债率）

第二步，分解资产净利率：

$$\begin{aligned}\text{资产净利率} &= \frac{\text{净利润}}{\text{营业收入}} \times \frac{\text{营业收入}}{\text{资产总额}} \\ &= \text{销售净利率} \times \text{总资产周转率}\end{aligned}$$

第三步，分解销售净润率和总资产周转率：

$$\text{销售净利率} = \frac{\text{净利润}}{\text{营业收入}}$$

其中：净利润＝营业收入－成本费用总额

$$\text{总资产周转率} = \frac{\text{营业收入}}{\text{平均总资产}}$$

其中：全部资产＝流动资产＋非流动资产

通过以上指标的层层分解，可以了解企业财务方面的业绩和存在的问题。杜邦分析法的主要内容可用杜邦分析图表示，如图 11－1 所示。

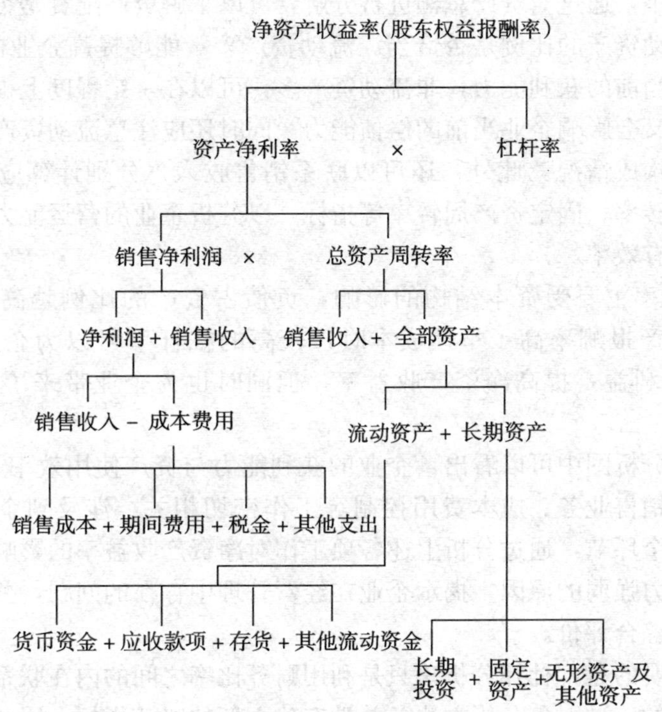

图 11－1 杜邦分析图

从图 11－1 中可以看出：

1. 净资产收益率是杜邦分析体系的核心，也是一个综合性极强的指标，它代表投资者所投资金的获利能力，反映企业在资产配置、筹资、投资等多方面的工作效率。该指标的高低受资产净利率和杠杆率两方面的影响，资产净利率反映资产利用效果，杠杆率反映企业的资本结构。

2. 资产净利率也是一个重要的财务指标，其高低受销售净利率和总资产周转率的影响。销售净利率反映净利润占销售收入的比重，要提高销售净利率，应当努力降低成本费用。销售净利率对提高资产净利率起决定性作用，只有存在销售利润，才能计算资产净利率，如果销售亏损，则无资产净利率可言。销售净利率受成本费用高低的影响，在杜邦分析图中，还对成本费用进行了分解，以便了解成本费用结构是否合理，找出影响净利润变动的主要原因，加强对成本费用的控制，提高销售净利率。

3. 总资产周转率是销售成果与资产营运能力的综合反映，要提高总资产周转率，一方面应增加销售收入，另一方面应减少资产占用额。其中提高销售收入具有特别重要的意义，它既可以增加利润，又可以加快资产周转速度。在杜邦分析图中，通过对资产总额进行分解，可以了解资产配置是否合理，流动资产与非流动资产的比例是否恰当。流动资产多，能够提高企业的偿债能力，但影响企业当前的获利能力；非流动资产多，可以在一定程度上提高企业的获利能力，但又会影响企业当前的偿债能力。同时还应注意流动资产和长期资产中各项目的构成情况。此外，还可以联系销售收入，分别计算应收账款周转率、存货周转率、固定资产周转率等指标，以分析企业的营运能力，判断资产的使用是否有效率。

4. 杠杆率主要受资本结构的影响，负债占资产的比例越高，杠杆率就越大，当资产报酬率高于举债成本时，较高的杠杆率可以为企业股东带来较大的杠杆利益，提高净资产收益率，但同时也为企业带来了较大的财务风险。

从杜邦分析图中可以看出，企业的获利能力与资产使用效率、资本结构、资产配置、销售业务、成本费用控制等工作密切相关，涉及到企业供应、生产、销售各个环节，通过分析上述各项工作对净资产收益率的影响，可以了解企业获利能力强弱的原因，揭示企业在经营管理中存在的问题，并对企业的经济效益作出综合评价。

应当说明的是，杜邦分析法只是利用财务比率之间的内在联系，对指标进行层层分解的一种财务分析方法，并没有建立新的财务指标，因此这种方法适用于对各种财务指标的分析。与其他财务分析方法一样，杜邦分析法的关键不是指标的计算，而是对指标的理解和运用。

二、沃尔评分法

（一）沃尔评分法的起源

沃尔评分法的创始人是美国的财务学家亚力山大·沃尔，他在 20 世纪初出版的《信用晴雨表研究》和《财务报表比率分析》中首次提出信用能力指数的概念，他把若干个财务比率用线性关系结合起来，作为评价企业信用水平的依据。沃尔选取了 7 个财务比率，并分别给定其在总评分中所占的比重，总和为 100 分。然后确定标准比率，将实际比率与标准比率进行对比，计算出相对比率，乘以每个比率的权重，得出每项指标的得分，加总后计算出总分，以此评价企业综合财务状况。现用沃尔评分法，对某公司的财务状况进行评价，评价结果如表 11－4 所示。

表 11-4　沃尔评分法

财务比率	权重 1	标准比率 2	实际比率 3	相对比率 4=3÷2	评分 1×4
流动比率	25	2	2.2	1.1	27.5
净资产/负债	25	1	0.8	0.8	20
资产/固定资产	15	2.5	3	1.2	18
销售成本/存货	10	6	7	1.17	11.7
销售额/应收账款	10	8	10	1.25	12.5
销售额/固定资产	10	3	2.8	0.93	9.3
销售额/净资产	5	1.5	1.3	0.87	4.35
合　计	100				103.35

评价结果表明，该公司的总得分高于标准水平，说明其综合财务情况良好。

沃尔评分法的最大贡献是将互不相关的财务指标按权重结合起来，使综合财务评价成为可能；最大缺陷是在理论上无法证明为什么要选择这 7 个指标，在技术上无法说明权重的确定依据。

（二）沃尔评分法的改进

随着社会经济的发展，经济理论和方法不断完善，人们对沃尔评分法进行了修订和改进，形成一种新的综合分析和评价方法，比原有的沃尔评分法更加科学和严谨。

首先，增加了新的评价指标。改进后的沃尔评分法将评价企业财务情况的指标分为三类，其顺序是获利能力、偿债能力、成长能力，他们之间的权重按 5∶3∶2 分配。每一类指标中包含的若干指标再按其重要性大小分配权重，仍以 100 分为总分。

其次，规定了每个指标评分的上限和下限，以避免因个别指标异常变动对最终得分产生不合理影响。通常上限定为正常评分值的 1.5 倍，下限定为正常评分值的 0.5 倍。例如，总资产净利率的标准值为 10%，标准评分为 20 分，行业最高比率为 15%，最高评分为 30 分，则：每分比率差=[(15%－10%)/(30 分－20 分)]=0.5%，即总资产净利率每提高 0.5%，多得 1 分，但得分最高不超过 30 分。

再次，改用加减关系计算分值，不再用乘的办法，以克服原有沃尔评分法的缺点。

改进后的沃尔评分法也称为综合评分法，评分标准如表 11-5 所示。

表 11-5　综合评分标准

指　　标	标准评分值①	标准比率（%）	行业最高比率（%）	最高评分	最低评分	每分比率差（%）②
获利能力						
总资产净利率	20	10	15	30	10	0.5
销售净利率	20	8	15	30	10	0.7
净资产收益率	10	15	20	15	5	1
偿债能力						
自有资本比率	8	40	100	12	4	15
流动比率	8	200	400	12	4	50
应收账款周转率	8	800	1 200	12	4	100
存货周转率	8	600	800	12	4	50
成长能力						
销售增长率	6	10	20	9	3	3.3
净利增长率	6	6	15	9	3	3
人均净利增长率	6	6	15	9	3	3
合　　计	100			150	50	

注：①表中的标准比率通常是行业平均值，但需根据实际情况进行适当修正。

②每分比率差是指某指标增加多少时，可多得 1 分，但最终得分不得超过表中所列示的最高评分，不得低于表中所列示的最低评分。计算公式为：

每分比率差＝（行业最高比率－标准比率）/（最高评分－评分值）

根据上述方法，对某公司的财务情况进行综合评价，评价结果如表 11-6 所示。

表 11-6　某公司财务情况综合评分表

项　目	实际比率 (1)	标准比率 (2)	差异 (3)＝(1)－(2)	每分比率 (4)	调整分 (5)＝(3)÷(4)	标准评分值 (6)	得分 (7)＝(5)＋(6)
获利能力							
总资产净利率	7.5	10	－2.5	0.5	－5	20	15
销售净利率	8.2	8	0.2	0.7	0.29	20	20.29
净值报酬率	10.6	15	－4.4	1	－4.4	10	5.6
偿债能力							
自有资本比率	50	40	10	15	0.67	8	8.67
流动比率	240	200	40	50	0.8	8	8.8

（续）

项　目	实际比率 (1)	标准比率 (2)	差异 (3)＝ (1)－(2)	每分比率 (4)	调整分 (5)＝ (3)÷(4)	标准 评分值 (6)	得分 (7)＝ (5)＋(6)
应收账款周转率	900	800	100	100	1	8	9
存货周转率	750	600	150	50	37	8	11
成长能力							
销售增长率	5	10	－5	3.3	1.52	6	7.52
净利增长率	－4	6	－10	3	－3.33	6	3
人均净利增长率	－5	6	－11	3	－3.6	6	3
						100	91.88

根据表 11-6 计算，某公司的综合得分为 91.88 分，在标准水平以下，与用最初的沃尔评分法计算的结果相比有较大差异。

应当说明的是，在改进后的沃尔评分法中，标准评分值和标准比率确定的合理与否直接影响评价结果。需要在长期的实践中不断摸索经验，不断对其进行调整和修正，才能取得较好的评价效果。

三、会计报表附注的分析

会计报表由于其固定的格式、项目和填列方法，使得表内信息并不能完整地反映一个公司的整体素质，而会计报表附注能够弥补表内信息的局限性，它使一些不能在法定会计报表内揭示的重要的、有用的会计信息能够充分地予以披露，使表内的信息更容易理解、更加相关、更突出重点。

根据现行会计准则的规定，会计报表附注一般包括：公司的一般情况、财务报表的编制基础；遵循企业会计准则的声明；重要会计政策和会计估计的说明；会计政策和会计估计变更以及差错更正的说明；报表的重要项目的说明以及或有和承诺事项、资产负债表日后非调整事项、关联方关系及其交易等需要说明的事项。

会计报表附注信息内容十分丰富，它是财务会计报告中必不可少的组成部分，它能帮助广大的信息使用者透彻地理解会计报表的内容，了解公司的基本情况、意外事项和战略管理等，提升财务会计报告的信息质量。对于会计报表附注应该注重以下方面的分析：

1. 注意分析和掌握上市公司的历史和主营业务范围。在判断上市公司的发展前景时，我们有必要对上市公司的重大历史事件和主营业务范围以及公司所处行业的发展状况加以分析，以此判断公司未来发展的前景，为信息使用者决策提供依据。

2. 分析会计处理方法对利润的影响。由于会计准则不可能涉及会计核算的方方面面，并且现行会计准则也规定了允许公司根据实际情况选择不同的会计政策，即在同一笔业务和事项的会计处理上可能会存在着多种可供选择的处理方法。得出的结论是，在原始记录相同情况下采取不同的会计政策和会计估计，必然会编出不同数据的会计报表，得出不同的净利润。因此，信息使用者要想真正了解各个数据的计算方法，就应该耐心地阅读会计报表附注中企业采用的主要会计政策以及认真分析会计政策前后期的会计处理方法是否一致。观察会计估计尤其是资产减值准备计提的合理性，以识别和判断公司的经营业绩是否被人为地操纵，防范和化解投资风险。

3. 分析附注中披露的或有损失事项。公司因资产抵押、质押、工程保函、待决诉讼等原因所造成的或有损失项目绝对不可忽视。对于未决诉讼和仲裁事项，信息使用者需要考虑若败诉对公司现金流量、生产经营的影响和胜诉时款项收回的可能性，还要特别关注担保金额较大的公司。

4. 分析附注中披露的重要期后事项。投资者对一些重要的期后事项如重大建设项目、自然灾害、重大的投资、融资活动、公司合并和分立、重大经济纠纷、重大购销合同、重大收付款业务、截止日活动的财务承诺等应予以特别的关注。这些重要期后事项可能对当期的会计报表没有太大的影响，但有些项目会对公司未来的财务状况；经营成果产生消极的影响，甚至会给公司造成巨大的损失，因此信息使用者应注意防范风险。

5. 分析附注中披露的关联交易事项。公司与关联方的交易，会对公司的财务状况、经营成果、现金流量和所有者权益（股东权益）变动情况产生相当大的影响，如不加以认真地分析研究，就不能正确地评价一个公司的竞争力和长远发展水平。因此，应对会计报表中披露的关联交易情况进行分析。比如，必须搞清公司与关联方之间的债权、债务关系的真实性，以及其在同类债权、债务中所占比例；在分析一个上市公司的获利能力时，应将来自关联公司的营业收入和利润予以排除，这样就可以判断出该公司的盈利能力在多大程度上依赖于关联公司，从而推断出该公司的业绩核算的基础是否可靠、利润来源是否稳定，如果该公司的营业收入和利润主要来源于关联公司，那么投资者就应当特别注意关联公司的定价政策，观察公司与关联方之间进销货的交易条件、交易价格，以分析公司利润是否真实。

本 章 小 结

会计报表分析，是指以会计报表和其他资料为依据，采用专门方法，对企业过去和现在的财务状况、经营成果、现金流量和所有者权益（股东权益）变动情况进行系统的分析和评价，以便了解企业的过去和现在，预测企业的未来，为会计信息使用者进行经济决策提供依据。会计报表分析的方法主要有：审阅分析法、比率分析法、比较分析法、因素分析法、结构分析法和趋势分析法。又以比率分析法的影响力最大。会计报表分析是一项复杂的工作，在进行会计报表分析时应充分考虑财务信息、会计政策、经营环境和经营特点、评价标准以及其他因素等对分析结论的影响。

比率分析法是把会计报表中的一个或多个项目与其他项目进行对比，求得会计分析需要的比率指标值，从而揭示会计报表项目之间的内在逻辑关系的一种分析方法。本章重点介绍了反映企业偿债能力、资产营运能力和企业获利能力的比较分析方法。

偿债能力分析包括短期偿债能力分析和长期偿债能力分析。短期偿债能力分析主要是考察流动资产的变现能力。反映短期偿债能力的指标主要有流动比率、速动比率、现金比率。反映长期偿债能力的指标主要有资产负债率、有形资产负债率、权益负债率、或有负债比率、已获利息倍数、带息负债比率。

营运能力主要表现为企业对资产的利用效率，反映营运能力的指标主要有应收账款周转率、存货周转率、流动资产周转率、固定资产周转率、总资产周转率等，这些指标也可作为评价企业偿债能力和获利能力的补充指标。

反映企业获利能力的指标主要有销售毛利率、销售利润率、成本费用利润率、资产报酬率、净资产收益率等，上市公司还可以计算每股收益、市盈率、每股净资产、每股股利等指标。资产报酬率和净资产收益率的综合性较强，可以反映企业在现有资产和资本条件下的获利能力，通过层层分解，还可以了解企业获利能力变动的原因。

本章还介绍了杜邦分析法、沃尔评分法及会计报表附注的分析

杜邦分析法由美国杜邦公司率先提出并应用，杜邦分析图将独立的财务指标按其内在联系构成一个完整的体系，净资产收益率是该体系的核心，通过对指标自上而下的层层分解，揭示出影响企业获利能力的主要因素。

沃尔评分法由美国财务学家亚历山大・沃尔在20世纪初提出，经过后人的不断修订和改进，成为目前普遍使用的一种综合评价方法。这种方法选取了反映企业获利能力、偿债能力、成长能力的三类财务指标，分别给定其在总评分中的权重，然后确定标准比率和行业最高比率，经过一系列计算后得出总分数，以此作为评价企业综合财务绩效的依据。

会计报表附注信息内容十分丰富，它是财务会计报告中必不可少的组成部分，它能帮助广大的信息使用者透彻地理解会计报表的内容，了解公司的基本情况、意外事项和战略管理等，提升财务会计报告的信息质量。对于会计报表

附注应该注重五方面的分析。

复习思考题

1. 会计报表分析的目的和主体是什么？
2. 财务报表分析方法有哪些？
3. 什么是审阅分析法和结构分析法？
4. 什么是比较分析法？
5. 什么是因素分析法？
6. 什么是趋势分析法？
7. 什么是比率分析法？
8. 反映短期偿债能力的财务指标有哪些？请评述。
9. 反映长期偿债能力的财务指标有哪些？请评述。
10. 反映营运能力的财务指标有哪些？请评述。
11. 反映盈利能力的财务指标有哪些？请评述。
12. 杜邦分析方法包括哪些基本指标？它们的关系如何？
13. 在杜邦分析方法中，净资产收益率与哪些因素有密切的关系，为什么？
14. 如何进行会计报表的一般性分析？应该掌握哪些基本方法和技巧？
15. 如何进行财务报表附注的分析？

练习题

习题一

（一）目的：练习偿债能力分析。

（二）资料：中宁公司有关会计资料如下：

单位：元

项　目	2009 年	2008 年
库存现金	21 000	47 000
交易性金融资产	28 000	—
应收账款净额	102 000	116 000
存货	226 000	263 000
预付费用	11 000	9 000
资产合计	503 000	489 000
流动负债合计	205 000	241 000
负债合计	261 000	273 000
息税前利润	165 000	158 000
利息费用	36 000	39 000

（三）要求：

（1）计算中宁公司2009年和2008年的流动比率、速动比率、资产负债率、已获利息倍数指标。

（2）分析该公司2009年的短期偿债能力和长期偿债能力是提高还是降低，并说明理由。

习题二

（一）目的：练习营运能力分析。

（二）资料：

（1）某文化用品商店近两年有关的会计数据如下：

单位：元

项　目	今　年	去　年
赊销收入	521 000	490 000
销售成本	400 000	380 000
存　货	90 000	100 000
应收账款	42 000	40 000

（2）假设去年年初的存货和应收账款为140 000元和50 000元。

（三）要求：

1. 计算该商店近两年的应收账款周转率、存货周转率。

2. 评价该商店的资产营运能力。

习题三

（一）目的：练习获利能力分析。

（二）资料：某装饰公司比较利润表如下：

单位：元

项　目	2008年	2009年
营业收入净额	174 000	158 000
营业成本	93 000	86 000
毛利	81 000	72 000
销售费用和管理费用	48 000	40 000
营业利润	33 000	31 000
利息费用	21 000	10 000
税前利润	12 000	21 000
所得税费用	4 000	8 000
净利润	8 000	1 300

补充数据：　　　　单位：元

项　　目	2008 年	2009 年
平均资产总额	204 000	191 000
平均普通股股东权益	96 000	89 000
优先股股利	3 000	3 000
发行在外普通股股数	20 000	20 000

（三）要求：计算 4 个以上衡量该装饰公司获利能力的比率指标，评价公司 2009 年的经营状况是改善还是恶化。

习题四

（一）目的：练习投资分析。

（二）资料：某公司近两年有关的财务数据如下：

单位：元

项　　目	2009 年	2008 年
净利润	58 000	55 000
股利（优先股占一半）	28 000	28 000
年末普通股股东权益（80 000 股）	530 000	500 000
年末优先股股东权益	200 000	200 000
年末普通股每股市价	10.12	7.75

（三）要求：计算 3 个以上财务比率指标，评价该公司的股票，确定该公司 2009 年股票的吸引力比 2008 年上升还是下降。

习题五

（一）目的：练习获利能力指标的计算和分析。

（二）资料：大力公司拥有 1 000 000 股发行在外的普通股，市场价格 1.5 元/股，公司的股利分配政策为净利润的 20%，该公司的销售净利率为 5%。

（三）要求：

（1）计算销售收入多少才可达到每股收益 0.20 元？

（2）假设下一年的销售收入为 20 000 000 元，期望的股利收益率为多少？市盈率为多少？

参 考 文 献

[1] 2009 级中级会计实务．北京：经济科学出版社．2008

[2] 陈信元．会计学．上海：上海财经大学出版社．2008

[3] 郭建华，李倩．财务会计学．北京：中国人民大学出版社．2008

[4] 戴德明．新企业会计准则．北京：中国人民大学出版社．2007

[5] 葛家澍．会计理论．上海：复旦大学出版社．2005

[6] 牛霞．企业会计学．北京：中国农业出版社．2004

[7] 姜国华．财务报表分析与证券投资．北京：北京大学出版社．2008

[8] 企业会计准则编审委员会．企业会计准则应用指南．上海：立信出版社．2006

[9] 王化成．财务报表分析．北京：北京大学出版社．2007

[10] 王俊生，黄贤明．成本会计．北京：中国人民大学出版社．2007

[11] 谢获宝．新编会计学原理．湖北：湖北人民出版社．2008

[12] 叶建芳．新会计准则实践案例．上海：上海财经大学出版社．2008

[13] 杨玉红．成本会计学．上海：立信会计出版社．2009

[14] 于晓镭，徐兴恩．新企业会计准则实务指南与讲解．北京：机械工业出版社．2007

[15] 赵慧芳．企业会计学．北京：高等教育出版社．2007

[16] 赵岩，崔国萍．企业会计制度设计．立信会计出版社．2009

[17] 杰拉尔德·I. 怀特，阿什温保罗·C. 桑迪海，德夫·弗里德．财务报表分析与运用（第 3 版）．北京：中国人民大学出版社．2007

[18] 罗伯特·N. 安东尼．会计学基础（第 9 版）．北京：清华大学出版社．2006

[19] 安东尼·A. 阿特金森，罗伯特·S. 卡普兰，S. 马克·扬．管理会计（第 4 版）．北京：北京大学出版社．2006